ANTHOLO

GEORGES POMPIDOU

Anthologie
de la poésie française

Nouvelle Édition suivie
d'un post-scriptum

HACHETTE

à Claude

LA POÉSIE

Pourquoi entreprendre une nouvelle anthologie de la poésie française sinon, d'abord, pour soi-même? La passion de la poésie, dont on me prédisait lorsque j'étais enfant qu'elle passerait, a persisté au-delà « du milieu du chemin de la vie ». A cet âge où chacun est tenté de faire le point et de réunir sous le plus petit volume possible tout ce dont il ne pourrait se passer sur l'île déserte imaginaire, l'envie m'est venue tout naturellement de « mettre ensemble » mes poèmes préférés.

A vrai dire, les vers ne sont qu'une des multiples expressions possibles de la poésie. Celle-ci est ou peut se trouver partout. Dans un roman comme dans un tableau, dans un paysage comme dans les êtres eux-mêmes, se manifeste parfois je ne sais quelle puissance de rêve, parfois encore une pénétration singulière, une sorte de plongée dans les profondeurs, provoquant chez le lecteur ou le spectateur une joie mélancolique, une tristesse complaisante ou désespérée, ou encore une jubilation soudaine, qui sont quelques-uns des effets de la beauté poétique. Tous les hommes, ou presque, y sont sensibles. Tous les sujets, ou presque, y prêtent. Il y a la poésie du soleil et celle de la brume, la poésie de la découverte et celle de l'habitude, de l'espoir et du regret, de la mort et de la vie, du bonheur et du malheur. Pour l'exprimer, prose ou vers, pierre ou peinture importent

peu. Mais où elle manque totalement, que reste-t-il?
Homère, Platon, le site de Delphes débordent de
puissance poétique. Aristote et Cicéron n'intéressent
que les spécialistes. Don Quichotte et la Divine
Comédie, le théâtre de Shakespeare, le roman de
Dostoïevski sont parmi les œuvres les plus riches
de poésie. C'est ce qui contribue à les mettre au
premier rang. Il arrive même que certaines vies ou
œuvres humaines tirent leur résonance du fait qu'ina-
chevées ou à demi détruites, elles ont, grâce à cette
imperfection accidentelle, rencontré la poésie. Achille
comme Leclerc, Marie Stuart comme la belle Aude
sont des figures poétiques parce que disparues préma-
turément. Le Colisée est poétique parce qu'à demi
ruiné. Et tel fût de colonne resté seul debout sous le
ciel de Grèce ou de Sicile trouve dans la poésie de
l'abandon plus de beauté que n'en possède la Maison
Carrée miraculeusement conservée.

Mais si la poésie peut se rencontrer partout, il
n'est pas défendu pour autant de la chercher de
préférence chez les poètes. Si l'art des vers me paraît
le plus difficile et donc sans doute le premier de tous,
c'est parce que le poète prend un risque redoutable :
délibérément, il fait profession de prétendre à ce
que les autres peuvent n'atteindre que de surcroît.
Ce qui chez le romancier par exemple peut n'être
qu'une réussite suprême, une parure en apparence
inutile, et dont l'absence en tout cas ne lui sera pas
immédiatement reprochée, est, pour le poète, l'essence
et la raison d'être de son art. Un tableau, une sym-
phonie, un roman sans poésie peut encore se lire,
s'écouter ou se regarder. Rubens n'est pas poétique,
ni Voltaire. Peut-être même Bach ne l'est-il pas
fondamentalement, ni Cézanne. C'est dire que dans
les autres arts la puissance et la perfection créatrices
arrivent à se passer de poésie. Mais rien ne peut

empêcher qu'un poème dénué de poésie soit plus que
mort, intolérable. Cela arrive même à de grands
écrivains comme Voltaire. Même à de grands poètes
— comme Ronsard ou Hugo. Il est rare, parmi les
professionnels du roman par exemple, qu'à force de
travail et de patience, ils n'arrivent pas à écrire une
œuvre acceptable, quelquefois un petit chef-d'œuvre.
Mais quelle misère que le destin de tant de poètes
qui ont commis des milliers et des milliers de vers
sans avoir, ne serait-ce qu'une fois, réussi cette
succession de huit, dix ou douze syllabes qui fait un
vers, un vrai! Certains sont morts ou mourront
heureux qui ne s'en sont jamais doutés. Mais pour
d'autres, quelle angoisse! et quelle injustice! Les
sentiments les plus nobles, les sujets les plus natu-
rellement poétiques, les rythmes travaillés, les rimes
recherchées, tout cela pour aboutir à cet enfant
mort-né, pleuré de personne, qu'est un poème sans
poésie.

Qu'est-ce donc que la poésie? Bien savant qui le
dira. Qu'est-ce que l'âme? On peut constater
chez un homme toutes les manifestations de la vie,
les analyser et les décrire; on peut — nous l'avons
tous fait au collège — analyser un poème, étudier
composition, vocabulaire, rythme, rime, harmonie.
Tout cela est à la poésie ce qu'un cœur qui bat
est à l'âme. Une manifestation extérieure, non une
explication, encore moins une définition. Si donc
je voulais m'approcher davantage d'une définition
de la poésie, je la chercherais plutôt dans ses effets.
Lorsqu'un poème, ou simplement un vers provoque
chez le lecteur une sorte de choc, le tire hors de
lui-même, le jetant dans le rêve, ou au contraire le
contraint à descendre en lui plus profondément
jusqu'à le confronter avec l'être et le destin, à ces
signes se reconnaît la réussite poétique. Il est vrai
que lorsque Margot pleurait au mélodrame, c'est

parce que tout à coup elle se sentait en présence
du vieux jeu de l'amour et du hasard, de la misère
et de la mort. Il pourrait donc y avoir une certaine
beauté poétique dans *Les Deux Orphelines*. Mais le
problème est moins de ne plus pleurer aux deux
Orphelines que de pleurer à Shakespeare ou à Euri-
pide. Le reste vient tout seul.

Telle est, bien sûr, l'ambition secrète et démesurée
de tout auteur d'anthologie. S'il la commence pour
lui-même, c'est pour d'autres qu'il la termine et la
publie. Choisir, dans un domaine déterminé, tout
ce qui lui paraît digne et capable de provoquer chez
le lecteur le choc de la beauté, voilà l'objet de son
effort. C'est dire qu'il se trahit lui-même puisqu'il
livre le secret de ce qui le touche. C'est dire aussi
qu'il prétend trouver un écho et que le lecteur inconnu
ratifiera son choix.

Tentative bien dangereuse, quand il s'agit d'offrir
au public français une anthologie de la poésie fran-
çaise, que chacun connaît ou croit connaître et de
surcroît, après tant d'autres anthologies de cette
même poésie. Et pourtant, j'ai moi-même pris trop
de plaisir et de profit à lire l'anthologie de Marcel
Arland, par exemple, ou l'Introduction à la poésie
française de Thierry Maulnier, pour croire que mon
effort soit inutile à tous. En tout cas, il s'efforce de
témoigner contre l'affirmation tant de fois répétée
que le Français n'est pas poète, que la poésie serait
le point faible de notre littérature. Le plus curieux
est qu'un de ceux qui ont accepté ce point de vue
et lui ont donné un éclat particulier, André Gide,
a fini par publier une anthologie de cette même
poésie.

Ceux qui rabaissent ainsi la qualité de notre poésie
le font en général par comparaison avec les poésies
anglaise et allemande. Or rien ne me paraît plus vain,
ni d'ailleurs plus impossible, que de comparer des
poèmes de langue différente. Qu'on observe que

lorsqu'un poète a cherché à traduire en vers un poète étranger, il a presque toujours totalement manqué son but. Ce n'est pas vrai seulement des mauvais, mais des plus grands : rien dans l'œuvre de Baudelaire n'approche la platitude de sa traduction de Longfellow, rien dans l'œuvre de Nerval, la médiocrité de ses traductions de Lénore, peut-être même de Faust et je pourrais en citer bien d'autres, par exemple la traduction des Bucoliques par Paul Valéry. Qu'on observe également que lorsqu'un poète connaît dans un pays étranger une renommée particulière, c'est en général pour la plus grande stupéfaction de ses propres compatriotes. Ni les Américains pour Edgar Poe, ni les Allemands pour Henri Heine ne comprennent l'engouement français. Tout cela s'explique fort bien si l'on réfléchit qu'à côté de tout ce qui peut se traduire, il y a, dans la poésie, mille choses intraduisibles et probablement imperceptibles au lecteur étranger même s'il lit et parle couramment la langue de l'auteur. Qu'on essaie d'imaginer, par exemple, de quoi est fait le charme des vers les plus exquis de La Fontaine :

> *Amants, heureux amants, voulez-vous voyager?*
> *Que ce soit aux rives prochaines...*

Ne parlons pas de traduire. Quel étranger pourrait non pas seulement lire notre langue, ni la parler, mais en être imprégné au point d'y être sensible, comme nous? Inversement, pensons à un Sully Prudhomme, esprit élevé, émouvant dans ses desseins, délicat dans ses pensées, qui n'a eu qu'un malheur, celui de mettre, comme l'on dit, « à côté de la plaque », avec une constance impressionnante : que manquerait-il à ses poèmes aux yeux d'un étranger, puisque rien de ce qui lui manque ne serait traduisible? Car les difficultés insurmontables que nous éprouvons à « sentir » complètement un poète étranger jouent dans les deux sens et peuvent aussi bien nous faire découvrir des beautés qui n'existent

pas, qu'elles nous empêchent d'en apercevoir d'autres.
Prenons simplement des poèmes français du xvᵉ ou du
xviᵉ siècle. Dans le charme que nous leur trouvons,
quelle est la part de l'orthographe ancienne, d'un
terme tombé en désuétude ou dont le sens a légère-
ment changé, de la syntaxe délicieusement archaïque?
Inversement, d'autres poèmes ne seront accessibles
qu'à quelques érudits capables de rétablir dans leur
sens et leur vigueur première des mots et des tour-
nures devenus incompréhensibles ou bien ayant
mal vieilli. S'il est si difficile d'apprécier un poème
de Ronsard dans sa qualité première et réelle, sans
lui ajouter ni retrancher rien qui vienne de l'évo-
lution de la langue, comment pourrait-on prétendre
apprécier à sa juste mesure un poème étranger?

Qu'il nous suffise donc ici de la poésie française.
Elle est, quantitativement au moins, aussi riche
que n'importe quelle autre, aussi touffue, aussi
variée. Peu de lecteurs, fussent-ils amateurs de
poésie, érudits par vocation ou par métier, imagi-
nent la masse de vers qui ont été composés et publiés
dans notre langue, même si l'on s'en tient à la liste
pourtant déjà combien écourtée des auteurs cités
dans les principales anthologies. Un exemple :
Eustache Deschamps, poète de la fin du xivᵉ siècle,
dont l'œuvre a été publiée au xixᵉ siècle. Voici
donc un écrivain qui n'est pas négligeable puisque
plus de quatre siècles après sa mort il trouvait un
éditeur (combien de nos contemporains peuvent-ils
en espérer autant?) et dont nous ne connaissons
généralement rien ou presque rien; pourtant son
œuvre poétique représente dix gros volumes. Si l'on
mettait bout à bout tous les vers qu'ont écrits nos
poètes du xviᵉ siècle ou du début du xviiᵉ, on serait
stupéfait. Et cette richesse s'accompagne de la plus
grande variété. Tous les genres — du rondeau, du
virelai, du sonnet à l'épopée —, tous les sujets, tous

les rythmes, toutes les combinaisons de strophes et de rimes, ont été, tour à tour, pratiqués, y compris de nos jours la négation de la strophe, de la mesure et de la rime. Certains se sont fiés aveuglément à l'inspiration, d'autres ont pâli des jours et des nuits sur un vers ou une strophe. Certains ont cherché la poésie dans le sentiment, d'autres dans les idées, d'autres dans la pure beauté formelle, qui pour l'un résidait dans le mouvement, pour l'autre dans la splendeur immobile, pour un troisième dans le raffinement du vocabulaire et de la syntaxe, pour d'autres dans la seule musique; et il y a encore ceux pour qui la musique c'est l'harmonie régulière et ceux pour qui elle est l'impair. Aussi chercher à enfermer la poésie française dans une définition me paraît impossible et illusoire. Elle est traversée de trop de courants qui apparaissent et disparaissent de siècle en siècle. Même la forme en apparence la plus étrangère au génie français, tel qu'on le conçoit à l'ordinaire, la plus moderne, la plus élaborée, l'hermétisme d'un Mallarmé ou de certains surréalistes, on la voit resurgir au fur et à mesure qu'on remonte les siècles chez Gérard de Nerval, chez Maurice Scève, chez Charles d'Orléans, pour n'en citer que quelques-uns.

En fin de compte, nos poètes pris en bloc ont, comme tous les autres, cherché à dire les mêmes choses par les mêmes moyens en fonction des possibilités particulières à notre langue. A cet égard le rôle de l'*e* muet, par exemple, serait plus important à étudier que telle ou telle influence ou tel ou tel trait de l'esprit français. Si notre poésie a cependant une caractéristique originale qui puisse se définir, c'est, me semble-t-il, d'être l'une des expressions d'un peuple qui, plus que tout autre à l'époque moderne, a réfléchi avec constance et pénétration sur l'homme. Plus qu'une poésie de l'évasion, c'est une poésie de la méditation — de l'homme rentrant en lui-même. A cette longue suite de psychologues et de moralistes que l'on connaît, répond tout naturellement une suite analogue de poètes qui ont traduit en vers la mélancolie, la résignation, la joie et le désespoir de l'âme humaine aux prises avec la connaissance d'elle-même, avec les problèmes de la vie et de la mort. A Montaigne, La Rochefoucauld, Stendhal ou Proust, répondent ainsi Villon, Ronsard, La Fontaine, Racine ou Baudelaire comme sans doute à Pascal, à Bossuet, Victor Hugo ou Paul Claudel.

MAIS peut-être suis-je en train, à travers ces correspondances, de révéler tout simplement mes goûts et mes préférences. Qu'il me soit donc permis de m'expliquer sur les règles ou les tendances qui ont dicté mon choix.

Tout d'abord, je n'ai pas cherché à faire une anthologie des poètes de nationalité française, mais des poètes de langue française. Cela veut dire que j'ai éliminé d'office tous les poètes de langue d'oc, les troubadours à Mistral. Mais cela veut dire aussi que j'ai dû sacrifier notre poésie du Moyen Age dont la langue est si différente de la nôtre qu'on ne peut la lire sans traduction. En fait, aucun poème antérieur au XIVe siècle ne peut être lu dans son texte par un lecteur non spécialiste. C'est pourquoi cette anthologie commence avec Eustache Deschamps et Charles d'Orléans. Encore ai-je dû moderniser l'orthographe et la langue chaque fois que le respect du rythme ou de la rime le permettait et ajouter quelques notes indispensables. Le même parti pris de modernisation m'a guidé pour les textes des XVe, XVIe et encore XVIIe et XVIIIe siècles. Mon but était en effet de réunir des poèmes qui puissent être lus par tous sans explications et j'ajouterai d'enlever aux vers anciens le plus possible de ce caractère archaïque qui leur donne du charme aux yeux de quelques-uns, mais crée à beaucoup une difficulté supplémentaire de lecture. J'ai souhaité que Villon et Baudelaire, par exemple, puissent être confrontés à armes égales. Dans la pratique, c'est un but qu'il est impossible d'atteindre. Du moins, ai-je tout fait pour m'en approcher.

Partant donc du xvᵉ siècle, je ne me suis arrêté qu'au xxᵉ. Mais en ne retenant que les poètes morts au moment où j'écris. C'est une règle qui a l'avantage d'être simple et sans appel. Les regrets qu'elle m'a laissés ne sont pas nombreux (trois ou quatre peut-être?...). Au reste, comment prétendre faire un choix parmi les vivants, quand on a mesuré la difficulté qu'il y a à mettre à leur place exacte des écrivains morts depuis cinquante ans et plus?

Car mon ambition est bien de donner ici l'essentiel de notre poésie, c'est-à-dire les plus beaux vers de la langue française, ceux que je trouve tels, sans doute, mais avec l'espoir qu'ils le sont vraiment. M'adressant à un public que je souhaite large, j'ai renoncé à faire le délicat devant des poèmes connus de tous : s'ils me paraissaient les plus beaux, je les ai cités. J'ai même délibérément réagi contre la tendance trop facile et trop à la mode ces dernières années qui consiste à mépriser les poètes traditionnellement les plus connus au profit de « révélations » annoncées, suivant le caractère de l'inventeur, avec grand bruit ou avec le clin d'œil du connaisseur. Sans doute, Sainte-Beuve a-t-il, un jour, redécouvert Ronsard et M. de Latouche publié Chénier. Mais Ronsard n'était jamais tombé dans l'oubli. Plus ou moins apprécié, plus ou moins critiqué, il n'avait cessé d'exister. Boileau l'attaquait, mais enfin c'est Ronsard qu'il attaquait et non Tahureau. Quant à Chénier, il a fallu le guillotiner avant qu'il ait eu le temps de publier ses poèmes pour permettre à la postérité de le découvrir, d'ailleurs assez rapidement. Il est bien rare que des œuvres arrachées à l'oubli résistent à l'épreuve du jour, comme ces corps longtemps ensevelis et que celui qui les exhume en apparence intacts voit presque aussitôt s'en aller en poussière. J'estime pour ma part que si tel auteur d'anthologie qui a fait dans son choix une place exceptionnelle au XVIᵉ siècle et, à l'intérieur de ce XVIᵉ, à des noms peu connus, a rendu un vrai service à ceux qui aiment la poésie, il n'en faut pas moins reconnaître qu'il y a dans la poésie du XVIᵉ un immense fatras, un grand nombre de versificateurs sans réel talent qui traitent de manière conventionnelle des thèmes ou des sujets non moins conventionnels. Inversement, les « grands romantiques » qu'il a paru de bon ton de mépriser survivent à ces condamnations sommaires, et, poursuivant leur carrière,

> *Versent des torrents de lumière*
> *Sur leurs obscurs blasphémateurs.*

(Qu'on me pardonne de saisir l'occasion de me débarrasser de Lefranc de Pompignan avec cette citation.)

Au risque donc de faire crier à la banalité, je n'ai pas hésité à donner une place importante et que je crois juste et nécessaire, à de grands poètes délaissés par la mode. S'il est bon de réagir contre le conformisme, à de certains moments le pire des conformismes consiste à renverser systématiquement l'échelle des valeurs, et non pas seulement dans la confrontation des écrivains, mais dans l'importance respective donnée pour chacun d'eux à leurs différentes œuvres. On a voulu, chez beaucoup de nos poètes, mépriser le connu au profit de l'inconnu. Sous l'influence de Thierry Maulnier, certains pour un peu n'aimeraient de Corneille que les pièces jamais jouées. Il faut savoir gré à Thierry Maulnier d'avoir élargi notre horizon en montrant que Corneille n'est pas limité à quatre tragédies et qu'on trouve dans Suréna et jusque dans Pertharite de réelles beautés. Mais enfin, osons le dire, tout cela ne vaut ni le Cid, ni Cinna, ni Polyeucte. De même, trouve-t-on dans le dernier Hugo — La Fin de Satan, Dieu — des vers

admirables. Quel volcan, bien sûr! mais que de
scories! Et lorsque à l'inverse on rejette dans le néant
les recueils de la maturité pour n'en retenir que Booz
endormi et encore à cause de « Jérimadeth », j'estime
que l'on se moque de nous. Ce parti pris d'étonner
le bourgeois me paraît, soixante ans après la nais-
sance de Dada, devenu la chose la plus banale, la
plus vulgaire du monde. Nous sommes à une époque
où la bourgeoisie découvre Marx. C'est dans ce
même élan spirituel qu'elle croit découvrir Maurice
Scève, Jules Laforgue et Alfred Jarry. Ce n'est
point une raison, bien sûr, pour en revenir à Fré-
déric Le Play, Casimir Delavigne et François Coppée.
Il faut essayer simplement de mettre chacun à sa
place, sans parti pris. Il est curieux d'ailleurs de noter
que les excès dont je parle ont été à ce point provo-
qués par la recherche de l'originalité à tout prix
qu'ils ont conduit à des attitudes contradictoires.
Ainsi ceux-là même qui dans Ronsard rejetaient
comme faciles les adorables poèmes des Amours
au seul profit des Hymnes ou des Discours, qui
balayaient d'un revers de main les plus célèbres
poèmes de Hugo au profit des interminables décla-
mations de la Fin de Satan, condamnaient sans appel
les Nuits de Musset pour ne retenir que la Ballade
à la Lune ou la Chanson de Barberine. Mon princi-
pal effort a été d'essayer d'atteindre le juste milieu,
de retenir les meilleurs parmi nos poètes et les meil-
leurs poèmes dans leur œuvre, sans aucun complexe
lorsque je découvrais que mon choix manquait
d'imprévu.

Un souci analogue m'a guidé à l'égard d'écrivains
comme Corneille ou Racine. Je comprends très bien
que mes prédécesseurs aient éliminé le théâtre. Mais
comment faire une anthologie de notre poésie où
ne figurerait ni Corneille ni Racine? On est alors
conduit à ne citer d'eux que des poèmes de circons-
tance ou de médiocres paraphrases de psaumes
alors que leurs tragédies débordent de beauté poé-

tique. J'ai donc pris le parti inverse et cherché à isoler, dans l'œuvre tragique de Corneille et de Racine, les scènes ou les tirades dont la beauté poétique puisse être goûtée en marge de l'action dramatique. Un exemple permettra de me faire comprendre : dans la fameuse scène où Phèdre se déclare à Hippolyte, elle prononce tour à tour deux tirades : la première me paraît riche de poésie intrinsèque, indépendamment de toute situation dramatique; la seconde, au contraire,

> *Ah! cruel! tu m'as trop entendu...*
> *Je t'en ai dit assez pour te tirer d'erreur.*
> *Eh bien! connais donc Phèdre et toute sa fureur...*

me paraît tirer l'essentiel de sa beauté des circonstances où elle est prononcée, du caractère de Phèdre, de l'action dans laquelle elle se situe et où elle engage si lourdement l'avenir des personnages de la pièce. Je l'ai donc éliminée alors que je retenais la première : car finalement, je ne vois pas de différence de nature entre cette première tirade et tel poème de Chénier, pas plus que je n'en vois entre les scènes d'amour du Cid et tant de poèmes de Lamartine, Musset ou Baudelaire. Le dialogue ne suffit pas à enlever à des vers leur qualité propre et essentielle. Et les accents du Cid et de Chimène ne sont pas moins lyriques ni poétiques que les vers du Lac ou du Balcon. J'en dirai tout autant de La Fontaine. Il est l'un des plus grands — et il l'est par les Fables. Comment donc lui réserver une place parcimonieuse? et comment lui donner la sienne sans citer les Fables? Je ne m'en suis donc pas privé, tout en cherchant à ne garder que celles dont la beauté poétique échappe au caractère propre de la fable ou tout au moins le dépasse largement.

Est-ce à dire que j'aie puisé indifféremment dans toute œuvre en vers, même de qualité? Évidemment non. J'ai cité des fables de La Fontaine parce

qu'elles sont des chefs-d'œuvre de poésie, non
parce qu'elles sont de bonnes fables, mais j'ai éliminé
tel apologue de Marot dont la poésie me paraissait
absente, même si l'esprit, la finesse du récit et de
la forme en font un petit chef-d'œuvre. De même
n'ai-je pratiquement rien retenu de toute notre
poésie didactique ou satirique ou épigrammatique.
Il y a de grandes beautés dans les satires de Mathurin
Régnier, dans celles même de Boileau, comme dans
son Art Poétique; il y a chez nos écrivains du XVIᵉ
au XVIIIᵉ siècle de ravissantes épigrammes. Il en est
parfois de même encore au XIXᵉ siècle, chez Musset
par exemple, au XXᵉ chez Franc-Nohain. Mais dans
tout cela, la poésie n'est pas en cause. Le vers n'est
qu'un moyen permettant de faire valoir un mot
d'esprit, une maxime, un précepte. N'oublions pas
d'ailleurs que pendant des siècles le vers a été une
forme « « habillée » de l'expression, un vêtement
noble, qu'on revêtait pour les grandes occasions,
mais qui ne signifiait pas pour autant qu'on cherchât
à faire œuvre poétique au sens où nous l'entendons.
Pour Molière, entre la prose de l'Avare et les vers
des Femmes Savantes, il n'y avait d'autre différence
que l'effort de se mettre en vêtement d'apparat
pour faire un honneur particulier au théâtre et au
public. Les vers de Molière sont au demeurant admi-
rables d'aisance, de fermeté, de sûreté : mais leur
objet est uniquement d'exprimer la pensée ou le
caractère des personnages en scène, ils ne trouvent
leur valeur que dans leur parfaite adaptation à la
situation dramatique, et ne sauraient avoir place,
au contraire de ce que je disais pour Racine, dans
une anthologie de la poésie¹.

---

1. J'ai cependant retenu un passage du Misanthrope qui peut-
être parce qu'il avait été écrit une première fois pour une œuvre
de caractère tragique, m'a paru entrer dans mon cadre et me
permettre de faire figurer Molière dans la liste de nos poètes
plus dignement que par les vers fréquemment cités sur la fresque,
dont le caractère didactique est à l'opposé même de la poésie.

Ainsi donc on ne trouvera ici que mal représentés des écrivains comme Mathurin Régnier, Molière ou Boileau. De même, rejetant la poésie épigrammatique, les vers d'esprit, du moins lorsqu'ils ne sont que spirituels, je n'ai fait presque aucun emprunt au XVIIIᵉ siècle. Pourtant beaucoup des auteurs de ce temps manient le vers avec aisance et distinction, et certains avec talent. Mais ils ne cherchent pas pour autant à être poètes. On pourrait faire une exception pour les écrivains tragiques, Voltaire notamment. Mais là se révèle un défaut à mes yeux irrémédiable et qui m'a conduit à éliminer un grand nombre de noms : le vers tragique de Voltaire n'est que l'écho de celui de Corneille et plus encore de Racine. Le dialogue, les tirades sont un pastiche permanent et sans doute inconscient. Or, en art, les épigones ne sont pas supportables. De même donc que je n'ai fait aucun emprunt aux tragédies de Louis Racine ou de Voltaire, aux fables de Florian, je n'en ai fait aucun aux disciples attardés du romantisme, du parnasse, du symbolisme, de Baudelaire qui encombrent la fin du XIXᵉ siècle et le début du XXᵉ. Le faux Baudelaire ne vaut pas mieux que le faux Picasso. J'en dirai autant du faux Ronsard.

Il faut pourtant admettre qu'une anthologie, même si elle se veut réduite à l'essentiel, doit donner un aperçu à peu près complet de la poésie française; qu'elle doit donc faire une place à tous ceux qui ont, au moins une fois, approché de la vraie poésie. Peut-être s'étonnera-t-on, à ce propos, de ne pas trouver ici représentés les « poèmes en prose », ceux de Baudelaire par exemple, comme aussi les Chants de Maldoror. Mais il m'a semblé qu'il y avait plus de risque à abandonner le critère du vers qu'à admettre certaines lacunes. Baudelaire et Rimbaud sont largement représentés par leurs œuvres en vers et Lautréamont n'est peut-être pas essentiel. Les vers mesurés de Baïf ou d'Agrippa d'Aubigné n'ont de valeur qu'anecdotique. Je m'en suis donc

tenu aux poèmes rythmés et rimés de façon classique,
sauf pour quelques modernes à partir du moment
où, comme la peinture cherchant son renouvelle-
ment dans la non-figuration, la poésie a cherché le
sien dans le refus des rythmes traditionnels et de la
rime.

A CES quelques explications sur les principes qui
m'ont guidé, j'ajouterai ceci : en fin de compte,
dans la poésie plus qu'ailleurs, il faut avoir « le don ».
A une certaine facilité irritante, je préfère, bien sûr,
la perfection suprême de La Fontaine ou de Racine,
de Baudelaire ou de Mallarmé. Mais rien — intelli-
gence, sensibilité, métier — ne dispense du don
divin d'être poète. Musset par exemple l'avait, quoi
qu'on ait dit de lui. Ceux qui ne l'ont pas eu ne
comptent pas, quels que soient leurs autres mérites
et même s'ils se sont donné beaucoup de mal, s'ils
s'appellent Baïf ou Sainte-Beuve, Théophile Gautier
ou François Coppée, Sully Prudhomme ou Charles
Maurras. Quelques-uns ont été touchés par la grâce
à de certains moments qui, trop souvent, n'échappent
pas à la platitude. C'est là qu'apparaît la supériorité
du talent : quand la grâce touche Maynard, ou Théo-
phile, ou Saint-Amant, ou Marceline Desbordes-
Valmore, ou Moréas, nous avons des vers heureux.
Mais quand elle touche Malherbe, ou Vigny, ou
Valéry, ce sont quelques-uns des plus beaux vers de
notre langue qui éclatent tout à coup, faisant oublier
tant de poèmes laborieux que ni l'éloquence, ni la
noblesse des idées, ni l'obscurité savante n'arrivaient
à sauver.

LES POÈTES

Après ces quelques réflexions générales, il n'est pas inutile, je pense, de passer brièvement en revue nos différents poètes, afin de me justifier de la place que je leur fais — ou ne leur fais pas.

Sur tout ce qui précède le XVe siècle, je ne dirai rien, n'ayant pas cru pouvoir faire figurer valablement dans cette anthologie la poésie du Moyen Age. Même *Rutebeuf* qui, par tant de traits, préfigure Villon,

> « *Que sont mes amis devenus?*
> *Je crois le vent les m'a ôtés.*
> *L'amour est morte*
> *Ce sont amis que vent emporte*
> *Et il ventait devant ma porte;*
> *Les emporta* »

reste, pour le lecteur non préparé, la plupart du temps incompréhensible. J'ai donc renoncé à donner de lui une image qui n'aurait pu être que déformante. *Eustache Deschamps* se lit plus facilement. Habile versificateur, il est souvent poète vrai : de son œuvre considérable, j'ai extrait deux ballades connues, ainsi qu'un virelai et un rondeau où cet homme mélancolique s'exprime avec un talent très élaboré.

Le XVe siècle est un siècle triste. Comme toutes les civilisations à leur déclin, le Moyen Age s'attarde désespérément à ce qui fit sa grandeur ou son charme, et qui va mourir. De l'homme du Moyen Age, la poésie nous fournit deux types exemplaires. *Charles*

d'Orléans d'abord, vrai chevalier de notre littérature
et maître souverain dans toutes les formes de poésie
propres à son temps. Qu'il exprime simplement des
sentiments simples — amour de la patrie, de la paix,
de la femme —, qu'il utilise au contraire toutes les
subtilités et les obscurités de l'allégorie, il apparaît
comme une âme noble et sensible s'épanchant dans
des vers pleins de musique et de clair-obscur. C'est
un grand poète, le premier d'une illustre lignée,
celle de du Bellay, de Nerval et d'Apollinaire.

Si Charles d'Orléans a toutes les grâces du Moyen
Age, *Villon* en incarne les angoisses et les remords.
Plus qu'une banale préfiguration des poètes maudits,
cet étudiant bourgeois devenu bandit exprime la
grande terreur du peuple médiéval en proie à la
misère et à la maladie, angoissé par la mort et l'au-
delà, réconforté par les plaisirs élémentaires de la
table et du lit et, parfois, par l'espérance. Il a peu
écrit et encore y a-t-il dans son œuvre beaucoup de
vers inutiles. Mais les quelques centaines de vers qui
comptent (et que j'ai essayé de citer intégralement)
suffisent à faire de lui l'un des grands parmi les grands,
avant et avec Baudelaire, celui qui a su le mieux
parler de la mort.

C'est un malheur pour *Marot* d'ouvrir le XVIe siècle
en succédant à Villon. Il avait pourtant beaucoup des
vertus qui s'épanouissent chez La Fontaine. Mais
dans ses épîtres par exemple (si remarquables à tant
d'égards) fait défaut ce quelque chose qui est, pré-
cisément, la poésie. Pourtant, il n'en manquait
pas et il l'a semée sans parcimonie dans de nombreux
petits poèmes dont je cite quelques-uns. Ils suffisent,
me semble-t-il, à le mettre en bonne place parmi nos
poètes mineurs, qui ne sont pas les moins charmants.

On fait grand cas, depuis quelque trente ans, de
l'école lyonnaise. Maurice Scève, Louise Labé, Per-
nette du Guillet ont été exhumés et solennellement

conduits au Panthéon. A vrai dire, Fourvières aurait
suffi. *Maurice Scève* est doué, et ses débuts, en parti-
culier, sont souvent éclatants. Mais le souffle poétique
lui manque. Il cherche à y suppléer par la recherche
formelle, et l'obscurité précieuse, qui lui ont valu
de nos jours d'enthousiastes admirateurs. Je cite
quelques-uns des dizains les meilleurs de la Délie.
Aucun d'entre eux ne vaut par plus de deux ou trois
vers. Beaucoup d'autres auraient pu être cités où
l'on trouve au moins un vers. Mais je ne connais
rien de plus fastidieux que du Scève à haute dose.
La répétition des procédés, le déroulement sans fin
de vers où la platitude alterne avec la fermeté gâchent
l'œuvre de ce vrai poète à qui il a manqué de se
résigner à peu produire pour être l'égal des grands.

Louise Labé a moins de mérites. Mais certains de
ses sonnets ont de l'élan et elle a parfois de vrais
bonheurs d'expression. Je la préfère et de beaucoup
à l'insipide Pernette du Guillet.

L'école lyonnaise garde cependant un style pro-
vincial au regard de la fourmillante capitale de la
Poésie que l'on découvrira en se rendant

> *...Au vrai pays de gloire*
> *Sur les bords de la Seine ou de la verte Loire.*

Voici la Pléiade avec Ronsard et du Bellay suivis
d'une foule de disciples dont quelques-uns furent
presque des maîtres. Ici plus qu'ailleurs, devant une
telle abondance, j'ai dû choisir. Au demeurant,
Dorat, Remy, Belleau, Pontus de Thyard, Jodelle
même ne sont que des images affadies de Ronsard,
et les efforts de Baïf ou de Guillaume du Bartas
pour trouver leur propre originalité me paraissent
avoir été frappés d'insuccès. J'ai donc préféré m'en
tenir à Ronsard et du Bellay, puis, parmi les succes-
seurs, à Desportes qui me paraissent dominer large-
ment leurs émules. J'y ai joint un extrait de chacun

des deux Garnier, Robert, qui, auteur dramatique, a de vraies qualités lyriques, et Claude qui eut la chance de rencontrer une fois la poésie.

Ronsard, bien sûr, est le plus grand. Le meilleur de lui-même se trouve, j'en suis convaincu, dans les Amours ou dans les poèmes où il a chanté son pays natal, non dans les Hymnes et les Discours où de surprenantes beautés ne se découvrent qu'avec effort au sein de développements interminables et parfois grandiloquents. Le « faste pédantesque » de Boileau n'était pas entièrement immérité ! J'ai donc fait de larges emprunts aux recueils les plus connus (Amours, Élégies) en y joignant un admirable passage de l'Hymne à la mort et les vers déchirants de l'extrême vieillesse. J'ai enfin cité de longs passages de « l'Institution pour l'adolescence du Roi très chrétien Charles IX de ce nom », parce que, des poèmes didactiques de notre langue, c'est le plus noble de tous. Nous sommes ici à la limite de la vraie poésie. Mais la hauteur de la pensée, la fermeté de la langue, la sûreté du rythme, la beauté des formules montrent ce qu'un grand poète peut faire dans un genre ingrat entre tous.

Joachim du Bellay est plus limité. Il est pourtant la poésie même et doit être cher à notre cœur. Les sonnets de l'Olive, des Antiquités de Rome, des Regrets, sont d'une facile et souveraine beauté et l'élégance de l'âme y trouve son expression naturelle. Ils ne sont pas cependant toute l'œuvre de du Bellay. Et certains poèmes comme la Complainte du Désespéré ont un accent surprenant. *Desportes* n'est pas un successeur indigne. Je lui ai volontairement donné une place importante. L'extrême beauté des trois sonnets que je cite, le charme léger de deux chansons, la noblesse amère de la « Plainte » suffiront, je l'espère, à donner une idée de la variété d'inspiration et de ton d'une œuvre considérable et mal connue.

Si Desportes se rattache à Ronsard, *Agrippa d'Aubigné* est un isolé. Tourmenté dans son style comme dans ses passions, parfois boursouflé, à d'autres moments d'une pureté toute classique, il évoque ces églises de style jésuite où le baroque se mêle à l'antique. Mais il est habité par le génie et a écrit quelques-uns des plus beaux vers de notre langue. Son « Jugement dernier », dont je cite un long passage, a les vertus (et les défauts) de celui de Michel-Ange. « L'hiver », malgré des faiblesses, est un merveilleux poème.

Avec *Malherbe*, nous tournons une page. Moins à cause de son œuvre que de son influence. Comme poète, Malherbe n'est pas tellement loin d'Agrippa d'Aubigné : il a beaucoup moins « le don », mais lorsqu'il est inspiré, il écrit, lui aussi, de très beaux vers. Entre-temps, il révèle un même goût de la rhétorique et de la boursouflure, mais qu'il plie aux lois d'une syntaxe et d'une rythmique rigoureuses. Par là, il justifie le rôle que lui attribue Boileau. Il stérilise l'élan lyrique du XVIᵉ siècle et ce qui en subsiste après lui fait figure de parent pauvre et a quelque chose d'inachevé. Il oriente nos écrivains vers les règles étroites sous lesquelles la poésie française finira par succomber momentanément, mais non sans avoir produit quelques-uns de ses meilleurs chefs-d'œuvre.

De l'œuvre même de Malherbe, on estimera peut-être que je ne cite pas grand-chose. A dire vrai, rien d'autre ne m'a paru valoir d'être retenu. Malherbe, c'est un certain mouvement de la strophe, que deux ou trois poèmes permettent de sentir, c'est une dizaine de très beaux vers, et c'est un grand nom : comme de certaines illustres familles dont on s'aperçoit que l'histoire ne connaît guère que le patronyme.

A côté de Malherbe, un adversaire, *Mathurin Régnier*, plein de verve et de talent : mais la poésie satirique n'est pas notre objet. On ne trouvera donc de lui que des extraits très brefs et de qualité honorable.

De *Jean de Sponde*, je donne un sonnet, par estime pour Marcel Arland qui a révélé au grand public ce versificateur consciencieux et qui n'est pas toujours dénué de poésie.

Maynard est un sous-du Bellay corrigé par Malherbe. Mais il a écrit quelques vers harmonieux et d'un ton déjà moderne. De *Racan*, je n'ai pas cru pouvoir me dispenser de citer les fameuses « Stances », où la strophe de Malherbe habille convenablement une philosophie banale : c'est du bon « prêt à porter ».

Il en est tout autrement de ces poètes du début du XVIIe siècle que Boileau a rejetés dans l'ombre, ou plus exactement dans une sorte d'opposition stérile à la royale poétique de nos grands classiques. Théophile, Saint-Amant, Tristan sont non seulement des figures attachantes, mais des êtres pleins de dons. Ils se détachent d'un groupe compact de « grotesques » (Scarron) ou de « précieux » (Voiture, Benserade, Cotin) qui, après trois siècles, ne se sont pas relevés des assauts convergents de Boileau et de Molière. A dire vrai, cet oubli n'est pas inexplicable. Aucun de ceux que je nomme n'a réussi vraiment à réaliser une œuvre. Observons d'ailleurs ceci : à chaque époque, tous les poètes traitent les mêmes sujets. Or, tandis que lorsqu'on a cité un poème de Ronsard, il apparaît vain de citer les vers écrits sur le même thème par Belleau ou Baïf, qui ne sont que des satellites, il est presque impossible de faire un choix entre les poèmes que *Théophile de Viau*, *Saint-Amant* et *Tristan l'Hermite* consacrent au même sujet. Tous trois ont des vertus, quelques strophes charmantes, un accent particulier : plus d'imagination et de verve chez Saint-Amant, plus de poésie naturelle chez Théophile (le plus doué des trois à mon sens), plus de recherche et de trouvailles chez Tristan. Aucun des trois n'échappe à la prolixité, ni même à une certaine platitude dans la préciosité. Il faut donc les citer tous trois. Mais le lecteur, je crois, ne le regrettera pas. Il y a de la vraie poésie chez ces écrivains qui font la preuve qu'il est difficile de nager à contre-courant et de devenir, avec des dons naturels éminents, un très grand poète lyrique lorsque toute votre époque tourne le dos au lyrisme.

De *Voiture*, je cite un sonnet, sans mérite éclatant, mais qui donne une idée de ce que fut la poésie précieuse : elle a beaucoup de défauts, mais au moins n'est pas vulgaire. Son chef-d'œuvre est peut-être, par l'ironie du sort et du talent, le sonnet que Molière a écrit pour s'en moquer dans le Misanthrope.

Est-ce à dire que la poésie soit au xviie siècle réservée aux « égarés » ou aux « attardés » ? Assurément non. Notre littérature classique s'éloigne il est vrai du lyrisme pur, mais non de la poésie. La liaison d'ailleurs est faite par *Jean de la Fontaine*, l'esprit le plus libre, le plus fantaisiste, le plus individualiste qui soit, mais aussi l'artiste le plus scrupuleux, le plus soucieux de la forme, maître dans l'art classique de « faire difficilement des vers faciles ». Ne nous donnons pas le ridicule d'essayer de définir La Fontaine : simplement c'est dans les Fables qu'il faut le chercher. C'est pourquoi j'ai cité presque exclusivement des fables, en choisissant celles qui me paraissaient les plus belles et celles (ce sont presque toujours les mêmes) où la poésie prend le pas sur l'anecdote, l'esprit, la réflexion morale ou, en tout cas, s'y mêle constamment.

Avant et après La Fontaine, voici Corneille, Molière, Boileau.

Corneille est poète. Pour le montrer, je n'ai pas eu recours à telle ou telle paraphrase de psaumes. Depuis Marot et Malherbe en passant par Corneille, Racine et bien d'autres, il s'est créé un genre assez conven-

tionnel auquel s'adonnent les poètes, surtout dans la
dernière partie de leur vie, et qui conduit tout droit
à la rhétorique rythmée de Jean-Baptiste Rousseau
et de Le Franc de Pompignan. Malgré quelques vers
de qualité, notamment chez Racine, rien ne condam-
nerait davantage la poésie française que ces pieux
exercices de style si elle ne devait être cherchée ailleurs.
Chez Corneille, à quelques heureuses exceptions
près, la poésie est avant tout dans ses tragédies, y
compris dans les dernières. J'ai pourtant limité mon
choix à Cinna et Polyeucte, et surtout au Cid dont
je donne la grande scène entre Rodrigue et Chimène.
Malgré son caractère fatalement dramatique, malgré
une certaine tendance des personnages cornéliens
à la plaidoirie presque chicanière, cette scène reste
essentiellement un admirable chant d'amour. Elle
fait partie de la poésie universelle aussi bien que les
duos de Roméo et Juliette.

Les noms de *Molière* et de *Boileau* ne pouvaient
être absents, bien que l'objet même de leur art ait
écarté ces maîtres du vers de ce qui est proprement
poésie. J'ai donc cherché à les faire figurer brièvement
mais dignement.

Après eux, *Racine*, le plus grand poète français du
XVIIe siècle avec La Fontaine et l'un des plus grands
de notre histoire. Lui non plus, je n'ai pu me résigner
à le représenter par des œuvres de circonstance
ou de convention. J'ai donc puisé largement dans ses
tragédies, où la poésie est constamment présente
parce que, s'il est aussi dramatique que Corneille,
il n'est oratoire qu'exceptionnellement et malgré lui :
poésie liée sans doute aux situations dramatiques —
comme dans Bérénice — au caractère du rôle —
telle la pudeur de Monime — à l'atmosphère légen-
daire de la mythologie — Andromaque, Phèdre —
à la grandeur historique — récit de Mithridate —
et j'aurais pu citer aussi le grand récit d'Agrippine,
mais parfois poésie lyrique presque pure : je pense à

Clytemnestre évoquant son retour après le sacrifice
d'Iphigénie :

> *Et moi, qui l'amenai triomphante, adorée,*
> *Je m'en retournerai, seule, et désespérée?*
> *Je verrai les chemins encor tout parfumés*
> *Des fleurs dont sous ses pas on les avait semés?*

ou encore au récit d'Ulysse à la fin de la même pièce :

> *Les vents agitent l'air d'heureux frémissements*
> *Et la mer lui répond par ses mugissements.*
> *La rive au loin gémit, blanchissante d'écume...*

On pourrait, ici, multiplier les citations. Sauf dans
les « intervalles », quand il lui faut expliquer les allées
et venues de ses personnages ou les péripéties secon-
daires de l'action, Racine est constamment poète.
Pour lui, comme pour La Fontaine ou Baudelaire,
une anthologie ne peut être qu'une amputation.

Ayant porté jusqu'à la perfection la poésie la plus
naturelle et la plus raffinée à la fois, il a cependant
contribué à tarir la source de notre poésie. Pendant
plus d'un siècle, il n'aura que des imitateurs. Faute
d'avoir pu secouer les influences et renouveler son
inspiration, le xviiie siècle fait figure de désert poétique.
Voltaire, habile versificateur, est la plupart du temps
sans âme. J'ai cependant cru pouvoir retenir deux
poèmes mineurs où le désenchantement et la vieillesse
lui servent de muse. Si quelques auteurs, pour qui
l'art des vers ne présentait pas de difficultés, méritent
d'être cités, c'est pour les rares œuvres où commence
à se dessiner l'évolution vers le lyrisme personnel.
Ainsi peut-on réserver une petite place à *Jean-
Baptiste Rousseau, Delille, Gilbert*. Mais ce n'est qu'avec
les romantiques que cette forme poétique connaîtra
son éclat.

La fin du XVIIIᵉ siècle voit cependant surgir quelqu'un qui, s'il avait vécu, aurait peut-être modifié cette évolution. *André Chénier* essaie de créer une poésie personnelle de tradition classique, solidement appuyée sur la culture grecque et qui, dans le lyrisme, se rattache à l'influence racinienne, mais en la renouvelant. Il est mort trop tôt pour s'accomplir. Beaucoup de ses Bucoliques gardent encore un côté « exercice de style » ou « prix de Rome ». Il a, dans ses élégies, des débuts admirables, qui parfois tournent court, ses longs essais comme l'Amérique ne se distinguent qu'exceptionnellement du didactisme de Delille et ses derniers poèmes, les plus émouvants, restent encore un peu oratoires. Mais c'est un vrai poète qui avait en lui la certitude d'une grande œuvre et qui aurait pu épargner à notre XIXᵉ siècle romantique un certain nombre de défauts irritants.

De ce XIXᵉ siècle, le premier représentant notable est *Lamartine*. Le moins qu'on puisse dire, c'est qu'il n'est pas à la mode. Il est d'ailleurs facile à critiquer. Il a écrit un grand nombre de poèmes que Millevoye ou Ducis pourrait revendiquer. Rien de plus ennuyeux que la Chute d'un Ange si ce n'est Jocelyn. Mais les grandes Méditations sont parmi les chefs-d'œuvre de notre poésie : on peut préférer l'ivresse d'alcools plus secs, mais non, selon moi, être insensible à l'Isolement, au Vallon ou au Lac. Chaque fois qu'il a été inspiré par un sentiment fort, Lamartine a trouvé des accents d'une rare beauté. Quand aujourd'hui nous le relisons, que nous recherchons tout ce qui le rattache encore à Delille et à Millevoye, que nous le comparons à ceux qui l'ont suivi, et surtout à Baudelaire et aux symbolistes, nous finissons par oublier son rôle capital : on peut regretter que Chénier n'ait pas été là pour le jouer à sa place. Mais il est de fait que Lamartine a ramené la poésie en France et a été l'initiateur du siècle lyrique le plus riche de notre histoire.

Après lui, voici, en foule, des noms de premier plan. Et d'abord, *Hugo*. « Hugo, hélas! » disait Gide. Assurément, la poésie de Hugo n'est pas celle qui me touche le plus. La facilité verbale des premiers recueils irrite et plus encore peut-être le prétentieux délire des derniers. On a voulu faire de la Fin de Satan, de Dieu, les sommets de son œuvre. Si c'est par réaction contre l'Enfant Grec ou contre « Donne-lui tout de même à boire, dit mon père », je veux bien. Mais, plus encore que dans les Tragiques d'Agrippa d'Aubigné, pour un vers éclatant, que de phraséologie! Je ne rappelle que pour mémoire les lourdes facéties des Chansons des Rues et des Bois. Au milieu de tout cela, beaucoup de beaux vers, quelques chefs-d'œuvre admirables. Mais rien ne vaut la suite des recueils : les Feuilles d'Automne, les Chants du Crépuscule, les Voix Intérieures, les Rayons et les Ombres, les Châtiments, les Contemplations, la Légende des Siècles. C'est là que ce prodigieux génie, bouillonnant d'images et de visions, transfigurant l'histoire, celle du monde et la sienne propre, accumule par milliers d'admirables vers. J'ai cherché à citer les plus beaux, en donnant tour à tour des vers intimes, des chants épiques du cycle napoléonien (j'ai choisi Napoléon II, mais on aurait pu préférer l'Expiation), des poèmes de la grande colère contre Napoléon III, et ce magnifique chef-d'œuvre qu'est Booz endormi, ainsi que certains des textes visionnaires où le génie déferle : les Mages, Plein Ciel. Avec quelques extraits des recueils de la vieillesse, l'ensemble constitue, me semble-t-il, une image assez exacte et assez riche de l'œuvre de Hugo, bien que les dimensions de cet ouvrage m'aient empêché de citer un ou deux des grands poèmes légendaires de la Légende des Siècles. De toute manière, rien ne dispense de la lecture des sept ou huit recueils indiqués plus haut, et, à tout le moins, des Châtiments, des Contemplations et de la Légende des Siècles.

Hugo domine le siècle. Tous ceux qui ont écrit des vers entre 1830 et 1880 ont pensé à lui, ont cherché à s'arracher à son influence, ont désespéré d'exister auprès de ce géant. Et pourtant, ou peut-être à cause même de cette rivalité, nous trouvons là plusieurs de nos meilleurs et de nos plus grands poètes.

En premier lieu, *Alfred de Vigny*. Figure particulièrement attachante, parce qu'il est un de ces poètes que la grâce ne touche que par moments, mais avec quel éclat! Beaucoup de ses œuvres sont médiocres et, dans les meilleures, il n'évite pas toujours le mauvais goût ou la platitude. Parmi ses réussites Moïse, le Mont des Oliviers, la Mort du Loup gardent encore une certaine froideur compassée. Mais la Colère de Samson et la Maison du Berger renferment quelques-uns des plus beaux vers qui soient et ont une allure, un style qui les placent au premier rang.

Gérard de Nerval, lui aussi, écrit en vers difficilement. Mais ses poèmes sont presque tous des chefs-d'œuvre d'une extrême densité. Lorsque Gide déclare qu'il a fait « de vains efforts pour s'éprendre de Gérard de Nerval », cet aveu me paraît se retourner contre son auteur. Non seulement Gérard de Nerval est poète, mais recherchant systématiquement les vertus d'incantation de l'obscurité et du symbole, réussissant là où Scève avait échoué, il ouvre à la poésie française une voie dans laquelle depuis Malherbe elle avait refusé de s'engager et, secouant le joug de Hugo, par-delà ses contemporains, prépare Baudelaire, Mallarmé et Rimbaud. J'ai cité les admirables sonnets des Chimères, ainsi que quelques poèmes plus faciles mais adorables. Le Christ aux Oliviers me paraît inférieur. A cette exception près, on trouvera ici la quasi-totalité de l'œuvre poétique originale de Nerval, brève mais irremplaçable.

Avec *Alfred de Musset*, nous sommes dans un tout autre univers. Autant Vigny et Nerval peinent devant « le vide papier que la blancheur défend », autant Musset a de facilité. Son œuvre s'en ressent, bien sûr. Mais il a si évidemment le don de poésie, il est si loin de toute vulgarité, qu'il fait l'effet de ces enfants terribles et charmants à qui l'on pardonne tout. Il est, dans notre littérature, le seul qui ait su mettre de la poésie dans des genres où Mathurin Régnier, Boileau, Voltaire n'ont su mettre que de l'esprit ou de la raison. Par là, il est proche de La Fontaine, qu'il aimait. Il reste enfin, par les Nuits et par quelques autres poèmes, le poète d'amour le plus vrai, le plus accessible à tous. Ce n'est pas forcément un défaut, quoi qu'en pensent certains, qui me diraient avec le Bloch de Proust : « *Défie-toi de ta dilection assez basse pour le sieur de Musset. C'est un coco des plus malfaisants.* » Le jour où l'amour dans nos mœurs supplantera l'érotisme, Musset redeviendra à la mode. Je ne parle que pour mémoire des charmantes chansons dont on trouvera ici quelques-unes et auxquelles même de bons esprits ont cru un peu naïvement pouvoir réduire une œuvre qui se situe immédiatement derrière les premiers plans.

Les historiens de notre littérature nous expliquent qu'après le Romantisme vient le Parnasse. Cette école, si on lui enlève les premiers vers de Verlaine et de Mallarmé, comprend un précurseur, Gautier, et un groupe abondant de poètes : Leconte de Lisle, Banville, Sully Prudhomme, Heredia, etc. Cet aveu me condamnera-t-il à mon tour ? Il y a là tout ce qui m'ennuie. Faisons une exception pour *Leconte de Lisle*. On trouve une vraie grandeur chez ce poète laborieux. Mais si j'ai cru devoir citer quelques vers de *Gautier*, c'est vraiment par respect pour Baudelaire qui lui dédia les Fleurs du Mal. *Banville*, plus doué, reste creux. *Heredia* est un bon ouvrier du faubourg Saint-Antoine : il fait de l'ancien solide et consciencieux. *Sully Prudhomme*, de tous, m'attriste le plus, qui voudrait tant être poète. J'en ai pourtant cité un court poème dans lequel les pires platitudes n'altèrent pas complètement un certain charme mélancolique.

Que tout cela paraît pâle à côté de leur contem-
porain, *Baudelaire.* Ce n'est jamais sans émotion
qu'il m'arrive de regarder ce petit volume à couver-
ture jaunâtre, paru en 1857 et qui s'intitule les
Fleurs du Mal. Là est, de toute poésie, ce qui me
touche le plus. L'angoisse devant la vie et devant
la mort, le sentiment de la faute et celui de la révolte,
la poésie de la vie moderne et celle de l'évasion
trouvent chez Baudelaire leur expression la plus
émouvante. A vrai dire, il est impossible de résumer
en quelques mots une œuvre où il y a tout et qu'il
faut connaître en totalité. J'en ai donné ce qui me
paraît le plus beau — mais, en relisant le reste, il
n'est rien qui ne me paraisse digne d'être cité. Fait
curieux à noter : tandis que La Fontaine reste sans
postérité, que Racine stérilise la sienne, que Hugo
n'engendre que de médiocres disciples, Baudelaire
a suscité une école où l'on trouve de très grands
poètes. C'est qu'il n'était pas un aboutissement, mais
un commencement. Partis de lui, beaucoup ont su
se dégager de l'imitation pour trouver dans des voies
diverses leur propre originalité.

Mallarmé d'abord, le plus grand peut-être. Aucun
cependant n'a écrit avec tant de difficulté. Mais il a
trouvé dans cette difficulté même le renouveau. La
recherche dans le vocabulaire comme dans la syntaxe,
l'obscurité voulue mais jamais gratuite ni vaine
créent intensément le mystère de l'incantation poé-
tique. C'est peut-être dans les poèmes plus ambi-
tieux — Hérodiade, l'Après-midi d'un faune —
qu'on peut déceler les faiblesses d'une inspiration
peu généreuse. Mais l'ensemble de l'œuvre en fait
un poète du premier rang et l'un de ceux qu'on
peut relire sans cesse.

Verlaine est plus facile. Ne cherchons pas chez lui
la puissance de la forme ou de l'imagination : il
s'accompagne de la guitare ou du violon, mais
s'essoufflerait à suivre un orchestre. Il n'est pas

jusqu'aux célèbres sonnets chrétiens de *Sagesse*
qui ne me paraissent d'une qualité inférieure. Mais
comme Villon et Baudelaire sont les poètes de l'an-
goisse et du remords, Verlaine est celui de la mélan-
colie et du regret. Il a su en donner l'expression la
plus musicale, la plus tendrement mystérieuse. Il
est un des poètes les plus chers à notre cœur. Je
dirais cependant qu'il a été un mauvais maître, s'il
n'y avait pas Apollinaire.

Tristan Corbière avait un vrai talent. Il est mort trop
jeune pour pouvoir donner sa mesure. Je cite de lui
deux poèmes où il commençait à s'exprimer, notam-
ment l'émouvante « Rapsode foraine ». Dans des
vers connus, il a raillé les poètes maudits dont il
reste cependant le plus tragique exemple. Aurait-il
réussi à se dégager de l'amertume et du grincement?
Je le crois. Mais il est difficile de faire œuvre poétique
après tant d'autres et le renouvellement, en art,
est rare.

Rimbaud pourtant a fait ce miracle. Lui aussi est
mort jeune, surtout à la poésie. Plusieurs de ses
poèmes ne sont que les brillants exercices d'une
jeunesse douée. D'autres, à travers un effort d'origi-
nalité parfois enfantin, contiennent de grandes
beautés. Certains enfin et surtout le Bateau Ivre sont,
malgré quelques bavures, parmi les plus authentiques
chefs-d'œuvre de notre poésie. Par suite des règles
que je me suis fixées, je n'ai rien cité des Illuminations
ni d'Une Saison en Enfer. Mais Rimbaud par son
destin d'étoile filante comme par les quelques traces
qu'il a laissées dans le ciel, continuera longtemps de
faire rêver.

Peut-être me reprochera-t-on le peu de place que
j'ai donné aux poètes si nombreux de la fin du XIXᵉ siè-
cle que mes prédécesseurs ont cités largement. Pour-
tant aucun de ceux que j'ai ignorés — Louis Ménard,

Charles Cros, Germain Nouveau, Albert Samain, Van Lerberghe et plus tard Emmanuel Signoret ou Charles Guérin — ne me semble mériter plus que la mention de son nom. Le meilleur de leur œuvre n'est qu'un écho des maîtres du Parnasse ou du Symbolisme. J'ai cherché dans l'œuvre abondante et estimable de *Verhaeren* un vrai poème. Ai-je réussi? On peut être plus généreux pour *Jean Moréas* dont les Stances ont souvent du ton. *Henri de Régnier* a écrit quelques jolis vers. *Jules Laforgue* était infiniment plus doué. Mais il est bien rare qu'il arrive à dominer le vain désir de choquer et il y a dans son œuvre grimaçante beaucoup de la nostalgie d'un génie qui n'a pas su éclore.

A ces poètes victimes soit d'avoir voulu viser trop haut, soit de n'avoir pas su créer leur propre originalité, je préfère le charme moins facile qu'il n'y paraît de *P.-J. Toulet*. Il était né pour d'autres époques, pour être troubadour ou pour la chambre bleue d'une jeune marquise de Rambouillet. Il n'a écrit que de menus poèmes, mais a réussi l'exploit de réconcilier le scepticisme avec la poésie.

Il est à cet égard doublement une exception, à l'aube d'une époque où l'on va se prendre au sérieux plus que jamais. Et pourtant cette génération va une fois encore renouveler la poésie française. A quelques années d'intervalle naissent Claudel, Francis Jammes, Paul Valéry, Péguy.

Paul Claudel rompt résolument avec toutes les formes de notre tradition poétique. Il remplace le vers par la phrase mesurée et rythmée et supprime, bien sûr, la rime tout en gardant à l'occasion des effets d'assonance. Pour le reste, c'est une sorte d'auberge espagnole du XVIe siècle, pleine de confusion et de vacarme, où défile la terre entière : voyageurs avec leurs souvenirs, passants avec leurs passions, l'évêque et le mendiant, le roi et la sainte. Sa poésie fondamentalement dialoguée (voyez déjà

la Cantate à trois voix) devait tout naturellement
aboutir au drame. C'est pourquoi, à côté d'extraits
des recueils poétiques, j'ai cité une scène du Soulier
de Satin. Génie inégal et qui ignore jusqu'à l'existence
de la mesure, Claudel entraîne tout par la puissance
de son souffle et de son verbe.

Le même effet de masse est recherché par *Charles
Péguy*. Mais contrairement à Claudel, il accepte
souvent les règles de la versification classique et ne
cherche pas à emporter le lecteur dans le torrent
de son imagination. C'est la répétition qui est son
moyen propre, procédé ancien et que nous retrou-
vons dans le refrain des chansons et ballades, dans les
variations musicales et plus encore dans les litanies
d'Église. Gide a raison de trouver que Péguy en a
abusé au point d'être illisible dans sa totalité. Mais
contrairement à ce que pensait Gide, il est facile
d'isoler des passages admirables, où l'effet de répé-
tition garde toute sa vertu. Et puis, bien sûr, ce n'est
pas avec les bons sentiments qu'on fait de la bonne
littérature. Mais la qualité de l'âme est indispen-
sable au poète : celle de Péguy transparaît constam-
ment et illumine une œuvre dont le ton est authenti-
quement celui de la poésie. Il n'est pas jusqu'à
une sorte de prescience de l'avenir qui ne donne
un accent si émouvant aux vers fameux :

Heureux ceux qui sont morts pour la terre charnelle
Mais pourvu que ce fût dans une juste guerre

de même que Victor Hugo, bien avant le 2 Décembre
s'écriait :

Oh! n'exilons personne! Oh! l'exil est impie!

J'ai joint aux vers les plus beaux et les plus célèbres de
Péguy une série de quatrains de sa jeunesse, qui
révèlent un homme plus complexe que le bouillant
soldat du Christ et de la Patrie qu'on imagine à l'or-
dinaire : ses dons d'écrivain s'y manifestent de façon
surprenante.

Francis Jammes? Une fois encore passons aux aveux.
Je n'ai pas cru pouvoir l'éliminer, mais jamais je n'ai
pris intérêt à son œuvre. Son ton bonhomme et paysan
ne dissimulerait pas la pire médiocrité s'il s'était avisé
d'écrire le vers classique. C'était un malin. Un mau-
vais peintre qui marche sur les pas de Raphaël ou
d'Ingres se trahit aussitôt. S'il fait de l'abstrait, il
faut plus d'attention pour le confondre. Ainsi Jammes,
en rompant le rythme de l'alexandrin, en suppri-
mant le plus souvent la rime, a réussi à dissimuler
sa parenté avec Dupont :

> *J'ai deux grands bœufs dans mon étable,*
> *Deux grands bœufs blancs marqués de roux.*

Mais, en vérité, n'est pas Virgile qui veut !

De tous trois — Claudel, Péguy, Jammes — *Valéry* se
sépare totalement : pas d'esprit plus critique, pas
d'écrivain plus rigoureux. Il ne croit qu'à un art
patiemment et intelligemment élaboré. Il ordonne
et dose les mots comme d'autres les chiffres ou les
corps chimiques. Il arrive qu'il manque son but
et que le produit ressemble à une potion pharma-
ceutique. Le plus souvent, l'intelligence aiguë, le
sens profond de la langue, l'impeccable technique et,
finalement, le don de poésie, lui ont permis d'écrire
des vers qui sont parmi les plus denses de notre
littérature : il ne lui a manqué qu'un peu de mystère
(qui n'est pas l'obscurité) pour égaler son maître
Mallarmé.

C'est à Verlaine que se rattache *Guillaume Apolli-
naire*. Il pratique lui aussi la musique de chambre et
le mode mineur. Quand il cherche à en sortir, cela
lui réussit médiocrement et ses efforts pour s'échapper
des sentiers battus le conduisent le plus souvent
à des jongleries qui restent expérimentales. Mais
dans son registre propre, il est incomparable. Tel
le compagnon voulant devenir maître, il a réussi,
avec la Romance du Mal Aimé, son « chef-d'œuvre »,

comme Rimbaud avec le Bateau Ivre, ou Valéry
avec le Cimetière Marin. Mais la presque totalité
des poèmes d'Alcools et bon nombre d'autres font
un ensemble qui mettent Apollinaire parmi nos
grands poètes.

Arrêtons-nous là. Il faudrait maintenant parler des
contemporains et notamment des Surréalistes. Mais
ayant par principe éliminé les vivants, le choix est
limité. La plupart des poètes disparus depuis trente ans
me semblent de second ordre. Ni Catherine Pozzi,
ni Paul Fort, ni Anna de Noailles, ni, malgré des
dons plus certains mais indéfiniment gaspillés, Max
Jacob, ni Pierre Reverdy ne me paraissent devoir
résister à l'épreuve du temps. Pour beaucoup d'autres
la poésie a été un exercice de jeunesse auquel ils
ont renoncé pour des genres différents. Le cas d'An-
tonin Artaud m'a retenu plus longtemps : on se sent
coupable de lui refuser « cette existence même
avortée » qu'il demandait à Jacques Rivière pour
une œuvre si tragiquement restée au-dessous de son
auteur. En définitive, je n'ai retenu que deux noms :
Jules Supervielle, un peu parce qu'il est le dernier
disparu et qu'il a du charme, bien que lui manque
l'essentiel. Et surtout *Paul Eluard*, vrai poète autant
qu'on ose l'affirmer de quelqu'un dont la poésie
est mêlée si intimement à notre jeunesse qu'on ne
sait si ce n'est pas sur elle que l'on s'attendrit. Pour-
tant, et bien qu'il me semble qu'Éluard n'ait pas
réussi tout à fait à trouver l'accent inimitable qui
caractérise les plus grands, je crois qu'un peu comme
Péguy cette âme noble et fière a su s'exprimer en des
vers qui ne sont pas indignes des poètes dont il clôt,
ici, le long cortège[1].

1. Si j'ai seul la responsabilité des choix, je dois ici remercier
M. Henri Domerg, agrégé de l'Université, d'avoir bien voulu
m'apporter le concours de son érudition tant pour la recherche
des textes que pour leur mise au point, pour la rédaction des
notes et l'ordonnancement du volume.

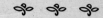

Ballade sur la mort de Du Guesclin

Estoc[1] d'honneur et arbre de vaillance,
Cœur de lion épris de hardement,
La fleur des preux et la gloire de France,
Victorieux et hardi combattant,
Sage en vos faits et bien entreprenant,
 Souverain homme de guerre,
Vainqueur de gens et conquéreur de terre,
Le plus vaillant qui jamais fût en vie,
Chacun pour vous doit noir vêtir et querre :
Pleurez, pleurez, fleur de chevalerie!

O Bretagne, pleure ton espérance!
Normandie, fais son enterrement,
Guyenne aussi, et Auvergne, or t'avance,
Et Languedoc, quier lui son monument!
Picardie, Champagne et Occident
 Doivent pour pleurer acquerre
Tragédiens, Arethusa requerre[2]
Qui en eaue fut par pleur convertie,
Afin qu'à tous de sa mort les cœurs serre[3].
Pleurez, pleurez, fleur de chevalerie!

Hé, gens d'armes, ayez en remembrance
Votre père, vous étiez ses enfants,
Le bon Bertrand, qui tant eut de puissance,
Qui vous aimait si amoureusement :
Guesclin priait : priez dévotement
    Qu'il puist Paradis conquerre.
Qui deuil n'en fait et qui n'en prie, il erre,
Car du monde est la lumière faillie.
De tout honneur était la droite serre[4].
Pleurez, pleurez, fleur de chevalerie!

Ballade de Paris

Quand j'ai la terre et mer avironnée
Et visité en chacune partie
Jérusalem, Égypte et Galilée,
Alixandre, Damas et la Syrie,
Babylone, Le Caire et Tartarie,
    Et tous les ports qui y sont,
Les épices et sucres qui s'y font,
Les fins draps d'or et soye du pays,
Valent trop mieux ce que les Français ont :
Rien ne se peut comparer à Paris.

C'est la cité sur toutes couronnée,
Fontaine et puits de sens et de clergie[5]
Sur le fleuve de Seine située :
Vignes, bois a, terres et praerie.
De tous les biens de cette mortel vie
    A plus qu'autres cités n'ont;
Tous étrangers l'aiment et aimeront,
Car, pour déduit[6] et pour être jolis[7],
Jamais cité telle ne trouveront :
Rien ne se peut comparer à Paris.

Mais elle est bien mieux que ville fermée,
Et de châteaux de grande anceserie[8],
De gens d'honneur et de marchands peuplée,
De tous ouvriers d'armes, d'orfèvrerie;
De tous les arts c'est la fleur, quoi qu'on die :
     Tous ouvrages à droit font;
Subtil engin, entendement profond
Verrez avoir aux habitants toudis[9],
Et loyauté aux œuvres qu'ils feront :
Rien ne se peut comparer à Paris.

Virelai sur la tristesse du temps présent

Je ne vois ami n'amie
Ni personne qui bien die;
Toute liesse défaut,
Tous cœurs ont pris par assaut
Tristesse et mélancolie.

Aujourd'hui n'est âme lie,
On ne chante n'esbanie[10],
Chacun cuide avoir défaut;
Li uns a sur l'autre envie
Et médit par jonglerie,
Toute loyauté défaut;

Honneur, amour, courtoisie,
Pitié, largesse est périe,
Mais convoitise est en haut
Qui fait de chacun versaut [11],
Dont joie est anéantie :
Je ne vois ami n'amie.

Trop règne dolente vie;
Cet âge ne durra mie,
Car d'honneur à nul ne chaut;

Connaissance est endormie,
Vaillance n'est à demie[12]
Connue ni mise en haut.

Loyauté, sens, prud'homie
Ni bonté n'est remerie[13].
On lève ce qui ne vaut,
Et ainsi tout perdre faut,
Par non sens et par folie.
Je ne vois ami n'amie.

Rondeau

SOUHAITS DU JOUR DE L'AN

Bon an, bon jour et bonne étrenne
Ma dame, vous soit hui donnée
Au commencement de l'année,
Comme à m'amour très souveraine
Et la plus belle qui soit née.
Bon an, bon jour et bonne étrenne,
Ma dame, vous soit hui donnée.

De mon cœur et corps vous étrenne,
Tout vous doing à cette journée
Et pour être mieux étrennée
Bon an, bon jour et bonne étrenne,
Ma dame, vous soit hui donnée
Au commencement de l'année.

---

1. *tronc.* — 2. *allez chercher.* — 3. *il étreigne.* — 4. *vraie sauve-garde.* — 5. *culture.* — 6. *plaisir.* — 7. *gais.* — 8. *ancienneté.* — 9. *toujours.* — 10. *s'égaye.* — 11. *chute.* — 12. *à moitié.* — 13. *ré-compensée.*

Chanson

Que me conseillez-vous, mon cœur?
Irai-je par devers la belle
Lui dire la peine mortelle
Que souffrez pour elle en douleur?

Pour votre bien et son honneur,
C'est droit que votre conseil cèle[1].
Que me conseillez-vous, mon cœur,
Irai-je par devers la belle?

Si pleine la sais de douceur
Que trouverai merci en elle,
Tôt en aurez bonne nouvelle.
J'y vais, n'est-ce pour le meilleur?
Que me conseillez-vous, mon cœur?

Ballades

Las! Mort, qui t'a fait si hardie
De prendre la noble Princesse
Qui était mon confort, ma vie,
Mon bien, mon plaisir, ma richesse!
Puisque tu as pris ma maîtresse,
Prends-moi aussi son serviteur,
Car j'aime mieux prochainement
Mourir que languir en tourment,
En peine, souci et douleur!

Las! de tous biens était garnie
Et en droite fleur de jeunesse!
Je prie à Dieu qu'il te maudie,
Fausse Mort, pleine de rudesse!
Si prise l'eusses en vieillesse,
Ce ne fût pas si grand rigueur;
Mais prise l'as hâtivement,
Et m'as laissé piteusement
En peine, souci et douleur!

Las! je suis seul, sans compagnie!
Adieu ma Dame, ma liesse!
Or est notre amour departie[2],
Non pourtant, je vous fais promesse
Que de prières, à largesse,
Morte vous servirai de cœur,
Sans oublier aucunement;
Et vous regretterai souvent
En peine, souci et douleur.

Dieu, sur tout souverain Seigneur,
Ordonnez, par grâce et douceur,
De l'âme d'elle, tellement
Qu'elle ne soit pas longuement
En peine, souci et douleur!

En la forêt d'Ennuyeuse Tristesse,
Un jour m'advint qu'à par moi[3] cheminoye,
Et rencontrai l'Amoureuse Déesse
Qui m'appela, demandant où j'alloye.
Je répondis que, par Fortune, estoye
Mis en exil en ce bois, long temps a[4],
Et qu'à bon droit appeler me pouvoye
L'homme égaré qui ne sait où il va.

En souriant, par sa très grand humblesse,
Me répondit : « Ami, si je savoye
Pourquoi tu es mis en cette détresse,
A mon pouvoir volontiers t'aideroye;
Car, jà piéça[5], je mis ton cœur en voye[6]
De tout plaisir, ne sais qui l'en ôta;
Or me déplaît qu'à présent je te voye
L'homme égaré qui ne sait où il va.

Hélas! dis-je, souveraine Princesse,
Mon fait[7] savez, pourquoi le vous diroye?
C'est par la Mort qui fait à tous rudesse,
Qui m'a tollu[8] celle que tant amoye,
En qui était tout l'espoir que j'avoye,
Qui me guidait, si bien m'accompagna
En son vivant, que point ne me trouvoye
L'homme égaré qui ne sait où il va.

« Aveugle suis, ne sais où aller doye;
De mon bâton, afin que ne fourvoye,
Je vais tâtant mon chemin çà et là;
C'est grand pitié qu'il convient que je soye
L'homme égaré qui ne sait où il va! »

En regardant vers le pays de France,
Un jour m'advint, à Douvres sur la mer,
Qu'il me souvint de la douce plaisance
Que je soulais[9] audit pays trouver;
Et commençai de cœur à soupirer,
Combien certes que[10] grand bien me faisoit
De voir France que mon cœur aimer doit.

Je m'avisais que c'était non savance[11]
De tels soupirs dedans mon cœur garder,
Vu que je vois que la voie commence
De bonne paix, qui tous biens peut donner;
Pour ce, tournai en confort mon penser.
Mais non pourtant mon cœur ne se lassoit
De voir France que mon cœur aimer doit.

Alors chargeai en la nef d'Espérance
Tous mes souhaits, en leur priant d'aller
Outre la mer, sans faire demeurance,
Et à France de me recommander.
Or nous doint[12] Dieu bonne paix sans tarder!
Adonc aurai loisir, mais qu'ainsi soit,
De voir France que mon cœur aimer doit.

Paix est trésor qu'on ne peut trop louer.
Je hais guerre, point ne la dois priser;
Destourbé[13] m'a longtemps, sois tort ou droit,
De voir France que mon cœur aimer doit!

En la forêt de Longue Attente
Chevauchant par divers sentiers
M'en vais, cette année présente,
Au voyage de Desiriers.
Devant sont allés mes fourriers
Pour appareiller mon logis
En la cité de Destinée;
Et pour mon cœur et moi ont pris
L'hôtellerie de Pensée.

Je mène des chevaux quarante
Et autant pour mes officiers,
Voire, par Dieu, plus de soixante,
Sans les bagages et sommiers.
Loger nous faudra par quartiers,
Si les hôtels sont trop petits;
Toutefois, pour une vêprée,
En gré[14] prendrai, soit mieux ou pis,
L'hôtellerie de Pensée.

Je despens[15] chaque jour ma rente
En maiñts travaux aventuriers,
Dont est Fortune mal contente
Qui soutient contre moi Dangiers;
Mais Espoirs, s'ils sont droicturiers,
Et tiennent ce qu'ils m'ont promis,
Je pense faire telle armée
Qu'aurai, malgré mes ennemis,
L'hôtellerie de Pensée.

Prince, vrai Dieu de paradis,
Votre grâce me soit donnée,
Telle que trouve, à mon devis[16],
L'hôtellerie de Pensée.

Complainte

France, jadis on te soulait nommer,
En tous pays, le trésor de noblesse,
Car un chacun pouvait en toi trouver
Bonté, honneur, loyauté, gentillesse,
Clergie[17], sens, courtoisie, prouesse.
Tous étrangers aimaient te suir[18].
Et maintenant vois, dont j'ai déplaisance,
Qu'il te convient maint grief mal soustenir[19],
Très chrétien, franc royaume de France.

Sais-tu d'où vient ton mal, à vrai parler?
Connais-tu point pourquoi es en tristesse?
Conter le veux, pour vers toi m'acquitter,
Écoute-moi et tu feras sagesse.
Ton grand orgueil, glotonnie[20], paresse,
Convoitise, sans justice tenir,
Et luxure, dont as eu abondance,
Ont pourchacié vers Dieu[21] de te punir,
Très chrétien, franc royaume de France.

Ne te veuille pourtant désespérer,
Car Dieu est plein de merci, à largesse.
Va-t'en vers lui sa grâce demander,
Car il t'a fait, déjà piéça[22], promesse
(Mais que[23] fasses ton avocat Humblesse)
Que très joyeux sera de te guérir;
Entièrement mets en lui ta fiance,
Pour toi et tous, voulut en croix mourir,
Très chrétien, franc royaume de France...

Et je, Charles, duc d'Orléans, rimer
Voulus ces vers au temps de ma jeunesse;
Devant chacun les veux bien avouer,
Car prisonnier les fis, je le confesse;
Priant à Dieu, qu'avant qu'aie vieillesse,
Le temps de paix partout puisse avenir,
Comme de cœur j'en ai la désirance,
Et que voie tous tes maux brief finir,
Très chrétien, franc royaume de France!

Rondeaux

Le temps a laissé son manteau
De vent, de froidure et de pluie,
Et s'est vêtu de broderie,
De soleil luisant, clair et beau.

Il n'y a bête, ni oiseau,
Qu'en son jargon ne chante ou crie :
Le temps a laissé son manteau!

Rivière, fontaine et ruisseau
Portent, en livrée jolie,
Gouttes d'argent d'orfèvrerie,
Chacun s'habille de nouveau :
Le temps a laissé son manteau.

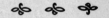

En faites-vous doute
Que vôtre ne soie?
Ce Dieu me doint joie
Au cœur, si suis toute.

Rien ne m'en déboute[24]
Pour chose que j'oye[25] :
En faites-vous doute
Que vôtre ne soie?

Danger et sa route
S'en voisent leur voie,
Sans que plus les voie;
Toujours il m'écoute,
En faites-vous doute?

En verrai-je jamais la fin,
De vos œuvres, Mélancolie,
Quand au soir de vous me délie
Vous me rattachez au matin.

J'aimasse mieux autre voisin
Que vous, qui si fort me guerrie;
En verrai-je jamais la fin?

Vers moi venez en larrecin
Et me robez Plaisance lie;
Suis-je destiné en ma vie
D'être toujours en tel hutin[26]?
En verrai-je jamais la fin?

Les fourriers d'Été sont venus
Pour appareiller son logis,
Et ont fait tendre ses tapis,
De fleurs et verdure tissus.

En étendant tapis velus,
De vert herbe par le pays,
Les fourriers d'Été sont venus.

Cœurs d'ennui piéça[27] morfondus,
Dieu merci, sont sains et jolis;
Allez-vous-en, prenez pays,
Hiver, vous ne demeurez plus;
Les fourriers d'Été sont venus!

1. *il est bon que je cache votre sentiment.* — 2. *dispersé.* — 3. *tout seul.* — 4. *il y a.* — 5. *depuis longtemps.* — 6. *sur la route.* — 7. *cas.* — 8. *ôté.* — 9. *j'avais l'habitude.* — 10. *bien que.* — 11. *erreur.* — 12. *donne.* — 13. *empêché.* — 14. *volontiers.* — 15. *dépense.* — 16. *volonté.* — 17. *culture.* — 18. *suive.* — 19. *supporter mainte pénible épreuve.* — 20. *gloutonnerie.* — 21. *obtenu de Dieu.* — 22. *depuis longtemps.* — 23. *pourvu que.* — 24. *détourne.* — 25. *quoi que j'entende.* — 26. *lutte.* — 27. *naguère.*

FRANÇOIS VILLON

❧ ❧ ❧

Le Testament

En l'an trentième de mon âge,
Que toutes mes hontes j'eus bues,
Ni du tout fol, ni du tout sage,
Nonobstant maintes peines eues,
Lesquelles j'ai toutes reçues
Sous la main Thibault d'Aussigny...
S'évêque il est, seignant [1] les rues,
Qu'il soit le mien je le regny.

Mon seigneur n'est ni mon évêque,
Sous lui ne tiens, s'il n'est en friche ;
Foi ne lui dois n'hommage avecque,
Je ne suis son serf ni sa biche.
Peu[2] m'a d'une petite miche
Et de froide eau tout un été ;
Large ou étroit[3], moult me fut chiche :
Tel lui soit Dieu qu'il m'a été !

Et s'aucun me voulait reprendre
Et dire que je le maudis,
Non fais, si bien le sait comprendre ;
En rien de lui je ne médis.
Voici tout le mal que j'en dis :
S'il m'a été misericors,
Jésus, le roi de Paradis,
Tel lui soit à l'âme et au corps !

Et s'été m'a dur et cruel
Trop plus que ci ne le raconte,
Je veux que le Dieu éternel
Lui soit donc semblable à ce compte...
Et l'Église nous dit et compte
Que prions pour nos ennemis!
Je vous dirai : « J'ai tort et honte,
Quoi qu'il m'ait fait, à Dieu remis! »...

... Au temps qu'Alexandre régna,
Un hom nommé Diomedès
Devant lui on lui amena,
Engrillonné[4] pouces et des[5]
Comme un larron, car il fut des
Écumeurs que voyons courir;
Si fut mis devant ce cadès[6],
Pour être jugé à mourir.

L'empereur si l'araisonna :
« Pourquoi es-tu larron en mer? »
L'autre réponse lui donna :
« Pourquoi larron me fais nommer?
Pour ce qu'on me voit écumer
En une petiote fuste?
Si comme toi me pusse armer,
Comme toi empereur je fusse.

« Mais que veux-tu? De ma fortune,
Contre qui ne puis bonnement,
Qui si faussement me fortune[7],
Me vient tout ce gouvernement.
Excuse-moi aucunement
Et sache qu'en grand'pauvreté,
— Ce mot se dit communément —,
Ne gît pas grande loyauté. »

Quánd l'empereur eut remiré[8]
De Diomedès tout le dit :
« Ta fortune je te muerai
Mauvaise en bonne », si lui dit.
Si fit-il. Onc puis ne méfit
A personne, mais fut vrai homme;
Valère pour vrai le baudit[9],
Qui fut nommé le Grand à Rome.

Si Dieu m'eût donné rencontrer
Un autre piteux Alexandre
Qui m'eût fait en bonheur entrer,
Et lors qui[9 bis] m'eût vu condescendre
A mal, être ars et mis en cendre
Jugé me fusse de ma voix.
Nécessité fait gens méprendre[10]
Et faim saillir le loup du bois.

Je plains le temps de ma jeunesse,
Auquel j'ai plus qu'autre gallé[11]
Jusques à l'entrée de vieillesse
Qui son partement[12] m'a celé.
Il ne s'en est à pied allé
N'à cheval : hélas! comment don?
Soudainement s'en est volé
Et ne m'a laissé quelque don.

Allé s'en est, et je demeure,
Pauvre de sens et de savoir,
Triste, failli[13], plus noir que meure[14],
Qui n'ai ni cens[15], rente, n'avoir :
Des miens le moindre, je dis voir[16],
De me désavouer s'avance,
Oubliant naturel devoir
Par faute d'un peu de chevance[17]...

... Hé! Dieu, si j'eusse étudié,
Au temps de ma jeunesse folle,
Et à bonnes mœurs dédié,
J'eusse maison et couche molle.
Mais quoi? je fuyoie l'école,
Comme fait le mauvais enfant.
En écrivant cette parole
A peu que le cœur ne me fend...

... Mes jours s'en sont allés errant
Comme, dit Job, d'une touaille[18]
Font les filets, quand tisserand
En son poing tient ardente paille.
Lors, s'il y a nul bout qui saille,
Soudainement il le ravit[19].
Je ne crains plus que rien m'assaille,
Car à la mort tout s'assouvit[20].

Où sont les gracieux galants[21]
Que je suivais au temps jadis,
Si bien chantant, si bien parlant,
Si plaisants en faits et en dits?
Les aucuns sont morts et raidis,
D'eux n'est-il plus rien maintenant :
Repos aient en paradis,
Et Dieu sauve le demeurant!

Et les autres sont devenus,
Dieu merci! grands seigneurs et maîtres;
Les autres mendient tout nus
Et pain ne voient qu'aux fenêtres;
Les autres sont entrés en cloîtres
De Célestins et de Chartreux,
Bottés, housés[22] com pêcheurs d'oîtres[23] :
Voyez l'état divers d'entre eux.

Aux grands maîtres doint[24] Dieu bien faire,
Vivant en paix et en requoi[25],
En eux il n'y a que refaire[26],
Si s'en fait bon taire tout coi.
Mais aux pauvres, qui n'ont de quoi,
Comme moi, Dieu doint patience!
Aux autres ne fault qui ne quoi[27],
Car assez ont pain et pitance.

... Pauvre je suis de ma jeunesse,
De pauvre et de petite extrace[28].
Mon père n'eut oncq grand richesse,
Ni son aïeul, nommé Horace.
Pauvreté tous nous suit et trace;
Sur les tombeaux de mes ancêtres,
Les âmes desquels Dieu embrasse!
On n'y voit couronnes ni sceptres.

De pauvreté me guermentant[29],
Souventes fois me dit le cœur :
« Homme, ne te doulouse tant
Et ne démène tel douleur,
Si tu n'as tant qu'eut Jacques Cœur :
Mieux vaut vivre sous gros bureau[30]
Pauvre, qu'avoir été seigneur
Et pourrir sous riche tombeau! »

Qu'avoir été seigneur? Que dis?
Seigneur, las! et ne l'est-il mais[31]?
Selon les davitiques dits[32]
Son lieu ne connaîtras jamais.
Quant au surplus, je m'en démets :
Il n'appartient à moi, pécheur;
Aux théologiens le remets[33],
Car c'est office de prêcheur.

Je ne suis, bien le considère,
Fils d'ange portant diadème
D'étoile ni d'autre sidère[34].
Mon père est mort, Dieu en ait l'âme!
Quant est du corps, il gît sous lame.
J'entends que ma mère mourra,
Et le sait bien, la pauvre femme,
Et le fils pas ne demourra.

Je connais que pauvres et riches,
Sages et fols, prêtres et lais,
Nobles, vilains, larges et chiches,
Petits et grands, et beaux et laids,
Dames à rebrassés[35] collets,
De quelconque condition,
Portant atours et bourrelets,
Mort saisit sans exception.

Et meure Pâris ou Hélène,
Quiconque meurt, meurt à douleur
Telle qu'il perd vent et haleine;
Son fiel se crève sur son cœur,
Puis sue, Dieu sait quelle sueur!
Et n'est qui de ses maux l'allège :
Car enfant n'a, frère ni sœur
Qui lors voudrait être son pleige[36].

La mort le fait frémir, pâlir,
Le nez courber, les veines tendre,
Le col enfler, la chair mollir,
Jointes[37], et nerfs croître et étendre.
Corps féminin, qui tant es tendre,
Poli, souef[38], si précieux,
Te faudra-t-il ces maux attendre?
Oui, ou tout vif aller ès cieux.

Ballade des Dames du temps jadis

Dites-moi où, n'en quel pays
Est Flora la belle Romaine,
Archipiades, ne Thaïs
Qui fut sa cousine germaine,
Echo, parlant quand bruit on mène
Dessus rivière ou sur étang,
Qui beauté eut trop plus qu'humaine?
Mais où sont les neiges d'antan?

Où est la très sage Héloïs,
Pour qui fut châtré et puis moine
Pierre Abélard à Saint-Denis?
Pour son amour eut cette essoine[39].
Semblablement, où est la royne
Qui commanda que Buridan
Fût jeté en un sac en Seine?
Mais où sont les neiges d'antan?

La reine Blanche comme lis
Qui chantait à voix de seraine,
Berthe au grand pied, Bietris, Alis,
Haremburgis qui tint le Maine,
Et Jeanne, la bonne Lorraine
Qu'Anglais brûlèrent à Rouen;
Où sont-ils[40], où, Vierge souvraine?
Mais où sont les neiges d'antan?

Prince, n'enquérez de semaine
Où elles sont, ni de cet an,
Qu'à[41] ce refrain ne vous remaine :
Mais où sont les neiges d'antan?

Les regrets de la belle Heaumière

Advis m'est que j'oy regretter[42]
La belle qui fut hëaulmière[43],
Soi jeune fille souhaiter
Et parler en telle manière :
« Ha! vieillesse félonne et fière,
Pourquoi m'as si tôt abattue?
Qui me tient, qui, que me fière[44]
Et qu'à ce coup je ne me tue?

« Tollu[45] m'as la haute franchise
Que beauté m'avait ordonné
Sur clercs, marchands et gens d'Église :
Car lors il n'était homme né
Qui tout le sien ne m'eût donné,
Quoi qu'il en fût des repentailles,
Mais que[46] lui eusse abandonné
Ce que refusent truandailles.

« A maint homme l'ai refusé,
Qui[47] n'était à moi grand sagesse,
Pour l'amour d'un garçon rusé,
Auquel j'en fis grande largesse.
A qui que je fisse finesse,
Par mon âme, je l'aimais bien.
Or ne me faisait que rudesse,
Et ne m'aimait que pour le mien...

« Or est-il mort, passé trente ans,
Et je remains[48], vieille, chenue.
Quand je pense, hélas! au bon temps,
Quelle fus, quelle devenue;
Quand me regarde toute nue,
Et je me vois si très changée,
Pauvre, sèche, maigre, menue,
Je suis presque toute enragée.

« Qu'est devenu ce front poli,
Ces cheveux blonds, sourcils voultis[49],
Grand entrœil[50], le regard joli,
Dont je prenais les plus soutis ;
Ce beau nez droit, grand ni petis,
Ces petites jointes[51] oreilles,
Menton fourchu, clair vis traictis[52],
Et ces belles lèvres vermeilles ?...

« Ainsi le bon temps regrettons
Entre nous, pauvres vieilles sottes,
Assises bas, à croupetons,
Tout en un tas comme pelotes,
A petit feu de chenevotes
Tôt allumées, tôt éteintes ;
Et jadis fûmes si mignottes !
Ainsi en prend[53] à maints et maintes. »

Ballade que fit Villon à la requête de sa mère pour prier Notre-Dame

Dame du ciel, régente terrienne,
Emperière des infernaux palus[54],
Recevez-moi, votre humble chrétienne,
Que comprise sois entre vos élus,
Ce nonobstant qu'oncques rien ne valus.
Les biens de vous, ma Dame et ma Maîtresse,
Sont trop plus grands que ne suis pécheresse,
Sans lesquels biens âme ne peut merir[55]
N'avoir les cieux. Je n'en suis jangleresse[56].
En cette foi je veux vivre et mourir.

A votre Fils dites que je suis sienne ;
De lui soient mes pêchés abolus[57] ;
Pardonne-moi comme à l'Égyptienne,
Ou comme il fit au clerc Theophilus,
Lequel par vous fut quitte et absolus,
Combien qu'il eût au diable fait promesse.
Préservez-moi de faire jamais ce,
Vierge portant, sans rompure[58] encourir,
Le sacrement qu'on célèbre à la messe[59] :
En cette foi je veux vivre et mourir.

Femme je suis pauvrette et ancienne,
Qui rien ne sais ; oncques lettre ne lus.
Au moutier vois, dont suis paroissienne,
Paradis peint où sont harpes et luths,
Et un enfer où damnés sont boullus[60] :
L'un me fait peur, l'autre joie et liesse.
La joie avoir me fais, haute Déesse,
A qui pécheurs doivent tous recourir,
Comblés de foi, sans feinte ni paresse :
En cette foi je veux vivre et mourir.

Vous portâtes, digne Vierge, princesse,
Iésus régnant qui n'a ni fin ni cesse.
Le Tout-Puissant, prenant notre faiblesse,
Laissa les cieux et nous vint secourir,
Offrit à mort sa très chère jeunesse ;
Notre Seigneur tel est, tel le confesse :
En cette foi je veux vivre et mourir.

Rondeau

Mort, j'appelle de ta rigueur,
Qui m'as ma maîtresse ravie,
Et n'es pas encore assouvie
Si tu ne me tiens en langueur :
Onc puis n'eus force ni vigueur;
Mais que te nuisait-elle en vive,
  Mort?

Deux étions et n'avions qu'un cœur;
S'il est mort, force est que dévie[61],
Voire, ou que je vive sans vie
Comme les images, par cœur,
  Mort!

... Quand je considère ces têtes
Entassées en ces charniers,
Tous furent maîtres des requêtes,
Au moins de la Chambre aux Deniers,
Ou tous furent portepaniers :
Autant puis l'un que l'autre dire;
Car d'évêques ou lanterniers,
Je n'y connais rien à redire[62].

Et icelles qui s'inclinaient
Unes contre autres en leurs vies,
Desquelles les unes régnaient,
Des autres craintes et servies,
Là les vois toutes assouvies[63],
Ensemble en un tas pêle-mêle.
Seigneuries leur sont ravies;
Clerc ni maître ne s'y appelle.

Or sont ils morts, Dieu ait leurs âmes !
Quant est des corps, ils sont pourris.
Aient été seigneurs ou dames,
Souef et tendrement nourris
De crème, fromentée ou riz,
Leurs os sont déclinés en poudre,
Auxquels ne chaut d'ébats ni ris.
Plaise au doux Jésus les absoudre !...

L'Epitaphe Villon

*Épitaphe en forme de ballade que fit Villon pour lui et ses
  compagnons s'attendant à être pendu avec eux.*

Frères humains qui après nous vivez,
N'ayez les cœurs contre nous endurcis,
Car, si pitié de nous pauvres avez,
Dieu en aura plus tôt de vous mercis.
Vous nous voyez ci attachés cinq, six :
Quant à la chair que trop avons nourrie,
Elle est piéça dévorée et pourrie,
Et nous, les os, devenons cendre et poudre.
De notre mal personne ne s'en rie ;
Mais priez Dieu que tous nous veuille absoudre !

Si frères vous clamons, pas n'en devez
Avoir dédain, quoique fûmes occis
Par justice. Toutefois, vous savez
Que tous hommes n'ont pas bon sens rassis ;
Excusez-nous, puisque sommes transis[64],
Envers le fils de la Vierge Marie,
Que sa grâce ne soit pour nous tarie,
Nous préservant de l'infernale foudre.
Nous sommes morts, âme ne nous harie[65],
Mais priez Dieu que tous nous veuille absoudre !

La pluie nous a débués et lavés,
Et le soleil desséchés et noircis ;
Pies, corbeaux, nous ont les yeux cavés,
Et arraché la barbe et les sourcils.
Jamais nul temps nous ne sommes assis ;
Puis çà, puis là, comme le vent varie,
A son plaisir sans cesser nous charrie,
Plus becquetés d'oiseaux que dés à coudre.
Ne soyez donc de notre confrérie ;
Mais priez Dieu que tous nous veuille absoudre !

Prince Jésus, qui sur tous a maistrie,
Garde qu'Enfer n'ait de nous seigneurie :
A lui n'ayons que faire ni que soudre[66]
Hommes, ici n'a point de moquerie ;
Mais priez Dieu que tous nous veuille absoudre !

1. *bénissant.* — 2. *nourri.* — 3. *dans l'ensemble.* — 4. *auquel on a mis les poucettes.* — 5. *doigts.* — 6. *capitaine.* — 7. *malmène.* — 8. *médité.* — 9. *nous le donne.* — 9*bis. si l'on.* — 10. *mal agir.* — 11. *fait la fête.* — 12. *départ.* — 13. *désemparé.* — 14. *mûre.* — 15. *bien.* — 16. *vrai.* — 17. *argent.* — 18. *linge.* — 19. *supprime.* — 20. *s'achève.* — 21. *viveurs.* — 22. *guêtrés.* — 23. *huîtres.* — 24. *donne.* — 25. *repos.* — 26. *rien à reprendre.* — 27. *ne manque rien.* — 28. *extraction.* — 29. *lamentant.* — 30. *manteau de bure.* — 31. *plus.* — 32. *prophéties de David.* — 33. *laisse.* — 34. *constellation.* — 35. *retroussés.* — 36. *remplaçant.* — 37. *jointures.* — 38. *doux.* — 39. *ennui.* — 40. *elles.* — 41. *sans que.* — 42. *il me semble que j'entends exprimer ses regrets.* — 43. *marchande de heaumes.* — 44. *frappe.* — 45. *enlevé.* — 46. *pourvu que.* — 47. *ce qui.* — 48. *reste.* — 49. *arqués.* — 50. *espace entre les deux yeux.* — 51. *bien faites.* — 52. *visage régulier.* — 53. *arrive.* — 54. *marais.* — 55. *mériter.* — 56. *menteuse.* — 57. *absous.* — 58. *déchirure.* — 59. *Jésus.* — 60. *bouillis.* — 61. *je meure.* — 62. *pas de différence.* — 63. *arrivés à leur fin.* — 64. *trépassés.* — 65. *harcèle.* — 66. *payer.*

CLÉMENT MAROT

❧ ❧ ❧

Chanson

J'ai grand désir
    D'avoir plaisir
    D'amour mondaine :
    Mais c'est grand peine,
Car chaque loyal amoureux
Au temps présent est malheureux :
    Et le plus fin
    Gagne à la fin
    La grâce pleine.

Chant de Mai et de Vertu

Volontiers en ce mois ici
La terre mue et renouvelle.
Maints amoureux en font ainsi,
Sujets à faire amour nouvelle
Par légèreté de cervelle,
Ou pour être ailleurs plus contents;
Ma façon d'aimer n'est pas telle,
Mes amours durent en tout temps.

N'y a si belle dame aussi
De qui la beauté ne chancelle;
Par temps, maladie ou souci,
Laideur les tire en sa nacelle;
Mais rien ne peut enlaidir celle
Que servir sans fin je prétends;
Et pour ce qu'elle est toujours belle
Mes amours durent en tout temps.

Celle dont je dis tout ceci,
C'est Vertu, la nymphe éternelle,
Qui au mont d'honneur éclairci[1]
Tous les vrais amoureux appelle :
« Venez, amants, venez (dit-elle),
Venez à moi, je vous attends;
Venez (ce dit la jouvencelle).
Mes amours durent en tout temps. »

ENVOI

Prince, fais amie immortelle,
Et à la bien aimer entends;
Lors pourras dire sans cautelle :
« Mes amours durent en tout temps. »

De sa grande amie

Dedans Paris, Ville jolie,
Un jour passant mélancolie
Je pris alliance nouvelle
A la plus gaie damoiselle
Qui soit d'ici en Italie.

1. *renommé.*

D'honnêteté elle est saisie,
Et crois selon ma fantaisie
Qu'il n'en est guère de plus belle
    Dedans Paris.
  Je ne vous la nommerai mie
Sinon que c'est ma grande amie,
Car l'alliance se fit telle,
Par un doux baiser, que j'eus d'elle,
Sans penser aucune infamie
    Dedans Paris.

Du partement d'Anne

Où allez-vous, Anne ? que je le sache,
Et m'enseignez avant que de partir
Comme ferai, afin que mon œil cache
Le dur regret du cœur triste et martyr.
Je sais comment ; point ne faut m'avertir :
Vous le prendrez, ce cœur, je le vous livre ;
L'emporterez pour le rendre délivre
Du deuil qu'aurait loin de vous en ce lieu ;
Et pour autant qu'on ne peut sans cœur vivre
Me laisserez le vôtre, et puis adieu.

De soi-même

Plus ne suis ce que j'ai été,
Et ne le saurais jamais être.
Mon beau printemps et mon été
Ont fait le saut par la fenêtre.

Amour, tu as été mon maître,
Je t'ai servi sur tous les Dieux.
Ah si je pouvais deux fois naître,
Comme je te servirais mieux !

Délie

L'Aube éteignait Étoiles à foison,
Tirant le jour des régions infimes,
Quand Apollo montant sur l'Horizon
Des monts cornus dorait les hautes cimes.
Lors du profond des ténébreux Abîmes,
Où mon penser par ses fâcheux ennuis
Me fait souvent percer les longues nuits,
Je révoquai à moi l'âme ravie :
Qui, desséchant mes larmoyants conduits,
Me fait clair voir le Soleil de ma vie...

L'ardent désir du haut bien désiré,
Qui aspirait à cette fin heureuse,
A de l'ardeur si grand feu attiré,
Que le corps vif est jà poussière Ombreuse :
Et de ma vie, en ce point malheureuse
Pour vouloir tout à son bien condescendre,
Et de mon être, ainsi réduit en cendre
Ne m'est resté, que ces deux signes-ci :
L'œil larmoyant pour piteuse te rendre,
La bouche ouverte à demander merci...

Comme des rais du soleil gracieux
Se paissent fleurs durant la Primevère,
Je me recrée aux rayons de ses yeux,
Et loin, et près autour d'eux persévère.
Si que le Cœur, qui en moi la révère,
La me fait voir en celle même essence
Que ferait l'Œil par sa belle présence,
Que tant j'honore et que tant je poursuis :
Parquoi de rien ne me nuit son absence,
Vu qu'en tous lieux, malgré moi, je la suis...

Tu te verras ton ivoire crêper
Par l'outrageuse, et tardive Vieillesse.
Lors sans pouvoir en rien participer
D'aucune joie, et humaine liesse,
Je n'aurai eu de ta verte jeunesse,
Que la pitié n'a su à soi ployer,
Ni du travail, qu'on m'a vu employer
A soutenir mes peines éphémères,
Comme Apollon, pour mérité loyer,
Sinon rameaux, et feuilles très amères...

De toi la douce et fraîche souvenance
Du premier jour qu'elle m'entra au cœur,
Avec ta haute et humble contenance,
Et ton regard d'Amour même vainqueur,
Y dépeignit par sa vive liqueur
Ton effigie au vif tant ressemblante,
Que depuis, l'Ame étonnée et tremblante
De jour l'admire, et la prie sans cesse :
Et sur la nuit tacite et sommeillante,
Quand tout repose, encor moins elle cesse...

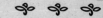
L'Olive

Déjà la nuit en son parc amassait
Un grand troupeau d'étoiles vagabondes,
Et, pour entrer aux cavernes profondes,
Fuyant le jour, ses noirs chevaux chassait;

Déjà le ciel aux Indes rougissait,
Et l'aube encor de ses tresses tant blondes
Faisant grêler mille perlettes rondes,
De ses trésors les prés enrichissait :

Quand d'occident, comme une étoile vive,
Je vis sortir dessus ta verte rive,
O fleuve mien ! une nymphe en riant.

Alors, voyant cette nouvelle Aurore,
Le jour honteux d'un double teint colore
Et l'Angevin et l'Indique orient.

Si notre vie est moins qu'une journée
En l'éternel, si l'an qui fait le tour
Chasse nos jours sans espoir de retour,
Si périssable est toute chose née,

Que songes-tu mon âme emprisonnée?
Pourquoi te plaît l'obscur de notre jour,
Si pour voler en un plus clair séjour,
Tu as au dos l'aile bien empennée?

Là est le bien que tout esprit désire,
Là, le repos où tout le monde aspire,
Là est l'amour, là, le plaisir encore.

Là, ô mon âme, au plus haut ciel guidée,
Tu y pourras reconnaître l'Idée
De la beauté, qu'en ce monde j'adore.

Les Louanges d'Anjou

AU FLEUVE DE LOIRE

O de qui la vive course
Prend sa bienheureuse source,
D'une argentine fontaine,
Qui d'une fuite lointaine,
Te rends au sein fluctueux
De l'Océan monstrueux,
Loire, hausse ton chef ores
Bien haut, et bien haut encores,
Et jette ton œil divin
Sur ce pays Angevin,
Le plus heureux et fertile,
Qu'autre où ton onde distille.

Bien d'autres Dieux que toi, Père,
Daignent aimer ce repaire,
A qui le Ciel fut donneur
De toute grâce et bonheur.
Cérès, lorsque vagabonde
Allait quérant par le monde
Sa fille, dont possesseur
Fut l'infernal ravisseur,
De ses pas sacrés toucha
Cette terre, et se coucha
Lasse sur ton vert rivage,
Qui lui donna doux breuvage.
Et celui-là, qui pour mère
Eut la cuisse de son père,
Le Dieu des Indes vainqueur
Arrosa de sa liqueur
Les monts, les vaux et campaignes
De ce terroir que tu baignes.
Regarde, mon Fleuve, aussi
Dedans ces forêts ici,
Qui leurs chevelures vives
Haussent autour de tes rives,
Les faunes aux pieds soudains,
Qui après biches et daims,
Et cerfs aux têtes ramées
Ont leurs forces animées.
Regarde tes Nymphes belles
A ces Demi-dieux rebelles,
Qui à grand'course les suivent,
Et si près d'elles arrivent,
Qu'elles sentent bien souvent
De leurs haleines le vent.
Je vois déjà hors d'haleine
Les pauvrettes, qui à peine
Pourront atteindre ton cours,
Si tu ne leur fais secours.

Combien (pour les secourir)
De fois t'a-t-on vu courir
Tout furieux en la plaine?
Trompant l'espoir et la peine
De l'avare laboureur,
Hélas! qui n'eut point d'horreur
Blesser du soc sacrilège
De tes Nymphes le collège,
Collège qui se récrée
Dessus ta rive sacrée.
Qui voudra donc loue et chante
Tout ce dont l'Inde se vante,
Sicile la fabuleuse,
Ou bien l'Arabie Heureuse.
Quant à moi, tant que ma Lyre
Voudra les chansons élire
Que je lui commanderai,
Mon Anjou je chanterai.
O mon Fleuve paternel,
Quand le dormir éternel
Fera tomber à l'envers
Celui qui chante ces vers,
Et que par les bras amis
Mon corps bien près sera mis
De quelque fontaine vive,
Non guère loin de ta rive,
Au moins sur ma froide cendre
Fais quelques larmes descendre,
Et sonne mon bruit fameux
A ton rivage écumeux.
N'oublie le nom de celle
Qui toutes beautés excelle,
Et ce qu'ai pour elle aussi
Chanté sur ce bord ici.

La Complainte du désespéré

Qui prêtera la parole
  A la douleur qui m'affole?
  Qui donnera les accents
  A la plainte qui me guide :
  Et qui lâchera la bride
  A la fureur que je sens?

Qui baillera double force
  A mon âme, qui s'efforce
  De soupirer mes douleurs?
  Et qui fera sur ma face
  D'une larmoyante trace
  Couler deux ruisseaux de pleurs?...

Et vous mes vers, dont la course
  A de sa première source
  Les sentiers abandonnés,
  Fuyez à bride avalée.
  Et la prochaine vallée
  De votre bruit étonnez.

Votre eau, qui fut claire et lente,
  Ores trouble et violente,
  Semblable à ma douleur soit,
  Et plus ne mêlez votre onde
  A l'or de l'arène blonde,
  Dont votre fond jaunissoit...

Chacune chose décline
  Au lieu de son origine :
  Et l'an, qui est coutumier
  De faire mourir et naître,
  Ce qui fut rien, avant qu'être,
  Réduit à son rien premier.

Mais la tristesse profonde,
   Qui d'un pied ferme se fonde
   Au plus secret de mon cœur,
   Seule immuable demeure,
   Et contre moi d'heure en heure
   Acquiert nouvelle vigueur...

Quelque part que je me tourne,
   Le long silence y séjourne
   Comme en ces temples dévots,
   Et comme si toutes choses
   Pêle-mêle étaient r'encloses
   Dedans leur premier Chaos...

Maudite donc la lumière
   Qui m'éclaira la première,
   Puisque le ciel rigoureux
   Assujettit ma naissance
   A l'indomptable puissance
   D'un astre si malheureux...

Heureuse la créature
   Qui a fait sa sépulture
   Dans le ventre maternel!
   Heureux celui dont la vie
   En sortant s'est vue ravie
   Par un sommeil éternel!...

Sus, mon âme, tourne arrière,
   Et borne ici la carrière
   De tes ingrates douleurs.
   Il est temps de faire épreuve,
   Si après la mort on treuve
   La fin de tant de malheurs.

Les Antiquités de Rome

Telle que dans son char la Bérécynthienne
Couronnée de tours, et joyeuse d'avoir
Enfanté tant de dieux, telle se faisait voir
En ses jours plus heureux cette ville ancienne :

Cette ville, qui fut plus que la Phrygienne
Foisonnante en enfants, et de qui le pouvoir
Fut le pouvoir du monde, et ne se peut revoir
Pareille à sa grandeur, grandeur sinon la sienne.

Rome seule pouvait à Rome ressembler,
Rome seule pouvait Rome faire trembler :
Aussi n'avait permis l'ordonnance fatale

Qu'autre pouvoir humain, tant fût audacieux,
Se vantât d'égaler celle qui fit égale
Sa puissance à la terre, et son courage aux cieux.

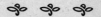

Comme on passe en été le torrent sans danger,
Qui soulait en hiver être roi de la plaine,
Et ravir par les champs d'une fuite hautaine
L'espoir du laboureur et l'espoir du berger :

Comme on voit les couards animaux outrager
Le courageux lion gisant dessus l'arène,
Ensanglanter leurs dents, et d'une audace vaine
Provoquer l'ennemi qui ne se peut venger :

Et comme devant Troie on vit des Grecs encor
Braver les moins vaillants autour du corps d'Hector :
Ainsi ceux qui jadis soulaient, à tête basse,

Du triomphe Romain la gloire accompagner,
Sur ces poudreux tombeaux exercent leur audace,
Et osent les vaincus les vainqueurs dédaigner.

Qui a vu quelquefois un grand chêne asséché,
Qui pour son ornement quelque trophée porte,
Lever encor au ciel sa vieille tête morte,
Dont le pied fermement n'est en terre fiché,

Mais qui dessus le champ plus qu'à demi penché
Montre ses bras tout nus, et sa racine torte,
Et sans feuille ombrageux, de son poids se supporte
Sur son tronc nouailleux en cent lieux ébranché :

Et bien qu'au premier vent il doive sa ruine,
Et maint jeune à l'entour ait ferme la racine,
Du dévot populaire être seul révéré :

Qui tel chêne a pu voir, qu'il imagine encore
Comme entre les cités, qui plus florissent ore,
Ce vieil honneur poudreux est le plus honoré.

Comme le champ semé en verdure foisonne,
De verdure se hausse en tuyau verdissant,
Du tuyau se hérisse en épi florissant,
D'épi jaunit en grain que le chaud assaisonne :

Et comme en la saison le rustique moissonne
Les ondoyants cheveux du sillon blondissant,
Les met d'ordre en javelle, et du blé jaunissant
Sur le champ dépouillé mille gerbes façonne :

Ainsi de peu à peu crût l'empire Romain,
Tant qu'il fut dépouillé par la Barbare main,
Qui ne laissa de lui que ces marques antiques,

Que chacun va pillant : comme on voit le glaneur
Cheminant pas à pas recueillir les reliques
De ce qui va tombant après le moissonneur.

Les Regrets

Las, où est maintenant ce mépris de Fortune?
Où est ce cœur vainqueur de toute adversité,
Cet honnête désir de l'immortalité,
Et cette honnête flamme au peuple non commune?

Où sont ces doux plaisirs qu'au soir sous la nuit brune
Les Muses me donnaient, alors qu'en liberté
Dessus le vert tapis d'un rivage écarté
Je les menais danser aux rayons de la Lune?

Maintenant la Fortune est maîtresse de moi,
Et mon cœur, qui soulait être maître de soi,
Est serf de mille maux et regrets qui m'ennuient.

De la postérité je n'ai plus de souci,
Cette divine ardeur, je ne l'ai plus aussi,
Et les Muses de moi, comme étranges, s'enfuient.

❧ ❧ ❧

France, mère des arts, des armes et des lois,
Tu m'as nourri longtemps du lait de ta mamelle :
Ores, comme un agneau qui sa nourrice appelle,
Je remplis de ton nom les antres et les bois.

Si tu m'as pour enfant avoué quelquefois,
Que ne me réponds-tu maintenant, ô cruelle?
France, France, réponds à ma triste querelle.
Mais nul, sinon Echo, ne répond à ma voix.

Entre les loups cruels j'erre parmi la plaine,
Je sens venir l'hiver, de qui la froide haleine
D'une tremblante horreur fait hérisser ma peau.

Las, tes autres agneaux n'ont faute de pâture,
Ils ne craignent le loup, le vent, ni la froidure :
Si ne suis-je pourtant le pire du troupeau.

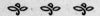

Maintenant je pardonne à la douce fureur
Qui m'a fait consumer le meilleur de mon âge,
Sans tirer autre fruit de mon ingrat ouvrage,
Que le vain passetemps d'une si longue erreur.

Maintenant je pardonne à ce plaisant labeur,
Puisque seul il endort le souci qui m'outrage,
Et puisque seul il fait qu'au milieu de l'orage,
Ainsi qu'auparavant, je ne tremble de peur.

Si les vers ont été l'abus de ma jeunesse,
Les vers seront aussi l'appui de ma vieillesse :
S'ils furent ma folie, ils seront ma raison,

S'ils furent ma blessure, ils seront mon Achille,
S'ils furent mon venin, le scorpion utile
Qui sera de mon mal la seule guérison.

Heureux, de qui la mort de sa gloire est suivie,
Et plus heureux celui dont l'immortalité
Ne prend commencement de la postérité,
Mais devant que la mort ait son âme ravie.

Tu jouis (mon Ronsard), même durant ta vie,
De l'immortel honneur que tu as mérité :
Et devant que mourir (rare félicité)
Ton heureuse vertu triomphe de l'envie.

Courage donc, Ronsard, la victoire est à toi,
Puisque de ton côté est la faveur du Roi :
Jà du laurier vainqueur tes tempes se couronnent,

Et jà la tourbe épaisse à l'entour de ton flanc
Ressemble ces esprits, qui là-bas environnent
Le grand prêtre de Thrace au long sourpely blanc.

Heureux qui, comme Ulysse, a fait un beau voyage,
Ou comme cestuy-là qui conquit la toison,
Et puis est retourné, plein d'usage et raison,
Vivre entre ses parents le reste de son âge!

Quand reverrai-je, hélas! de mon petit village
Fumer la cheminée, et en quelle saison
Reverrai-je le clos de ma pauvre maison,
Qui m'est une province et beaucoup davantage?

Plus me plaît le séjour qu'ont bâti mes aïeux,
Que des palais Romains le front audacieux :
Plus que le marbre dur me plaît l'ardoise fine,

Plus mon Loire Gaulois que le Tibre Latin,
Plus mon petit Liré que le mont Palatin,
Et plus que l'air marin la douceur Angevine.

A vous troupe légère,   *D'un vanneur de blé*
Qui d'aile passagère   *aux vents*
Par le monde volez,
Et d'un sifflant murmure
L'ombrageuse verdure
Doucement ébranlez,

J'offre ces violettes,
Ces lis et ces fleurettes,
Et ces roses ici,
Ces vermeillettes roses,
Tout fraîchement écloses,
Et ces œillets aussi.

De votre douce haleine
Éventez cette plaine,
Éventez ce séjour :
Cependant que j'ahanne
A mon blé que je vanne
A la chaleur du jour.

PIERRE DE RONSARD

✤ ✤ ✤

Odes

> O Fontaine Bellerie,
> Belle fontaine chérie
> De nos Nymphes, quand ton eau
> Les cache au creux de ta source,
> Fuyantes le Satyreau,
> Qui les pourchasse à la course
> Jusqu'au bord de ton ruisseau,
>
> Tu es la Nymphe éternelle
> De ma terre paternelle :
> Pource en ce pré verdelet
> Vois ton Poète qui t'orne
> D'un petit chevreau de lait,
> A qui l'une et l'autre corne
> Sortent du front nouvelet.
>
> L'Été je dors ou repose
> Sur ton herbe, où je compose,
> Caché sous tes saules verts,
> Je ne sais quoi, qui ta gloire
> Enverra par l'univers,
> Commandant à la Mémoire
> Que tu vives par mes vers.

L'ardeur de la Canicule
Ton vert rivage ne brûle,
Tellement qu'en toutes parts
Ton ombre est épaisse et drue
Aux pasteurs venant des parcs,
Aux bœufs las de la charrue,
Et au bestial épars.

Iô! tu seras sans cesse
Des fontaines la princesse,
Moi célébrant le conduit
Du rocher percé, qui darde
Avec un enroué bruit
L'eau de ta source jasarde
Qui trépillante se suit.

Quand je suis vingt ou trente mois
Sans retourner en Vendômois,
Plein de pensées vagabondes,
Plein d'un remords et d'un souci,
Aux rochers je me plains ainsi,
Aux bois, aux antres et aux ondes.
Rochers, bien que soyez âgés
De trois mil ans, vous ne changez
Jamais ni d'état ni de forme;
Mais toujours ma jeunesse fuit,
Et la vieillesse qui me suit,
De jeune en vieillard me transforme.
Bois, bien que perdiez tous les ans
En l'hiver vos cheveux plaisants,
L'an d'après qui se renouvelle,
Renouvelle aussi votre chef;
Mais le mien ne peut derechef
R'avoir sa perruque nouvelle.

Antres, je me suis vu chez vous
Avoir jadis verts les genoux,
Le corps habile, et la main bonne;
Mais ores j'ai le corps plus dur,
Et les genoux, que n'est le mur
Qui froidement vous environne.
　　Ondes, sans fin vous promenez
Et vous menez et ramenez
Vos flots d'un cours qui ne séjourne;
Et moi sans faire long séjour
Je m'en vais, de nuit et de jour,
Au lieu d'où plus on ne retourne...

Les amours de Cassandre

Ciel, air et vents, plains et monts découverts,
Tertres vineux et forêts verdoyantes,
Rivages torts et sources ondoyantes,
Taillis rasés et vous bocages verts,

Antres moussus à demi-front ouverts,
Prés, boutons, fleurs et herbes roussoyantes,
Vallons bossus et plages blondoyantes,
Et vous rochers, les hôtes de mes vers,

Puis qu'au partir, rongé de soin et d'ire,
A ce bel œil Adieu je n'ai su dire,
Qui près et loin me détient en émoi,

Je vous supplie, Ciel, air, vents, monts et plaines,
Taillis, forêts, rivages et fontaines,
Antres, prés, fleurs, dites-le-lui pour moi.

Mignonne, allons voir si la rose
Qui ce matin avait déclose
Sa robe de pourpre au Soleil,
A point perdu cette vêprée
Les plis de sa robe pourprée,
Et son teint au vôtre pareil.

Las! Voyez comme en peu d'espace,
Mignonne, elle a dessus la place,
Las! las! ses beautés laissé choir!
O vraiment marâtre Nature,
Puisqu'une telle fleur ne dure
Que du matin jusques au soir!

Donc, si vous me croyez, mignonne,
Tandis que votre âge fleuronne
En sa plus verte nouveauté,
Cueillez, cueillez votre jeunesse :
Comme à cette fleur la vieillesse
Fera ternir votre beauté.

Quand au temple nous serons
Agenouillés, nous ferons
Les dévots selon la guise
De ceux qui pour louer Dieu
Humbles se courbent au lieu
Le plus secret de l'Église.
Mais quand au lit nous serons
Entrelacés, nous ferons
Les lascifs selon les guises
Des Amants qui librement
Pratiquent folâtrement
Dans les draps cent mignardises.

Pourquoi donque, quand je veux
Ou mordre tes beaux cheveux,
Ou baiser ta bouche aimée,
Ou toucher à ton beau sein,
Contrefais-tu la nonnain
Dedans un cloître enfermée?

Pour qui gardes-tu tes yeux
Et ton sein délicieux,
Ton front, ta lèvre jumelle?
En veux-tu baiser Pluton
Là-bas, après que Charon
T'aura mise en sa nacelle?

Après ton dernier trépas,
Grêle, tu n'auras là-bas
Qu'une bouchette blêmie;
Et quand mort je te verrais
Aux Ombres je n'avou'rais
Que jadis tu fus m'amie.

Ton test n'aura plus de peau,
Ni ton visage si beau
N'aura veines ni artères :
Tu n'auras plus que les dents
Telles qu'on les voit dedans
Les têtes de cimeteres.

Donque tandis que tu vis,
Change, Maîtresse, d'avis,
Et ne m'épargne ta bouche.
Incontinent tu mourras,
Lors tu te repentiras
De m'avoir été farouche.

Ah, je meurs! Ah, baise-moi!
Ah, Maîtresse, approche-toi!
Tu fuis comme un faon qui tremble.
Au moins souffre que ma main
S'ébatte un peu dans ton sein,
Ou plus bas, si bon te semble.

Les amours de Marie

Marie, levez-vous, vous êtes paresseuse :
Jà la gaie alouette au ciel a fredonné,
Et jà le rossignol doucement jargonné,
Dessus l'épine assis, sa complainte amoureuse.

Sus! debout! allons voir l'herbelette perleuse,
Et votre beau rosier de boutons couronné,
Et vos œillets mignons auxquels aviez donné,
Hier au soir, de l'eau, d'une main si soigneuse.

Harsoir en vous couchant vous jurâtes vos yeux
D'être plus tôt que moi ce matin éveillée :
Mais le dormir de l'Aube, aux filles gracieux,

Vous tient d'un doux sommeil encor les yeux sillée.
Çà! çà! que je les baise et votre beau tétin,
Cent fois, pour vous apprendre à vous lever matin.

Je vous envoie un bouquet, que ma main
Vient de trier de ces fleurs épanies;
Qui ne les eût à ce vêpre cueillies,
Chutes à terre elles fussent demain.

Cela vous soit un exemple certain
Que vos beautés, bien qu'elles soient fleuries,
En peu de temps cherront toutes flétries,
Et, comme fleurs, périront tout soudain.

Le temps s'en va, le temps s'en va, ma Dame,
Las le temps! non, mais nous nous en allons,
Et tôt serons étendus sous la lame

Et des amours desquelles nous parlons,
Quand serons morts, n'en sera plus nouvelle :
Pour ce aimez-moi, cependant qu'êtes belle.

Sur la mort de Marie

Comme on voit sur la branche au mois de mai la rose,
En sa belle jeunesse, en sa première fleur,
Rendre le ciel jaloux de sa vive couleur,
Quand l'aube de ses pleurs au point du jour l'arrose ;

La grâce dans sa feuille, et l'amour se repose,
Embaumant les jardins et les arbres d'odeur ;
Mais, battue ou de pluie, ou d'excessive ardeur,
Languissante elle meurt, feuille à feuille déclose.

Ainsi en ta première et jeune nouveauté,
Quand la Terre et le Ciel honoraient ta beauté,
La Parque t'a tuée, et cendre tu reposes.

Pour obsèques reçois mes larmes et mes pleurs,
Ce vase plein de lait, ce panier plein de fleurs,
Afin que vif et mort ton corps ne soit que roses.

Sonnet à Sinope

L'an se rajeunissait en sa verte jouvence
Quand je m'épris de vous, ma Sinope cruelle ;
Seize ans étaient la fleur de votre âge nouvelle,
Et votre teint sentait encore son enfance.

Vous aviez d'une infante encor la contenance,
La parole, et les pas ; votre bouche était belle,
Votre front et vos mains dignes d'une Immortelle,
Et votre œil, qui me fait trépasser quand j'y pense.

Amour, qui ce jour-là si grandes beautés vit,
Dans un marbre, en mon cœur d'un trait les écrivit ;
Et si pour le jourd'hui vos beautés si parfaites

Ne sont comme autrefois, je n'en suis moins ravi,
Car je n'ai pas égard à cela que vous êtes,
Mais au doux souvenir des beautés que je vis.

Hymne de la mort

... Que ta puissance, ô Mort, est grande et admirable!
Rien au monde par toi ne se dit perdurable,
Mais, tout ainsi que l'onde à val des ruisseaux fuit
Le pressant coulement de l'autre qui la suit,
Ainsi le temps se coule, et le présent fait place
Au futur importun qui les talons lui trace.
Ce qui fut, se refait; tout coule, comme une eau,
Et rien dessous le Ciel ne se voit de nouveau,
Mais la forme se change en une autre nouvelle,
Et ce changement-là, Vivre, au monde s'appelle,
Et mourir, quand la forme en une autre s'en va.
Ainsi, avec Vénus, la Nature trouva
Moyen de ranimer, par longs et divers changes,
La matière restant, tout cela que tu manges;
Mais notre âme immortelle est toujours en un lieu,
Au change non sujette, assise auprès de Dieu,
Citoyenne à jamais de la ville éthérée,
Qu'elle avait si longtemps en ce corps désirée.

Je te salue, heureuse et profitable Mort,
Des extrêmes douleurs médecin et confort.
Quand mon heure viendra, Déesse, je te prie,
Ne me laisse longtemps languir en maladie,
Tourmenté dans un lit; mais puisqu'il faut mourir,
Donne-moi que soudain je te puisse encourir, [Prince,
Ou pour l'honneur de Dieu, ou pour servir mon
Navré d'une grand plaie au bord de ma province.

Institution pour l'adolescence du Roi très-chrétien Charles IXe de ce nom

Sire, ce n'est pas tout que d'être Roi de France,
Il faut que la vertu honore votre enfance :
Un Roi sans la vertu porte le sceptre en vain,
Qui ne lui sert sinon un fardeau dans la main.

    Pour ce on dit que Thétis, la femme de Pélée,
Après avoir la peau de son enfant brûlée,
Pour le rendre immortel, le prit en son giron,
Et de nuit l'emporta dans l'antre de Chiron,
Chiron noble Centaure, afin de lui apprendre
Les plus rares vertus dès sa jeunesse tendre,
Et de science et d'art son Achille honorer.

    Un roi pour être grand ne doit rien ignorer :
Il ne doit seulement savoir l'art de la guerre,
De garder les cités, ou les ruer par terre,
De piquer les chevaux, ou contre son harnois
Recevoir mille coups de lances aux tournois;...

    Les Rois les plus brutaux telles choses n'ignorent,
Et par le sang versé leurs couronnes honorent;
Tout ainsi que lions qui s'estiment alors
De tous les animaux être vus les plus forts,
Quand ils ont dévoré un cerf au grand corsage
Et ont rempli les champs de meurtre et de carnage.

    Mais les princes mieux nés n'estiment leur vertu
Procéder ni de sang ni de glaive pointu,
Ni de harnois ferrés qui les peuples étonnent,
Mais par les beaux métiers que les Muses nous donnent.
Quand les Muses, qui sont filles de Jupiter,
Dont les Rois sont issus, les Rois daignent chanter,
Elles les font marcher en toute révérence,
Loin de leur Majesté bannissant l'ignorance,
Et tout remplis de grâce et de divinité,
Les font parmi le peuple ordonner équité....

Il faut premièrement apprendre à craindre Dieu,
Dont vous êtes l'image, et porter au milieu
De votre cœur son nom et sa sainte parole,
Comme le seul secours dont l'homme se console.

En après, si voulez en terre prospérer,
Vous devez votre mère humblement honorer,
La craindre et la servir, qui seulement de mère
Ne vous sert pas ici, mais de garde et de père.

Après, il faut tenir la loi de vos aïeux,
Qui furent Rois en terre et sont là-haut aux Cieux,
Et garder que le peuple imprime en sa cervelle
Le curieux discours d'une secte nouvelle.

Après, il faut apprendre à bien imaginer,
Autrement la raison ne pourrait gouverner;
Car tout le mal qui vient à l'homme prend naissance
Quand par sus la raison le cuider a puissance....
Malheureux sont les Rois qui fondent leur appui
Sur l'aide d'un commis, qui par les yeux d'autrui
Voient l'état du peupie, et oyent par l'oreille
D'un flatteur mensonger qui leur conte merveille.
Tel Roi ne règne pas, ou bien il règne en peur,
D'autant qu'il ne sait rien, d'offenser un trompeur.
Mais, Sire, ou je me trompe en voyant votre grâce,
Ou vous tiendrez d'un Roi la légitime place :
Vous ferez votre charge, et comme un Prince doux,
Audience et faveur vous donnerez à tous.
Votre palais royal connaîtrez en présence,
Et ne commettrez point une petite offense.
Si un pilote faut tant soit peu sur la mer,
Il fera dessous l'eau le navire abîmer,
Si un monarque faut tant soi peu, la province
Se perd; car volontiers le peuple suit le Prince.
Aussi pour être Roi vous ne devez penser
Vouloir comme un tyran vos sujets offenser.
De même notre corps votre corps est de boue;
Des petits et des grands la Fortune se joue :

Tous les règnes mondains se font et se défont,
Et au gré de Fortune ils viennent et s'en vont,
Et ne durent non plus qu'une flamme allumée,
Qui soudain est éprise, et soudain consumée.
   Or, Sire, imitez Dieu, lequel vous a donné
Le Sceptre, et vous a fait un grand Roi couronné :
Faites miséricorde à celui qui supplie,
Punissez l'orgueilleux qui s'arme en sa folie,
Ne poussez par faveur un homme en dignité,
Mais choisissez celui qui l'a bien mérité;
Ne baillez pour argent ni états ni offices,
Ne donnez aux premiers les vacants bénéfices,
Ne souffrez près de vous ni flatteurs ni vanteurs,
Fuyez ces plaisants fols qui ne sont que menteurs,
Et n'endurez jamais que les langues légères
Médisent des Seigneurs des terres étrangères.
Ne soyez point moqueur, ni trop haut à la main,
Vous souvenant toujours que vous êtes humain...
Comme le corps royal ayez l'âme royale,
Tirez le peuple à vous d'une main libérale,
Et pensez que le mal le plus pernicieux,
C'est un prince sordide et avaricieux.
Ayez autour de vous personnes vénérables,
Et les oyez parler volontiers à vos tables;
Soyez leur auditeur, comme fut votre aïeul,
Ce grand François, qui vit encores au cercueil.
Soyez comme un bon Prince amoureux de la gloire
Et faites que de vous se remplisse une histoire
Du temps victorieux, vous faisant immortel
Comme Charles le Grand, ou bien Charles Martel.
Ne souffrez que les grands blessent le populaire;
Ne souffrez que le peuple au grand puisse déplaire.
Gouvernez votre argent par sagesse et raison :
Le Prince qui ne peut gouverner sa maison,
Sa femme, ses enfants et son bien domestique,
Ne saurait gouverner une grand république.

Pensez longtemps devant que faire aucuns Édits;
Mais sitôt qu'ils seront devant le peuple dits,
Qu'ils soient pour tout jamais d'invincible puissance;
Autrement vos décrets sentiraient leur enfance.
Ne vous montrez jamais pompeusement vêtu :
L'habillement des Rois est la seule vertu.
Que votre corps reluise en vertus glorieuses,
Et non pas vos habits de perles précieuses.

    D'amis plus que d'argent montrez-vous désireux;
Les princes sans amis sont toujours malheureux.
Aimez les gens de bien, ayant toujours envie
De ressembler à ceux qui sont de bonne vie.
Punissez les malins et les séditieux;
Ne soyez point chagrin, dépit ni furieux;
Mais honnête et gaillard, portant sur le visage
De votre gentille âme un gentil témoignage.

    Or, Sire, pour autant que nul n'a le pouvoir
De châtier les Rois qui font mal leur devoir,
Punissez-vous vous-même, afin que la justice
De Dieu, qui est plus grand, vos fautes ne punisse.

    Je dis ce puissant Dieu dont l'emprise est sans bout,
Qui de son trône assis en la terre voit tout,
Et fait à un chacun ses justices égales,
Autant aux laboureux qu'aux personnes Royales;
Lequel nous supplions vous tenir en sa Loi,
Et vous aimer autant qu'il fit David, son Roi,
Et rendre comme à lui votre Sceptre tranquille :
Sans la faveur de Dieu la force est inutile.

Réponse de P. de Ronsard aux injures et calomnies de je ne sais quels prédicantereaux et ministreaux de Genève.

... M'éveillant au matin, devant que faire rien,
J'invoque l'Éternel, le père de tout bien,
Le priant humblement de me donner sa grâce,
Et que le jour naissant sans l'offenser se passe;
Qu'il chasse toute secte et toute erreur de moi,
Qu'il me veuille garder en ma première foi,
Sans entreprendre rien qui blesse ma province,
Très humble observateur des lois et de mon Prince.
    Après je sors du lit, et, quand je suis vêtu,
Je me range à l'étude et apprends la vertu,
Composant et lisant suivant ma destinée.
Qui s'est dès mon enfance aux Muses enclinée;
Quatre ou cinq heures seul je m'arrête enfermé;
Puis, sentant mon esprit de trop lire assommé,
J'abandonne le livre et m'en vais à l'église;
Au retour, pour plaisir, une heure je devise;
De là je viens dîner, faisant sobre repas,
Je rends grâces à Dieu; au reste je m'ébats.
    Car, si l'après-dînée est plaisante et sereine,
Je m'en vais promener tantôt parmi la plaine,
Tantôt en un village, et tantôt en un bois,
Et tantôt par les lieux solitaires et cois :
J'aime fort les jardins qui sentent le sauvage,
J'aime le flot de l'eau qui gazouille au rivage.
    Là, devisant sur l'herbe avec un mien ami,
Je me suis par les fleurs bien souvent endormi
A l'ombrage d'un saule, ou, lisant dans un livre,
J'ai cherché le moyen de me faire revivre,
Tout pur d'ambition et des soucis cuisants,

Misérables bourreaux d'un tas de médisants
Qui font, comme ravis, les prophètes en France,
Pipant les grands seigneurs d'une belle apparence.
    Mais quand le ciel est triste et tout noir d'épaisseur,
Et qu'il ne fait aux champs ni plaisant ni bien seur,
Je cherche compagnie, ou je joue à la prime,
Je voltige ou je saute, ou je lutte ou j'escrime,
Je dis le mot pour rire, et à la vérité
Je ne loge chez moi trop de sévérité.
    Puis, quand la nuit brunette a rangé les étoiles,
Encourtinant le ciel et la terre de voiles,
Sans souci je me couche, et là, levant les yeux
Et la bouche et le cœur vers la voûte des cieux,
Je fais mon oraison, priant la Bonté haute
De vouloir pardonner doucement à ma faute...

Sonnets pour Hélène

Te regardant assise auprès de ta cousine,
Belle comme une Aurore et toi comme un Soleil,
Je pensai voir deux fleurs d'un même teint pareil,
Croissantes en beauté, l'une à l'autre voisine.

La chaste, sainte, belle et unique Angevine,
Vite comme un éclair sur moi jeta son œil.
Toi, comme paresseuse et pleine de sommeil,
D'un seul petit regard tu ne m'estimas digne.

Tu t'entretenais seule au visage abaissé,
Pensive toute à toi, n'aimant rien que toi-même,
Dédaignant un chacun d'un sourcil ramassé.
                                   [l'aime.
Comme une qui ne veut qu'on la cherche ou qu'on
J'eus peur de ton silence et m'en allai tout blême,
Craignant que mon salut n'eût ton œil offensé.

Je plante en ta faveur cet arbre de Cybelle,
Ce pin, où tes honneurs se liront tous les jours :
J'ai gravé sur le tronc nos noms et nos amours,
Qui croîtront à l'envi de l'écorce nouvelle.

Faunes qui habitez ma terre paternelle,
Qui menez sur le Loir vos danses et vos tours,
Favorisez la plante et lui donnez secours,
Que l'Été ne la brûle, et l'Hiver ne la gelle.

Pasteur, qui conduiras en ce lieu ton troupeau,
Flageolant une Eglogue en ton tuyau d'aveine,
Attache tous les ans à cet arbre un tableau,

Qui témoigne aux passants mes amours et ma peine;
Puis l'arrosant de lait et du sang d'un agneau,
Dis : « Ce pin est sacré, c'est la plante d'Hélène. »

Quand vous serez bien vieille, au soir à la chandelle,
Assise auprès du feu, dévidant et filant,
Direz chantant mes vers, en vous émerveillant :
« Ronsard me célébrait du temps que j'étais belle. »

Lors vous n'aurez servante oyant telle nouvelle,
Déjà sous le labeur à demi sommeillant,
Qui au bruit de mon nom ne s'aille réveillant,
Bénissant votre nom de louange immortelle.

Je serai sous la terre, et fantôme sans os
Par les ombres myrteux je prendrai mon repos;
Vous serez au foyer une vieille accroupie,

Regrettant mon amour et votre fier dédain.
Vivez, si m'en croyez, n'attendez à demain :
Cueillez dès aujourd'hui les roses de la vie.

Élégie contre les bûcherons de la forêt de Gâtine

Forêt, haute maison des oiseaux bocagers,
Plus le cerf solitaire et les chevreuils légers
Ne paîtront sous ton ombre, et ta verte crinière
Plus du soleil d'été ne rompra la lumière.
Plus l'amoureux pasteur sur un tronc adossé,
Enflant son flageolet à quatre trous percé,
Son mâtin à ses pieds, à son flanc la houlette,
Ne dira plus l'ardeur de sa belle Janette;
Tout deviendra muet, Écho sera sans voix,
Tu deviendras campagne et, en lieu de tes bois,
Dont l'ombrage incertain lentement se remue,
Tu sentiras le soc, le coutre et la charrue.
Tu perdras ton silence, et, haletants d'effroi,
Ni Satyres, ni Pans ne viendront plus chez toi.
Adieu, vieille forêt, le jouet de Zéphire,
Où premier j'accordai les langues de ma lyre,
Où premier j'entendis les flèches résonner
D'Apollon, qui me vint tout le cœur étonner;
Où premier admirant la belle Calliope,
Je devins amoureux de sa neuvaine trope,
Quand sa main sur le front cent roses me jeta,
Et de son propre lait Euterpe m'allaita.
Adieu, vieille forêt, adieu, têtes sacrées,
De tableaux et de fleurs autrefois honorées,
Maintenant le dédain des passants altérés,
Qui brûlés en l'été des rayons éthérés,
Sans plus trouver le frais de tes douces verdures,
Accusent vos meurtriers, et leur disent injures.

Adieu, chênes, couronne aux vaillants citoyens,
Arbres de Jupiter, germes Dodonéens,
Qui premiers aux humains donnâtes à repaître,
Peuples vraiment ingrats, qui n'ont su reconnaître
Les biens reçus de vous, peuples vraiment grossiers,
De massacrer ainsi nos pères nourriciers.
   Que l'homme est malheureux qui au monde se fie !
O dieux, que véritable est la philosophie,
Qui dit que toute chose à la fin périra,
Et qu'en changeant de forme une autre vêtira !
De Tempé la vallée un jour sera montagne,
Et la cime d'Athos une large campagne :
Neptune quelquefois de blé sera couvert.
La matière demeure et la forme se perd.

Sonnets posthumes

Je n'ai plus que les os, un squelette je semble,
Décharné, dénervé, démusclé, dépulpé,
Que le trait de la Mort sans pardon a frappé :
Je n'ose voir mes bras que de peur je ne tremble.

Apollon et son fils, deux grands maîtres ensemble,
Ne me sauraient guérir ; leur métier m'a trompé,
Adieu, plaisant Soleil ! mon œil est étoupé,
Mon corps s'en va descendre où tout se désassemble.

Quel ami me voyant à ce point dépouillé
Ne remporte au logis un œil triste et mouillé,
Me consolant au lit et me baisant la face,

En essuyant mes yeux par la Mort endormis ?
Adieu, chers compagnons, adieu, mes chers amis,
Je m'en vais le premier vous préparer la place.

Il faut laisser maisons et vergers et jardins,
Vaisselles et vaisseaux que l'artisan burine,
Et chanter son obsèque en la façon du Cygne,
Qui chante son trépas sur les bords Méandrins.

C'est fait, j'ai dévidé le cours de mes destins,
J'ai vécu, j'ai rendu mon nom assez insigne,
Ma plume vole au ciel pour être quelque signe,
Loin des appas mondains qui trompent les plus fins.

Heureux qui ne fut onc, plus heureux qui retourne
En rien, comme il était, plus heureux qui séjourne,
D'homme, fait nouvel ange, auprès de Jésus-Christ,

Laissant pourrir çà-bas sa dépouille de boue,
Dont le Sort, la Fortune, et le Destin se joue,
Franc des liens du corps pour n'être qu'un esprit.

LOUISE LABÉ

❧ ❧ ❧

Sonnets

On voit mourir toute chose animée,
Lors que du corps l'âme subtile part :
Je suis le corps, toi la meilleure part :
Où es-tu donc, ô âme bien aimée?

Ne me laissez par si longtemps pâmée :
Pour me sauver après viendrais trop tard.
Las! ne mets point ton corps en ce hasard :
Rends-lui sa part et moitié estimée.

Mais fais, Ami, que ne soit dangereuse
Cette rencontre et revue amoureuse,
L'accompagnant, non de sévérité,

Non de rigueur, mais de grâce amiable,
Qui doucement me rende ta beauté,
Jadis cruelle, à présent favorable.

Oh, si j'étais en ce beau sein ravie
De celui-là pour lequel vais mourant :
Si avec lui vivre le demeurant
De mes courts jours ne m'empêchait envie :

Si m'accolant me disait : chère Amie,
Contentons-nous l'un l'autre! s'assurant
Que jà tempête, Euripe, ni Courant
Ne nous pourra disjoindre en notre vie :

Si, de mes bras le tenant accolé,
Comme du Lierre est l'arbre encercelé,
La mort venait, de mon aise envieuse,

Lors que, souef, plus il me baiserait,
Et mon esprit sur ses lèvres fuirait,
Bien je mourrais, plus que vivante, heureuse.

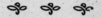

Tant que mes yeux pourront larmes épandre
A l'heur passé avec toi regretter :
Et qu'aux sanglots et soupirs résister
Pourra ma voix et un peu faire entendre :

Tant que ma main pourra les cordes tendre
Du mignard Luth, pour tes grâces chanter :
Tant que l'esprit se voudra contenter
De ne vouloir rien fors que toi comprendre :

Je ne souhaite encore point mourir.
Mais quand mes yeux je sentirai tarir,
Ma voix cassée, et ma main impuissante,

Et mon esprit en ce mortel séjour
Ne pouvant plus montrer signe d'amante :
Prierai la Mort noircir mon plus clair jour.

ROBERT GARNIER

❧ ❧ ❧

Les Juives, chœur

Pauvres filles de Sion,
Vos liesses sont passées ;
La commune affliction
Les a toutes effacées.

Ne luiront plus vos habits
De soie avec l'or tissue ;
La perle avec le rubis
N'y sera plus aperçue.

La chaîne qui dévalait
Sur vos gorges ivoirines
Jamais comme elle soulait
N'embellira vos poitrines.

Vos seins, des cèdres pleurants
En mainte goutte tombée
Ne seront plus odorants,
Ni des parfums de Sabée,

Et vos visages, déteints
De leur naturel albâtre,
N'auront souci que leurs teints
Soient peinturés de cinabre.

L'or crêpé de vos cheveux,
Qui sur vos tempes se joue,
De mille folâtres nœuds
N'ombragera votre joue.

Nous n'entendrons plus les sons
De la soupireuse lyre,
Qui s'accordait aux chansons,
Que l'amour vous faisait dire,
    Quand les cuisantes ardeurs
Du jour étant retirées,
On dansait sous les tiédeurs
Des brunissantes soirées,
    Et que ceux-là dont l'amour
Tenait les âmes malades,
Faisaient aux dames la cour
De mille douces aubades,
    Contant les affections
De leurs amitiés fidèles
Et les dures passions
Qu'ils souffraient pour l'amour d'elles.
    Las! que tout est bien changé!
Nous n'avons plus que tristesse.
Tout plaisir s'est étrangé
De nous, et toute liesse.
    Notre orgueilleuse Cité,
Qui les cités de la terre
Passait en félicité,
N'est plus qu'un monceau de pierres.
    Dessous ses murs démolis,
Comme en communs cimetières,
Demeurent ensevelis
La plus grand'part de nos frères.
    Et nous, malheureux butin,
Allons soupirer, captives,
Bien loin dessous le matin,
Sur l'Euphrate aux creuses rives,
    Où confites en tourment,
Toute liberté ravie,
En pleurs et gémissement
Nous finirons notre vie.

PHILIPPE DESPORTES

Chanson

Que vous m'allez tourmentant
De m'estimer infidèle!
Non, vous n'êtes point plus belle
Que je suis ferme et constant.

Pour bien voir quelle est ma foi,
Regardez-moi dans votre âme :
C'est comme j'en fais, Madame;
Dans la mienne je vous vois.

Si vous pensez me changer,
Ce miroir me le rapporte;
Voyez donc, de même sorte,
En vous, si je suis léger.

Pour vous, sans plus, je fus né,
Mon cœur n'en peut aimer d'autre :
Las! si je ne suis plus vôtre,
A qui m'avez-vous donné?

Sonnets

Icare est chut ici, le jeune audacieux
Qui pour voler au Ciel eut assez de courage :
Ici tomba son corps dégarni de plumage,
Laissant tous braves cœurs de sa chute envieux.

O bienheureux travail d'un esprit glorieux
Qui tire un si grand gain d'un si petit dommage!
O bienheureux malheur plein de tant d'avantage,
Qu'il rende le vaincu des ans victorieux!

Un chemin si nouveau n'étonna sa jeunesse,
Le pouvoir lui faillit mais non la hardiesse,
Il eut pour le brûler des astres le plus beau.

Il mourut poursuivant une haute aventure,
Le ciel fut son désir, la Mer sa sépulture :
Est-il plus beau dessein, ou plus riche tombeau?

Sommeil, paisible fils de la Nuit solitaire,
Père alme, nourricier de tous les animaux,
Enchanteur gracieux, doux oubli de nos maux,
Et des esprits blessés l'appareil salutaire :

Dieu favorable à tous, pourquoi m'es-tu contraire?
Pourquoi suis-je tout seul rechargé de travaux,
Or'que l'humide nuit guide ses noirs chevaux,
Et que chacun jouit de ta grâce ordinaire?

Ton silence où est-il? ton repos et ta paix,
Et ces songes volant comme un nuage épais,
Qui des ondes d'Oubli vont lavant nos pensées?

O frère de la Mort, que tu m'es ennemi!
Je t'invoque au secours, mais tu es endormi,
Et j'ards, toujours veillant, en tes horreurs glacées.

Cette fontaine est froide, et son eau doux-coulante,
A la couleur d'argent, semble parler d'Amour;
Un herbage mollet reverdit tout autour,
Et les aunes font ombre à la chaleur brûlante.

Le feuillage obéit à Zéphyr qui l'évente,
Soupirant, amoureux, en ce plaisant séjour;
Le soleil clair de flamme est au milieu du jour,
Et la terre se fend de l'ardeur violente.

Passant, par le travail du long chemin lassé,
Brûlé de la chaleur et de la soif pressé,
Arrête en cette place où ton bonheur te mène;

L'agréable repos ton corps délassera,
L'ombrage et le vent frais ton ardeur chassera,
Et ta soif se perdra dans l'eau de la fontaine.

Villanelle

Rosette, pour un peu d'absence,
Votre cœur vous avez changé,
Et moi, sachant cette inconstance,
Le mien autre part j'ai rangé :
Jamais plus, beauté si légère
Sur moi tant de pouvoir n'aura :
Nous verrons, volage bergère,
Qui premier s'en repentira.

Tandis qu'en pleurs je me consume,
Maudissant cet éloignement,
Vous qui n'aimez que par coutume,
Caressiez un nouvel amant.
Jamais légère girouette
Au vent si tôt ne se vira :
Nous verrons, bergère Rosette,
Qui premier s'en repentira.

Où sont tant de promesses saintes,
Tant de pleurs versés en partant?
Est-il vrai que ces tristes plaintes
Sortissent d'un cœur inconstant?
Dieux! que vous êtes mensongère!
Maudit soit qui plus vous croira!
Nous verrons, volage bergère,
Qui premier s'en repentira.

Celui qui a gagné ma place
Ne vous peut aimer tant que moi;
Et celle que j'aime vous passe
De beauté, d'amour et de foi.
Gardez bien votre amitié neuve,
La mienne plus ne variera,
Et puis, nous verrons à l'épreuve
Qui premier s'en repentira.

Plainte

Depuis six mois entiers que ta main courroucée
Se retira, Seigneur, de mon âme oppressée,
Et me laissa débile au pouvoir des malheurs,
J'ai tant souffert d'ennuis, qu'hélas! je ne puis dire
Comment mes tristes yeux aux pleurs ont pu suffire,
Aux complaintes ma bouche et mon cœur aux douleurs.

Je n'y vois point de cesse, et ma peine cruelle,
Que le temps dût vieillir, sans fin se renouvelle,
Poussant maint rejeton épineux et tranchant;
Une nuit de fureurs rend horrible ma vie,
Le déconfort me suit, encor que je le fuie,
Et la raison me fuit, plus je la vais cherchant.

O Dieu! mon seul refuge et ma guide assurée,
Peux-tu voir sans pitié la brebis égarée,
Étonnée, abattue, à la merci des sens,
Qui, comme loups cruels, tâchent de s'en repaître?
Presque le désespoir s'en est rendu le maître,
L'effrayant de regards et de cris menaçants.

N'abandonne ton œuvre, ô Dieu plein de clémence!
Si je t'ai courroucé par trop d'impatience,
Plaignant de mes plus chers l'infortuné trépas;
Si je me suis maté[1] d'excessive tristesse,
Excuse des mortels l'ordinaire faiblesse :
Seigneur, tu es parfait et l'homme ne l'est pas.

Toi-même, ô souverain, notre unique exemplaire,
Quand tu vis ton ami dans le drap mortuaire,
L'œil clos, les membres froids, pâle et défiguré,
Ne te pus garantir de ces piteux alarmes;
Les soleils de tes yeux furent baignés de larmes,
Et du Dieu de la vie un corps mort fut pleuré.

Moi donc qui ne suis rien qu'un songe et qu'un om-
Se faut-il étonner en ce terrible orage,   [brage,
Si ce qui t'a touché m'a du tout emporté?
Si pour un de tes pleurs, j'ai versé des rivières?
Toi, soleil flamboyant, seul père des lumières,
Moi, nuage épaissi, moite d'obscurité?

Quand de marbre ou d'acier mon âme eût été faite,
Las! eussé-je pu voir tant d'amitié défaite,
Sans me dissoudre en pleurs, sans me déconforter
Voir de mon seul espoir les racines séchées
Et les plus vives parts de moi-même arrachées,
Mon cœur sans se douloir l'eût-il pu supporter?

1. *laissé aller.*

Je n'y pense jamais (et j'y pense à toute heure)
Sans maudire la mort, dont la longue demeure
Après vous, chers esprits, me retient tant ici.
J'étais premier entré dans ce val misérable :
Il me semble, ô Seigneur ! qu'il était raisonnable
Que, le premier de tous, j'en délogeasse aussi.

Mais en tous ces discours vainement je me fonde ;
Tu les avais prêtés et non donnés au monde,
Et as pu comme tiens à toi les retirer.
Hélas ! je le sais bien, mais ma faible nature
Trouve pourtant, Seigneur, cette ordonnance dure,
Et ne peut sur son mal d'appareil endurer.

Plaise-toi l'augmenter de force et de courage ;
Sers de guide à mes pas, fends l'ombre et le nuage,
Qui m'a fait égarer si longtemps de mon bien,
Et surtout, ô bon Dieu, donne à mon impuissance
Ou moins de passion, ou plus de patience,
Afin que mon vouloir ne s'éloigne du tien.

Donne que les esprits de ceux que je soupire
N'éprouvent point, Seigneur, ta justice et ton ire ;
Rends-les purifiés par ton sang précieux,
Cancelle[1] leurs péchés et leurs folles jeunesses,
Fais-leur part de ta grâce, et, suivant tes promesses,
Ressuscite leurs corps et les mets dans les cieux.

1. *efface.*

CLAUDE GARNIER

❧ ❧ ❧

Ode à Monsieur Marcil, Lecteur du Roi

Comme un cygne qui vole entre mille corneilles,
    Pressé de leurs rumeurs,
Je vais parmi la France, accompli de merveilles,
    Entre mille Rimeurs.
De bec, d'aile, de griffe et de voix continue
    Ces monstres jour et nuit
Combattent ma louange en tout lieu reconnue,
    En dépit de leur bruit.
Tels furent jadis ceux qui, rebours au mérite
    Du Cygne vendomois,
Approuvèrent MELIN, pour être leur conduite
    Au siècle des VALOIS.
Je suis comme une roche au milieu des orages
    Contre leur vain discours,
Et tel qu'un beau Soleil entouré de nuages,
    Quand il refait son cours.
Tant que luiront les jours et tant que la nuit brune
    Épandra ses horreurs,
La terre enfantera, d'une suite commune,
    Des chardons et des fleurs.

Ils ont beau forcener, ils ont beau mettre en vante
    Leur mensonge effronté,
La vérité demeure et la gloire est vivante
    A la postérité.
Les chantres de la Grèce, en dépit des Zoïles,
    Sont passés jusqu'à nous,
Et les Romains encore au pourpris de nos villes
    Sont admirés de tous.
Que leur bouche devienne un foudre, une tempête,
    Mille horreurs, mille morts;
J'affermirai le pas et lèverai la tête,
    Invincible en efforts
Je dédaigne leur fougue et ris de leur audace,
    J'ai les muses pour moi;
J'ai ceux qui, par aveu, sur le mont de Parnasse
    Ont dormi comme toi.

En si chère conduite, à mes vœux favorable
    Je ne redout'rai pas
Ni l'ardente Chimère aux humains effroyable,
    Ni le monstre à cent bras.
Fléchirai-je aux corbeaux avoué par les Cygnes?
    Le Chantre des Lys d'or
A des Chantres communs, entre le peuple insignes,
    Fléchirait-il encor?
Non, non, je veux leur blâme et ne veux d'autre
    En faveur de mon art,   [gloire
Pour être un jour assis au Temple de Mémoire,
    Compagnon de Ronsard.

AGRIPPA D'AUBIGNÉ

❧ ❧ ❧

L'Hiver

Mes volages humeurs, plus stériles que belles,
S'en vont; et je leur dis : Vous sentez, hirondelles,
S'éloigner la chaleur et le froid arriver.
Allez nicher ailleurs, pour ne tacher, impures,
Ma couche de babil et ma table d'ordures;
Laissez dormir en paix la nuit de mon hiver.

D'un seul point le soleil n'éloigne l'hémisphère;
Il jette moins d'ardeur, mais autant de lumière,
Je change sans regrets, lorsque je me repens
Des frivoles amours et de leur artifice.
J'aime l'hiver qui vient purger mon cœur de vice,
Comme de peste l'air, la terre de serpens.

Mon chef blanchit dessous les neiges entassées,
Le soleil, qui reluit, les échauffe, glacées,
Mais ne les peut dissoudre, au plus court de ses mois
Fondez, neiges; venez dessus mon cœur descendre,
Qu'encores il ne puisse allumer de ma cendre
Du brasier, comme il fit des flammes autrefois.

Mais quoi! serai-je éteint devant ma vie éteinte[1]?
Ne luira plus sur moi la flamme vive et sainte,
Le zèle flamboyant de la sainte maison?
Je fais aux saints autels holocaustes des restes.
De glace aux feux impurs, et de naphte aux célestes :
Clair et sacré flambeau, non funèbre tison!

Voici moins de plaisirs, mais voici moins de peines.
Le rossignol se tait, se taisent les Sirènes :
Nous ne voyons cueillir ni les fruits ni les fleurs;
L'espérance n'est plus bien souvent tromperesse;
L'hiver jouit de tout. Bienheureuse vieillesse,
La saison de l'usage, et non plus des labeurs!

Mais la mort n'est pas loin; cette mort est suivie
D'un vivre sans mourir, fin d'une fausse vie :
Vie de notre vie, et mort de notre mort.
Qui hait la sûreté, pour aimer le naufrage?
Qui a jamais été si friand de voyage,
Que la longueur en soit plus douce que le port?

Le Jugement

Mais quoi! c'est trop chanté, il faut tourner les yeux,
Éblouis de rayons, dans le chemin des cieux.
C'est fait, Dieu vient régner; de toute prophétie
Se voit la période à ce point accomplie.
La terre ouvre son sein; du ventre des tombeaux
Naissent des enterrés les visages nouveaux :
Du pré, du bois, du champ, presque de toutes places
Sortent les corps nouveaux et les nouvelles faces.
Ici, les fondements des châteaux rehaussés
Par les ressuscitants promptement sont percés;

---

1. *avant que ma vie soit éteinte.*

Ici, un arbre sent des bras de sa racine
Grouiller un chef vivant, sortir une poitrine ;
Là, l'eau trouble bouillonne, et puis s'éparpillant,
Sent en soi des cheveux et un chef s'éveillant.
Comme un nageur venant du profond de son plonge,
Tous sortent de la mort comme l'on sort d'un songe...
Le curieux s'enquiert si le vieux et l'enfant
Tels qu'ils sont jouiront de l'état triomphant,
Leurs corps n'étant parfaits, ou défaits en vieillesse ?
Sur quoi la plus hardie ou plus haute sagesse
Ose présupposer que la perfection
Veut en l'âge parfait son élévation,
Et la marquent au point des trente-trois années
Qui étaient en Jésus closes et terminées
Quand il quitta la terre et changea, glorieux,
La croix et le sépulcre au tribunal des cieux.
    Venons de cette douce et pieuse pensée
A celle qui nous est aux saints écrits laissée.
    Voici le Fils de l'Homme et du grand Dieu le Fils,
Le voici arrivé à son terme préfix.
Déjà l'air retentit et la trompette sonne,
Le bon prend assurance et le méchant s'étonne.
Les vivants sont saisis d'un feu de mouvement,
Ils sentent mort et vie en un prompt changement,
En une période ils sentent leurs extrêmes ;
Ils ne se trouvent plus eux-mêmes comme eux-mêmes,
Une autre volonté et un autre savoir
Leur arrache des yeux le plaisir de se voir,
Le ciel ravit leurs yeux : des yeux premiers l'usage
N'eût pu du nouveau ciel porter le beau visage.
L'autre ciel, l'autre terre ont cependant fui,
Tout ce qui fut mortel se perd évanoui.
Les fleuves sont séchés, la grand mer se dérobe,
Il fallait que la terre allât changer de robe.
Montagnes, vous sentez douleurs d'enfantements ;
Vous fuyez comme agneaux, ô simples éléments !

Cachez-vous, changez-vous; rien mortel ne supporte
Le front de l'Éternel ni sa voix rude et forte.
Dieu paraît : le nuage entre lui et nos yeux
S'est tiré à l'écart, il s'est armé de feux;
Le ciel neuf retentit du son de ses louanges;
L'air n'est plus que rayons tant il est semé d'Anges.
Tout l'air n'est qu'un soleil; le soleil radieux
N'est qu'une noire nuit au regard de ses yeux;
Car il brûle le feu, au soleil il éclaire,
Le centre n'a plus d'ombre et ne fuit sa lumière.
　　Un grand Ange s'écrie à toutes nations :
« Venez répondre ici de toutes actions,
L'Éternel veut juger. » Toutes âmes venues
Font leurs sièges en rond en la voûte des nues,
Et là les Chérubins ont au milieu planté
Un trône rayonnant de sainte majesté.
Il n'en sort que merveille et qu'ardente lumière,
Le soleil n'est pas fait d'une étoffe si claire;
L'amas de tous vivants en attend justement
La désolation ou le contentement.
Les bons du Saint-Esprit sentent le témoignage,
L'aise leur saute au cœur et s'épand au visage :
Car s'ils doivent beaucoup, Dieu leur en a fait don;
Ils sont vêtus de blanc et lavés de pardon.
O tribus de Juda! vous êtes à la dextre;
Edom, Moab, Agar tremblent à la senestre.
Les tyrans abattus, pâles et criminels,
Changent leurs vains honneurs aux tourments éternels;
Ils n'ont plus dans le front la furieuse audace,
Ils souffrent en tremblant l'impérieuse face,
Face qu'ils ont frappée, et remarquent assez
Le chef, les membres saints qu'ils avaient transpercés :
Ils le virent lié, le voici les mains hautes,
Ses sévères sourcils viennent compter leurs fautes;
L'innocence a changé sa crainte en majestés,
Son roseau en acier tranchant des deux côtés,

Sa croix au tribunal de présence divine;
Le ciel l'a couronné, mais ce n'est plus d'épine.
Ores viennent trembler à cet acte dernier
Les condamneurs aux pieds du Juste prisonnier.
  Voici le grand héraut d'une étrange nouvelle,
Le messager de mort, mais de mort éternelle.
Qui se cache, qui fuit devant les yeux de Dieu?
Vous, Caïns fugitifs, où trouverez-vous lieu?
Quand vous auriez les vents collés sous vos aisselles
Ou quand l'aube du jour vous prêterait ses ailes,
Les monts vous ouvriraient le plus profond rocher,
Quand la nuit tâcherait en sa nuit vous cacher,
Vous enceindre la mer, vous enlever la nue,
Vous ne fuirez de Dieu ni le doigt ni la vue...
La gueule de l'enfer s'ouvre en impatience,
Et n'attend que de Dieu la dernière sentence,
Qui, à ce point, tournant son œil bénin et doux,
Son œil tel que le montre à l'épouse l'époux,
Se tourne à la main droite, où les heureuses vues
Sont au trône de Dieu sans mouvement tendues,
Extatiques de joie et franches de souci.
Leur Roi donc les appelle et les fait rois ainsi :
  « Vous qui m'avez vêtu au temps de la froidure,
Vous qui avez pour moi souffert peine et injure,
Qui à ma sèche soif et à mon âpre faim
Donnâtes de bon cœur votre eau et votre pain,
Venez, race du ciel, venez, élus du Père;
Vos péchés sont éteints, le Juge est votre frère,
Venez donc, bien-heureux, triompher pour jamais
Au royaume éternel de victoire et de paix. »
  A ce mot tout se change en beautés éternelles.
Ce changement de tout est si doux aux fidèles!
Que de parfaits plaisirs! O Dieu, qu'ils trouvent beau
Cette terre nouvelle et ce grand ciel nouveau!
  Mais d'autre part, si tôt que l'Éternel fait bruire
A sa gauche ces mots, les foudres de son ire,

Quand ce Juge, et non Père, au front de tant de Rois
Irrévocable pousse et tonne cette voix :
« Vous qui avez laissé mes membres aux froidures,
Qui leur avez versé injures sur injures,
Qui à ma sèche soif et à mon âpre faim
Donnâtes fiel pour eau et pierre au lieu de pain,
Allez, maudits, allez grincer vos dents rebelles
Au gouffre ténébreux des peines éternelles! »
Lors, ce front qui ailleurs portait contentement
Porte à ceux-ci la mort et l'épouvantement.
Il sort un glaive aigu de la bouche divine,
L'enfer glouton, bruyant, devant ses pieds chemine...
O enfants de ce siècle, ô abusés moqueurs,
Imployables esprits, incorrigibles cœurs,
Vos esprits trouveront en la fosse profonde
Vrai ce qu'ils ont pensé une fable en ce monde.
Ils languiront en vain de regret sans merci.
Votre âme à sa mesure enflera de souci.
Qui vous consolera? L'ami qui se désole
Vous grincera les dents au lieu de la parole.
Les Saints vous aimaient-ils? un abîme est entre eux;
Leur chair ne s'émeut plus, vous êtes odieux.
Mais n'espérez-vous point fin à votre souffrance?
Point n'éclaire aux enfers l'aube de l'espérance.
Dieu aurait-il sans fin éloigné sa merci?
Qui a péché sans fin souffre sans fin aussi;
La clémence de Dieu fait au ciel son office,
Il déploie aux enfers son ire et sa justice.
Mais le feu ensoufré, si grand, si violent,
Ne détruira-t-il pas les corps en les brûlant?
Non : Dieu les gardera entiers à sa vengeance,
Conservant à cela et l'étoffe et l'essence;
Et le feu qui sera si puissant d'opérer
N'aura de faculté d'éteindre et d'altérer,
Et servira par loi à l'éternelle peine.
L'air corrupteur n'a plus sa corrompante haleine,

Et ne fait aux enfers office d'élément;
Celui qui le mouvait, qui est le firmament,
Ayant quitté son branle et motives cadences,
Sera sans mouvement, et de là sans muances.
Transis, désespérés, il n'y a plus de mort
Qui soit pour votre mer des orages le port.
Que si vos yeux de feu jettent l'ardente vue
A l'espoir du poignard, le poignard plus ne tue.
Que la mort, direz-vous, était un doux plaisir!
La mort morte ne peut vous tuer, vous saisir.
Voulez-vous du poison? en vain cet artifice.
Vous vous précipitez? en vain le précipice.
Courez au feu brûler : le feu vous gèlera;
Noyez-vous : l'eau est feu, l'eau vous embrasera.
La peste n'aura plus de vous miséricorde.
Étranglez-vous : en vain vous tordez une corde.
Criez après l'enfer : de l'enfer il ne sort
Que l'éternelle soif de l'impossible mort...

FRANÇOIS DE MALHERBE

Prière pour le Roi Henri le Grand, allant en Limousin

... La terreur de son nom rendra nos villes fortes,
On n'en gardera plus ni les murs ni les portes,
Les veilles cesseront aux sommets de nos tours ;
Le fer mieux employé cultivera la terre,
Et le peuple qui tremble aux frayeurs de la guerre,
Si ce n'est pour danser, n'orra plus de tambours.

Loin des mœurs de son siècle il bannira les vices,
L'oisive nonchalance et les molles délices
Qui nous avaient portés jusqu'aux derniers hasards ;
Les vertus reviendront de palmes couronnées,
Et ses justes faveurs aux mérites données
Feront ressusciter l'excellence des arts...

Tu nous rendras alors nos douces destinées :
Nous ne reverrons plus ces fâcheuses années
Qui pour les plus heureux n'ont produit que des pleurs.
Toute sorte de biens comblera nos familles,
La moisson de nos champs lassera les faucilles,
Et les fruits passeront la promesse des fleurs...

Paraphrase du psaume CXLV

N'espérons plus, mon âme, aux promesses du monde;
Sa lumière est un verre, et sa faveur une onde
Que toujours quelque vent empêche de calmer.
Quittons ces vanités, lassons-nous de les suivre;
  C'est Dieu qui nous fait vivre,
  C'est Dieu qu'il faut aimer.

En vain, pour satisfaire à nos lâches envies,
Nous passons près des rois tout le temps de nos vies
A souffrir des mépris et ployer les genoux.
Ce qu'ils peuvent n'est rien; ils sont comme nous
  Véritablement hommes,   [sommes,
  Et meurent comme nous.

Ont-ils rendu l'esprit, ce n'est plus que poussière
Que cette majesté si pompeuse et si fière
Dont l'éclat orgueilleux étonne l'univers;
Et dans ces grands tombeaux, où leurs âmes hautaines
  Font encore les vaines,
  Ils sont mangés des vers.

Là se perdent ces noms de maîtres de la terre,
D'arbitres de la paix, de foudres de la guerre;
Comme ils n'ont plus de sceptre, ils n'ont plus de
Et tombent avec eux d'une chute commune [flatteurs;
  Tous ceux que leur fortune
  Faisait leurs serviteurs.

Les larmes de saint Pierre

... « Que je porte d'envie à la troupe innocente
De ceux qui, massacrés d'une main violente,
Virent dès le matin leur beau jour accourci!
Le fer qui les tua leur donna cette grâce
Que si de faire bien ils n'eurent pas l'espace,
Ils n'eurent pas le temps de faire mal aussi.

« De ces jeunes guerriers la flotte vagabonde
Allait courre fortune aux orages du monde,
Et déjà pour voguer abandonnait le bord,
Quand l'aguet d'un pirate arrêta leur voyage;
Mais leur sort fut si bon que d'un même naufrage,
Ils se virent sous l'onde et se virent au port.

« Ce furent de beaux lis, qui mieux que la nature,
Mêlant à leur blancheur l'incarnate peinture,
Que tira de leur sein le couteau criminel,
Devant que d'un hiver la tempête et l'orage
A leur teint délicat pussent faire dommage,
S'en allèrent fleurir au printemps éternel...

« Le peu qu'ils ont vécu leur fut grand avantage,
Et le trop que je vis ne me fait que dommage,
Cruelle occasion du souci qui me nuit!
Quand j'avais de ma foi l'innocence première,
Si la nuit de la mort m'eût privé de lumière,
Je n'aurais pas la peur d'une immortelle nuit...

« O désirable fin de leurs peines passées!
Leurs pieds, qui n'ont jamais les ordures pressées,
Un superbe plancher des étoiles se font;
Leur salaire payé les services précède;
Premier que d'avoir mal ils trouvent le remède,
Et devant le combat ont les palmes au front.

« Que d'applaudissements, de rumeur et de presse !
Que de feux, que de jeux, que de traits de caresse,
Quand là-haut en ce point on les vit arriver !
Et quel plaisir encore à leur courage tendre,
Voyant Dieu devant eux en ses bras les attendre,
Et pour leur faire honneur les Anges se lever !

« Et vous, femmes, trois fois, quatre fois bienheureuses,
De ces jeunes Amours les mères amoureuses,
Que faites-vous pour eux, si vous les regrettez ?
Vous fâchez leur repos, et vous rendez coupables,
Ou de n'estimer pas leurs trépas honorables,
Ou de porter envie à leurs félicités.

« Le soir fut avancé de leurs belles journées,
Mais qu'eussent-ils gagné par un siècle d'années ?
Ou que leur advint-il en ce vite départ,
Que laisser promptement une basse demeure,
Qui n'a rien que du mal, pour avoir de bonne heure
Aux plaisirs éternels une éternelle part ?

« Si vos yeux pénétrant jusqu'aux choses futures
Vous pouvaient enseigner leurs belles aventures,
Vous auriez tant de bien en si peu de malheurs,
Que ne voudriez pas, pour l'Empire du monde,
N'avoir eu dans le sein la racine féconde
D'où naquit entre nous ce miracle de fleurs. »

En ces propos mourants ses complaintes se meurent,
Mais vivantes sans fin ses angoisses demeurent,
Pour le faire en langueur à jamais consumer ;
Tandis la nuit s'en va, ses lumières s'éteignent,
Et déjà devant lui les campagnes se peignent
Du safran que le jour apporte de la mer.

L'Aurore d'une main, en sortant de ses portes,
Tient un vase de fleurs languissantes et mortes ;
Elle verse de l'autre une cruche de pleurs,
Et d'un voile tissu de vapeur et d'orage
Couvrant ses cheveux d'or, découvre en son visage
Tout ce qu'une âme sent de cruelles douleurs.

Dessein de quitter une dame qui ne le contentait que de promesses

Beauté, mon beau souci, de qui l'âme incertaine
A, comme l'Océan, son flux et son reflux,
Pensez de vous résoudre à soulager ma peine,
Ou je me vais résoudre à ne le souffrir plus.

Vos yeux ont des appas que j'aime et que je prise,
Et qui peuvent beaucoup dessus ma liberté ;
Mais pour me retenir, s'ils font cas de ma prise,
Il leur faut de l'Amour autant que de beauté.

Quand je pense être au point que cela s'accomplisse,
Quelque excuse toujours en empêche l'effet :
C'est la toile sans fin de la femme d'Ulysse,
Dont l'ouvrage du soir au matin se défait.

Madame, avisez-y, vous perdez votre gloire
De me l'avoir promis, et vous rire de moi ;
S'il ne vous en souvient, vous manquez de mémoire,
Et s'il vous en souvient, vous n'avez point de foi.

J'avais toujours fait compte, aimant chose si haute,
De ne m'en séparer qu'avecque le trépas ;
S'il arrive autrement, ce sera votre faute,
De faire des serments et ne les tenir pas.

Consolation à M. du Périer sur la mort de sa fille

Ta douleur, du Périer, sera donc éternelle,
    Et les tristes discours
Que te met en l'esprit l'amitié paternelle
    L'augmenteront toujours?

Le malheur de ta fille au tombeau descendue
    Par un commun trépas,
Est-ce quelque dédale, où ta raison perdue
    Ne se retrouve pas?

Je sais de quels appas son enfance était pleine,
    Et n'ai pas entrepris,
Injurieux ami, de soulager ta peine
    Avecque son mépris.

Mais elle était du monde, où les plus belles choses
    Ont le pire destin;
Et rose elle a vécu ce que vivent les roses,
    L'espace d'un matin.

Puis quand ainsi serait, que selon ta prière,
    Elle aurait obtenu
D'avoir en cheveux blancs terminé sa carrière,
    Qu'en fût-il advenu?

Penses-tu que, plus vieille, en la maison céleste
    Elle eût eu plus d'accueil?
Ou qu'elle eût moins senti la poussière funeste
    Et les vers du cercueil?

Non, non, mon du Périer, aussitôt que la Parque
    Ote l'âme du corps,
L'âge s'évanouit au deçà de la barque,
    Et ne suit point les morts...

La Mort a des rigueurs à nulle autre pareilles;
     On a beau la prier,
La cruelle qu'elle est se bouche les oreilles,
     Et nous laisse crier.

Le pauvre en sa cabane, où le chaume le couvre,
     Est sujet à ses lois;
Et la garde qui veille aux barrières du Louvre
     N'en défend point nos rois.

De murmurer contre elle, et perdre patience,
     Il est mal à propos;
Vouloir ce que Dieu veut, est la seule science
     Qui nous met en repos.

JEAN DE SPONDE

❧ ❧ ❧

Sonnet

Qui sont, qui sont ceux-là, dont le cœur idolâtre
Se jette aux pieds du Monde, et flatte ses honneurs,
Et qui sont ces valets, et qui sont ces Seigneurs,
Et ces âmes d'Ébène, et ces faces d'Albâtre?

Ces masques déguisés, dont la troupe folâtre
S'amuse à caresser je ne sais quels donneurs
De fumées, de Cour, et ces entrepreneurs
De vaincre encor le Ciel qu'ils ne peuvent combattre?

Qui sont ces louvoyeurs qui s'éloignent du Port?
Hommagers à la Vie, et félons à la Mort,
Dont l'étoile est leur Bien, le Vent leur fantaisie?

Je vogue en même mer, et craindrais de périr
Si ce n'est que je sais que cette même vie
N'est rien que le fanal qui me guide au mourir.

MATHURIN RÉGNIER

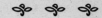

Satire à M. Rapin

... Cependant leur savoir ne s'étend seulement
Qu'à regratter un mot douteux au jugement,
Prendre garde qu'un *qui* ne heurte une diphtongue,
Épier si des vers la rime est brève ou longue,
Ou bien si la voyelle à l'autre s'unissant
Ne rend point à l'oreille un son trop languissant,
Et laissent sur le vert le noble de l'ouvrage.
Nul aiguillon divin n'élève leur courage;
Ils rampent bassement, faibles d'inventions,
Et n'osent, peu hardis, tenter les fictions,
Froids à l'imaginer : car s'ils font quelque chose,
C'est proser de la rime et rimer de la prose,
Que l'art lime et relime, et polit de façon
Qu'elle rend à l'oreille un agréable son;
Et voyant qu'un beau feu leur cervelle n'embrase,
Ils attifent leurs mots, enjolivent leur phrase,
Affectent leur discours tout si relevé d'art,
Et peignent leurs défauts de couleur et de fard.
Aussi je les compare à ces femmes jolies
Qui par les affiquets se rendent embellies...
Et toute leur beauté ne gît qu'en l'ornement...
Où[1] ces divins esprits, hautains et relevés,
Qui des eaux d'Hélicon ont les sens abreuvés,

1. *au lieu que.*

De verve et de fureur leur ouvrage étincelle,
De leurs vers tout divins la grâce est naturelle,
Et sont, comme l'on voit, la parfaite beauté,
Qui, contente de soi, laisse la nouveauté
Que l'art trouve au Palais ou dans le blanc d'Espagne.
Rien que le naturel sa grâce n'accompagne;
Son front, lavé d'eau claire, éclate d'un beau teint;
De roses et de lys la nature la peint;
Et, laissant là Mercure et toutes ses malices,
Les nonchalances sont ses plus grands artifices...

Sonnet

O Dieu, si mes péchés irritent ta fureur,
Contrit, morne et dolent, j'espère en ta clémence.
Si mon deuil ne suffit à purger mon offense,
Que ta grâce y supplée et serve à mon erreur.

Mes esprits éperdus frissonnent de terreur,
Et, ne voyant salut que par la pénitence,
Mon cœur, comme mes yeux, s'ouvre à la repentance,
Et me hais tellement que je m'en fais horreur.

Je pleure le présent, le passé je regrette;
Je crains à l'avenir la faute que j'ai faite;
Dans mes rébellions je lis ton jugement.

Seigneur, dont la bonté nos injures surpasse,
Comme de père à fils uses-en doucement,
Si j'avais moins failli, moindre serait ta grâce.

Épitaphe

J'ai vécu sans nul pensement,
Me laissant aller doucement
A la bonne loi naturelle,
Et si m'étonne fort pourquoi
La mort daigna songer à moi,
Qui n'ai daigné penser à elle.

FRANÇOIS MAYNARD

La belle vieille

Cloris, que dans mon cœur j'ai si longtemps servie
Et que ma passion montre à tout l'Univers,
Ne veux-tu pas changer le destin de ma vie,
Et donner de beaux jours à mes derniers hivers!

N'oppose plus ton deuil au bonheur où j'aspire.
Ton Visage est-il fait pour demeurer voilé?
Sors de ta nuit funèbre, et permets que j'admire
Les divines clartés des Yeux qui m'ont brûlé...

Ce n'est pas d'aujourd'hui que je suis ta Conquête :
Huit Lustres ont suivi le jour que tu me pris;
Et j'ai fidèlement aimé ta belle Tête
Sous des cheveux châtains, et sous des cheveux gris.

C'est de tes jeunes yeux que mon ardeur est née;
C'est de leurs premiers traits que je fus abattu :
Mais, tant que tu brûlas du flambeau d'Hyménée,
Mon Amour se cacha pour plaire à ta Vertu.

Je sais de quel respect il faut que je t'honore,
Et mes ressentiments ne l'ont pas violé.
Si quelquefois j'ai dit le soin qui me dévore,
C'est à des Confidents qui n'ont jamais parlé.

Pour adoucir l'aigreur des peines que j'endure,
Je me plains aux Rochers et demande conseil
A ces vieilles Forêts dont l'épaisse verdure
Fait de si belles nuits en dépit du Soleil.

L'Ame pleine d'Amour et de Mélancolie,
Et couché sur des Fleurs, et sous des Orangers,
J'ai montré ma blessure aux deux Mers d'Italie,
Et fait dire ton nom aux Échos étrangers.

Ce Fleuve impérieux à qui tout fit hommage,
Et dont Neptune même endura le mépris,
A su qu'en mon esprit j'adorais ton Image,
Au lieu de chercher Rome en ces vastes débris....

Pour moi, je cède aux ans; et ma tête chenue
M'apprend qu'il faut quitter les hommes et le jour.
Mon sang se refroidit. Ma force diminue
Et je serais sans feu si j'étais sans Amour...

Sonnet

Mon âme, il faut partir. Ma vigueur est passée,
    Mon dernier jour est dessus l'horizon.
Tu crains ta liberté. Quoi! n'es-tu pas lassée
    D'avoir souffert soixante ans de prison?

Tes désordres sont grands; tes vertus sont petites;
    Parmi tes maux on trouve peu de bien;
Mais si le bon Jésus te donne ses mérites,
    Espère tout et n'appréhende rien.

Mon âme, repens-toi d'avoir aimé le monde,
    Et de mes yeux fais la source d'une onde
Qui touche de pitié le monarque des rois.

    Que tu serais courageuse et ravie
Si j'avais soupiré, durant toute ma vie,
    Dans le désert, sous l'ombre de la Croix!

Stances

Tircis, il faut penser à faire la retraite :
La course de nos jours est plus qu'à demi faite,
L'âge insensiblement nous conduit à la mort.
Nous avons assez vu sur la mer de ce monde
Errer au gré des flots notre nef vagabonde;
Il est temps de jouir des délices du port.

Le bien de la fortune est un bien périssable;
Quand on bâtit sur elle on bâtit sur le sable.
Plus on est élevé, plus on court de dangers;
Les grands pins sont en butte aux coups de la tempête,
Et la rage des vents brise plutôt le faîte
Des maisons de nos rois que des toits des bergers.

O bienheureux celui qui peut de sa mémoire
Effacer pour jamais ce vain espoir de gloire
Dont l'inutile soin traverse nos plaisirs,
Et qui, loin retiré de la foule importune,
Vivant dans sa maison, content de sa fortune,
A selon son pouvoir mesuré ses désirs !

Il laboure le champ que labourait son père;
Il ne s'informe point de ce qu'on délibère
Dans ces graves conseils d'affaires accablés;
Il voit sans intérêt la mer grosse d'orages,
Et n'observe des vents les sinistres présages
Que pour le soin qu'il a du salut de ses blés.

Roi de ses passions, il a ce qu'il désire;
Son fertile domaine est son petit empire;
Sa cabane est son Louvre et son Fontainebleau;
Ses champs et ses jardins sont autant de provinces,
Et, sans porter envie à la pompe des princes,
Se contente chez lui de les voir en tableau.

Il voit de toutes parts combler d'heur sa famille,
La javelle à plein poing tomber sous la faucille,
Le vendangeur ployer sous le faix des paniers,
Et semble qu'à l'envi les fertiles montagnes,
Les humides vallons et les grasses campagnes
S'efforcent à remplir sa cave et ses greniers.

Il suit aucunesfois un cerf par les foulées
Dans ces vieilles forêts du peuple reculées
Et qui même du jour ignorent le flambeau;
Aucunesfois des chiens il suit les voix confuses,
Et voit enfin le lièvre, après toutes ses ruses,
Du lieu de sa naissance en faire son tombeau.

Tantôt il se promène au long de ses fontaines,
De qui les petits flots font luire dans les plaines
L'argent de leurs ruisseaux parmi l'or des moissons;
Tantôt il se repose avecque les bergères
Sur des lits naturels de mousse et de fougères,
Qui n'ont d'autres rideaux que l'ombre des buissons.

Il soupire en repos l'ennui de sa vieillesse
Dans ce même foyer où sa tendre jeunesse
A vu dans le berceau ses bras emmaillotés;
Il tient par les moissons registre des années,
Et voit de temps en temps leurs courses enchaînées
Vieillir avecque lui les bois qu'il a plantés.

Il ne va point fouiller aux terres inconnues,
A la merci des vents et des ondes chenues,
Ce que Nature avare a caché de trésors,

Et ne recherche point, pour honorer sa vie,
De plus illustre mort, ni plus digne d'envie,
Que de mourir au lit où ses pères sont morts.

Il contemple du port les insolentes rages
Des vents de la faveur, auteur de nos orages,
Allumer des mutins les desseins factieux,
Et voit en un clin d'œil, par un contraire échange,
L'un déchiré du peuple au milieu de la fange,
Et l'autre en même temps élevé dans les cieux.

S'il ne possède point des maisons magnifiques,
Ces tours, ces chapiteaux, ces superbes portiques,
Où la magnificence étale ses attraits,
Il jouit des beautés qu'ont les saisons nouvelles,
Il voit de la verdure et des fleurs naturelles,
Qu'en ces riches lambris l'on ne voit qu'en portraits.

Crois-moi, retirons-nous hors de la multitude,
Et vivons désormais loin de la servitude
De ces palais dorés où tout le monde accourt.
Sous un chêne élevé les arbrisseaux s'ennuient,
Et devant le soleil tous les astres s'enfuient
De peur d'être obligés de lui faire la cour.

Après qu'on a suivi sans aucune assurance
Cette vaine faveur qui nous paît d'espérance,
L'envie en un moment tous nos desseins détruit.
Ce n'est qu'une fumée, il n'est rien de si frêle;
Sa plus belle moisson est sujette à la grêle,
Et souvent elle n'a que des fleurs pour du fruit.

Agréables déserts, séjour de l'innocence,
Où loin des vanités, de la magnificence,
Commence mon repos et finit mon tourment;
Vallons, fleuves, rochers, plaisante solitude,
Si vous fûtes témoins de mon inquiétude,
Soyez-le désormais de mon contentement.

THÉOPHILE DE VIAU

❧ ❧ ❧

Le matin

L'aurore sur le front du jour
Sème l'azur, l'or et l'ivoire,
Et le soleil, lassé de boire,
Commence son oblique tour.

Ses chevaux, au sortir de l'onde,
De flamme et de clarté couverts,
La bouche et les naseaux ouverts,
Ronflent la lumière du monde.

La lune fuit devant nos yeux;
La nuit a retiré ses voiles;
Peu à peu le front des étoiles
S'unit à la couleur des cieux.

Déjà la diligente avette
Boit la marjolaine et le thym,
Et revient riche du butin
Qu'elle a pris sur le mont Hymette...

Je vois les agneaux bondissants
Sur ces blés qui ne font que naître;
Cloris, chantant, les mène paître,
Parmi ces coteaux verdissants.

Les oiseaux, d'un joyeux ramage,
En chantant semblent adorer
La lumière qui vient dorer
Leur cabinet et leur plumage.

La charrue écorche la plaine ;
Le bouvier, qui suit les sillons,
Presse de voix et d'aiguillons
Le couple de bœufs qui l'entraîne.

Alix apprête son fuseau ;
Sa mère, qui lui fait la tâche,
Presse le chanvre qu'elle attache
A sa quenouille de roseau.

Une confuse violence
Trouble le calme de la nuit,
Et la lumière, avec le bruit,
Dissipe l'ombre et le silence.

Alidor cherche à son réveil
L'ombre d'Iris qu'il a baisée,
Et pleure en son âme abusée
La fuite d'un si doux sommeil.

Les bêtes sont dans leur tanière,
Qui tremblent de voir le soleïl.
L'homme, remis par le sommeil,
Reprend son œuvre coutumière....

Cette chandelle semble morte,
Le jour la fait évanouir ;
Le soleil vient nous éblouir :
Vois qu'il passe au travers la porte !

Il est jour : levons-nous, Philis ;
Allons à notre jardinage,
Voir s'il est, comme ton visage,
Semé de roses et de lys.

La solitude

Dans ce val solitaire et sombre,
Le cerf, qui brame au bruit de l'eau,
Penchant ses yeux dans un ruisseau,
S'amuse à regarder son ombre.

De cette source une Naïade
Tous les soirs ouvre le portal
De sa demeure de cristal,
Et nous chante une sérénade.

Les nymphes que la chasse attire
A l'ombrage de ces forêts,
Cherchent les cabinets secrets
Loin de l'embûche du satyre.

Jadis au pied de ce grand chêne,
Presque aussi vieux que le soleil,
Bacchus, l'Amour et le Sommeil
Firent la fosse de Silène.

Un froid et ténébreux silence
Dort à l'ombre de ces ormeaux,
Et les vents battent les rameaux
D'une amoureuse violence.

L'esprit plus retenu s'engage
Au plaisir de ce doux séjour,
Où Philomèle nuit et jour
Renouvelle un piteux langage...

Ici l'Amour fait ses études;
Vénus y dresse des autels;
Et les visites des mortels
Ne troublent point ces solitudes...

Corine, je te prie, approche :
Couchons-nous sur ce tapis vert,
Et pour être mieux à couvert,
Entrons au creux de cette roche.

Ouvre tes yeux, je te supplie :
Mille amours logent là-dedans,
Et de leurs petits traits ardents
Ta prunelle est toute remplie.

Amour de tes regards soupire,
Et, ton esclave devenu,
Se voit lui-même retenu,
Dans les liens de son empire.

Si tu mouilles tes doigts d'ivoire
Dans le cristal de ce ruisseau,
Le dieu qui loge dans cette eau
Aimera, s'il en ose boire.

Présente-lui ta face nue,
Tes yeux avecques l'eau riront,
Et dans ce miroir écriront
Que Vénus est ici venue...

Approche, approche, ma Dryade !
Ici murmureront les eaux ;
Ici les amoureux oiseaux
Chanteront une sérénade.

Prête-moi ton sein pour y boire
Des odeurs qui m'embaumeront ;
Ainsi mes sens se pâmeront
Dans les lacs de tes bras d'ivoire.

Je baignerai mes mains folâtres
Dans les ondes de tes cheveux,
Et ta beauté prendra les vœux
De mes œillades idolâtres.

Ne crains rien, Cupidon nous garde.
Mon petit ange, es-tu pas mien?
Ha! je vois que tu m'aimes bien :
Tu rougis quand je te regarde.

Dieux! que cette façon timide
Est puissante sur mes esprits!
Renaud ne fut pas mieux épris
Par les charmes de son Armide.

Ma Corine, que je t'embrasse!
Personne ne nous voit qu'Amour;
Vois que même les yeux du jour
Ne trouvent point ici de place.

Les vents, qui ne se peuvent taire,
Ne peuvent écouter aussi,
Et ce que nous ferons ici
Leur est un inconnu mystère.

Lettre à son frère

Mon frère, mon dernier appui,
Toi seul dont le secours me dure
Et qui seul trouves aujourd'hui
Mon adversité longue et dure;
Ami ferme, ardent, généreux,
Que mon sort le plus malheureux
Pique d'avantage à le suivre,
Achève de me secourir :
Il faudra qu'on me laisse vivre
Après m'avoir fait tant mourir.

Quand les dangers où Dieu m'a mis
Verront mon espérance morte;
Quand mes juges et mes amis
T'auront tous refusé la porte;
Quand tu seras las de prier,
Quand tu seras las de crier,
Ayant bien balancé ma tête
Entre mon salut et ma mort,
Il faut enfin que la tempête
M'ouvre le sépulcre ou le port.

Ce sont les droits que mon pays
A mérités de ma naissance,
Et mon sort les aurait trahis
Si la mort m'arrivait en France.
Non, non, quelque cruel complot
Qui de la Garonne et du Lot
Veuille éloigner ma sépulture,
Je ne dois point en autre lieu
Rendre mon corps à la nature,
Ni résigner mon âme à Dieu.

L'espérance me confond point;
Mes maux ont trop de véhémence,
Mes travaux sont au dernier point :
Il faut que mon repos commence.
Quelle vengeance n'a point pris
Le plus fier de tous ces esprits
Qui s'irritent de ma constance!
Ils m'ont vu, lâchement soumis,
Contrefaire une repentance
De ce que je n'ai point commis.

Ha! que les cris d'un innocent,
Quelques longs maux qui les exercent,
Trouvent mal aisément l'accent
Dont ces âmes de fer se percent!

Leur rage dure un an sur moi
Sans trouver ni raison ni loi
Qui l'apaise ou qui lui résiste.
Le plus juste et le plus chrétien
Croit que sa charité m'assiste
Si sa haine ne me fait rien.

L'énorme suite de malheurs!
Dois-je donc aux races meurtrières
Tant de fièvres et tant de pleurs,
Tant de respects, tant de prières,
Pour passer mes nuits sans sommeil,
Sans feu, sans air et sans soleil,
Et pour mordre ici les murailles!
N'ai-je encore souffert qu'en vain?
Me dois-je arracher les entrailles
Pour soûler leur dernière faim?

Derechef, mon dernier appui,
Toi seul dont le secours me dure,
Et qui seul trouves aujourd'hui
Mon adversité longue et dure,
Rare frère, ami généreux,
Que mon sort le plus malheureux
Pique d'avantage à le suivre,
Achève de me secourir :
Il faudra qu'on me laisse vivre
Après m'avoir fait tant mourir.

MARC-ANTOINE DE SAINT-AMANT

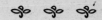

La solitude

Oh! que j'aime la solitude!
Que ces lieux sacrés à la nuit,
Éloignés du monde et du bruit,
Plaisent à mon inquiétude!
Mon Dieu! que mes yeux sont contents
De voir ces bois, qui se trouvèrent
A la nativité du temps,
Et que tous les siècles rêvèrent,
Être encore aussi beaux et verts
Qu'aux premiers jours de l'univers!

Un gai zéphire les caresse
D'un mouvement doux et flatteur.
Rien que leur extrême hauteur
Ne fait remarquer leur vieillesse.
Jadis Pan et ses demi-dieux
Y vinrent chercher du refuge,
Quand Jupiter ouvrit les cieux
Pour nous envoyer le déluge,
Et, se sauvant sur leurs rameaux,
A peine virent-ils les eaux.

Que sur cette épine fleurie,
Dont le printemps est amoureux,
Philomèle, au chant langoureux,
Entretient bien ma rêverie!
Que je prends de plaisir à voir
Ces monts pendant en précipices,
Qui, pour les coups du désespoir,
Sont aux malheureux si propices,
Quand la cruauté de leur sort
Les force à rechercher la mort!

Que je trouve doux le ravage
De ces fiers torrents vagabonds,
Qui se précipitent par bonds
Dans ce vallon vert et sauvage!
Puis, glissant sous les arbrisseaux,
Ainsi que des serpents sur l'herbe,
Se changent en plaisants ruisseaux,
Où quelque Naïade superbe
Règne comme en son lit natal,
Dessus un trône de cristal!...

... Que j'aime à voir la décadence
De ces vieux châteaux ruinés,
Contre qui les ans mutinés
Ont déployé leur insolence!
Les sorciers y font leur sabbat;
Les démons follets s'y retirent,
Qui d'un malicieux ébat
Trompent nos sens et nous martyrent;
Là se nichent en mille trous
Les couleuvres et les hiboux.

L'orfraie, avec ses cris funèbres,
Mortels augures des destins,
Fait rire et danser les lutins
Dans ces lieux remplis de ténèbres,
Sous un chevron de bois maudit
Y branle le squelette horrible
D'un pauvre amant qui se pendit
Pour une bergère insensible,
Qui d'un seul regard de pitié
Ne daigna voir son amitié.

Aussi le Ciel, juge équitable,
Qui maintient les lois en vigueur,
Prononça contre sa rigueur
Une sentence épouvantable :
Autour de ces vieux ossements
Son ombre, aux peines condamnée,
Lamente en longs gémissements
Sa malheureuse destinée,
Ayant, pour croître son effroi,
Toujours son crime devant soi...

Le soleil levant

Jeune déesse au teint vermeil,
    Que l'Orient révère,
Aurore, fille du Soleil,
    Qui nais devant ton père,
Viens soudain me rendre le jour,
Pour voir l'objet de mon amour.

Certes, la nuit a trop duré;
　　Déjà les coqs t'appellent :
Remonte sur ton char doré,
　　Que les Heures attellent,
Et viens montrer à tous les yeux
De quel émail tu peins les cieux.

Mouille promptement les guérets
　　D'une fraîche rosée,
Afin que la soif de Cérès
　　En puisse être apaisée,
Et fais qu'on voie en cent façons
Pendre tes perles aux buissons.

Ha! je te vois, douce clarté,
　　Tu sois la bien venue :
Je te vois, céleste beauté,
　　Paraître sur la nue,
Et ton étoile en arrivant
Blanchit les coteaux du levant.

Le silence et le morne roi
　　Des visions funèbres
Prennent la fuite devant toi
　　Avecque les ténèbres,
Et les hiboux qu'on oit gémir
S'en vont chercher place à dormir.

Mais, au contraire, les oiseaux
　　Qui charment les oreilles
Accordent au doux bruit des eaux
　　Leurs gorges non pareilles
Célébrant les divins appas
Du grand astre qui suit tes pas.

La Lune, qui le voit venir,
    En est toute confuse;
Sa lueur, prête à se ternir,
    A nos yeux se refuse,
Et son visage, à cet abord,
Sent comme une espèce de mort.

Le chevreuil solitaire et doux,
    Voyant sa clarté pure
Briller sur les feuilles des houx
    Et dorer leur verdure,
Sans nulle crainte de veneur,
Tâche à lui faire quelque honneur.

Le cygne, joyeux de revoir
    Sa renaissante flamme,
De qui tout semble recevoir
    Chaque jour nouvelle âme,
Voudrait, pour chanter ce plaisir,
Que la Parque le vînt saisir....

L'abeille, pour boire des pleurs,
    Sort de sa ruche aimée,
Et va sucer l'âme des fleurs
    Dont la plaine est semée;
Puis de cet aliment du ciel
Elle fait la cire et le miel.

Le gentil papillon la suit
    D'une aile trémoussante,
Et, voyant le soleil qui luit,
    Vole de plante en plante,
Pour les avertir que le jour
En ce climat est de retour.

Là, dans nos jardins embellis
            De mainte rare chose,
Il porte de la part du lys
            Un baiser à la rose,
Et semble, en messager discret,
Lui dire un amoureux secret.

Au même temps, il semble à voir
            Qu'en éveillant ses charmes,
Cette belle lui fait savoir,
            Le teint baigné de larmes,
Quel ennui la va consumant
D'être si loin de son amant.

Le paresseux

Accablé de paresse et de mélancolie,
Je rêve dans un lit où je suis fagoté,
Comme un lièvre sans os qui dort dans un pâté,
Ou comme un Don Quichotte en sa morne folie.

Là, sans me soucier des guerres d'Italie,
Du comte Palatin, ni de sa royauté,
Je consacre un bel hymne à cette oisiveté
Où mon âme en langueur est comme ensevelie.

Je trouve ce plaisir si doux et si charmant,
Que je crois que les biens me viendront en dormant,
Puisque je vois déjà s'en enfler ma bedaine,

Et hais tant le travail, que, les yeux entr'ouverts,
Une main hors des draps, cher Baudoin, à peine
Ai-je pu me résoudre à t'écrire ces vers.

VINCENT VOITURE

❦ ❦ ❦

La belle matineuse

Des portes du matin l'Amante de Céphale,
Ses roses épandait dans le milieu des airs,
Et jetait sur les cieux nouvellement ouverts
Ces traits d'or et d'azur qu'en naissant elle étale,

Quand la Nymphe divine, à mon repos fatale,
Apparut, et brilla de tant d'attraits divers,
Qu'il semblait qu'elle seule éclairait l'Univers
Et remplissait de feux la rive Orientale.

Le Soleil se hâtant pour la gloire des Cieux
Vint opposer sa flamme à l'éclat de ses yeux,
Et prit tous les rayons dont l'Olympe se dore.

L'Onde, la terre et l'air s'allumaient alentour :
Mais auprès de Philis on le prit pour l'Aurore,
Et l'on crut que Philis était l'astre du jour.

TRISTAN L'HERMITE

Le promenoir des deux amants

Auprès de cette Grotte sombre
Où l'on respire un air si doux,
L'onde lutte avec les cailloux,
Et la lumière avecque l'ombre.

Ces flots lassés de l'exercice
Qu'ils ont fait dessus ce gravier,
Se reposent dans ce Vivier
Où mourut autrefois Narcisse....

L'ombre de cette fleur vermeille,
Et celle de ces joncs pendants
Paraissent être là-dedans
Les songes de l'eau qui sommeille.

Les plus aimables influences
Qui rajeunissent l'univers
Ont relevé ces tapis verts
De fleurs de toutes les nuances.

Dans ce Bois, ni dans ces montagnes
Jamais Chasseur ne vint encor :
Si quelqu'un y sonne du Cor,
C'est Diane avec ses compagnes.

Ce vieux chêne a des marques saintes;
Sans doute qui le couperait,
Le sang chaud en découlerait
Et l'arbre pousserait des plaintes.

Ce Rossignol mélancolique
Du souvenir de son malheur,
Tâche de charmer sa douleur,
Mettant son Histoire en musique.

Il reprend sa note première,
Pour chanter d'un art sans pareil
Sous ce rameau que le Soleil
A doré d'un trait de lumière.

Sur ce frêne deux Tourterelles
S'entretiennent de leurs tourments,
Et font les doux appointements
De leurs amoureuses querelles....

Dans toutes ces routes divines,
Les Nymphes dansent aux chansons,
Et donnent la grâce aux buissons
De porter des fleurs sans épines.

Jamais les vents ni le Tonnerre
N'ont troublé la paix de ces lieux,
Et la complaisance des Cieux
Y sourit toujours à la Terre.

Crois mon conseil, chère Climène :
Pour laisser arriver le soir,
Je te prie, allons nous asseoir
Sur le bord de cette fontaine.

N'ois tu pas soupirer Zéphire
De merveille et d'amour atteint,
Voyant des roses sur ton teint,
Qui ne sont pas de son Empire?

Sa bouche d'odeur toute pleine
A soufflé sur notre chemin,
Mêlant un esprit de Jasmin
A l'Ambre de ta douce haleine.

Penche la tête sur cette Onde
Dont le cristal paraît si noir;
Je t'y veux faire apercevoir
L'objet le plus charmant du monde.

Tu ne dois pas être étonnée
Si vivant sous tes douces lois
J'appelle ces beaux yeux mes Rois,
Mes Astres et ma Destinée....

Vois mille Amours qui se vont prendre
Dans les filets de tes cheveux,
Et d'autres qui cachent leurs feux
Dessous une si belle cendre....

Je tremble en voyant ton visage
Flotter avecque mes désirs,
Tant j'ai de peur que mes soupirs
Ne lui fassent faire naufrage...

Veux-tu par un doux privilège
Me mettre au-dessus des humains?
Fais-moi boire au creux de tes mains
Si l'eau n'en dissout point la neige....

Climène, ce baiser m'enivre,
Cet autre me rend tout transi.
Si je ne meurs de celui-ci,
Je ne suis pas digne de vivre.

Consolation à Idalie sur la mort d'un Parent

Si la Mort connaissait le prix de la valeur
Ou se laissait surprendre aux plus aimables charmes,
Sans doute que Daphnis garanti du malheur,
En conservant sa vie, eût épargné vos larmes.

Mais la Parque sujette à la Fatalité,
Ayant les yeux bandés et l'oreille fermée,
Ne sait pas discerner les traits de la Beauté,
Et n'entend point le bruit que fait la Renommée.

Alexandre n'est plus, lui dont Mars fut jaloux,
César est dans la tombe aussi bien qu'un infâme :
Et la noble Camille aimable comme vous,
Est au fond du cercueil ainsi qu'une autre femme.

Bien que vous méritiez des devoirs si constants,
Et que vous paraissiez si charmante et si sage,
On ne vous verra plus avant qu'il soit cent ans,
Si ce n'est dans mes vers qui vivront davantage.

Par un ordre éternel qu'on voit en l'univers
Les plus dignes objets sont frêles comme verre,
Et le Ciel embelli de tant d'Astres divers
Dérobe tous les jours des Astres à la Terre.

Sitôt que notre esprit raisonne tant soit peu
En l'Avril de nos ans, en l'âge le plus tendre,
Nous rencontrons l'Amour qui met nos cœurs en feu,
Puis nous trouvons la Mort qui met nos corps en
                                              [cendre.

Le Temps qui, sans repos, va d'un pas si léger,
Emporte avecque lui toutes les belles choses :
C'est pour nous avertir de le bien ménager
Et faire des bouquets en la saison des roses.

PIERRE CORNEILLE

Le Cid

ACTE III, SCÈNE 4. — DON RODRIGUE, CHIMÈNE, ELVIRE.

CHIMÈNE

Elvire, où sommes-nous, et qu'est-ce que je vois?
Rodrigue en ma maison! Rodrigue devant moi!

DON RODRIGUE

N'épargnez point mon sang : goûtez sans résistance
La douceur de ma perte et de votre vengeance.

CHIMÈNE

Hélas!

DON RODRIGUE

Écoute-moi.

CHIMÈNE

Je me meurs.

DON RODRIGUE

Un moment.

CHIMÈNE

Va, laisse-moi mourir.

DON RODRIGUE

Quatre mots seulement :
Après, ne me réponds qu'avecque cette épée.

CHIMÈNE

Quoi! du sang de mon père encor toute trempée!

DON RODRIGUE

Ma Chimène...

CHIMÈNE

Ote-moi cet objet odieux,
Qui reproche ton crime et ta vie à mes yeux.

DON RODRIGUE

Regarde-le plutôt pour exciter ta haine,
Pour croître ta colère, et pour hâter ma peine.

CHIMÈNE

Il est teint de mon sang.

DON RODRIGUE

Plonge-le dans le mien
Et fais-lui perdre ainsi la teinture du tien.

CHIMÈNE

Ah! quelle cruauté, qui tout en un jour tue
Le père par le fer, la fille par la vue!
Ote-moi cet objet, je ne le puis souffrir :
Tu veux que je t'écoute, et tu me fais mourir!

DON RODRIGUE

Je fais ce que tu veux, mais sans quitter l'envie
De finir par tes mains ma déplorable vie;
Car enfin n'attends pas de mon affection
Un lâche repentir d'une bonne action.
L'irréparable effet d'une chaleur trop prompte
Déshonorait mon père, et me couvrait de honte.
Tu sais comme un soufflet touche un homme de cœur;
J'avais part à l'affront, j'en ai cherché l'auteur :
Je l'ai vu, j'ai vengé mon honneur et mon père;
Je le ferais encor, si j'avais à le faire.
Ce n'est pas qu'en effet contre mon père et moi,

Ma flamme assez longtemps n'ait combattu pour toi;
Juge de son pouvoir : dans une telle offense,
J'ai pu délibérer si j'en prendrais vengeance.
Réduit à te déplaire, ou souffrir un affront,
J'ai pensé qu'à son tour mon bras était trop prompt;
Je me suis accusé de trop de violence;
Et ta beauté sans doute emportait la balance,
A moins que d'opposer à tes plus forts appas
Qu'un homme sans honneur ne te méritait pas;
Que malgré cette part que j'avais en ton âme,
Qui m'aima généreux me haïrait infâme;
Qu'écouter ton amour, obéir à sa voix,
C'était m'en rendre indigne et diffamer ton choix.
Je te le dis encore; et, quoique j'en soupire,
Jusqu'au dernier soupir je veux bien le redire :
Je t'ai fait une offense, et j'ai dû m'y porter
Pour effacer ma honte, et pour te mériter;   [père,
Mais, quitte envers l'honneur, et quitte envers mon
C'est maintenant à toi que je viens satisfaire :
C'est pour t'offrir mon sang qu'en ce lieu tu me vois.
J'ai fait ce que j'ai dû, je fais ce que je dois.
Je sais qu'un père mort t'arme contre mon crime;
Je ne t'ai pas voulu dérober ta victime :
Immole avec courage au sang qu'il a perdu
Celui qui met sa gloire à l'avoir répandu.

CHIMÈNE

Ah! Rodrigue, il est vrai, quoique ton ennemie,
Je ne puis te blâmer d'avoir fui l'infamie;
Et de quelque façon qu'éclatent mes douleurs,
Je ne t'accuse point, je pleure mes malheurs.
Je sais ce que l'honneur, après un tel outrage,
Demandait à l'ardeur d'un généreux courage :
Tu n'as fait le devoir que d'un homme de bien;
Mais aussi, le faisant, tu m'as appris le mien.
Ta funeste valeur m'instruit par ta victoire;

Elle a vengé ton père et soutenu ta gloire :
Même soin me regarde, et j'ai, pour m'affliger,
Ma gloire à soutenir, et mon père à venger.
Hélas ! ton intérêt ici me désespère :
Si quelque autre malheur m'avait ravi mon père,
Mon âme aurait trouvé dans le bien de te voir
L'unique allégement qu'elle eût pu recevoir;
Et contre ma douleur j'aurais senti des charmes,
Quand une main si chère eût essuyé mes larmes.
Mais il me faut te perdre après l'avoir perdu;
Cet effort sur ma flamme à mon honneur est dû;
Et cet affreux devoir, dont l'ordre m'assassine,
Me force à travailler moi-même à ta ruine.
Car enfin n'attends pas de mon affection
De lâches sentiments pour ta punition.
De quoi qu'en ta faveur notre amour m'entretienne,
Ma générosité doit répondre à la tienne :
Tu t'es, en m'offensant, montré digne de moi;
Je me dois, par ta mort, montrer digne de toi.

DON RODRIGUE

Ne diffère donc plus ce que l'honneur t'ordonne :
Il demande ma tête, et je te l'abandonne;
Fais-en un sacrifice à ce noble intérêt :
Le coup m'en sera doux, aussi bien que l'arrêt.
Attendre après mon crime une lente justice,
C'est reculer ta gloire autant que mon supplice.
Je mourrai trop heureux, mourant d'un coup si beau.

CHIMÈNE

Va, je suis ta partie, et non pas ton bourreau.
Si tu m'offres ta tête, est-ce à moi de la prendre?
Je la dois attaquer, mais tu dois la défendre;
C'est d'un autre que toi qu'il me faut l'obtenir,
Et je dois te poursuivre, et non pas te punir.

DON RODRIGUE

De quoi qu'en ma faveur notre amour t'entretienne,
Ta générosité doit répondre à la mienne;
Et pour venger un père emprunter d'autres bras,
Ma Chimène, crois-moi, c'est n'y répondre pas :
Ma main seule du mien a su venger l'offense,
Ta main seule du tien doit prendre la vengeance.

CHIMÈNE

Cruel! à quel propos sur ce point t'obstiner?
Tu t'es vengé sans aide, et tu m'en veux donner!
Je suivrai ton exemple, et j'ai trop de courage
Pour souffrir qu'avec toi ma gloire se partage.
Mon père et mon honneur ne veulent rien devoir
Aux traits de ton amour ni de ton désespoir.

DON RODRIGUE

Rigoureux point d'honneur! hélas! quoi que je fasse,
Ne pourrai-je à la fin obtenir cette grâce?
Au nom d'un père mort, ou de notre amitié,
Punis-moi par vengeance, ou du moins par pitié.
Ton malheureux amant aura bien moins de peine
A mourir par ta main qu'à vivre avec ta haine.

CHIMÈNE

Va, je ne te hais point.

DON RODRIGUE

　　　　　Tu le dois.

CHIMÈNE

　　　　　　　　　Je ne puis.

DON RODRIGUE

Crains-tu si peu le blâme, et si peu les faux bruits?
Quand on saura mon crime, et que ta flamme dure,

Que ne publieront point l'envie et l'imposture!
Force-les au silence, et sans plus discourir,
Sauve ta renommée en me faisant mourir.

CHIMÈNE

Elle éclate bien mieux en te laissant la vie;
Et je veux que la voix de la plus noire envie
Élève au ciel ma gloire et plaigne mes ennuis,
Sachant que je t'adore et que je te poursuis.
Va-t'en, ne montre plus à ma douleur extrême
Ce qu'il faut que je perde, encore que je l'aime.
Dans l'ombre de la nuit cache bien ton départ :
Si l'on te voit sortir, mon honneur court hasard.
La seule occasion qu'aura la médisance,
C'est de savoir qu'ici j'ai souffert ta présence :
Ne lui donne point lieu d'attaquer ma vertu.

DON RODRIGUE

Que je meure!

CHIMÈNE

Va-t'en.

DON RODRIGUE

A quoi te résous-tu?

CHIMÈNE

Malgré des feux si beaux, qui troublent ma colère,
Je ferai mon possible à bien venger mon père;
Mais malgré la rigueur d'un si cruel devoir,
Mon unique souhait est de ne rien pouvoir.

DON RODRIGUE

O miracle d'amour!

CHIMÈNE

O comble de misères!

DON RODRIGUE

Que de maux et de pleurs nous coûteront nos pères!

CHIMÈNE

Rodrigue, qui l'eût cru?

DON RODRIGUE

Chimène, qui l'eût dit?

CHIMÈNE

Que notre heur fût si proche et sitôt se perdît?

DON RODRIGUE

Et que si près du port, contre toute apparence,
Un orage si prompt brisât notre espérance?

CHIMÈNE

Ah! mortelles douleurs!

DON RODRIGUE

Ah! regrets superflus!

CHIMÈNE

Va-t'en, encore un coup, je ne t'écoute plus.

DON RODRIGUE

Adieu : je vais traîner une mourante vie,
Tant que par ta poursuite elle me soit ravie.

CHIMÈNE

Si j'en obtiens l'effet, je t'engage ma foi
De ne respirer pas un moment après toi.
Adieu : sors, et surtout garde bien qu'on te voie.

Cinna

Acte IV, Scène 2. — Auguste.

Ciel, à qui voulez-vous désormais que je fie
Les secrets de mon âme et le soin de ma vie?
Reprenez le pouvoir que vous m'avez commis
Si donnant des sujets il ôte les amis,
Si tel est le destin des grandeurs souveraines
Que leurs plus grands bienfaits n'attirent que des haines,
Et si votre rigueur les condamne à chérir
Ceux que vous animez à les faire périr.   [craindre.
Pour elles rien n'est sûr; qui peut tout doit tout
Rentre en toi-même, Octave, et cesse de te plaindre.
Quoi! tu veux qu'on t'épargne, et n'as rien épargné!
Songe aux fleuves de sang où ton bras s'est baigné,
De combien ont rougi les champs de Macédoine,
Combien en a versé la défaite d'Antoine,
Combien celle de Sexte, et revois tout d'un temps
Pérouse au sien noyée, et tous ses habitants;
Remets dans ton esprit, après tant de carnages,
De tes proscriptions les sanglantes images,
Où toi-même, des tiens devenu le bourreau,
Au sein de ton tuteur enfonças le couteau :
Et puis ose accuser le destin d'injustice,
Quand tu vois que les tiens s'arment pour ton supplice!
Et que par ton exemple à ta perte guidés,
Ils violent des droits que tu n'as pas gardés!
Leur trahison est juste, et le ciel l'autorise :
Quitte ta dignité comme tu l'as acquise;
Rends un sang infidèle à l'infidélité,
Et souffre des ingrats après l'avoir été.

Mais que mon jugement au besoin m'abandonne!
Quelle fureur, Cinna, m'accuse, et te pardonne?
Toi, dont la trahison me force à retenir
Ce pouvoir souverain dont tu me veux punir,
Me traite en criminel et fait seule mon crime,
Relève pour l'abattre un trône illégitime,
Et d'un zèle effronté couvrant son attentat,
S'oppose, pour me perdre, au bonheur de l'État?
Donc jusqu'à l'oublier je pourrais me contraindre!
Tu vivrais en repos après m'avoir fait craindre!
Non, non, je me trahis moi-même d'y penser :
Qui pardonne aisément invite à l'offenser;
Punissons l'assassin, proscrivons les complices.
Mais quoi? toujours du sang, et toujours des supplices!
Ma cruauté se lasse, et ne peut s'arrêter;
Je veux me faire craindre, et ne fais qu'irriter.
Rome a pour ma ruine une hydre trop fertile :
Une tête coupée en fait renaître mille,
Et le sang répandu de mille conjurés
Rend mes jours plus maudits, et non plus assurés.
Octave, n'attends plus le coup d'un nouveau Brute;
Meurs, et dérobe-lui la gloire de ta chute;
Meurs : tu ferais pour vivre un lâche et vain effort,
Si tant de gens de cœur font des vœux pour ta mort,
Et si tout ce que Rome a d'illustre jeunesse
Pour te faire périr tour à tour s'intéresse;
Meurs, puisque c'est un mal que tu ne peux guérir;
Meurs enfin, puisqu'il faut ou tout perdre, ou mourir.
La vie est peu de chose, et le peu qui t'en reste
Ne vaut pas l'acheter par un prix si funeste.
Meurs; mais quitte du moins la vie avec éclat :
Éteins-en le flambeau dans le sang de l'ingrat;
A toi-même en mourant immole ce perfide,
Contentant ses désirs, punis son parricide;
Fais un tourment pour lui de ton propre trépas,
En faisant qu'il le voie et n'en jouisse pas.

Mais jouissons plutôt nous-même de sa peine,
Et si Rome nous hait, triomphons de sa haine.
O Romains, ô vengeance, ô pouvoir absolu,
O rigoureux combat d'un cœur irrésolu
Qui fuit en même temps tout ce qu'il se propose!
D'un prince malheureux ordonnez quelque chose.
Qui des deux dois-je suivre, et duquel m'éloigner?
Ou laissez-moi périr, ou laissez-moi régner.

Polyeucte

ACTE IV, SCÈNE 2. — POLYEUCTE.

Source délicieuse, en misères féconde,
Que voulez-vous de moi, flatteuses voluptés?
Honteux attachements de la chair et du monde,
Que ne me quittez-vous, quand je vous ai quittés?
Allez, honneurs, plaisirs, qui me livrez la guerre :
 Toute votre félicité,
 Sujette à l'instabilité,
 En moins de rien tombe par terre;
 Et comme elle a l'éclat du verre,
 Elle en a la fragilité.

Ainsi n'espérez pas qu'après vous je soupire :
Vous étalez en vain vos charmes impuissants ;
Vous me montrez en vain par tout ce vaste empire
Les ennemis de Dieu pompeux et florissants.
Il étale à son tour des revers équitables
    Par qui les grands sont confondus ;
    Et les glaives qu'il tient pendus
    Sur les plus fortunés coupables
    Sont d'autant plus inévitables,
    Que leurs coups sont moins attendus.

Tigre altéré de sang, Décie impitoyable,
Ce Dieu t'a trop longtemps abandonné les siens ;
De ton heureux destin vois la suite effroyable :
Le Scythe va venger la Perse et les chrétiens ;
Encore un peu plus outre, et ton heure est venue ;
    Rien ne t'en saurait garantir ;
    Et la foudre qui va partir,
    Toute prête à crever la nue,
    Ne peut plus être retenue
    Par l'attente du repentir.

Que cependant Félix m'immole à ta colère ;
Qu'un rival plus puissant éblouisse ses yeux ;
Qu'aux dépens de ma vie il s'en fasse beau-père,
Et qu'à titre d'esclave il commande en ces lieux :
Je consens, ou plutôt j'aspire à ma ruine.
    Monde, pour moi tu n'as plus rien ;
    Je porte en un cœur tout chrétien
    Une flamme toute divine ;
    Et je ne regarde Pauline
    Que comme un obstacle à mon bien.

Saintes douceurs du ciel, adorables idées,
Vous remplissez un cœur qui vous peut recevoir :
De vos sacrés attraits les âmes possédées
Ne conçoivent plus rien qui les puisse émouvoir.
Vous promettez beaucoup, et donnez davantage :
  Vos biens ne sont point inconstants,
  Et l'heureux trépas que j'attends
  Ne vous sert que d'un doux passage
  Pour nous introduire au partage
  Qui nous rend à jamais contents.

C'est vous, ô feu divin que rien ne peut éteindre,
Qui m'allez faire voir Pauline sans la craindre.
Je la vois ; mais mon cœur, d'un saint zèle enflammé,
N'en goûte plus l'appas dont il était charmé ;
Et mes yeux, éclairés des célestes lumières,
Ne trouvent plus aux siens leurs grâces coutumières.

Psyché

ACTE III, SCÈNE 3. — PSYCHÉ.

Qu'un monstre tel que vous inspire peu de crainte !
  Et que s'il a quelque poison,
  Une âme aurait peu de raison
  De hasarder la moindre plainte
  Contre une favorable atteinte
 Dont tout le cœur craindrait la guérison !
A peine je vous vois, que mes frayeurs cessées
Laissent évanouir l'image du trépas,

Et que je sens couler dans mes veines glacées
Un je ne sais quel feu que je ne connais pas.
J'ai senti de l'estime et de la complaisance,
      De l'amitié, de la reconnaissance;
De la compassion les chagrins innocents
      M'en ont fait sentir la puissance;
Mais je n'ai point encor senti ce que je sens.
Je ne sais ce que c'est, mais je sais qu'il me charme,
      Que je n'en conçois point d'alarme :
Plus j'ai les yeux sur vous, plus je m'en sens charmer :
Tout ce que j'ai senti n'agissait point de même,
      Et je dirais que je vous aime,
Seigneur, si je savais ce que c'est que d'aimer.
Ne les détournez point, ces yeux qui m'empoisonnent,
Ces yeux tendres, ces yeux perçants, mais amoureux,
Qui semblent partager le trouble qu'ils me donnent.
      Hélas! plus ils sont dangereux,
      Plus je me plais à m'attacher sur eux.
Par quel ordre du Ciel, que je ne puis comprendre,
      Vous dis-je plus que je ne dois,
Moi, de qui la pudeur devrait du moins attendre
Que vous m'expliquassiez le trouble où je vous vois?
Vous soupirez, seigneur, ainsi que je soupire;
Vos sens comme les miens paraissent interdits;
C'est à moi de m'en taire, à vous de me le dire,
      Et cependant c'est moi qui vous le dis.

Stances à Marquise

Marquise, si mon visage
A quelques traits un peu vieux,
Souvenez-vous qu'à mon âge
Vous ne vaudrez guère mieux.

Le temps aux plus belles choses
Se plaît à faire un affront;
Il saura faner vos roses
Comme il a ridé mon front.

Le même cours des planètes
Règle nos jours et nos nuits :
On m'a vu ce que vous êtes;
Vous serez ce que je suis.

Cependant j'ai quelques charmes
Qui sont assez éclatants
Pour n'avoir pas trop d'alarmes
De ces ravages du temps.

Vous en avez qu'on adore,
Mais ceux que vous méprisez
Pourraient bien durer encore
Quand ceux-là seront usés.

Ils pourront sauver la gloire
Des yeux qui me semblent doux
Et dans mille ans faire croire
Ce qu'il me plaira de vous.

Chez cette race nouvelle
Où j'aurai quelque crédit,
Vous ne passerez pour belle
Qu'autant que je l'aurai dit.

Pensez-y, belle Marquise :
Quoiqu'un grison fasse effroi,
Il vaut bien qu'on le courtise
Quand il est fait comme moi.

Épitaphe

Celui qui ci maintenant dort
Fit plus de pitié que d'envie,
Et souffrit mille fois la mort
Avant que de perdre la vie.
Passant, ne fais ici de bruit,
Prends garde qu'aucun ne l'éveille;
Car voici la première nuit
Que le pauvre Scarron sommeille.

JEAN DE LA FONTAINE

❧ ❧ ❧

Adonis

... Après mille sanglots enfin elle s'écrie :
« Mon amour n'a donc pu te faire aimer la vie!
Tu me quittes, cruel! Au moins ouvre les yeux,
Montre-toi plus sensible à mes tristes adieux;
Vois de quelles douleurs ton amante est atteinte!
Hélas! j'ai beau crier : il est sourd à ma plainte.
Une éternelle nuit l'oblige à me quitter;
Mes pleurs ni mes soupirs ne peuvent l'arrêter.
Encor si je pouvais le suivre en ces lieux sombres!
Que ne m'est-il permis d'errer parmi les ombres!
Destins, si vous vouliez le voir si tôt périr,
Fallait-il m'obliger à ne jamais mourir?
Malheureuse Vénus, que te servent ces larmes?
Vante-toi maintenant du pouvoir de tes charmes :
Ils n'ont pu du trépas exempter tes amours;
Tu vois qu'ils n'ont pu même en prolonger les jours.
Je ne demandais pas que la Parque cruelle
Prît à filer leur trame une peine éternelle;
Bien loin que mon pouvoir l'empêchât de finir,
Je demande un moment, et ne puis l'obtenir.
Noires divinités du ténébreux empire,
Dont le pouvoir s'étend sur tout ce qui respire,
Rois des peuples légers, souffrez que mon amant
De son triste départ me console un moment.
Vous ne le perdrez point : le trésor que je pleure
Ornera tôt ou tard votre sombre demeure.
Quoi! vous me refusez un présent si léger?

Cruels, souvenez-vous qu'Amour m'en peut venger.
Et vous, antres cachés, favorables retraites,
Où nos cœurs ont goûté des douceurs si secrètes,
Grottes, qui tant de fois avez vu mon amant
Me raconter des yeux son fidèle tourment,
Lieux amis du repos, demeures solitaires,
Qui d'un trésor si rare étiez dépositaires,
Déserts, rendez-le-moi : deviez-vous avec lui
Nourrir chez vous le monstre auteur de mon ennui?
Vous ne répondez point. Adieu donc, ô belle âme;
Emporte chez les morts ce baiser tout de flamme :
Je ne te verrai plus; adieu, cher Adonis! »
Ainsi Vénus cessa. Les rochers, à ses cris,
Quittant leur dureté, répandirent des larmes :
Zéphyre en soupira : le jour voila ses charmes;
D'un pas précipité sous les eaux il s'enfuit,
Et laissa dans ces lieux une profonde nuit.

Élégie pour M. F. aux nymphes de Vaux

... Vous, dont il a rendu la demeure si belle,
Nymphes, qui lui devez vos plus charmants appas,
Si le long de vos bords Louis porte ses pas,
Tâchez de l'adoucir, fléchissez son courage.
Il aime ses sujets, il est juste, il est sage;
Du titre de clément rendez-le ambitieux :
C'est par là que les rois sont semblables aux dieux.
Du magnanime Henri qu'il contemple la vie :
Dès qu'il put se venger il en perdit l'envie.
Inspirez à Louis cette même douceur :
La plus belle victoire est de vaincre son cœur.
Oronte est à présent un objet de clémence;
S'il a cru les conseils d'une aveugle puissance,
Il est assez puni par son sort rigoureux;
Et c'est être innocent que d'être malheureux.

Les Amours de Psyché et de Cupidon

... Volupté, Volupté, qui fus jadis maîtresse
　　Du plus bel esprit de la Grèce,
Ne me dédaigne pas, viens-t'en loger chez moi;
　　Tu n'y seras pas sans emploi.
J'aime le jeu, l'amour, les livres, la musique,
La ville et la campagne, enfin tout; il n'est rien
　　Qui ne me soit souverain bien,
Jusqu'au sombre plaisir d'un cœur mélancolique.
Viens donc; et de ce bien, ô douce Volupté,
Veux-tu savoir du vrai la mesure certaine?
Il m'en faut tout au moins un siècle bien compté;
　　Car trente ans, ce n'est pas la peine.

La Colombe et la Fourmi

Le long d'un clair ruisseau buvait une Colombe,
Quand sur l'eau se penchant une Fourmis y tombe,
Et dans cet océan l'on eût vu la Fourmis
S'efforcer, mais en vain, de regagner la rive.
La Colombe aussitôt usa de charité :
Un brin d'herbe dans l'eau par elle étant jeté,
Ce fut un promontoire où la Fourmis arrive.
　　Elle se sauve; et là-dessus
Passe un certain croquant qui marchait les pieds nus.
Ce croquant, par hasard, avait une arbalète.
　　Dès qu'il voit l'oiseau de Vénus,
Il le croit en son pot, et déjà lui fait fête.
Tandis qu'à le tuer mon villageois s'apprête,
　　La Fourmi le pique au talon.
　　Le vilain retourne la tête :
La Colombe l'entend, part, et tire de long.
Le souper du croquant avec elle s'envole :
　　Point de pigeon pour une obole.

Le Loup et l'Agneau

La raison du plus fort est toujours la meilleure;
    Nous l'allons montrer tout à l'heure.

    Un Agneau se désaltérait
    Dans le courant d'une onde pure.
Un Loup survient à jeun, qui cherchait aventure,
    Et que la faim en ces lieux attirait.
« Qui te rend si hardi de troubler mon breuvage?
    Dit cet animal plein de rage :
Tu seras châtié de ta témérité.
— Sire, répond l'Agneau, que Votre Majesté
    Ne se mette pas en colère;
    Mais plutôt qu'elle considère
    Que je me vas désaltérant
        Dans le courant,
    Plus de vingt pas au-dessous d'Elle;
Et que par conséquent, en aucune façon,
    Je ne puis troubler sa boisson.
— Tu la troubles, reprit cette bête cruelle;
Et je sais que de moi tu médis l'an passé.
— Comment l'aurais-je fait si je n'étais pas né?
    Reprit l'Agneau; je tette encor ma mère.
        — Si ce n'est toi c'est donc ton frère.
    — Je n'en ai point. — C'est donc quelqu'un des
    Car vous ne m'épargnez guère,   [tiens;
    Vous, vos bergers et vos chiens.
On me l'a dit : il faut que je me venge. »
    Là-dessus, au fond des forêts
    Le Loup l'emporte, et puis le mange
    Sans autre forme de procès.

La Cigale et la Fourmi

La Cigale, ayant chanté
    Tout l'été,
Se trouva fort dépourvue
Quand la bise fut venue :
Pas un seul petit morceau
De mouche ou de vermisseau.
Elle alla crier famine
Chez la Fourmi sa voisine,
La priant de lui prêter
Quelque grain pour subsister
Jusqu'à la saison nouvelle.
« Je vous paierai, lui dit-elle,
Avant l'oût, foi d'animal,
Intérêt et principal. »
La Fourmi n'est pas prêteuse :
C'est là son moindre défaut.
« Que faisiez-vous au temps chaud ?
Dit-elle à cette emprunteuse.
— Nuit et jour à tout venant
Je chantais, ne vous déplaise.
— Vous chantiez ? j'en suis fort aise :
Eh bien ! dansez maintenant. »

La Mort et le Bûcheron

Un pauvre Bûcheron, tout couvert de ramée,
Sous le faix du fagot aussi bien que des ans
Gémissant et courbé, marchait à pas pesants,
Et tâchait de gagner sa chaumine enfumée.
Enfin, n'en pouvant plus d'effort et de douleur,
Il met bas son fagot, il songe à son malheur.
Quel plaisir a-t-il eu depuis qu'il est au monde?
En est-il un plus pauvre en la machine ronde?
Point de pain quelquefois, et jamais de repos.
Sa femme, ses enfants, les soldats, les impôts,
    Le créancier et la corvée
Lui font d'un malheureux la peinture achevée.
Il appelle la Mort. Elle vient sans tarder,
    Lui demande ce qu'il faut faire.
    « C'est, dit-il, afin de m'aider
A recharger ce bois; tu ne tarderas guère. »

    Le trépas vient tout guérir;
    Mais ne bougeons d'où nous sommes :
    Plutôt souffrir que mourir,
    C'est la devise des hommes.

Qu'un ami véritable est une douce chose !
Il cherche vos besoins au fond de votre cœur,
Il vous épargne la pudeur
De les lui découvrir vous-même.
Un songe, un rien, tout lui fait peur
Quand il s'agit de ce qu'il aime.
    Les deux amis

L'Hirondelle et les petits oiseaux

Une Hirondelle en ses voyages
Avait beaucoup appris. Quiconque a beaucoup vu
      Peut avoir beaucoup retenu.
Celle-ci prévoyait jusqu'aux moindres orages,
      Et devant qu'ils fussent éclos,
      Les annonçait aux matelots.
Il arriva qu'au temps que la chanvre se sème,
Elle vit un manant en couvrir maints sillons.
« Ceci ne me plaît pas, dit-elle aux Oisillons :
Je vous plains ; car pour moi, dans ce péril extrême,
Je saurai m'éloigner ou vivre en quelque coin.
Voyez-vous cette main qui par les airs chemine ?
      Un jour viendra, qui n'est pas loin,
Que ce qu'elle répand sera votre ruine.
De là naîtront engins à vous envelopper,
      Et lacets pour vous attraper,
      Enfin mainte et mainte machine
      Qui causera dans la saison
      Votre mort ou votre prison :
      Gare la cage ou le chaudron !
      C'est pourquoi, leur dit l'Hirondelle,
      Mangez ce grain ; et croyez-moi. »
      Les Oiseaux se moquèrent d'elle :
      Ils trouvaient aux champs trop de quoi.
      Quand la chènevière fut verte,
L'Hirondelle leur dit : « Arrachez brin à brin
      Ce qu'a produit ce maudit grain,
      Ou soyez sûrs de votre perte.
— Prophète de malheur, babillarde, dit-on.
      Le bel emploi que tu nous donnes !
      Il nous faudrait mille personnes
      Pour éplucher tout ce canton. »

La chanvre étant tout à fait crue,
L'Hirondelle ajouta : « Ceci ne va pas bien;
     Mauvaise graine est tôt venue.
Mais, puisque jusqu'ici l'on ne m'a crue en rien,
     Dès que vous verrez que la terre
     Sera couverte, et qu'à leurs blés
     Les gens n'étant plus occupés
     Feront aux Oisillons la guerre;
     Quand reginglettes et réseaux
     Attraperont petits oiseaux,
     Ne volez plus de place en place,
Demeurez au logis, ou changez de climat :
Imitez le canard, la grue et la bécasse.
     Mais vous n'êtes pas en état
De passer, comme nous, les déserts et les ondes,
     Ni d'aller chercher d'autres mondes;
C'est pourquoi vous n'avez qu'un parti qui soit sûr :
C'est de vous renfermer aux trous de quelque mur. »
     Les Oisillons, las de l'entendre,
Se mirent à jaser aussi confusément
Que faisaient les Troyens quand la pauvre Cassandre
     Ouvrait la bouche seulement.
     Il en prit aux uns comme aux autres :
Maint Oisillon se vit esclave retenu.

Nous n'écoutons d'instincts que ceux qui sont les
Et ne croyons le mal que quand il est venu. [nôtres,

Le Chêne et le Roseau

Le Chêne un jour dit au Roseau :
« Vous avez bien sujet d'accuser la nature;
Un roitelet pour vous est un pesant fardeau;
    Le moindre vent qui d'aventure
    Fait rider la face de l'eau,
    Vous oblige à baisser la tête;
Cependant que mon front, au Caucase pareil,
Non content d'arrêter les rayons du soleil,
    Brave l'effort de la tempête.
Tout vous est aquilon, tout me semble zéphyr.
Encor si vous naissiez à l'abri du feuillage
    Dont je couvre le voisinage,
    Vous n'auriez pas tant à souffrir :
    Je vous défendrais de l'orage;
    Mais vous naissez le plus souvent
Sur les humides bords des royaumes du vent.
La Nature envers vous me semble bien injuste.
— Votre compassion, lui répondit l'arbuste,
Part d'un bon naturel; mais quittez ce souci :
    Les vents me sont moins qu'à vous redoutables;
Je plie, et ne romps pas. Vous avez jusqu'ici
    Contre leurs coups épouvantables
    Résisté sans courber le dos;
Mais attendons la fin. » Comme il disait ces mots,
Du bout de l'horizon accourt avec furie
    Le plus terrible des enfants
Que le Nord eût portés jusque-là dans ses flancs.
    L'arbre tient bon; le Roseau plie.
    Le vent redouble ses efforts
    Et fait si bien qu'il déracine
Celui de qui la tête au ciel était voisine
Et dont les pieds touchaient à l'empire des morts.

Le Lièvre et la Tortue

Rien ne sert de courir il faut partir à point.
Le Lièvre et la Tortue en sont un témoignage.
« Gageons, dit celle-ci, que vous n'atteindrez point
Sitôt que moi ce but. — Sitôt? Êtes-vous sage?
    Repartit l'animal léger.
    Ma commère, il vous faut purger
    Avec quatre grains d'ellébore.
    — Sage ou non, je parie encore. »
    Ainsi fut fait, et de tous deux
    On mit près du but les enjeux :
    Savoir quoi, ce n'est pas l'affaire,
    Ni de quel juge l'on convint.
Notre Lièvre n'avait que quatre pas à faire,
J'entends de ceux qu'il fait lorsque, prêt d'être atteint,
Il s'éloigne des chiens, les renvoie aux calendes
    Et leur fait arpenter les landes.
Ayant, dis-je, du temps de reste pour brouter,
    Pour dormir, et pour écouter
   D'où vient le vent, il laisse la Tortue
    Aller son train de sénateur.
    Elle part, elle s'évertue,
    Elle se hâte avec lenteur.
Lui cependant méprise une telle victoire,
    Tient la gageure à peu de gloire,
    Croit qu'il y va de son honneur
   De partir tard. Il broute, il se repose,
    Il s'amuse à toute autre chose
   Qu'à la gageure. A la fin quand il vit
Que l'autre touchait presque au bout de la carrière,
Il partit comme un trait; mais les élans qu'il fit
Furent vains : la Tortue arriva la première.
« Eh bien! lui cria-t-elle, avais-je pas raison?
    De quoi vous sert votre vitesse?
    Moi l'emporter! et que serait-ce
    Si vous portiez une maison? »

Le Cochet, le Chat et le Souriceau

Un Souriceau tout jeune, et qui n'avait rien vu,
  Fut presque pris au dépourvu.
Voici comme il conta l'aventure à sa mère :
« J'avais franchi les monts qui bordent cet État,
  Et trottais comme un jeune rat
  Qui cherche à se donner carrière,
Lorsque deux animaux m'ont arrêté les yeux :
  L'un doux, bénin et gracieux,
Et l'autre turbulent et plein d'inquiétude.
  Il a la voix perçante et rude,
  Sur la tête un morceau de chair,
Une sorte de bras dont il s'élève en l'air
  Comme pour prendre sa volée,
  La queue en panache étalée. »
Or c'était un Cochet dont notre Souriceau
  Fit à sa mère le tableau,
Comme d'un animal venu de l'Amérique.
« Il se battait, dit-il, les flancs avec ses bras,
  Faisant tel bruit et tel fracas,
Que moi, qui grâce aux Dieux, de courage me pique,
  En ai pris la fuite de peur,
  Le maudissant de très bon cœur.
  Sans lui j'aurais fait connaissance
Avec cet animal qui m'a semblé si doux :
  Il est velouté comme nous,
Marqueté, longue queue, une humble contenance,
Un modeste regard, et pourtant l'œil luisant.
  Je le crois fort sympathisant
Avec Messieurs les Rats ; car il a des oreilles
  En figure aux nôtres pareilles.
Je l'allais aborder, quand d'un son plein d'éclat
  L'autre m'a fait prendre la fuite.

— Mon fils, dit la Souris, ce doucet est un Chat,
  Qui, sous son minois hypocrite,
  Contre toute ta parenté
  D'un malin vouloir est porté.
  L'autre animal tout au contraire,
  Bien éloigné de nous mal faire,
Servira quelque jour peut-être à nos repas.
Quant au Chat, c'est sur nous qu'il fonde sa cuisine.
  Garde-toi, tant que tu vivras,
  De juger les gens sur la mine. »

Livre VI. — Épilogue

  Bornons ici cette carrière.
  Les longs ouvrages me font peur.
  Loin d'épuiser une matière,
  On n'en doit prendre que la fleur.
  Il s'en va temps que je reprenne
  Un peu de forces et d'haleine
  Pour fournir à d'autres projets.
  Amour, ce tyran de ma vie,
  Veut que je change de sujets :
  Il faut contenter son envie.
Retournons à Psyché. Damon, vous m'exhortez
A peindre ses malheurs et ses félicités :
  J'y consens; peut-être ma veine
  En sa faveur s'échauffera.
Heureux si ce travail est la dernière peine
  Que son époux me causera !

Les Animaux malades de la peste

Un mal qui répand la terreur,
Mal que le Ciel en sa fureur
Inventa pour punir les crimes de la terre,
La peste (puisqu'il faut l'appeler par son nom),
Capable d'enrichir en un jour l'Achéron,
Faisait aux animaux la guerre.
Ils ne mouraient pas tous, mais tous étaient frappés :
On n'en voyait point d'occupés
A chercher le soutien d'une mourante vie;
Nul mets n'excitait leur envie.
Ni loups ni renards n'épiaient
La douce et l'innocente proie;
Les tourterelles se fuyaient;
Plus d'amour, partant plus de joie.
Le Lion tint conseil, et dit : « Mes chers amis,
Je crois que le Ciel a permis
Pour nos péchés cette infortune.
Que le plus coupable de nous
Se sacrifie aux traits du céleste courroux;
Peut-être il obtiendra la guérison commune.
L'histoire nous apprend qu'en de tels accidents
On fait de pareils dévouements.
Ne nous flattons donc point; voyons sans indulgence
L'état de notre conscience.
Pour moi, satisfaisant mes appétits gloutons,
J'ai dévoré force moutons.
Que m'avaient-ils fait? Nulle offense;
Même il m'est arrivé quelquefois de manger
Le berger.
Je me dévouerai donc, s'il le faut; mais je pense
Qu'il est bon que chacun s'accuse ainsi que moi :

Car on doit souhaiter, selon toute justice,
 Que le plus coupable périsse.
— Sire, dit le Renard, vous êtes trop bon roi;
Vos scrupules font voir trop de délicatesse.
Eh bien! manger moutons, canaille, sotte espèce,
Est-ce un péché? Non, non. Vous leur fîtes, Seigneur,
 En les croquant, beaucoup d'honneur;
 Et quant au berger, l'on peut dire
 Qu'il était digne de tous maux,
Étant de ces gens-là qui sur les animaux
 Se font un chimérique empire. »
Ainsi dit le Renard; et flatteurs d'applaudir.
 On n'osa trop approfondir
Du Tigre, ni de l'Ours, ni des autres puissances,
 Les moins pardonnables offenses.
Tous les gens querelleurs, jusqu'aux simples mâtins,
Au dire de chacun étaient de petits saints.
L'Ane vint à son tour et dit : « J'ai souvenance
 Qu'en un pré de moines passant,
La faim, l'occasion, l'herbe tendre, et, je pense,
 Quelque diable aussi me poussant,
Je tondis de ce pré la largeur de ma langue.
Je n'en avais nul droit, puisqu'il faut parler net. »
A ces mots on cria haro sur le Baudet.
Un Loup, quelque peu clerc, prouva par sa harangue
Qu'il fallait dévouer ce maudit animal,
Ce pelé, ce galeux, d'où venait tout le mal.
Sa peccadille fut jugée un cas pendable.
Manger l'herbe d'autrui! quel crime abominable!
 Rien que la mort n'était capable
D'expier son forfait : on le lui fit bien voir.

Selon que vous serez puissant ou misérable,
Les jugements de cour vous rendront blanc ou noir.

Le Coche et la Mouche

Dans un chemin montant, sablonneux, malaisé,
Et de tous les côtés au soleil exposé,
    Six forts chevaux tiraient un coche.
Femmes, moine, vieillards, tout était descendu.
L'attelage suait, soufflait, était rendu.
Une mouche survient, et des chevaux s'approche,
Prétend les animer par son bourdonnement,
Pique l'un, pique l'autre, et pense à tout moment
    Qu'elle fait aller la machine,
S'assied sur le timon, sur le nez du cocher ;
    Aussitôt que le char chemine,
    Et qu'elle voit les gens marcher,
Elle s'en attribue uniquement la gloire,
Va, vient, fait l'empressée : il semble que ce soit
Un sergent de bataille allant en chaque endroit
Faire avancer ses gens, et hâter la victoire.
    La mouche en ce commun besoin
Se plaint qu'elle agit seule, et qu'elle a tout le soin,
Qu'aucun n'aide aux chevaux à se tirer d'affaire.
    Le moine disait son bréviaire :
Il prenait bien son temps ! Une femme chantait :
C'était bien de chansons qu'alors il s'agissait !
Dame mouche s'en va chanter à leurs oreilles,
    Et fait cent sottises pareilles.
Après bien du travail le coche arrive au haut.
« Respirons maintenant, dit la mouche aussitôt :
J'ai tant fait que nos gens sont enfin dans la plaine.
Çà, Messieurs les chevaux, payez-moi de ma peine. »

Ainsi certaines gens, faisant les empressés,
    S'introduisent dans les affaires.
    Ils font partout les nécessaires,
Et, partout importuns, devraient être chassés.

Le Héron

Un jour sur ses longs pieds allait je ne sais où
Le Héron au long bec emmanché d'un long cou.
      Il côtoyait une rivière.
L'onde était transparente ainsi qu'aux plus beaux
Ma commère la Carpe y faisait mille tours   [jours;
      Avec le Brochet son compère.
Le Héron en eût fait aisément son profit :
Tous approchaient du bord; l'oiseau n'avait qu'à
      Mais il crut mieux faire d'attendre   [prendre.
      Qu'il eût un peu plus d'appétit :
Il vivait de régime et mangeait à ses heures.
Après quelques moments, l'appétit vint : l'Oiseau,
      S'approchant du bord, vit sur l'eau
Des tanches qui sortaient du fond de ces demeures.
Le mets ne lui plut pas; il s'attendait à mieux,
      Et montrait un goût dédaigneux,
      Comme le Rat du bon Horace.
« Moi, des tanches? dit-il, moi, Héron, que je fasse
Une si pauvre chère? Et pour qui me prend-on? »
La tanche rebutée, il trouva du goujon.
« Du goujon! c'est bien là le dîner d'un Héron!
J'ouvrirais pour si peu le bec! aux Dieux ne plaise! »
Il l'ouvrit pour bien moins : tout alla de façon
      Qu'il ne vit plus aucun poisson.
La faim le prit : il fut tout heureux et tout aise
      De rencontrer un limaçon.

      Ne soyons pas si difficiles :
Les plus accommodants, ce sont les plus habiles;
On hasarde de perdre en voulant trop gagner.
      Gardez-vous de rien dédaigner,
Surtout quand vous avez à peu près votre compte...

Les deux Coqs

Deux coqs vivaient en paix; une poule survint,
    Et voilà la guerre allumée.
Amour, tu perdis Troie; et c'est de toi que vint
    Cette querelle envenimée
Où du sang des dieux même on vit le Xanthe teint.
Longtemps entre nos coqs le combat se maintint.
Le bruit s'en répandit par tout le voisinage.
La gent qui porte crête au spectacle accourut.
    Plus d'une Hélène au beau plumage
Fut le prix du vainqueur. Le vaincu disparut :
Il alla se cacher au fond de sa retraite,
    Pleura sa gloire et ses amours,
Ses amours, qu'un rival tout fier de sa défaite
Possédait à ses yeux. Il voyait tous les jours
Cet objet rallumer sa haine et son courage.
Il aiguisait son bec, battait l'air et ses flancs,
    Et, s'exerçant contre les vents,
    S'armait d'une jalouse rage.
Il n'en eut pas besoin. Son vainqueur sur les toits
  S'alla percher, et chanter sa victoire.
    Un vautour entendit sa voix :
    Adieu les amours et la gloire.
Tout cet orgueil périt sous l'ongle du vautour.
    Enfin, par un fatal retour,
    Son rival autour de la poule
    S'en revint faire le coquet :
    Je laisse à penser quel caquet,
    Car il eut des femmes en foule.

La Fortune se plaît à faire de ces coups;
Tout vainqueur insolent à sa perte travaille.
Défions-nous du sort, et prenons garde à nous
    Après le gain d'une bataille.

La Laitière et le pot au lait

Perrette, sur sa tête ayant un pot au lait
    Bien posé sur un coussinet,
Prétendait arriver sans encombre à la ville.
Légère et court vêtue, elle allait à grands pas,
Ayant mis ce jour-là, pour être plus agile,
    Cotillon simple et souliers plats.
    Notre laitière ainsi troussée
    Comptait déjà dans sa pensée
Tout le prix de son lait, en employait l'argent;
Achetait un cent d'œufs, faisait triple couvée :
La chose allait à bien par son soin diligent.
    « Il m'est, disait-elle, facile
D'élever des poulets autour de ma maison;
    Le renard sera bien habile
S'il ne m'en laisse assez pour avoir un cochon,
Le porc à s'engraisser coûtera peu de son;
Il était, quand je l'eus, de grosseur raisonnable :
J'aurai, le revendant, de l'argent bel et bon.
Et qui m'empêchera de mettre en notre étable,
Vu le prix dont il est, une vache et son veau,
Que je verrai sauter au milieu du troupeau? »
Perrette là-dessus saute aussi, transportée.
Le lait tombe; adieu veau, vache, cochon, couvée.
La dame de ces biens, quittant d'un œil marri
    Sa fortune ainsi répandue,
    Va s'excuser à son mari,
    En grand danger d'être battue.
    Le récit en farce en fut fait;
    On l'appela *le Pot au lait*.

    Quel esprit ne bat la campagne?
    Qui ne fait châteaux en Espagne?

Picrochole, Pyrrhus, la laitière, enfin tous,
  Autant les sages que les fous.
Chacun songe en veillant; il n'est rien de plus doux.
Une flatteuse erreur emporte alors nos âmes;
  Tout le bien du monde est à nous,
  Tous les honneurs, toutes les femmes.
Quand je suis seul, je fais au plus brave un défi;
Je m'écarte, je vais détrôner le Sophi;
  On m'élit roi, mon peuple m'aime;
Les diadèmes vont sur ma tête pleuvant.
Quelque accident fait-il que je rentre en moi-même,
  Je suis Gros-Jean comme devant.

Le Chat, la Belette et le petit Lapin

  Du palais d'un jeune Lapin
  Dame Belette, un beau matin,
  S'empara : c'est une rusée.
Le maître étant absent, ce lui fut chose aisée.
Elle porta chez lui ses pénates, un jour
Qu'il était allé faire à l'Aurore sa cour
  Parmi le thym et la rosée.
Après qu'il eut brouté, trotté, fait tous ses tours,
Janot Lapin retourne aux souterrains séjours.
La Belette avait mis le nez à la fenêtre.
« O Dieux hospitaliers! que vois-je ici paraître?
Dit l'animal chassé du paternel logis.
  O là, Madame la Belette,
  Que l'on déloge sans trompette,
Ou je vais avertir tous les Rats du pays. »

La dame au nez pointu répondit que la terre
    Était au premier occupant.
   « C'était un beau sujet de guerre,
Qu'un logis où lui-même il n'entrait qu'en rampant.
   Et quand ce serait un royaume,
Je voudrais bien savoir, dit-elle, quelle loi
    En a pour toujours fait l'octroi
A Jean, fils ou neveu de Pierre ou de Guillaume,
    Plutôt qu'à Paul, plutôt qu'à moi. »
Jean Lapin allégua la coutume et l'usage :
« Ce sont, dit-il, leurs lois qui m'ont de ce logis
Rendu maître et seigneur, et qui, de père en fils,
L'ont de Pierre à Simon, puis à moi Jean, transmis.
Le premier occupant, est-ce une loi plus sage?
    — Or bien, sans crier davantage,
Rapportons-nous, dit-elle, à Raminagrobis. »
C'était un Chat vivant comme un dévot ermite,
    Un chat faisant la chattemite,
Un saint homme de Chat, bien fourré, gros et gras,
    Arbitre expert sur tous les cas.
    Jean Lapin pour juge l'agrée.
    Les voilà tous deux arrivés
    Devant sa majesté fourrée.
Grippeminaud leur dit : « Mes enfants, approchez,
Approchez, je suis sourd, les ans en sont la cause. »
L'un et l'autre approcha, ne craignant nulle chose.
Aussitôt qu'à portée il vit les contestants,
    Grippeminaud le bon apôtre,
Jetant des deux côtés la griffe en même temps,
Mit les plaideurs d'accord en croquant l'un et l'autre.

Ceci ressemble fort aux débats qu'ont parfois
Les petits souverains se rapportant aux rois.

La Mort et le Mourant

La Mort ne surprend point le sage;
    Il est toujours prêt à partir,
    S'étant su lui-même avertir
Du temps où l'on se doit résoudre à ce passage.
    Ce temps, hélas! embrasse tous les temps :
Qu'on le partage en jours, en heures, en moments,
    Il n'en est point qu'il ne comprenne
Dans le fatal tribut, tous sont de son domaine;
Et le premier instant où les enfants des rois
        Ouvrent les yeux à la lumière
        Est celui qui vient quelquefois
        Fermer pour toujours leur paupière.
        Défendez-vous par la grandeur,
Alléguez la beauté, la vertu, la jeunesse :
        La Mort ravit tout sans pudeur;
Un jour le monde entier accroîtra sa richesse.
        Il n'est rien de moins ignoré,
        Et puisqu'il faut que je le die,
        Rien où l'on soit moins préparé.

Un Mourant, qui comptait plus de cent ans de vie,
Se plaignait à la Mort que précipitamment
Elle le contraignait de partir tout à l'heure,
        Sans qu'il eût fait son testament,
Sans l'avertir au moins. « Est-il juste qu'on meure
Au pied levé? dit-il; attendez quelque peu.
Ma femme ne veut pas que je parte sans elle;
Il me reste à pourvoir un arrière-neveu;
Souffrez qu'à mon logis j'ajoute encore une aile.
Que vous êtes pressante, ô Déesse cruelle!
— Vieillard, lui dit la Mort, je ne t'ai point surpris.
Tu te plains sans raison de mon impatience.

Eh! n'as-tu pas cent ans? Trouve-moi dans Paris
Deux mortels aussi vieux; trouve-m'en dix en France.
Je devais, ce dis-tu, te donner quelque avis
   Qui te disposât à la chose :
 J'aurais trouvé ton testament tout fait,
Ton petit-fils pourvu, ton bâtiment parfait.
Ne te donna-t-on pas des avis quand la cause
   Du marcher et du mouvement,
   Quand les esprits, le sentiment,
Quant tout faillit en toi? Plus de goût, plus d'ouïe;
Toute chose pour toi semble être évanouie;
Pour toi l'astre du jour prend des soins superflus.
Tu regrettes des biens qui ne te touchent plus.
   Je t'ai fait voir tes camarades,
   Ou morts, ou mourants, ou malades :
Qu'est-ce que tout cela, qu'un avertissement?
   Allons, vieillard, et sans réplique;
   Il n'importe à la République
   Que tu fasses ton testament. »

La Mort avait raison. Je voudrais qu'à cet âge
On sortît de la vie ainsi que d'un banquet,
Remerciant son hôte, et qu'on fît son paquet;
Car de combien peut-on retarder le voyage?
Tu murmures, vieillard! Vois ces jeunes mourir;
   Vois-les marcher, vois-les courir
A des morts, il est vrai, glorieuses et belles,
Mais sûres cependant, et quelquefois cruelles.
J'ai beau te le crier; mon zèle est indiscret :
Le plus semblable aux morts meurt le plus à regret.

Les Deux Pigeons

Deux Pigeons s'aimaient d'amour tendre.
L'un d'eux, s'ennuyant au logis,
Fut assez fou pour entreprendre
Un voyage en lointain pays.
L'autre lui dit : « Qu'allez-vous faire?
Voulez-vous quitter votre frère?
L'absence est le plus grand des maux :
Non pas pour vous, cruel! Au moins, que les travaux,
Les dangers, les soins du voyage,
Changent un peu votre courage.
Encor si la saison s'avançait davantage!
Attendez les zéphyrs : qui vous presse? un corbeau
Tout à l'heure annonçait malheur à quelque oiseau.
Je ne songerai plus que rencontre funeste,
Que faucons, que réseaux. « Hélas! dirai-je, il pleut :
Mon frère a-t-il tout ce qu'il veut,
Bon soupé, bon gîte, et le reste? »
Ce discours ébranla le cœur
De notre imprudent voyageur;
Mais le désir de voir et l'humeur inquiète
L'emportèrent enfin. Il dit : « Ne pleurez point;
Trois jours au plus rendront mon âme satisfaite;
Je reviendrai dans peu conter de point en point
Mes aventures à mon frère;
Je le désennuierai. Quiconque ne voit guère
N'a guère à dire aussi. Mon voyage dépeint
Vous sera d'un plaisir extrême.
Je dirai : « J'étais là; telle chose m'avint »;
Vous y croirez être vous-même. »
A ces mots, en pleurant, ils se dirent adieu.
Le voyageur s'éloigne; et voilà qu'un nuage
L'oblige de chercher retraite en quelque lieu.

Un seul arbre s'offrit, tel encor que l'orage
Maltraita le Pigeon en dépit du feuillage.
L'air devenu serein, il part tout morfondu,
Sèche du mieux qu'il peut son corps chargé de pluie,
Dans un champ à l'écart voit du blé répandu,
Voit un pigeon auprès : cela lui donne envie;
Il y vole, il est pris : ce blé couvrait d'un lacs
     Les menteurs et traîtres appas.
Le lacs était usé : si bien que, de son aile,
De ses pieds, de son bec, l'oiseau le rompt enfin.
Quelque plume y périt; et le pis du destin
Fut qu'un certain vautour, à la serre cruelle,
Vit notre malheureux qui, traînant la ficelle
Et les morceaux du lacs qui l'avait attrapé,
     Semblait un forçat échappé.
Le vautour s'en allait le lier, quand des nues
Fond à son tour un aigle aux ailes étendues.
Le Pigeon profita du conflit des voleurs,
S'envola, s'abattit auprès d'une masure,
     Crut pour ce coup que ses malheurs
     Finiraient par cette aventure;
Mais un fripon d'enfant (cet âge est sans pitié)
Prit sa fronde et, du coup, tua plus d'à moitié
     La volatile malheureuse,
  Qui, maudissant sa curiosité,
     Traînant l'aile et tirant le pié,
     Demi-morte et demi-boiteuse,
     Droit au logis s'en retourna.
     Que bien que mal, elle arriva
     Sans autre aventure fâcheuse.
Voilà nos gens rejoints; et je laisse à juger
De combien de plaisirs ils payèrent leurs peines.
Amants, heureux amants, voulez-vous voyager?
     Que ce soit aux rives prochaines.
Soyez-vous l'un à l'autre un monde toujours beau,
     Toujours divers, toujours nouveau;

Tenez-vous lieu de tout, comptez pour rien le reste.
J'ai quelquefois aimé : je n'aurais pas alors
    Contre le Louvre et ses trésors,
Contre le firmament et sa voûte céleste,
    Changé les bois, changé les lieux
Honorés par les pas, éclairés par les yeux
    De l'aimable et jeune Bergère
    Pour qui, sous le fils de Cythère,
Je servis engagé par mes premiers serments.
Hélas! quand reviendront de semblables moments?
Faut-il que tant d'objets si doux et si charmants
Me laissent vivre au gré de mon âme inquiète?
Ah! si mon cœur osait encor se renflammer?
Ne sentirai-je plus de charme qui m'arrête?
    Ai-je passé le temps d'aimer?

Le songe d'un habitant du Mogol

Jadis certain Mogol vit en songe un Vizir
Aux Champs Élysiens possesseur d'un plaisir
Aussi pur qu'infini, tant en prix qu'en durée;
Le même songeur vit en une autre contrée
    Un Ermite entouré de feux,
Qui touchait de pitié même les malheureux.
Le cas parut étrange et contre l'ordinaire :
Minos en ces deux morts semblait s'être mépris.
Le dormeur s'éveilla, tant il en fut surpris.
Dans ce songe pourtant soupçonnant du mystère,
    Il se fit expliquer l'affaire.
L'interprète lui dit : « Ne vous étonnez point,
Votre songe a du sens, et, si j'ai sur ce point
    Acquis tant soit peu d'habitude,
C'est un avis des Dieux. Pendant l'humain séjour

Ce Vizir quelquefois cherchait la solitude;
Cet Ermite aux Vizirs allait faire sa cour. »

Si j'osais ajouter au mot de l'interprète;
J'inspirerais ici l'amour de la retraite :
Elle offre à ses amants des biens sans embarras,
Biens purs, présents du Ciel, qui naissent sous les pas.
Solitude, où je trouve une douceur secrète,
Lieux que j'aimai toujours, ne pourrai-je jamais,
Loin du monde et du bruit, goûter l'ombre et le
O qui m'arrêtera sous vos sombres asiles?   [frais?
Quand pourront les neuf Sœurs, loin des cours et
                                       [des villes,
M'occuper tout entier, et m'apprendre des cieux
Les divers mouvements inconnus à nos yeux,
Les noms et les vertus de ces clartés errantes
Par qui sont nos destins et nos mœurs différentes?
Que si je ne suis né pour de si grands projets,
Du moins que les ruisseaux m'offrent de doux objets!
Que je peigne en mes vers quelque rive fleurie!
La Parque à filets d'or n'ourdira point ma vie,
Je ne dormirai point sous de riches lambris.
Mais voit-on que la somme en perde de son prix?
En est-il moins profond, et moins plein de délices?
Je lui voue au désert de nouveaux sacrifices.
Quand le moment viendra d'aller trouver les morts,
J'aurai vécu sans soins, et mourrai sans remords.

Deuxième Discours à Mme de la Sablière

... Ne point errer est chose au-dessus de mes forces;
Mais aussi, de se prendre à toutes les amorces,
Pour tous les faux brillants courir et s'empresser!
J'entends que l'on me dit : « Quand donc veux-tu
Douze lustres et plus ont roulé sur ta vie :   [cesser?
De soixante soleils la course entresuivie
Ne t'a pas vu goûter un moment de repos.
Quelque part que tu sois, on voit à tous propos
L'inconstance d'une âme en ses plaisirs légère,
Inquiète, et partout hôtesse passagère.
Ta conduite et tes vers, chez toi tout s'en ressent.
On te veut là-dessus dire un mot en passant.
Tu changes tous les jours de manière et de style;
Tu cours en un moment de Térence à Virgile;
Ainsi rien de parfait n'est sorti de tes mains.
Eh bien! prends, si tu veux, encor d'autres chemins :
Invoque des neuf Sœurs la troupe tout entière;
Tente tout, au hasard de gâter la matière :
On le souffre, excepté tes contes d'autrefois. »
J'ai presque envie, Iris, de suivre cette voix;
J'en trouve l'éloquence aussi sage que forte.
Vous ne parleriez pas ni mieux, ni d'autre sorte :
Serait-ce point de vous qu'elle viendrait aussi?
Je m'avoue, il est vrai, s'il faut parler ainsi,
Papillon du Parnasse, et semblable aux abeilles
A qui le bon Platon compare nos merveilles.
Je suis chose légère, et vole à tout sujet;
Je vais de fleur en fleur, et d'objet en objet;
A beaucoup de plaisirs je mêle un peu de gloire.
J'irais plus haut peut-être au temple de Mémoire,
Si dans un genre seul j'avais usé mes jours;
Mais quoi! je suis volage en vers comme en amours.

MOLIÈRE

❦ ❦ ❦

Le Misanthrope

ACTE IV, SCÈNE 3. — ALCESTE, CÉLIMÈNE.

ALCESTE

... Ah! que vous savez bien ici contre moi-même,
Perfide, vous servir de ma faiblesse extrême,
Et ménager pour vous l'excès prodigieux
De ce fatal amour né de vos traîtres yeux!
Défendez-vous au moins d'un crime qui m'accable,
Et cessez d'affecter d'être envers moi coupable;
Rendez-moi, s'il se peut, ce billet innocent :
A vous prêter les mains ma tendresse consent;
Efforcez-vous ici de paraître fidèle,
Et je m'efforcerai, moi, de vous croire telle.

CÉLIMÈNE

Allez, vous êtes fou dans vos transports jaloux,
Et ne méritez pas l'amour qu'on a pour vous.
Je voudrais bien savoir qui pourrait me contraindre
A descendre pour vous aux bassesses de feindre,
Et pourquoi, si mon cœur penchait d'autre côté,
Je ne le dirais pas avec sincérité.
Quoi? de mes sentiments l'obligeante assurance
Contre tous vos soupçons ne prend pas ma défense?
Auprès d'un tel garant sont-ils de quelque poids?
N'est-ce pas m'outrager que d'écouter leur voix?
Et puisque notre cœur fait un effort extrême
Lorsqu'il peut se résoudre à confesser qu'il aime,

Puisque l'honneur du sexe, ennemi de nos feux,
S'oppose fortement à de pareils aveux,
L'amant qui voit pour lui franchir un tel obstacle
Doit-il impunément douter de cet oracle?
Et n'est-il pas coupable en ne s'assurant pas
A ce qu'on ne dit point qu'après de grands combats?
Allez, de tels soupçons méritent ma colère,
Et vous ne valez pas que l'on vous considère :
Je suis sotte, et veux mal à ma simplicité
De conserver encor pour vous quelque bonté;
Je devrais autre part attacher mon estime,
Et vous faire un sujet de plainte légitime.

ALCESTE

Ah! traîtresse, mon faible est étrange pour vous!
Vous me trompez sans doute avec des mots si doux;
Mais il n'importe, il faut suivre ma destinée;
A votre foi mon âme est toute abandonnée;
Je veux voir jusqu'au bout quel sera votre cœur,
Et si de me trahir il aura la noirceur.

CÉLIMÈNE

Non, vous ne m'aimez point comme il faut que l'on
[aime.

ALCESTE

Ah! rien n'est comparable à mon amour extrême,
Et, dans l'ardeur qu'il a de se montrer à tous,
Il va jusqu'à former des souhaits contre vous.
Oui, je voudrais qu'aucun ne vous trouvât aimable,
Que vous fussiez réduite en un sort misérable,
Que le Ciel, en naissant, ne vous eût donné rien,
Que vous n'eussiez ni rang, ni naissance, ni bien,
Afin que de mon cœur l'éclatant sacrifice
Vous pût d'un pareil sort réparer l'injustice;
Et que j'eusse la joie et la gloire, en ce jour,
De vous voir tenir tout des mains de mon amour...

A M. Racine, Épître

Que tu sais bien, Racine, à l'aide d'un acteur,
Émouvoir, étonner, ravir un spectateur!
Jamais Iphigénie en Aulide immolée
N'a coûté tant de pleurs à la Grèce assemblée,
Que dans l'heureux spectacle à nos yeux étalé
En a fait sous son nom verser la Champmeslé.
Ne crois pas toutefois, par tes savants ouvrages,
Entraînant tous les cœurs, gagner tous les suffrages.
Sitôt que d'Apollon un génie inspiré
Trouve loin du vulgaire un chemin ignoré,
En cent lieux contre lui les cabales s'amassent;
Ses rivaux obscurcis autour de lui croassent;
Et son trop de lumière, importunant les yeux,
De ses propres amis lui fait des envieux;
La mort seule ici-bas, en terminant sa vie,
Peut calmer sur son nom l'injustice et l'envie;
Faire au poids du bon sens peser tous ses écrits,
Et donner à ses vers leur légitime prix.

Avant qu'un peu de terre, obtenu par prière,
Pour jamais sous la tombe eût enfermé Molière,
Mille de ces beaux traits, aujourd'hui si vantés,
Furent des sots esprits à nos yeux rebutés.
L'ignorance et l'erreur, à ses naissantes pièces,
En habits de marquis, en robes de comtesses,
Venaient pour diffamer son chef-d'œuvre nouveau,
Et secouaient la tête à l'endroit le plus beau.

Le commandeur voulait la scène plus exacte;
Le vicomte, indigné, sortait au second acte.
L'un, défenseur zélé des bigots mis en jeu,
Pour prix de ses bons mots le condamnait au feu;
L'autre, fougueux marquis, lui déclarant la guerre,
Voulait venger la cour immolée au parterre.
Mais, sitôt que d'un trait de ses fatales mains,
La Parque l'eut rayé du nombre des humains,
On reconnut le prix de sa Muse éclipsée.
L'aimable Comédie, avec lui terrassée,
En vain d'un coup si rude espéra revenir,
Et sur ses brodequins ne put plus se tenir.
Tel fut chez nous le sort du théâtre comique.
    Toi donc qui, t'élevant sur la scène tragique,
Suis les pas de Sophocle, et, seul de tant d'esprits,
De Corneille vieilli sais consoler Paris,
Cesse de t'étonner, si l'envie animée,
Attachant à ton nom sa rouille envenimée,
La calomnie en main quelquefois te poursuit.
En cela, comme en tout, le Ciel qui nous conduit,
Racine, fait briller sa profonde sagesse.
Le mérite en repos s'endort dans la paresse;
Mais par les envieux un génie excité
Au comble de son art est mille fois monté;
Plus on veut l'affaiblir, plus il croît et s'élance.
Au *Cid* persécuté *Cinna* doit sa naissance,
Et peut-être ta plume aux censeurs de Pyrrhus
Doit les plus nobles traits dont tu peignis Burrhus...

A mon jardinier, Épître

... Antoine, de nous deux, tu crois donc, je le voi,
Que le plus occupé dans ce jardin, c'est toi.
Oh! que tu changerais d'avis et de langage,
Si, deux jours seulement, libre du jardinage,
Tout à coup devenu poète et bel esprit,
Tu t'allais engager à polir un écrit
Qui dît, sans s'avilir, les plus petites choses,
Fît des plus secs chardons des œillets et des roses,
Et sût même aux discours de la rusticité
Donner de l'élégance et de la dignité...
... Bientôt, de ce travail devenu sec et pâle,
Et le teint plus jauni que de vingt ans de hâle,
Tu dirais, reprenant ta pelle et ton râteau :
« J'aime mieux mettre encor cent arpents au niveau,
Que d'aller follement, égaré dans les nues,
Me lasser à chercher des visions cornues,
Et, pour lier des mots si mal s'entr'accordants,
Prendre dans ce jardin la lune avec les dents. »
Approche donc, et viens; qu'un paresseux t'apprenne,
Antoine, ce que c'est que fatigue et que peine.
L'homme ici-bas, toujours inquiet et gêné,
Est, dans le repos même, au travail condamné.
La fatigue l'y suit. C'est en vain qu'aux poètes
Les neuf trompeuses Sœurs, dans leurs douces retraites,
Promettent du repos sous leurs ombrages frais :
Dans ces tranquilles bois, pour eux plantés exprès,
La cadence aussitôt, la rime, la césure,
La riche expression, la nombreuse mesure,
Sorcières, dont l'amour sait d'abord les charmer,
De fatigues sans fin viennent les consumer.
Sans cesse, poursuivant ces fugitives fées,
On voit sous les lauriers haleter les Orphées.

JEAN RACINE

❧ ❧ ❧

Andromaque

ACTE III, SCÈNE 8.

ANDROMAQUE

... Dois-je oublier Hector privé de funérailles,
Et traîné sans honneur autour de nos murailles?
Dois-je oublier son père à mes pieds renversé,
Ensanglantant l'autel qu'il tenait embrassé?
Songe, songe, Céphise, à cette nuit cruelle
Qui fut pour tout un peuple une nuit éternelle.
Figure-toi Pyrrhus, les yeux étincelants,
Entrant à la lueur de nos palais brûlants,
Sur tous mes frères morts se faisant un passage,
Et de sang tout couvert échauffant le carnage.
Songe aux cris des vainqueurs, songe aux cris des
[mourants
Dans la flamme étouffés, sous le fer expirants.
Peins-toi dans ces horreurs Andromaque éperdue :
Voilà comme Pyrrhus vint s'offrir à ma vue;
Voilà par quels exploits il sut se couronner;
Enfin voilà l'époux que tu me veux donner.

ACTE IV, SCÈNE I.

ANDROMAQUE

Non, non, je te défends, Céphise, de me suivre.
Je confie à tes soins mon unique trésor :
Si tu vivais pour moi, vis pour le fils d'Hector.

De l'espoir des Troyens seule dépositaire,
Songe à combien de rois tu deviens nécessaire.
Veille auprès de Pyrrhus; fais-lui garder sa foi :
S'il le faut, je consens qu'on lui parle de moi.
Fais-lui valoir l'hymen où je me suis rangée;
Dis-lui qu'avant ma mort je lui fus engagée,
Que ses ressentiments doivent être effacés,
Qu'en lui laissant mon fils, c'est l'estimer assez.
Fais connaître à mon fils les héros de sa race;
Autant que tu pourras, conduis-le sur leur trace.
Dis-lui par quels exploits leurs noms ont éclaté,
Plutôt ce qu'ils ont fait que ce qu'ils ont été;
Parle-lui tous les jours des vertus de son père;
Et quelquefois aussi parle-lui de sa mère.
Mais qu'il ne songe plus, Céphise, à nous venger :
Nous lui laissons un maître, il le doit ménager.
Qu'il ait de ses aïeux un souvenir modeste;
Il est du sang d'Hector, mais il en est le reste;
Et pour ce reste enfin j'ai moi-même en un jour
Sacrifié mon sang, ma haine et mon amour.

ACTE V, Scène dernière.

ORESTE

Grâce aux dieux! Mon malheur passe mon espérance.
Oui, je te loue, ô Ciel, de ta persévérance.
Appliqué sans relâche au soin de me punir,
Au comble des douleurs tu m'as fait parvenir.
Ta haine a pris plaisir à former ma misère;
J'étais né pour servir d'exemple à ta colère,
Pour être du malheur un modèle accompli.
Hé bien! je meurs content, et mon sort est rempli.
Où sont ces deux amants? Pour couronner ma joie,
Dans leur sang, dans le mien il faut que je me noie;
L'un et l'autre en mourant je les veux regarder.
Réunissons trois cœurs qui n'ont pu s'accorder.

Britannicus

ACTE II, SCÈNE 2.

NÉRON

  ... Excité d'un désir curieux,
Cette nuit je l'ai vue arriver en ces lieux,
Triste, levant au ciel ses yeux mouillés de larmes,
Qui brillaient au travers des flambeaux et des armes;
Belle, sans ornements, dans le simple appareil
D'une beauté qu'on vient d'arracher au sommeil.
Que veux-tu? Je ne sais si cette négligence,
Les ombres, les flambeaux, les cris et le silence,
Et le farouche aspect de ses fiers ravisseurs
Relevaient de ses yeux les timides douceurs.
Quoi qu'il en soit, ravi d'une si belle vue,
J'ai voulu lui parler, et ma voix s'est perdue :
Immobile, saisi d'un long étonnement,
Je l'ai laissé passer dans son appartement.
J'ai passé dans le mien. C'est là que, solitaire,
De son image en vain j'ai voulu me distraire :
Trop présente à mes yeux, je croyais lui parler;
J'aimais jusqu'à ses pleurs que je faisais couler.
Quelquefois, mais trop tard, je lui demandais grâce;
J'employais les soupirs, et même la menace.
Voilà comme, occupé de mon nouvel amour,
Mes yeux, sans se fermer, ont attendu le jour...

Acte V, Scène 6.

AGRIPPINE

    Poursuis, Néron, avec de tels ministres.
Par des faits glorieux tu te vas signaler.
Poursuis. Tu n'as pas fait ce pas pour reculer.
Ta main a commencé par le sang de ton frère;
Je prévois que tes coups viendront jusqu'à ta mère.
Dans le fond de ton cœur je sais que tu me hais;
Tu voudras t'affranchir du joug de mes bienfaits.
Mais je veux que ma mort te soit même inutile.
Ne crois pas qu'en mourant je te laisse tranquille.
Rome, ce ciel, ce jour que tu reçus de moi,
Partout, à tout moment, m'offriront devant toi.
Tes remords te suivront comme autant de furies;
Tu croiras les calmer par d'autres barbaries;
Ta fureur, s'irritant soi-même dans son cours,
D'un sang toujours nouveau marquera tous tes jours.
Mais j'espère qu'enfin le Ciel, las de tes crimes,
Ajoutera ta perte à tant d'autres victimes,
Qu'après t'être couvert de leur sang et du mien,
Tu te verras forcé de répandre le tien;
Et ton nom paraîtra, dans la race future,
Aux plus cruels tyrans une cruelle injure.
    Voilà ce que mon cœur se présage de toi.
Adieu, tu peux sortir.

Bérénice

ACTE IV, SCÈNE 5. — BÉRÉNICE, TITUS.

BÉRÉNICE

Hé bien, il est donc vrai que Titus m'abandonne?
Il faut nous séparer; et c'est lui qui l'ordonne.

TITUS

N'accablez point, Madame, un prince malheureux.
Il ne faut point ici nous attendrir tous deux.
Un trouble assez cruel m'agite et me dévore,
Sans que des pleurs si chers me déchirent encore.
Rappelez bien plutôt ce cœur, qui tant de fois
M'a fait de mon devoir reconnaître la voix.
Il en est temps. Forcez votre amour à se taire;
Et d'un œil que la gloire et la raison éclaire,
Contemplez mon devoir dans toute sa rigueur.
Vous-même contre vous fortifiez mon cœur :
Aidez-moi, s'il se peut, à vaincre sa faiblesse,
A retenir des pleurs qui m'échappent sans cesse;
Ou si nous ne pouvons commander à nos pleurs,
Que la gloire du moins soutienne nos douleurs,
Et que tout l'univers reconnaisse sans peine
Les pleurs d'un empereur et les pleurs d'une reine.
Car enfin, ma princesse, il faut nous séparer.

BÉRÉNICE

Ah! cruel, est-il temps de me le déclarer?
Qu'avez-vous fait? Hélas! je me suis crue aimée.
Au plaisir de vous voir mon âme accoutumée
Ne vit plus que pour vous. Ignoriez-vous vos lois,
Quand je vous l'avouai pour la première fois?
A quel excès d'amour m'avez-vous amenée!
Que ne me disiez-vous : « Princesse infortunée,
Où vas-tu t'engager, et quel est ton espoir?

Ne donne point un cœur qu'on ne peut recevoir. »
Ne l'avez-vous reçu, cruel, que pour le rendre,
Quand de vos seules mains ce cœur voudrait dépendre?
Tout l'Empire a vingt fois conspiré contre nous.
Il était temps encor : que ne me quittiez-vous?
Mille raisons alors consolaient ma misère :
Je pouvais de ma mort accuser votre père,
Le peuple, le sénat, tout l'empire romain,
Tout l'univers, plutôt qu'une si chère main.
Leur haine dès longtemps contre moi déclarée
M'avait à mon malheur dès longtemps préparée.
Je n'aurais pas, Seigneur, reçu ce coup cruel
Dans le temps que j'espère un bonheur immortel,
Quand votre heureux amour peut tout ce qu'il désire,
Lorsque Rome se tait, quand votre père expire,
Lorsque tout l'univers fléchit à vos genoux,
Enfin quand je n'ai plus à redouter que vous.

TITUS

Et c'est moi seul aussi qui pouvais me détruire.
Je pouvais vivre alors et me laisser séduire.
Mon cœur se gardait bien d'aller dans l'avenir
Chercher ce qui pouvait un jour nous désunir.
Je voulais qu'à mes vœux rien ne fût invincible;
Je n'examinais rien, j'espérais l'impossible.
Que sais-je? j'espérais de mourir à vos yeux
Avant que d'en venir à ces cruels adieux.
Les obstacles semblaient renouveler ma flamme,
Tout l'Empire parlait; mais la gloire, Madame,
Ne s'était point encor fait entendre à mon cœur
Du ton dont elle parle au cœur d'un empereur.
Je sais tous les tourments où ce dessein me livre;
Je sens bien que sans vous je ne saurais plus vivre,
Que mon cœur de moi-même est prêt à s'éloigner;
Mais il ne s'agit plus de vivre, il faut régner.

BÉRÉNICE

Hé bien! régnez, cruel; contentez votre gloire :
Je ne dispute plus. J'attendais, pour vous croire,
Que cette même bouche, après mille serments
D'un amour qui devait unir tous nos moments,
Cette bouche, à mes yeux s'avouant infidèle,
M'ordonnât elle-même une absence éternelle.
Moi-même j'ai voulu vous entendre en ce lieu.
Je n'écoute plus rien; et pour jamais, adieu.
Pour jamais! Ah! Seigneur, songez-vous en vous-même
Combien ce mot cruel est affreux quand on aime?
Dans un mois, dans un an, comment souffrirons-nous,
Seigneur, que tant de mers me séparent de vous?
Que le jour recommence et que le jour finisse
Sans que jamais Titus puisse voir Bérénice,
Sans que de tout le jour je puisse voir Titus?
Mais quelle est mon erreur, et que de soins perdus!
L'ingrat, de mon départ consolé par avance,
Daignera-t-il compter les jours de mon absence?
Ces jours si longs pour moi lui sembleront trop courts.

ACTE V, SCÈNE 7. — TITUS, BÉRÉNICE, ANTIOCHUS.

BÉRÉNICE, *se levant.*

Arrêtez, arrêtez. Princes trop généreux,
En quelle extrémité me jetez-vous tous deux!
Soit que je vous regarde, ou que je l'envisage,
Partout du désespoir je rencontre l'image.
Je ne vois que des pleurs, et je n'entends parler
Que de trouble, d'horreurs, de sang prêt à couler.

(*A Titus.*)

Mon cœur vous est connu, Seigneur, et je puis dire
Qu'on ne l'a jamais vu soupirer pour l'Empire.

La grandeur des Romains, la pourpre des Césars
N'a point, vous le savez, attiré mes regards.
J'aimais, Seigneur, j'aimais : je voulais être aimée.
Ce jour, je l'avoûrai, je me suis alarmée :
J'ai cru que votre amour allait finir son coûrs.
Je connais mon erreur, et vous m'aimez toujours.
Votre cœur s'est troublé, j'ai vu couler vos larmes.
Bérénice, Seigneur, ne vaut point tant d'alarmes,
Ni que par votre amour l'univers malheureux,
Dans le temps que Titus attire tous ses vœux
Et que de vos vertus il goûte les prémices,
Se voie en un moment enlever ses délices.
Je crois, depuis cinq ans jusqu'à ce dernier jour,
Vous avoir assuré d'un véritable amour.
Ce n'est pas tout : je veux, en ce moment funeste,
Par un dernier effort couronner tout le reste.
Je vivrai, je suivrai vos ordres absolus.
Adieu, Seigneur, régnez : je ne vous verrai plus.

(*A Antiochus.*)

Prince, après cet adieu, vous jugez bien vous-
[même
Que je ne consens pas de quitter ce que j'aime
Pour aller loin de Rome écouter d'autres vœux.
Vivez, et faites-vous un effort généreux.
Sur Titus et sur moi réglez votre conduite.
Je l'aime, je le fuis : Titus m'aime, il me quitte.
Portez loin de mes yeux vos soupirs et vos fers.
Adieu : servons tous trois d'exemple à l'univers
De l'amour la plus tendre et la plus malheureuse
Dont il puisse garder l'histoire douloureuse.

Tout est prêt. On m'attend. Ne suivez point mes pas.

(*A Titus.*)

Pour la dernière fois, adieu, Seigneur.

ANTIOCHUS

Hélas!

Mithridate

ACTE III, SCÈNE I.

MITHRIDATE

Approchez, mes enfants. Enfin l'heure est venue
Qu'il faut que mon secret éclate à votre vue.
A mes nobles projets je vois tout conspirer ;
Il ne me reste plus qu'à vous les déclarer.
Je fuis : ainsi le veut la fortune ennemie.
Mais vous savez trop bien l'histoire de ma vie
Pour croire que longtemps soigneux de me cacher,
J'attende en ces déserts qu'on me vienne chercher.
La guerre a ses faveurs ainsi que ses disgrâces.
Déjà plus d'une fois, retournant sur mes traces,
Tandis que l'ennemi, par ma fuite trompé,
Tenait après son char un vain peuple occupé,
Et gravant en airain ses frêles avantages,
De mes États conquis enchaînait les images,
Le Bosphore m'a vu, par de nouveaux apprêts,
Ramener la terreur du fond de ses marais,
Et chassant les Romains de l'Asie étonnée
Renverser en un jour l'ouvrage d'une année.
D'autres temps, d'autres soins. L'Orient accablé
Ne peut plus soutenir leur effort redoublé.
Il voit plus que jamais ses campagnes couvertes
De Romains que la guerre enrichit de nos pertes.
Des biens des nations ravisseurs altérés,
Le bruit de nos trésors les a tous attirés :
Ils y courent en foule ; et jaloux l'un de l'autre,
Désertent leur pays pour inonder le nôtre.
Moi seul je leur résiste. Ou lassés, ou soumis,
Ma funeste amitié pèse à tous mes amis :
Chacun à ce fardeau veut dérober sa tête.

Le grand nom de Pompée assure sa conquête :
C'est l'effroi de l'Asie; et loin de l'y chercher,
C'est à Rome, mes fils, que je prétends marcher.
Ce dessein vous surprend; et vous croyez peut-être
Que le seul désespoir aujourd'hui le fait naître.
J'excuse votre erreur; et pour être approuvés,
De semblables projets veulent être achevés.

    Ne vous figurez point que de cette contrée
Par d'éternels remparts Rome soit séparée.
Je sais tous les chemins par où je dois passer;
Et si la mort bientôt ne me vient traverser,
Sans reculer plus loin l'effet de ma parole,
Je vous rends dans trois mois au pied du Capitole.
Doutez-vous que l'Euxin ne me porte en deux jours
Aux lieux où le Danube y vient finir son cours?
Que du Scythe avec moi l'alliance jurée
De l'Europe en ces lieux ne me livre l'entrée?
Recueilli dans leurs ports, accru de leurs soldats,
Nous verrons notre camp grossir à chaque pas.
Daces, Pannoniens, la fière Germanie,
Tous n'attendent qu'un chef contre la tyrannie.
Vous avez vu l'Espagne, et surtout les Gaulois,
Contre ces mêmes murs qu'ils ont pris autrefois
Exciter ma vengeance, et jusque dans la Grèce,
Par des ambassadeurs accuser ma paresse.
Ils savent que sur eux prêt à se déborder,
Ce torrent, s'il m'entraîne, ira tout inonder;
Et vous les verrez tous, prévenant son ravage,
Guider dans l'Italie et suivre mon passage.

    C'est là qu'en arrivant, plus qu'en tout le chemin,
Vous trouverez partout l'horreur du nom romain,
Et la triste Italie encor toute fumante
Des feux qu'a rallumés sa liberté mourante.
Non, Princes, ce n'est point au bout de l'univers
Que Rome fait sentir tout le poids de ses fers;
Et de près inspirant les haines les plus fortes,

Tes plus grands ennemis, Rome, sont à tes portes.
Ah! s'ils ont pu choisir pour leur libérateur
Spartacus, un esclave, un vil gladiateur,
S'ils suivent au combat des brigands qui les vengent,
De quelle noble ardeur pensez-vous qu'ils se rangent
Sous les drapeaux d'un roi longtemps victorieux,
Qui voit jusqu'à Cyrus remonter ses aïeux?
Que dis-je? En quel état croyez-vous la surprendre?
Vide de légions qui la puissent défendre,
Tandis que tout s'occupe à me persécuter,
Leurs femmes, leurs enfants pourront-ils m'arrêter?
    Marchons; et dans son sein rejetons cette guerre
Que sa fureur envoie aux deux bouts de la terre.
Attaquons dans leurs murs ces conquérants si fiers;
Qu'ils tremblent à leur tour pour leurs propres foyers.
Annibal l'a prédit, croyons-en ce grand homme,
Jamais on ne vaincra les Romains que dans Rome.
Noyons-la dans son sang justement répandu.
Brûlons ce Capitole où j'étais attendu.
Détruisons ses honneurs, et faisons disparaître
La honte de cent rois; et la mienne peut-être;
Et la flamme à la main effaçons tous ces noms
Que Rome y consacrait à d'éternels affronts.
    Voilà l'ambition dont mon âme est saisie.
Ne croyez point pourtant qu'éloigné de l'Asie
J'en laisse les Romains tranquilles possesseurs.
Je sais où je lui dois trouver des défenseurs.
Je veux que d'ennemis partout enveloppée,
Rome rappelle en vain le secours de Pompée.
Le Parthe, des Romains comme moi la terreur,
Consent de succéder à ma juste fureur;
Prêt d'unir avec moi sa haine et sa famille,
Il me demande un fils pour époux à sa fille.
Cet honneur vous regarde, et j'ai fait choix de vous,
Pharnace : allez, soyez ce bienheureux époux.
Demain, sans différer, je prétends que l'Aurore

Découvre mes vaisseaux déjà loin du Bosphore.
Vous que rien n'y retient, partez dès ce moment,
Et méritez mon choix par votre empressement.
Achevez cet hymen, et, repassant l'Euphrate,
Faites voir à l'Asie un autre Mithridate.
Que nos tyrans communs en pâlissent d'effroi,
Et que le bruit à Rome en vienne jusqu'à moi.

ACTE IV, Scène 4. — MONIME, MITHRIDATE.

MONIME

Je n'ai point oublié quelle reconnaissance,
Seigneur, m'a dû ranger sous votre obéissance.
Quelque rang où jadis soient montés mes aïeux,
Leur gloire de si loin n'éblouit point mes yeux.
Je songe avec respect de combien je suis née
Au-dessous des grandeurs d'un si noble hyménée;
Et malgré mon penchant et mes premiers desseins
Pour un fils, après vous le plus grand des humains,
Du jour que sur mon front on mit ce diadème,
Je renonçai, Seigneur, à ce prince, à moi-même.
Tous deux d'intelligence à nous sacrifier,
Loin de moi, par mon ordre, il courait m'oublier.
Dans l'ombre du secret ce feu s'allait éteindre;
Et même de mon sort je ne pouvais me plaindre,
Puisqu'enfin, aux dépens de mes vœux les plus doux,
Je faisais le bonheur d'un héros tel que vous.
    Vous seul, Seigneur, vous seul, vous m'avez arrachée
A cette obéissance où j'étais attachée;
Et ce fatal amour dont j'avais triomphé,
Ce feu que dans l'oubli je croyais étouffé,
Dont la cause à jamais s'éloignait de ma vue,
Vos détours l'ont surpris, et m'en ont convaincue.
Je vous l'ai confessé, je le dois soutenir.
En vain vous en pourriez perdre le souvenir;
Et cet aveu honteux, où vous m'avez forcée,

Demeurera toujours présent à ma pensée.
Toujours je vous croirais incertain de ma foi;
Et le tombeau, Seigneur, est moins triste pour moi
Que le lit d'un époux qui m'a fait cet outrage,
Qui s'est acquis sur moi ce cruel avantage,
Et qui me préparant un éternel ennui,
M'a fait rougir d'un feu qui n'était pas pour lui.

MITHRIDATE

C'est donc votre réponse? Et, sans plus me complaire,
Vous refusez l'honneur que je voulais vous faire?
Pensez-y bien. J'attends, pour me déterminer.

MONIME

Non, Seigneur, vainement vous croyez m'étonner.
Je vous connais : je sais tout ce que je m'apprête,
Et je vois quels malheurs j'assemble sur ma tête.
Mais le dessein est pris : rien ne peut m'ébranler.
Jugez-en, puisqu'ainsi je vous ose parler,
Et m'emporte au delà de cette modestie
Dont jusqu'à ce moment je n'étais point sortie.
Vous vous êtes servi de ma funeste main
Pour mettre à votre fils un poignard dans le sein.
De ses feux innocents j'ai trahi le mystère;
Et, quand il n'en perdrait que l'amour de son père,
Il en mourra, Seigneur. Ma foi ni mon amour
Ne seront point le prix d'un si cruel détour.
Après cela, jugez. Perdez une rebelle;
Armez-vous du pouvoir qu'on vous donna sur elle :
J'attendrai mon arrêt; vous pouvez commander.
Tout ce qu'en vous quittant j'ose vous demander,
Croyez (à la vertu je dois cette justice)
Que je vous trahis seule, et n'ai point de complice;
Et que d'un plein succès vos vœux seraient suivis
Si j'en croyais, Seigneur, les vœux de votre fils.

Iphigénie

Acte IV, Scène 4.

IPHIGÉNIE

                        Mon père,
Cessez de vous troubler, vous n'êtes point trahi.
Quand vous commanderez, vous serez obéi.
Ma vie est votre bien. Vous voulez le reprendre :
Vos ordres sans détour pouvaient se faire entendre.
D'un œil aussi content, d'un cœur aussi soumis
Que j'acceptais l'époux que vous m'aviez promis,
Je saurai, s'il le faut, victime obéissante,
Tendre au fer de Calchas une tête innocente,
Et respectant le coup par vous-même ordonné,
Vous rendre tout le sang que vous m'avez donné.
    Si pourtant ce respect, si cette obéissance,
Paraît digne à vos yeux d'une autre récompense,
Si d'une mère en pleurs vous plaignez les ennuis,
J'ose vous dire ici qu'en l'état où je suis
Peut-être assez d'honneurs environnaient ma vie
Pour ne pas souhaiter qu'elle me fût ravie,
Ni qu'en me l'arrachant un sévère destin
Si près de ma naissance en eût marqué la fin.
Fille d'Agamemnon, c'est moi qui la première,
Seigneur, vous appelai de ce doux nom de père ;
C'est moi qui si longtemps le plaisir de vos yeux,
Vous ai fait de ce nom remercier les dieux,
Et pour qui tant de fois prodiguant vos caresses,
Vous n'avez point du sang dédaigné les faiblesses.
Hélas ! avec plaisir je me faisais conter
Tous les noms des pays que vous allez dompter ;
Et déjà, d'Ilion présageant la conquête,
D'un triomphe si beau je préparais la fête.

Je ne m'attendais pas que pour le commencer,
Mon sang fût le premier que vous dussiez verser.
    Non que la peur du coup dont je suis menacée
Me fasse rappeler votre bonté passée.
Ne craignez rien : mon cœur, de votre honneur jaloux,
Ne fera point rougir un père tel que vous ;
Et si je n'avais eu que ma vie à défendre,
J'aurais su renfermer un souvenir si tendre.
Mais à mon triste sort, vous le savez, Seigneur,
Une mère, un amant attachaient leur bonheur.
Un roi digne de vous a cru voir la journée
Qui devait éclairer notre illustre hyménée.
Déjà sûr de mon cœur à sa flamme promis,
Il s'estimait heureux : vous me l'aviez permis.
Il sait votre dessein, jugez de ses alarmes.
Ma mère est devant vous et vous voyez ses larmes.
Pardonnez aux efforts que je viens de tenter
Pour prévenir les pleurs que je leur vais coûter.

Phèdre

ACTE I, SCÈNE 3. — PHÈDRE, ŒNONE.

PHÈDRE

N'allons point plus avant. Demeurons, chère Œnone.
Je ne me soutiens plus, ma force m'abandonne.
Mes yeux sont éblouis du jour que je revoi,
Et mes genoux tremblants se dérobent sous moi.
Hélas!

(*Elle s'assied.*)

ŒNONE

Dieux tout-puissants, que nos pleurs vous
[apaisent.

PHÈDRE

Que ces vains ornements, que ces voiles me pèsent!
Quelle importune main, en formant tous ces nœuds,
A pris soin sur mon front d'assembler mes cheveux?
Tout m'afflige et me nuit, et conspire à me nuire.

ŒNONE

Comme on voit tous ses vœux l'un l'autre se détruire!
Vous-même, condamnant vos injustes desseins,
Tantôt à vous parer vous excitiez nos mains;
Vous-même, rappelant votre force première,
Vous vouliez vous montrer et revoir la lumière.
Vous la voyez, Madame, et prête à vous cacher,
Vous haïssez le jour que vous veniez chercher?

PHÈDRE

Noble et brillant auteur d'une triste famille,
Toi, dont ma mère osait se vanter d'être fille,
Qui peut-être rougis du trouble où tu me vois,
Soleil, je te viens voir pour la dernière fois.

ŒNONE

Quoi? vous ne perdrez point cette cruelle envie?
Vous verrai-je toujours, renonçant à la vie,
Faire de votre mort les funestes apprêts?

PHÈDRE

Dieux! que ne suis-je assise à l'ombre des forêts!
Quand pourrai-je, au travers d'une noble poussière,
Suivre de l'œil un char fuyant dans la carrière?

ŒNONE

Quoi, Madame?

PHÈDRE

                    Insensée, où suis-je? et qu'ai-je dit?
Où laissé-je égarer mes vœux et mon esprit?
Je l'ai perdu : les dieux m'en ont ravi l'usage.
Œnone, la rougeur me couvre le visage :
Je te laisse trop voir mes honteuses douleurs;
Et mes yeux, malgré moi, se remplissent de pleurs.

ŒNONE

Ah! s'il vous faut rougir, rougissez d'un silence
Qui de vos maux encore aigrit la violence.
Rebelle à tous nos soins, sourde à tous nos discours,
Voulez-vous sans pitié laisser finir vos jours?
Quelle fureur les borne au milieu de leur course?
Quel charme ou quel poison en a tari la source?
Les ombres par trois fois ont obscurci les cieux
Depuis que le sommeil n'est entré dans vos yeux,
Et le jour a trois fois chassé la nuit obscure
Depuis que votre corps languit sans nourriture.
A quel affreux dessein vous laissez-vous tenter?
De quel droit sur vous-même osez-vous attenter?
Vous offensez les dieux auteurs de votre vie;
Vous trahissez l'époux à qui la foi vous lie;

Vous trahissez enfin vos enfants malheureux,
Que vous précipitez sous un joug rigoureux.
Songez qu'un même jour leur ravira leur mère,
Et rendra l'espérance au fils de l'étrangère,
A ce fier ennemi de vous, de votre sang,
Ce fils qu'une Amazone a porté dans son flanc,
Cet Hippolyte....

PHÈDRE

Ah, dieux!

ŒNONE

Ce reproche vous touche.

PHÈDRE

Malheureuse, quel nom est sorti de ta bouche?

ŒNONE

Hé bien! votre colère éclate avec raison :
J'aime à vous voir frémir à ce funeste nom.
Vivez donc. Que l'amour, le devoir vous excite.
Vivez, ne souffrez pas que le fils d'une Scythe,
Accablant vos enfants d'un empire odieux,
Commande au plus beau sang de la Grèce et des dieux.
Mais ne différez point : chaque moment vous tue.
Réparez promptement votre force abattue,
Tandis que de vos jours, prêts à se consumer,
Le flambeau dure encore et peut se rallumer.

PHÈDRE

J'en ai trop prolongé la coupable durée.

ŒNONE

Quoi? de quelques remords êtes-vous déchirée?
Quel crime a pu produire un trouble si pressant?
Vos mains n'ont point trempé dans le sang innocent?

PHÈDRE

Grâces au Ciel, mes mains ne sont point criminelles.
Plût aux dieux que mon cœur fût innocent comme elles!

ŒNONE

Et quel affreux projet avez-vous enfanté
Dont votre cœur encor doive être épouvanté?

PHÈDRE

Je t'en ai dit assez. Épargne-moi le reste.
Je meurs, pour ne point faire un aveu si funeste.

ŒNONE

Mourez donc, et gardez un silence inhumain;
Mais pour fermer vos yeux cherchez une autre main.
Quoiqu'il vous reste à peine une faible lumière,
Mon âme chez les morts descendra la première.
Mille chemins ouverts y conduisent toujours,
Et ma juste douleur choisira les plus courts.
Cruelle, quand ma foi vous a-t-elle déçue?
Songez-vous qu'en naissant mes bras vous ont reçue?
Mon pays, mes enfants, pour vous j'ai tout quitté.
Réserviez-vous ce prix à ma fidélité?

PHÈDRE

Quel fruit espères-tu de tant de violence?
Tu frémiras d'horreur si je romps le silence.

ŒNONE

Et que me direz-vous qui ne cède, grands Dieux!
A l'horreur de vous voir expirer à mes yeux?

PHÈDRE

Quand tu sauras mon crime, et le sort qui m'accable,
Je n'en mourrai pas moins, j'en mourrai plus coupable.

ŒNONE

Madame, au nom des pleurs que pour vous j'ai versés
Par vos faibles genoux que je tiens embrassés,
Délivrez mon esprit de ce funeste doute.

PHÈDRE

Tu le veux. Lève-toi.

ŒNONE

Parlez, je vous écoute.

PHÈDRE

Ciel! que lui vais-je dire, et par où commencer?

ŒNONE

Par de vaines frayeurs cessez de m'offenser.

PHÈDRE

O haine de Vénus! O fatale colère!
Dans quels égarements l'amour jeta ma mère!

ŒNONE

Oublions-les, Madame; et qu'à tout l'avenir
Un silence éternel cache ce souvenir.

PHÈDRE

Ariane, ma sœur, de quel amour blessée,
Vous mourûtes aux bords où vous fûtes laissée!

ŒNONE

Que faites-vous, Madame? et quel mortel ennui
Contre tout votre sang vous anime aujourd'hui?

PHÈDRE

Puisque Vénus le veut, de ce sang déplorable
Je péris la dernière et la plus misérable.

ŒNONE

Aimez-vous?

PHÈDRE

De l'amour j'ai toutes les fureurs.

ŒNONE

Pour qui?

PHÈDRE

Tu vas ouïr le comble des horreurs.
J'aime... A ce nom fatal, je tremble, je frissonne.
J'aime...

ŒNONE

Qui?

PHÈDRE

Tu connais ce fils de l'Amazone,
Ce prince si longtemps par moi-même opprimé?

ŒNONE

Hippolyte? Grands Dieux!

PHÈDRE

C'est toi qui l'as nommé.

ŒNONE

Juste ciel! tout mon sang dans mes veines se glace.
O désespoir! ô crime! ô déplorable race!
Voyage infortuné! Rivage malheureux,
Fallait-il approcher de tes bords dangereux?

PHÈDRE

Mon mal vient de plus loin. A peine au fils d'Égée
Sous les lois de l'hymen je m'étais engagée,
Mon repos, mon bonheur semblait être affermi,
Athènes me montra mon superbe ennemi.

Je le vis, je rougis, je pâlis à sa vue;
Un trouble s'éleva dans mon âme éperdue;
Mes yeux ne voyaient plus, je ne pouvais parler;
Je sentis tout mon corps et transir et brûler;
Je reconnus Vénus, et ses feux redoutables,
D'un sang qu'elle poursuit tourments inévitables.
Par des vœux assidus je crus les détourner :
Je lui bâtis un temple, et pris soin de l'orner;
De victimes moi-même à toute heure entourée,
Je cherchais dans leurs flancs ma raison égarée.
D'un incurable amour remèdes impuissants!
En vain sur les autels ma main brûlait l'encens :
Quand ma bouche implorait le nom de la déesse,
J'adorais Hippolyte; et le voyant sans cesse,
Même au pied des autels que je faisais fumer,
J'offrais tout à ce dieu que je n'osais nommer.
Je l'évitais partout. O comble de misère!
Mes yeux le retrouvaient dans les traits de son père.
Contre moi-même enfin j'osai me révolter :
J'excitai mon courage à le persécuter.
Pour bannir l'ennemi dont j'étais idolâtre,
J'affectai les chagrins d'une injuste marâtre;
Je pressai son exil, et mes cris éternels
L'arrachèrent du sein et des bras paternels.
Je respirais, Œnone; et depuis son absence,
Mes jours moins agités coulaient dans l'innocence.
Soumise à mon époux, et cachant mes ennuis,
De son fatal hymen je cultivais les fruits.
Vaines précautions! Cruelle destinée!
Par mon époux lui-même à Trézène amenée,
J'ai revu l'ennemi que j'avais éloigné :
Ma blessure trop vive aussitôt a saigné.
Ce n'est plus une ardeur dans mes veines cachée :
C'est Vénus toute entière à sa proie attachée.
J'ai conçu pour mon crime une juste terreur;
J'ai pris la vie en haine, et ma flamme en horreur.

Je voulais en mourant prendre soin de ma gloire,
Et dérober au jour une flamme si noire :
Je n'ai pu soutenir tes larmes, tes combats,
Je t'ai tout avoué; je ne m'en repens pas,
Pourvu que de ma mort respectant les approches,
Tu ne m'affliges plus par d'injustes reproches,
Et que tes vains secours cessent de rappeler
Un reste de chaleur tout prêt à s'exhaler.

Acte II, Scène 5. — Phèdre, Hippolyte.

PHÈDRE

Oui, Prince, je languis, je brûle pour Thésée.
Je l'aime, non point tel que l'ont vu les enfers,
Volage adorateur de mille objets divers,
Qui va du dieu des morts déshonorer la couche;
Mais fidèle, mais fier, et même un peu farouche,
Charmant, jeune, traînant tous les cœurs après soi,
Tel qu'on dépeint nos dieux, ou tel que je vous voi.
Il avait votre port, vos yeux, votre langage,
Cette noble pudeur colorait son visage
Lorsque de notre Crète il traversa les flots,
Digne sujet des vœux des filles de Minos.
Que faisiez-vous alors? Pourquoi, sans Hippolyte,
Des héros de la Grèce assembla-t-il l'élite?
Pourquoi, trop jeune encor, ne pûtes-vous alors
Entrer dans le vaisseau qui le mit sur nos bords?
Par vous aurait péri le monstre de la Crète,
Malgré tous les détours de sa vaste retraite.
Pour en développer l'embarras incertain,
Ma sœur du fil fatal eût armé votre main.
Mais non, dans ce dessein je l'aurais devancée :
L'amour m'en eût d'abord inspiré la pensée.
C'est moi, Prince, c'est moi dont l'utile secours
Vous eût du Labyrinthe enseigné les détours.

Que de soins m'eût coûtés cette tête charmante !
Un fil n'eût point assez rassuré votre amante.
Compagne du péril qu'il vous fallait chercher,
Moi-même devant vous j'aurais voulu marcher ;
Et Phèdre au Labyrinthe avec vous descendue
Se serait avec vous retrouvée, ou perdue.

Acte III, Scène 3. — Phèdre, Œnone.

ŒNONE

Il faut d'un vain amour étouffer la pensée,
Madame. Rappelez votre vertu passée.
Le Roi, qu'on a cru mort, va paraître à vos yeux ;
Thésée est arrivé, Thésée est en ces lieux.
Le peuple, pour le voir, court et se précipite.
Je sortais par votre ordre, et cherchais Hippolyte,
Lorsque jusques au ciel mille cris élancés...

PHÈDRE

Mon époux est vivant, Œnone, c'est assez.
J'ai fait l'indigne aveu d'un amour qui l'outrage ;
Il vit : je ne veux pas en savoir davantage.

ŒNONE

Quoi ?

PHÈDRE

Je te l'ai prédit ; mais tu n'as pas voulu.
Sur mes justes remords tes pleurs ont prévalu.
Je mourais ce matin digne d'être pleurée ;
J'ai suivi tes conseils, je meurs déshonorée.

ŒNONE

Vous mourez ?

PHÈDRE

Juste Ciel ! qu'ai-je fait aujourd'hui ?
Mon époux va paraître, et son fils avec lui.
Je verrai le témoin de ma flamme adultère

Observer de quel front j'ose aborder son père,
Le cœur gros de soupirs qu'il n'a point écoutés,
L'œil humide de pleurs par l'ingrat rebutés.
Penses-tu que sensible à l'honneur de Thésée,
Il lui cache l'ardeur dont je suis embrasée?
Laissera-t-il trahir et son père et son roi?
Pourra-t-il contenir l'horreur qu'il a pour moi?
Il se tairait en vain. Je sais mes perfidies,
Œnone, et ne suis point de ces femmes hardies
Qui goûtant dans le crime une tranquille paix,
Ont su se faire un front qui ne rougit jamais.
Je connais mes fureurs, je les rappelle toutes.
Il me semble déjà que ces murs, que ces voûtes
Vont prendre la parole, et prêts à m'accuser,
Attendent mon époux pour le désabuser.
Mourons. De tant d'horreurs qu'un trépas me délivre.
Est-ce un malheur si grand que de cesser de vivre?
La mort aux malheureux ne cause point d'effroi.
Je ne crains que le nom que je laisse après moi.
Pour mes tristes enfants quel affreux héritage!
Le sang de Jupiter doit enfler leur courage;
Mais quelque juste orgueil qu'inspire un sang si beau,
Le crime d'une mère est un pesant fardeau.
Je tremble qu'un discours, hélas! trop véritable,
Un jour ne leur reproche une mère coupable.
Je tremble qu'opprimés de ce poids odieux
L'un ni l'autre jamais n'ose lever les yeux.

Acte IV, Scène 6. — Phèdre, Œnone.

PHÈDRE

... Œnone, qui l'eût cru? j'avais une rivale.

ŒNONE

Comment?

PHÈDRE

   Hippolyte aime, et je n'en puis douter.
Ce farouche ennemi qu'on ne pouvait dompter,
Qu'offensait le respect, qu'importunait la plainte,
Ce tigre, que jamais je n'abordai sans crainte,
Soumis, apprivoisé, reconnaît un vainqueur :
Aricie a trouvé le chemin de son cœur.

ŒNONE

Aricie?

PHÈDRE

   Ah! douleur non encore éprouvée!
A quel nouveau tourment je me suis réservée!
Tout ce que j'ai souffert, mes craintes, mes transports,
La fureur de mes feux, l'horreur de mes remords,
Et d'un refus cruel l'insupportable injure
N'était qu'un faible essai du tourment que j'endure.
Ils s'aiment! Par quel charme ont-ils trompé mes
           [yeux?
Comment se sont-ils vus? Depuis quand? Dans quels
          [lieux?
Tu le savais. Pourquoi me laissais-tu séduire?
De leur furtive ardeur ne pouvais-tu m'instruire?
Les a-t-on vus souvent se parler, se chercher?
Dans le fond des forêts allaient-ils se cacher?
Hélas! ils se voyaient avec pleine licence.
Le Ciel de leurs soupirs approuvait l'innocence;
Ils suivaient sans remords leur penchant amoureux;
Tous les jours se levaient clairs et sereins pour eux.
Et moi, triste rebut de la nature entière,
Je me cachais au jour, je fuyais la lumière.

La mort est le seul dieu que j'osais implorer.
J'attendais le moment où j'allais expirer,
Me nourrissant de fiel, de larmes abreuvée,
Encor dans mon malheur de trop près observée,
Je n'osais dans mes pleurs me noyer à loisir :
Je goûtais en tremblant ce funeste plaisir;
Et sous un front serein déguisant mes alarmes,
Il fallait bien souvent me priver de mes larmes.

ŒNONE

Quel fruit recevront-ils de leurs vaines amours?
Ils ne se verront plus.

PHÈDRE

                    Ils s'aimeront toujours.
Au moment que je parle, ah! mortelle pensée!
Ils bravent la fureur d'une amante insensée.
Malgré ce même exil qui va les écarter,
Ils font mille serments de ne se point quitter.
Non, je ne puis souffrir un bonheur qui m'outrage,
Œnone. Prends pitié de ma jalouse rage.
Il faut perdre Aricie. Il faut de mon époux
Contre un sang odieux réveiller le courroux.
Qu'il ne se borne pas à des peines légères :
Le crime de la sœur passe celui des frères.
Dans mes jaloux transports je le veux implorer.
Que fais-je? Où ma raison se va-t-elle égarer?
Moi jalouse! et Thésée est celui que j'implore!
Mon époux est vivant, et moi je brûle encore!
Pour qui? Quel est le cœur où prétendent mes vœux?
Chaque mot sur mon front fait dresser mes cheveux.
Mes crimes désormais ont comblé la mesure.
Je respire à la fois l'inceste et l'imposture.
Mes homicides mains, promptes à me venger,
Dans le sang innocent brûlent de se plonger.
Misérable! et je vis? et je soutiens la vue
De ce sacré Soleil dont je suis descendue?

J'ai pour aïeul le père et le maître des dieux;
Le ciel, tout l'univers est plein de mes aïeux.
Où me cacher? Fuyons dans la nuit infernale.
Mais que dis-je? mon père y tient l'urne fatale;
Le sort, dit-on, l'a mise en ses sévères mains :
Minos juge aux enfers tous les pâles humains.
Ah! combien frémira son ombre épouvantée,
Lorsqu'il verra sa fille à ses yeux présentée,
Contrainte d'avouer tant de forfaits divers,
Et des crimes peut-être inconnus aux enfers!
Que diras-tu, mon père, à ce spectacle horrible?
Je crois voir de ta main tomber l'urne terrible;
Je crois te voir, cherchant un supplice nouveau,
Toi-même de ton sang devenir le bourreau.
Pardonne. Un dieu cruel a perdu ta famille;
Reconnais sa vengeance aux fureurs de ta fille.
Hélas! du crime affreux dont la honte me suit
Jamais mon triste cœur n'a recueilli le fruit.
Jusqu'au dernier soupir de malheurs poursuivie,
Je rends dans les tourments une pénible vie.

ACTE V, Scène dernière.

PHÈDRE

Les moments me sont chers, écoutez-moi, Thésée.
C'est moi qui sur ce fils chaste et respectueux
Osai jeter un œil profane, incestueux.
Le Ciel mit dans mon sein une flamme funeste;
La détestable Œnone a conduit tout le reste.
Elle a craint qu'Hippolyte, instruit de ma fureur,
Ne découvrît un feu qui lui faisait horreur.
La perfide, abusant de ma faiblesse extrême,
S'est hâtée à vos yeux de l'accuser lui-même.
Elle s'en est punie, et fuyant mon courroux,
A cherché dans les flots un supplice trop doux.
Le fer aurait déjà tranché ma destinée;

Mais je laissais gémir la vertu soupçonnée :
J'ai voulu, devant vous exposant mes remords,
Par un chemin plus lent descendre chez les morts.
J'ai pris, j'ai fait couler dans mes brûlantes veines
Un poison que Médée apporta dans Athènes.
Déjà jusqu'à mon cœur le venin parvenu
Dans ce cœur expirant jette un froid inconnu;
Déjà je ne vois plus qu'à travers un nuage
Et le ciel et l'époux que ma présence outrage;
Et la mort, à mes yeux dérobant la clarté,
Rend au jour, qu'ils souillaient, toute sa pureté.

Athalie

Acte III, Scène 7. — Joad, Josabet, Azarias
suivi du Chœur.

JOAD

Voilà donc quels vengeurs s'arment pour ta querelle,
Des prêtres, des enfants, ô Sagesse éternelle!
Mais si tu les soutiens, qui peut les ébranler?
Du tombeau quand tu veux tu sais nous rappeler.
Tu frappes et guéris; tu perds et ressuscites.
Ils ne s'assurent point en leurs propres mérites,
Mais en ton nom sur eux invoqué tant de fois,
En tes serments jurés au plus saint de leurs rois,
En ce temple où tu fais ta demeure sacrée,
Et qui doit du soleil égaler la durée.
Mais d'où vient que mon cœur frémit d'un saint effroi?
Est-ce l'Esprit divin qui s'empare de moi?
C'est lui-même. Il m'échauffe. Il parle. Mes yeux
                                              [s'ouvrent,
Et les siècles obscurs devant moi se découvrent.
Lévites, de vos sons prêtez-moi les accords,
Et de ses mouvements secondez les transports.

Le Chœur *chante au son de toute la symphonie
des instruments.*

Que du Seigneur la voix se fasse entendre,
Et qu'à nos cœurs son oracle divin
    Soit ce qu'à l'herbe tendre
Est, au printemps, la fraîcheur du matin.

JOAD

Cieux, écoutez ma voix; terre, prête l'oreille.
Ne dis plus, ô Jacob, que ton Seigneur sommeille.
Pécheurs, disparaissez : le Seigneur se réveille.

    (*Ici recommence la symphonie, et Joad
    aussitôt reprend la parole.*)

Comment en un plomb vil l'or pur s'est-il changé?
Quel est dans le lieu saint ce pontife égorgé?
Pleure, Jérusalem, pleure, cité perfide,
Des prophètes divins malheureuse homicide.
De son amour pour toi ton Dieu s'est dépouillé.
Ton encens à ses yeux est un encens souillé.
    Où menez-vous ces enfants et ces femmes?
Le Seigneur a détruit la reine des cités.
Ses prêtres sont captifs, ses rois sont rejetés.
Dieu ne veut plus qu'on vienne à ses solennités.
Temple, renverse-toi. Cèdres, jetez des flammes.
    Jérusalem, objet de ma douleur,
Quelle main en un jour t'a ravi tous tes charmes?
Qui changera mes yeux en deux sources de larmes
    Pour pleurer ton malheur?

AZARIAS

O saint temple!

JOSABET

    O David!

LE CHŒUR

        Dieu de Sion, rappelle.
Rappelle en sa faveur tes antiques bontés.

    (*La symphonie recommence encore, et
    Joad, un moment après, l'interrompt.*)

JOAD

Quelle Jérusalem nouvelle
Sort du fond du désert brillante de clartés,
Et porte sur le front une marque immortelle?
    Peuples de la terre, chantez.
Jérusalem renaît plus charmante et plus belle.
    D'où lui viennent de tous côtés
Ces enfants qu'en son sein elle n'a point portés?
Lève, Jérusalem, lève ta tête altière.
Regarde tous ces rois de ta gloire étonnés.
Les rois des nations, devant toi prosternés,
    De tes pieds baisent la poussière;
Les peuples à l'envi marchent à ta lumière.
Heureux qui pour Sion d'une sainte ferveur
    Sentira son âme embrasée!
    Cieux, répandez votre rosée,
Et que la terre enfante son Sauveur.

Acte IV, Scène 3.

JOAD

O mon fils, de ce nom j'ose encor vous nommer,
Souffrez cette tendresse, et pardonnez aux larmes
Que m'arrachent pour vous de trop justes alarmes.
Loin du trône nourri, de ce fatal honneur,
Hélas! vous ignorez le charme empoisonneur.
De l'absolu pouvoir vous ignorez l'ivresse,
Et des lâches flatteurs la voix enchanteresse.
Bientôt ils vous diront que les plus saintes lois,
Maîtresses du vil peuple, obéissent aux rois;
Qu'un roi n'a d'autre frein que sa volonté même;
Qu'il doit immoler tout à sa grandeur suprême;
Qu'aux larmes, au travail, le peuple est condamné,
Et d'un sceptre de fer veut être gouverné;
Que s'il n'est opprimé, tôt ou tard il opprime.
Ainsi de piège en piège, et d'abîme en abîme,
Corrompant de vos mœurs l'aimable pureté,

Ils vous feront enfin haïr la vérité,
Vous peindront la vertu sous une affreuse image.
Hélas! ils ont des rois égaré le plus sage.

    Promettez sur ce livre, et devant ces témoins,
Que Dieu fera toujours le premier de vos soins;
Que sévère aux méchants, et des bons le refuge,
Entre le pauvre et vous, vous prendrez Dieu pour juge,
Vous souvenant, mon fils, que caché sous ce lin,
Comme eux vous fûtes pauvre, et comme eux orphelin.

Acte V, Scène 6.

ATHALIE

      Dieu des Juifs, tu l'emportes!
Oui, c'est Joas, je cherche en vain à me tromper.
Je reconnais l'endroit où je le fis frapper;
Je vois d'Okosias et le port et le geste :
Tout me retrace enfin un sang que je déteste.
David, David triomphe; Achab seul est détruit.
Impitoyable Dieu, toi seul as tout conduit.
C'est toi qui me flattant d'une vengeance aisée,
M'as vingt fois en un jour à moi-même opposée,
Tantôt pour un enfant excitant mes remords,
Tantôt m'éblouissant de tes riches trésors,
Que j'ai craint de livrer aux flammes, au pillage.
Qu'il règne donc ce fils, ton soin et ton ouvrage;
Et que pour signaler son empire nouveau,
On lui fasse en mon sein enfoncer le couteau.
Voici ce qu'en mourant lui souhaite sa mère :
Que dis-je, souhaiter? je me flatte, j'espère
Qu'indocile à ton joug, fatigué de ta loi,
Fidèle au sang d'Achab, qu'il a reçu de moi,
Conforme à son aïeul, à son père semblable,
On verra de David l'héritier détestable
Abolir tes honneurs, profaner ton autel,
Et venger Athalie, Achab et Jézabel.

Sur les vaines occupations des gens du siècle

Quel charme vainqueur du monde
Vers Dieu m'élève aujourd'hui?
Malheureux l'homme qui fonde
Sur les hommes son appui.
Leur gloire fuit, et s'efface
En moins de temps que la trace
Du vaisseau qui fend les mers,
Ou de la flèche rapide
Qui loin de l'œil qui la guide
Cherche l'oiseau dans les airs.

De la Sagesse immortelle
La voix tonne, et nous instruit.
Enfants des hommes, dit-elle,
De vos soins quel est le fruit?
Par quelle erreur, Ames vaines,
Du plus pur sang de vos veines
Acceptez-vous si souvent,
Non un pain qui vous repaisse,
Mais une ombre, qui vous laisse
Plus affamés que devant?

Le pain que je vous propose
Sert aux Anges d'Aliment :
Dieu lui-même le compose
De la fleur de son froment.
C'est ce pain si délectable
Que ne sert point à sa table
Le Monde que vous suivez.
Je l'offre à qui veut me suivre.
Approchez. Voulez-vous vivre?
Prenez, mangez et vivez.

Ode tirée du cantique d'Ézéchias
pour une personne convalescente

J'ai vu mes tristes journées
Décliner vers leur penchant;
Au midi de mes années
Je touchais à mon couchant.
La mort, déployant ses ailes,
Couvrait d'ombres éternelles
La clarté dont je jouis;
Et dans cette nuit funeste,
Je cherchais en vain le reste
De mes jours évanouis.

Grand Dieu, votre main réclame
Les dons que j'en ai reçus;
Elle vient couper la trame
Des jours qu'elle m'a tissus.
Mon dernier soleil se lève,
Et votre souffle m'enlève
De la terre des vivants,
Comme la feuille séchée
Qui, de sa tige arrachée,
Devient le jouet des vents...

Ainsi de cris et d'alarmes
Mon mal semblait se nourrir;
Et mes yeux noyés de larmes
Étaient lassés de s'ouvrir.
Je disais à la nuit sombre :
O nuit, tu vas dans ton ombre
M'ensevelir pour toujours!
Je redisais à l'aurore :
Le jour que tu fais éclore
Est le dernier de mes jours!

❧ ❧ ❧

A Madame du Châtelet

« Si vous voulez que j'aime encore,
Rendez-moi l'âge des amours;
Au crépuscule de mes jours
Rejoignez, s'il se peut, l'aurore.

Des beaux lieux où le dieu du vin
Avec l'Amour tient son empire,
Le Temps, qui me prend par la main,
M'avertit que je me retire.

De son inflexible rigueur
Tirons au moins quelque avantage.
Qui n'a pas l'esprit de son âge,
De son âge a tout le malheur.

Laissons à la belle jeunesse
Ses folâtres emportements.
Nous ne vivons que deux moments :
Qu'il en soit un pour la sagesse.

Quoi! pour toujours vous me fuyez,
Tendresse, illusion, folie,
Dons du ciel, qui me consoliez
Des amertumes de la vie!

On meurt deux fois, je le vois bien :
Cesser d'aimer et d'être aimable,
C'est une mort insupportable;
Cesser de vivre, ce n'est rien. »

Ainsi je déplorais la perte
Des erreurs de mes premiers ans;
Et mon âme, aux désirs ouverte,
Regrettait ses égarements.

Du ciel alors daignant descendre,
L'Amitié vint à mon secours;
Elle était peut-être aussi tendre,
Mais moins vive que les Amours.

Touché de sa beauté nouvelle,
Et de sa lumière éclairé,
Je la suivis; mais je pleurai
De ne pouvoir plus suivre qu'elle.

A Madame Lullin

Hé quoi! vous êtes étonnée
Qu'au bout de quatre-vingts hivers,
Ma Muse faible et surannée
Puisse encor fredonner des vers?

Quelquefois un peu de verdure
Rit sous les glaçons de nos champs;
Elle console la nature,
Mais elle sèche en peu de temps.

Un oiseau peut se faire entendre
Après la saison des beaux jours;
Mais sa voix n'a plus rien de tendre,
Il ne chante plus ses amours.

Ainsi je touche encor ma lyre
Qui n'obéit plus à mes doigts ;
Ainsi j'essaie encor ma voix
Au moment même qu'elle expire.

« Je veux dans mes derniers adieux,
Disait Tibulle à son amante,
Attacher mes yeux sur tes yeux,
Te presser de ma main mourante. »

Mais quand on sent qu'on va passer,
Quand l'âme fuit avec la vie,
A-t-on des yeux pour voir Délie,
Et des mains pour la caresser ?

Dans ce moment chacun oublie
Tout ce qu'il a fait en santé.
Quel mortel s'est jamais flatté
D'un rendez-vous à l'agonie ?

Délie elle-même, à son tour,
S'en va dans la nuit éternelle,
En oubliant qu'elle fut belle,
Et qu'elle a vécu pour l'amour.

Nous naissons, nous vivons, bergère,
Nous mourons sans savoir comment ;
Chacun est parti du néant :
Où va-t-il ?... Dieu le sait, ma chère.

JACQUES DELILLE

❧ ❧ ❧

Les jardins : l'automne

... Bientôt les aquilons
Des dépouilles des bois vont joncher les vallons :
De moment en moment la feuille sur la terre
En tombant interrompt le rêveur solitaire.
Mais ces ruines même ont pour moi des attraits.
Là, si mon cœur nourrit quelques profonds regrets,
Si quelque souvenir vient rouvrir ma blessure,
J'aime à mêler mon deuil au deuil de la nature;
De ces bois desséchés, de ces rameaux flétris,
Seul, errant, je me plais à fouler les débris.
Ils sont passés, les jours d'ivresse et de folie :
Viens, je me livre à toi, tendre mélancolie;
Viens, non le front chargé de nuages affreux,
Dont marche enveloppé le chagrin ténébreux,
Mais l'œil demi-voilé, mais telle qu'en automne
A travers des vapeurs un jour plus doux rayonne;
Viens, le regard pensif, le front calme, et les yeux
Tout prêts à s'humecter de pleurs délicieux.

❧ ❧ ❧

Ode imitée de plusieurs psaumes

J'ai révélé mon cœur au Dieu de l'innocence ;
    Il a vu mes pleurs pénitents :
Il guérit mes remords, il m'arme de constance ;
    Les malheureux sont ses enfants.

Mes ennemis, riant, ont dit dans leur colère :
    Qu'il meure et sa gloire avec lui !
Mais à mon cœur calmé le Seigneur dit en père :
    Leur haine sera ton appui...

Soyez béni, mon Dieu ! vous qui daignez me rendre
    L'innocence et son noble orgueil ;
Vous qui, pour protéger le repos de ma cendre,
    Veillerez près de mon cercueil !

Au banquet de la vie, infortuné convive,
    J'apparus un jour, et je meurs !
Je meurs, et sur ma tombe, où lentement j'arrive,
    Nul ne viendra verser des pleurs.

Salut, champs que j'aimais, et vous, douce verdure,
    Et vous, riant exil des bois !
Ciel, pavillon de l'homme, admirable nature,
    Salut pour la dernière fois !

Ah ! puissent voir longtemps votre beauté sacrée
    Tant d'amis sourds à mes adieux !
Qu'ils meurent pleins de jours, que leur mort soit
    Qu'un ami leur ferme les yeux !   [pleurée,

ANDRÉ CHÉNIER

❧ ❧ ❧

Néære

Mais telle qu'à sa mort pour la dernière fois
Un beau cygne soupire, et de sa douce voix,
De sa voix qui bientôt lui doit être ravie,
Chante, avant de partir, ses adieux à la vie :
Ainsi, les yeux remplis de langueur et de mort,
Pâle, elle ouvrit sa bouche en un dernier effort.
« O vous, du Sébethus Naïades vagabondes,
Coupez sur mon tombeau vos chevelures blondes.
Adieu, mon Clinias ; moi, celle qui te plus,
Moi, celle qui t'aimai, que tu ne verras plus.
O cieux, ô terre, ô mer, prés, montagnes, rivages,
Fleurs, bois mélodieux, vallons, grottes sauvages,
Rappelez-lui souvent, rappelez-lui toujours
Néære, tout son bien, Néære ses amours,
Cette Néære, hélas ! qu'il nommait sa Néære,
Qui pour lui criminelle abandonna sa mère ;
Qui pour lui fugitive, errant de lieux en lieux,
Aux regards des humains n'osa lever les yeux.
O ! soit que l'astre pur des deux frères d'Hélène
Calme sous ton vaisseau la vague ionienne ;
Soit qu'aux bords de Poestum, sous ta soigneuse main,
Les roses deux fois l'an couronnent ton jardin,
Au coucher du soleil, si ton âme attendrie
Tombe en une muette et molle rêverie,
Alors, mon Clinias, appelle, appelle-moi.
Je viendrai, Clinias, je volerai vers toi.

Mon âme vagabonde à travers le feuillage
Frémira. Sur les vents ou sur quelque nuage
Tu la verras descendre, ou du sein de la mer,
S'élevant comme un songe, étinceler dans l'air;
Et ma voix, toujours tendre et doucement plaintive,
Caresser en fuyant ton oreille attentive. »

La jeune Tarentine

Pleurez, doux alcyons, ô vous, oiseaux sacrés,
Oiseaux chers à Thétis, doux alcyons, pleurez.
Elle a vécu, Myrto, la jeune Tarentine.
Un vaisseau la portait aux bords de Camarine.
Là l'hymen, les chansons, les flûtes, lentement,
Devaient la reconduire au seuil de son amant.
Une clef vigilante a pour cette journée
Dans le cèdre enfermé sa robe d'hyménée
Et l'or dont au festin ses bras seraient parés
Et pour ses blonds cheveux les parfums préparés.
Mais, seule sur la proue, invoquant les étoiles,
Le vent impétueux qui soufflait dans les voiles
L'enveloppe. Étonnée, et loin des matelots,
Elle crie, elle tombe, elle est au sein des flots.
Elle est au sein des flots, la jeune Tarentine.
Son beau corps a roulé sous la vague marine.
Thétis, les yeux en pleurs, dans le creux d'un rocher
Aux monstres dévorants eut soin de le cacher.
Par ses ordres bientôt les belles Néréides
L'élèvent au-dessus des demeures humides,
Le portent au rivage, et dans ce monument
L'ont, au cap du Zéphir, déposé mollement.
Puis de loin à grands cris appelant leurs compagnes,
Et les Nymphes des bois, des sources, des montagnes,
Toutes frappant leur sein et traînant un long deuil,
Répétèrent : « hélas! » autour de son cercueil.

Hélas! chez ton amant tu n'es point ramenée.
Tu n'as point revêtu ta robe d'hyménée.
L'or autour de tes bras n'a point serré de nœuds.
Les doux parfums n'ont point coulé sur tes cheveux.

Élégies

O jours de mon printemps, jours couronnés de rose...

O muses, accourez, solitaires divines...

... Je meurs. Avant le soir j'ai fini ma journée.
A peine ouverte au jour, ma rose s'est fanée.
La vie eut bien pour moi de volages douceurs;
Je les goûtais à peine, et voilà que je meurs.
Mais, oh! que mollement reposera ma cendre,
Si parfois, un penchant impérieux et tendre
Vous guidant vers la tombe où je suis endormi,
Vos yeux en approchant pensent voir leur ami!
Si vos chants de mes feux vont redisant l'histoire;
Si vos discours flatteurs, tout pleins de ma mémoire,
Inspirent à vos fils, qui ne m'ont point connu,
L'ennui de naître à peine et de m'avoir perdu.
Qu'à votre belle vie ainsi ma mort obtienne
Tout l'âge, tous les biens dérobés à la mienne;
Que jamais les douleurs, par de cruels combats,
N'allument dans vos flancs un pénible trépas;
Que la joie en vos cœurs ignore les alarmes;
Que les peines d'autrui causent seules vos larmes;
Que vos heureux destins, les délices du ciel,
Coulent toujours trempés d'ambroisie et de miel,
Et non sans quelque amour paisible et mutuelle.
Et quand la mort viendra, qu'une amante fidèle,
Près de vous désolée, en accusant les Dieux,
Pleure, et veuille vous suivre, et vous ferme les yeux.

La jeune captive

« L'épi naissant mûrit de la faux respecté;
Sans crainte du pressoir, le pampre tout l'été
    Boit les doux présents de l'aurore;
Et moi, comme lui belle, et jeune comme lui,
Quoi que l'heure présente ait de trouble et d'ennui,
    Je ne veux point mourir encore.

Qu'un stoïque aux yeux secs vole embrasser la mort :
Moi je pleure et j'espère. Au noir souffle du nord
    Je plie et relève ma tête.
S'il est des jours amers, il en est de si doux!
Hélas! quel miel jamais n'a laissé de dégoûts?
    Quelle mer n'a point de tempête?

L'illusion féconde habite dans mon sein.
D'une prison sur moi les murs pèsent en vain,
    J'ai les ailes de l'espérance.
Échappée aux réseaux de l'oiseleur cruel,
Plus vive, plus heureuse, aux campagnes du ciel
    Philomèle chante et s'élance.

Est-ce à moi de mourir? Tranquille je m'endors
Et tranquille je veille; et ma veille aux remords
    Ni mon sommeil ne sont en proie.
Ma bienvenue au jour me rit dans tous les yeux;
Sur des fronts abattus, mon aspect dans ces lieux
    Ranime presque de la joie.

Mon beau voyage encore est si loin de sa fin!
Je pars, et des ormeaux qui bordent le chemin
    J'ai passé les premiers à peine.
Au banquet de la vie à peine commencé,
Un instant seulement mes lèvres ont pressé
    La coupe en mes mains encor pleine.

Je ne suis qu'au printemps, je veux voir la moisson,
Et comme le soleil, de saison en saison,
    Je veux achever mon année.
Brillante sur ma tige et l'honneur du jardin,
Je n'ai vu luire encor que les feux du matin;
    Je veux achever ma journée.

O mort! tu peux attendre; éloigne, éloigne-toi;
Va consoler les cœurs que la honte, l'effroi,
    Le pâle désespoir dévore.
Pour moi Palès encore a des asiles verts,
Les Amours des baisers, les Muses des concerts;
    Je ne veux point mourir encore. »

Ainsi, triste et captif, ma lyre toutefois
S'éveillait, écoutant ces plaintes, cette voix,
    Ces vœux d'une jeune captive;
Et secouant le faix de mes jours languissants,
Aux douces lois des vers je pliai les accents
    De sa bouche aimable et naïve.

Ces chants, de ma prison témoins harmonieux,
Feront à quelque amant des loisirs studieux
    Chercher quelle fut cette belle.
La grâce décorait son front et ses discours,
Et comme elle craindront de voir finir leurs jours
    Ceux qui les passeront près d'elle.

Iambes

Comme un dernier rayon, comme un dernier zéphyre
  Animent la fin d'un beau jour,
Au pied de l'échafaud j'essaye encor ma lyre.
  Peut-être est-ce bientôt mon tour.
Peut-être avant que l'heure en cercle promenée
  Ait posé sur l'émail brillant,
Dans les soixante pas où sa route est bornée,
  Son pied sonore et vigilant,
Le sommeil du tombeau pressera ma paupière.
  Avant que de ses deux moitiés
Ce vers que je commence ait atteint la dernière,
  Peut-être en ces murs effrayés
Le messager de mort, noir recruteur des ombres,
  Escorté d'infâmes soldats,
Ébranlant de mon nom ces longs corridors sombres,
  Où seul dans la foule à grands pas
J'erre, aiguisant ces dards persécuteurs du crime,
  Du juste trop faibles soutiens,
Sur mes lèvres soudain va suspendre la rime ;
  Et chargeant mes bras de liens,
Me traîner, amassant en foule à mon passage
  Mes tristes compagnons reclus,
Qui me connaissaient tous avant l'affreux message,
  Mais qui ne me connaissent plus.
Eh bien ! j'ai trop vécu. Quelle franchise auguste,
  De mâle constance et d'honneur
Quels exemples sacrés, doux à l'âme du juste,
  Pour lui quelle ombre de bonheur,
Quelle Thémis terrible aux têtes criminelles,
  Quels pleurs d'une noble pitié,
Des antiques bienfaits quels souvenirs fidèles,
  Quels beaux échanges d'amitié,

Font digne de regrets l'habitacle des hommes?
    La peur fugitive est leur dieu,
La bassesse, la feinte. Ah! lâches que nous sommes
    Tous, oui, tous. Adieu, terre, adieu.
Vienne, vienne la mort! — Que la mort me délivre!
    Ainsi donc, mon cœur abattu
Cède au poids de ses maux? Non, non. Puissé-je
    Ma vie importe à la vertu;   [vivre!
Car l'honnête homme enfin, victime de l'outrage,
    Dans les cachots, près du cercueil,
Relève plus altiers son front et son langage,
    Brillants d'un généreux orgueil.
S'il est écrit aux cieux que jamais une épée
    N'étincellera dans mes mains,
Dans l'encre et l'amertume une autre arme trempée
    Peut encor servir les humains.
Justice, Vérité, si ma main, si ma bouche,
    Si mes pensers les plus secrets
Ne froncèrent jamais votre sourcil farouche
    Et si les infâmes progrès,
Si la risée atroce, ou, plus atroce injure,
    L'encens de hideux scélérats
Ont pénétré vos cœurs d'une longue blessure,
    Sauvez-moi. Conservez un bras
Qui lance votre foudre, un amant qui vous venge.
    Mourir sans vider mon carquois!
Sans percer, sans fouler, sans pétrir dans leur fange
    Ces bourreaux barbouilleurs de lois!
Ces vers cadavéreux de la France asservie,
    Égorgée! O mon cher trésor,
O ma plume! fiel, bile, horreur, Dieux de ma vie!
    Par vous seuls je respire encor :
Comme la poix brûlante agitée en ses veines
    Ressuscite un flambeau mourant,
Je souffre; mais je vis. Par vous, loin de mes peines,
    D'espérance un vaste torrent

Me transporte. Sans vous, comme un poison livide,
    L'invisible dent du chagrin,
Mes amis opprimés, du menteur homicide
    Les succès, le sceptre d'airain;
Des bons proscrits par lui la mort ou la ruine,
    L'opprobre de subir sa loi,
Tout eût tari ma vie; ou contre ma poitrine
    Dirigé mon poignard. Mais quoi!
Nul ne resterait donc pour attendrir l'histoire
    Sur tant de justes massacrés?
Pour consoler leurs fils, leurs veuves, leur mémoire,
    Pour que des brigands abhorrés
Frémissent aux portraits noirs de leur ressemblance,
    Pour descendre jusqu'aux enfers
Nouer le triple fouet, le fouet de la vengeance,
    Déjà levé sur ces pervers?
Pour cracher sur leurs noms, pour chanter leur sup-
    Allons, étouffe tes clameurs;   [plice?
Souffre, ô cœur gros de haine, affamé de justice.
    Toi, Vertu, pleure si je meurs.

L'Amérique

Salut, ô belle nuit, étincelante et sombre,
. . . .
Qui n'entends que la voix de mes vers, et les cris
De la rive aréneuse où se brise Thétis.
Muse, Muse nocturne, apporte-moi ma lyre.
Comme un fier météore, en ton brûlant délire,
Lance-toi dans l'espace; et pour franchir les airs,
Prends les ailes des vents, les ailes des éclairs,
Les bonds de la comète aux longs cheveux de flamme.
Mes vers impatients élancés de mon âme
Veulent parler aux Dieux, et volent où reluit
L'enthousiasme errant, fils de la belle nuit.

Accours, grande nature, ô mère du génie.
Accours, reine du monde, éternelle Uranie,
Soit que tes pas divins sur l'astre du Lion
Ou sur les triples feux du superbe Orion
Marchent, ou soit qu'au loin, fugitive emportée,
Tu suives les détours de la voie argentée,
Soleils amoncelés dans le céleste azur
Où le peuple a cru voir les traces d'un lait pur;
Descends, non, porte-moi sur ta route brûlante;
Que je m'élève au ciel comme une flamme ardente,
Déjà ce corps pesant se détache de moi.
Adieu, tombeau de chair, je ne suis plus à toi.
Terre, fuis sous mes pas. L'éther où le ciel nage
M'aspire. Je parcours l'océan sans rivage.
Plus de nuit. Je n'ai plus d'un globe opaque et dur
Entre le jour et moi l'impénétrable mur.
Plus de nuit, et mon œil et se perd et se mêle
Dans les torrents profonds de lumière éternelle.
Me voici sur les feux que le langage humain
Nomme Cassiopée et l'Ourse et le Dauphin.
Maintenant la Couronne autour de moi s'embrase.
Ici l'Aigle et le Cygne et la Lyre et Pégase.
Et voici que plus loin le Serpent tortueux
Noue autour de mes pas ses anneaux lumineux.
Féconde immensité, les esprits magnanimes
Aiment à se plonger dans tes vivants abîmes;
Abîmes de clartés, où, libre de ses fers,
L'homme siège au conseil qui créa l'univers;
Où l'âme remontant à sa grande origine
Sent qu'elle est une part de l'essence divine.

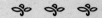
Qu'en avez-vous fait ?

Vous aviez mon cœur,
Moi, j'avais le vôtre :
Un cœur pour un cœur;
Bonheur pour bonheur!

Le vôtre est rendu,
Je n'en ai plus d'autre,
Le vôtre est rendu,
Le mien est perdu!

La feuille et la fleur
Et le fruit lui-même,
La feuille et la fleur,
L'encens, la couleur :

Qu'en avez-vous fait,
Mon maître suprême?
Qu'en avez-vous fait,
De ce doux bienfait?

Comme un pauvre enfant
Quitté par sa mère,
Comme un pauvre enfant
Que rien ne défend,

Vous me laissez là,
Dans ma vie amère;
Vous me laissez là,
Et Dieu voit cela!

Savez-vous qu'un jour
L'homme est seul au monde?
Savez-vous qu'un jour
Il revoit l'amour?

Vous appellerez,
Sans qu'on vous réponde;
Vous appellerez,
Et vous songerez!...

Vous viendrez rêvant
Sonner à ma porte;
Ami comme avant,
Vous viendrez rêvant.

Et l'on vous dira :
« Personne!... elle est morte. »
On vous le dira;
Mais qui vous plaindra?

Les roses de Saadi

J'ai voulu ce matin te rapporter des roses;
Mais j'en avais tant pris dans mes ceintures closes
Que les nœuds trop serrés n'ont pu les contenir.

Les nœuds ont éclaté. Les roses envolées
Dans le vent, à la mer s'en sont toutes allées.
Elles ont suivi l'eau pour ne plus revenir;

La vague en a paru rouge et comme enflammée.
Ce soir, ma robe encore en est tout embaumée...
Respires-en sur moi l'odorant souvenir.

ALPHONSE DE LAMARTINE

❧ ❧ ❧

L'isolement

Souvent sur la montagne, à l'ombre du vieux chêne,
Au coucher du soleil, tristement je m'assieds;
Je promène au hasard mes regards sur la plaine,
Dont le tableau changeant se déroule à mes pieds.

Ici, gronde le fleuve aux vagues écumantes;
Il serpente, et s'enfonce en un lointain obscur;
Là, le lac immobile étend ses eaux dormantes
Où l'étoile du soir se lève dans l'azur.

Au sommet de ces monts couronnés de bois sombres,
Le crépuscule encor jette un dernier rayon;
Et le char vaporeux de la reine des ombres
Monte, et blanchit déjà les bords de l'horizon.

Cependant, s'élançant de la flèche gothique,
Un son religieux se répand dans les airs :
Le voyageur s'arrête, et la cloche rustique
Aux derniers bruits du jour mêle de saints concerts.

Mais à ces doux tableaux mon âme indifférente
N'éprouve devant eux ni charme ni transports;
Je contemple la terre ainsi qu'une ombre errante :
Le soleil des vivants n'échauffe plus les morts.

De colline en colline en vain portant ma vue,
Du sud à l'aquilon, de l'aurore au couchant,
Je parcours tous les points de l'immense étendue,
Et je dis : « Nulle part le bonheur ne m'attend. »

Que me font ces vallons, ces palais, ces chaumières,
Vains objets dont pour moi le charme est envolé?
Fleuves, rochers, forêts, solitudes si chères,
Un seul être vous manque, et tout est dépeuplé!

Que le tour du soleil ou commence ou s'achève,
D'un œil indifférent je le suis dans son cours;
En un ciel sombre ou pur qu'il se couche ou se lève,
Qu'importe le soleil? je n'attends rien des jours.

Quand je pourrais le suivre en sa vaste carrière,
Mes yeux verraient partout le vide et les déserts :
Je ne désire rien de tout ce qu'il éclaire;
Je ne demande rien à l'immense univers.

Mais peut-être au-delà des bornes de sa sphère,
Lieux où le vrai soleil éclaire d'autres cieux,
Si je pouvais laisser ma dépouille à la terre,
Ce que j'ai tant rêvé paraîtrait à mes yeux!

Là, je m'enivrerais à la source où j'aspire;
Là, je retrouverais et l'espoir et l'amour,
Et ce bien idéal que toute âme désire,
Et qui n'a pas de nom au terrestre séjour!

Que ne puis-je, porté sur le char de l'Aurore,
Vague objet de mes vœux, m'élancer jusqu'à toi!
Sur la terre d'exil pourquoi resté-je encore?
Il n'est rien de commun entre la terre et moi.

Quand la feuille des bois tombe dans la prairie,
Le vent du soir s'élève et l'arrache aux vallons;
Et moi, je suis semblable à la feuille flétrie :
Emportez-moi comme elle, orageux aquilons!

Le vallon

Mon cœur, lassé de tout, même de l'espérance,
N'ira plus de ses vœux importuner le sort;
Prêtez-moi seulement, vallon de mon enfance,
Un asile d'un jour pour attendre la mort.

Voici l'étroit sentier de l'obscure vallée :
Du flanc de ces coteaux pendent des bois épais,
Qui, courbant sur mon front leur ombre entremêlée,
Me couvrent tout entier de silence et de paix.

Là, deux ruisseaux cachés sous des ponts de verdure
Tracent en serpentant les contours du vallon;
Ils mêlent un moment leur onde et leur murmure,
Et non loin de leur source ils se perdent sans nom.

La source de mes jours comme eux s'est écoulée;
Elle a passé sans bruit, sans nom et sans retour :
Mais leur onde est limpide, et mon âme troublée
N'aura pas réfléchi les clartés d'un beau jour.

La fraîcheur de leurs lits, l'ombre qui les couronne,
M'enchaînent tout le jour sur les bords des ruisseaux,
Comme un enfant bercé par un chant monotone,
Mon âme s'assoupit au murmure des eaux.

Ah! c'est là qu'entouré d'un rempart de verdure,
D'un horizon borné qui suffit à mes yeux,
J'aime à fixer mes pas, et, seul dans la nature,
A n'entendre que l'onde, à ne voir que les cieux.

J'ai trop vu, trop senti, trop aimé dans ma vie;
Je viens chercher vivant le calme du Léthé.
Beaux lieux, soyez pour moi ces bords où l'on oublie :
L'oubli seul désormais est ma félicité.

Mon cœur est en repos, mon âme est en silence;
Le bruit lointain du monde expire en arrivant,
Comme un son éloigné qu'affaiblit la distance,
A l'oreille incertaine apporté par le vent.

D'ici je vois la vie, à travers un nuage,
S'évanouir pour moi dans l'ombre du passé;
L'amour seul est resté, comme une grande image
Survit seule au réveil dans un songe effacé.

Repose-toi, mon âme, en ce dernier asile,
Ainsi qu'un voyageur qui, le cœur plein d'espoir,
S'assied, avant d'entrer, aux portes de la ville,
Et respire un moment l'air embaumé du soir.

Comme lui, de nos pieds secouons la poussière;
L'homme par ce chemin ne repasse jamais;
Comme lui, respirons au bout de la carrière
Ce calme avant-coureur de l'éternelle paix.

Tes jours, sombres et courts comme les jours d'au-
                                              [tomne,
Déclinent comme l'ombre au penchant des coteaux;
L'amitié te trahit, la pitié t'abandonne,
Et, seule, tu descends le sentier des tombeaux.

Mais la nature est là qui t'invite et qui t'aime;
Plonge-toi dans son sein qu'elle t'ouvre toujours;
Quand tout change pour toi, la nature est la même,
Et le même soleil se lève sur tes jours.

De lumière et d'ombrage elle t'entoure encore :
Détache ton amour des faux biens que tu perds;
Adore ici l'écho qu'adorait Pythagore,
Prête avec lui l'oreille aux célestes concerts.

Suis le jour dans le ciel, suis l'ombre sur la terre;
Dans les plaines de l'air vole avec l'aquilon;
Avec les doux rayons de l'astre du mystère
Glisse à travers les bois dans l'ombre du vallon.

Dieu, pour le concevoir, a fait l'intelligence :
Sous la nature enfin découvre son auteur!
Une voix à l'esprit parle dans son silence :
Qui n'a pas entendu cette voix dans son cœur?

Le lac

Ainsi, toujours poussés vers de nouveaux rivages,
Dans la nuit éternelle emportés sans retour,
Ne pourrons-nous jamais sur l'océan des âges
    Jeter l'ancre un seul jour?

O lac! l'année à peine a fini sa carrière,
Et près des flots chéris qu'elle devait revoir,
Regarde! Je viens seul m'asseoir sur cette pierre
    Où tu la vis s'asseoir!

Tu mugissais ainsi sous ces roches profondes;
Ainsi tu te brisais sur leurs flancs déchirés;
Ainsi le vent jetait l'écume de tes ondes
    Sur ses pieds adorés.

Un soir, t'en souvient-il? nous voguions en silence;
On n'entendait au loin, sur l'onde et sous les cieux,
Que le bruit des rameurs qui frappaient en cadence
    Tes flots harmonieux.

Tout à coup des accents inconnus à la terre
Du rivage charmé frappèrent les échos;
Le flot fut attentif, et la voix qui m'est chère
    Laissa tomber ces mots :

« O temps, suspends ton vol! et vous, heures propices,
    Suspendez votre cours!
Laissez-nous savourer les rapides délices
    Des plus beaux de nos jours!

« Assez de malheureux ici-bas vous implorent :
    Coulez, coulez pour eux;
Prenez avec leurs jours les soins qui les dévorent;
    Oubliez les heureux.

« Mais je demande en vain quelques moments encore,
    Le temps m'échappe et fuit;
Je dis à cette nuit : « Sois plus lente »; et l'aurore
    Va dissiper la nuit.

« Aimons donc, aimons donc! de l'heure fugitive,
    Hâtons-nous, jouissons!
L'homme n'a point de port, le temps n'a point de
    Il coule, et nous passons! »   [rive;

Temps jaloux, se peut-il que ces moments d'ivresse,
Où l'amour à longs flots nous verse le bonheur,
S'envolent loin de nous de la même vitesse
    Que les jours de malheur?

Hé quoi! n'en pourrons-nous fixer au moins la trace?
Quoi? passés pour jamais? quoi! tout entiers perdus?
Ce temps qui les donna, ce temps qui les efface,
    Ne nous les rendra plus?

Éternité, néant, passé, sombres abîmes,
Que faites-vous des jours que vous engloutissez?
Parlez : nous rendrez-vous ces extases sublimes
    Que vous nous ravissez?

O lac! rochers muets! grottes! forêt obscure!
Vous que le temps épargne ou qu'il peut rajeunir,
Gardez de cette nuit, gardez, belle nature,
    Au moins le souvenir!

Qu'il soit dans ton repos, qu'il soit dans tes orages,
Beau lac, et dans l'aspect de tes riants coteaux,
Et dans ces noirs sapins, et dans ces rocs sauvages
    Qui pendent sur tes eaux!

Qu'il soit dans le zéphyr qui frémit et qui passe,
Dans les bruits de tes bords par tes bords répétés,
Dans l'astre au front d'argent qui blanchit ta surface
    De ses molles clartés!

Que le vent qui gémit, le roseau qui soupire,
Que les parfums légers de ton air embaumé,
Que tout ce qu'on entend, l'on voit ou l'on respire,
    Tout dise : « Ils ont aimé! »

L'automne

Salut, bois couronnés d'un reste de verdure!
Feuillages jaunissants sur les gazons épars!
Salut, derniers beaux jours! le deuil de la nature
Convient à la douleur et plaît à mes regards.

Je suis d'un pas rêveur le sentier solitaire;
J'aime à revoir encor, pour la dernière fois,
Ce soleil pâlissant, dont la faible lumière
Perce à peine à mes pieds l'obscurité des bois.

Oui, dans ces jours d'automne, où la nature expire,
A ses regards voilés je trouve plus d'attraits;
C'est l'adieu d'un ami, c'est le dernier sourire
Des lèvres que la mort va fermer pour jamais.

Ainsi, prêt à quitter l'horizon de la vie,
Pleurant de mes longs jours l'espoir évanoui,
Je me retourne encore, et d'un regard d'envie
Je contemple ces biens dont je n'ai pas joui.

Terre, soleil, vallons, belle et douce nature,
Je vous dois une larme aux bords de mon tombeau !
L'air est si parfumé ! la lumière est si pure !
Aux regards d'un mourant le soleil est si beau !

Je voudrais maintenant vider jusqu'à la lie
Ce calice mêlé de nectar et de fiel :
Au fond de cette coupe où je buvais la vie,
Peut-être restait-il une goutte de miel ?

Peut-être l'avenir me gardait-il encore
Un retour de bonheur dont l'espoir est perdu ?
Peut-être, dans la foule, une âme que j'ignore
Aurait compris mon âme, et m'aurait répondu !...

La fleur tombe en livrant ses parfums au zéphire ;
A la vie, au soleil, ce sont là ses adieux :
Moi, je meurs ; et mon âme, au moment qu'elle
S'exhale comme un son triste et mélodieux.   [expire

Pensée des morts

Voilà les feuilles sans sève
Qui tombent sur le gazon ;
Voilà le vent qui s'élève
Et gémit dans le vallon ;
Voilà l'errante hirondelle
Qui rase du bout de l'aile
L'eau dormante des marais ;
Voilà l'enfant des chaumières
Qui glane sur les bruyères
Le bois tombé des forêts...

... C'est la saison où tout tombe
Aux coups redoublés des vents;
Un vent qui vient de la tombe
Moissonne aussi les vivants :
Ils tombent alors par mille,
Comme la plume inutile
Que l'aigle abandonne aux airs,
Lorsque des plumes nouvelles
Viennent réchauffer ses ailes
A l'approche des hivers.

C'est alors que ma paupière
Vous vit pâlir et mourir,
Tendres fruits qu'à la lumière
Dieu n'a pas laissés mûrir!
Quoique jeune sur la terre,
Je suis déjà solitaire
Parmi ceux de ma saison;
Et quand je dis en moi-même :
« Où sont ceux que ton cœur aime? »
Je regarde le gazon.

Leur tombe est sur la colline,
Mon pied la sait; la voilà!
Mais leur essence divine,
Mais eux, Seigneur, sont-ils là?
Jusqu'à l'indien rivage
Le ramier porte un message
Qu'il rapporte à nos climats;
La voile passe et repasse;
Mais de son étroit espace
Leur âme ne revient pas.

Ah! quand les vents de l'automne
Sifflent dans les rameaux morts,
Quand le brin d'herbe frissonne,
Quand le pin rend ses accords,
Quand la cloche des ténèbres
Balance ses glas funèbres,
La nuit, à travers les bois,
A chaque vent qui s'élève,
A chaque flot sur la grève;
Je dis : « N'es-tu pas leur voix? »...

Milly ou la terre natale

Pourquoi le prononcer ce nom de la patrie?
Dans son brillant exil mon cœur en a frémi;
Il résonne de loin dans mon âme attendrie,
Comme les pas connus ou la voix d'un ami.

Montagnes que voilait le brouillard de l'automne,
Vallons que tapissait le givre du matin,
Saules dont l'émondeur effeuillait la couronne,
Vieilles tours que le soir dorait dans le lointain,

Murs noircis par les ans, coteaux, sentier rapide,
Fontaine où les pasteurs accroupis tour à tour
Attendaient goutte à goutte une eau rare et limpide,
Et, leur urne à la main, s'entretenaient du jour,

Chaumière où du foyer étincelait la flamme,
Toit que le pèlerin aimait à voir fumer,
Objets inanimés, avez-vous donc une âme
Qui s'attache à notre âme et la force d'aimer?...

La vigne et la maison

Efface ce séjour, ô Dieu! de ma paupière,
Ou rends-le-moi semblable à celui d'autrefois, [pierre
Quand la maison vibrait comme un grand cœur de
De tous ces cœurs joyeux qui battaient sous ses toits!

A l'heure où la rosée au soleil s'évapore,
Tous ces volets fermés s'ouvraient à sa chaleur,
Pour y laisser entrer, avec la tiède aurore,
Les nocturnes parfums de nos vignes en fleur.

On eût dit que ces murs respiraient comme un être
Des pampres réjouis la jeune exhalaison;
La vie apparaissait rose, à chaque fenêtre,
Sous les beaux traits d'enfants nichés dans la maison.

Leurs blonds cheveux épars au vent de la montagne,
Les filles, se passant leurs deux mains sur les yeux,
Jetaient des cris de joie à l'écho des montagnes,
Ou sur leurs seins naissants croisaient leurs doigts
                                                [pieux.

La mère, de sa couche à ces doux bruits levée,
Sur ces fronts inégaux se penchait tour à tour,
Comme la poule heureuse assemble sa couvée,
Leur apprenant les mots qui bénissent le jour.

Moins de balbutiements sortent du nid sonore,
Quand, au rayon d'été qui vient la réveiller,
L'hirondelle au plafond qui les abrite encore,
A ses petits sans plume apprend à gazouiller.

Et les bruits du foyer que l'aube fait renaître,
Les pas des serviteurs sur les degrés de bois,
Les aboiements du chien qui voit sortir son maître,
Le mendiant plaintif qui fait pleurer sa voix,

Montaient avec le jour; et, dans les intervalles,
Sous des doigts de quinze ans répétant leur leçon,
Les claviers résonnaient ainsi que des cigales
Qui font tinter l'oreille au temps de la moisson!

    Puis ces bruits d'année en année
Baissèrent d'une vie, hélas! et d'une voix;
Une fenêtre en deuil, à l'ombre condamnée,
    Se ferma sous le bord des toits.

Printemps après printemps, de belles fiancées
    Suivirent de chers ravisseurs,
Et, par la mère en pleurs sur le seuil embrassées,
    Partirent en baisant leurs sœurs.

Puis sortit un matin pour le champ où l'on pleure
    Le cercueil tardif de l'aïeul,
Puis un autre, et puis deux; et puis dans la demeure
    Un vieillard morne resta seul!

Puis la maison glissa sur la pente rapide
    Où le temps entasse les jours;
Puis la porte à jamais se ferma sur le vide,
    Et l'ortie envahit les cours!...

Moïse

... Et, debout devant Dieu, Moïse ayant pris place,
Dans le nuage obscur lui parlait face à face.

Il disait au Seigneur : « Ne finirai-je pas?
Où voulez-vous encor que je porte mes pas?
Je vivrai donc toujours puissant et solitaire?
Laissez-moi m'endormir du sommeil de la terre! —
Que vous ai-je donc fait pour être votre élu?
J'ai conduit votre peuple où vous avez voulu.
Voilà que son pied touche à la terre promise.
De vous à lui qu'un autre accepte l'entremise,
Au coursier d'Israël qu'il attache le frein;
Je lui lègue mon livre et la verge d'airain.

« Pourquoi vous fallut-il tarir mes espérances,
Ne pas me laisser homme avec mes ignorances,
Puisque du mont Horeb jusques au mont Nébo
Je n'ai pas pu trouver le lieu de mon tombeau?
Hélas! vous m'avez fait sage parmi les sages!
Mon doigt du peuple errant a guidé les passages.
J'ai fait pleuvoir le feu sur la tête des rois;
L'avenir à genoux adorera mes lois;

Des tombes des humains j'ouvre la plus antique,
La mort trouve à ma voix une voix prophétique,
Je suis très grand, mes pieds sont sur les nations,
Ma main fait et défait les générations.

Hélas! je suis, Seigneur, puissant et solitaire,
Laissez-moi m'endormir du sommeil de la terre!...

... « Sitôt que votre souffle a rempli le berger,
Les hommes se sont dit : « Il nous est étranger »;
Et leurs yeux se baissaient devant mes yeux de
                                              [flamme,
Car ils venaient, hélas! d'y voir plus que mon âme.
J'ai vu l'amour s'éteindre et l'amitié tarir;
Les vierges se voilaient et craignaient de mourir.
M'enveloppant alors de la colonne noire,
J'ai marché devant tous, triste et seul dans ma gloire,
Et j'ai dit dans mon cœur : Que vouloir à présent?
Pour dormir sur un sein mon front est trop pesant,
Ma main laisse l'effroi sur la main qu'elle touche,
L'orage est dans ma voix, l'éclair est sur ma bouche;
Aussi, loin de m'aimer, voilà qu'ils tremblent tous,
Et, quand j'ouvre les bras, on tombe à mes genoux.
O Seigneur! j'ai vécu puissant et solitaire,
Laissez-moi m'endormir du sommeil de la terre! »...

La Maison du Berger

I

... Pars courageusement, laisse toutes les villes;
Ne ternis plus tes pieds aux poudres du chemin;
Du haut de nos pensers vois les cités serviles
Comme les rocs fatals de l'esclavage humain.
Les grands bois et les champs sont de vastes asiles,
Libres comme la mer autour des sombres îles.
Marche à travers les champs une fleur à la main.

La Nature t'attend dans un silence austère;
L'herbe élève à tes pieds son nuage des soirs,
Et le soupir d'adieu du soleil à la terre
Balance les beaux lys comme des encensoirs.
La forêt a voilé ses colonnes profondes,
La montagne se cache, et sur les pâles ondes
Le saule a suspendu ses chastes reposoirs.

Le crépuscule ami s'endort dans la vallée
Sur l'herbe d'émeraude et sur l'or du gazon,
Sous les timides joncs de la source isolée
Et sous le bois rêveur qui tremble à l'horizon,
Se balance en fuyant dans les grappes sauvages,
Jette son manteau gris sur le bord des rivages,
Et des fleurs de la nuit entr'ouvre la prison.

Il est sur ma montagne une épaisse bruyère
Où les pas du chasseur ont peine à se plonger,
Qui plus haut que nos fronts lève sa tête altière,
Et garde dans la nuit le pâtre et l'étranger.
Viens y cacher l'amour et ta divine faute;
Si l'herbe est agitée ou n'est pas assez haute,
J'y roulerai pour toi la Maison du Berger.

II

Elle va doucement avec ses quatre roues,
Son toit n'est pas plus haut que ton front et tes yeux;
La couleur du corail et celle de tes joues
Teignent le char nocturne et ses muets essieux.
Le seuil est parfumé, l'alcôve est large et sombre,
Et là, parmi les fleurs, nous trouverons dans l'ombre,
Pour nos cheveux unis, un lit silencieux.

Je verrai, si tu veux, les pays de la neige,
Ceux où l'astre amoureux dévore et resplendit,
Ceux que heurtent les vents, ceux que la neige assiège,
Ceux où le pôle obscur sous sa glace est maudit.
Nous suivrons du hasard la course vagabonde.
Que m'importe le jour? que m'importe le monde?
Je dirai qu'ils sont beaux quand tes yeux l'auront dit...

III

Éva, qui donc es-tu? Sais-tu bien ta nature?
Sais-tu quel est ici ton but et ton devoir?
Sais-tu que, pour punir l'homme, sa créature,
D'avoir porté la main sur l'arbre du savoir,
Dieu permit qu'avant tout, de l'amour de soi-même
En tout temps, à tout âge, il fît son bien suprême,
Tourmenté de s'aimer, tourmenté de se voir?

Mais si Dieu près de lui t'a voulu mettre, ô femme!
Compagne délicate! Éva! sais-tu pourquoi?
C'est pour qu'il se regarde au miroir d'une autre
                      [âme,
Qu'il entende ce chant qui ne vient que de toi :
— L'enthousiasme pur dans une voix suave,
C'est afin que tu sois son juge et son esclave
Et règnes sur sa vie en vivant sous sa loi.

Ta parole joyeuse a des mots despotiques,
Tes yeux sont si puissants, ton aspect est si fort,
Que les rois d'Orient ont dit dans leurs cantiques
Ton regard redoutable à l'égal de la mort;
Chacun cherche à fléchir tes jugements rapides...
— Mais ton cœur, qui dément tes formes intrépides,
Cède sans coup férir aux rudesses du sort....

Éva, j'aimerai tout dans les choses créées,
Je les contemplerai dans ton regard rêveur
Qui partout répandra ses flammes colorées,
Son repos gracieux, sa magique saveur :
Sur mon cœur déchiré viens poser ta main pure,
Ne me laisse jamais seul avec la Nature,
Car je la connais trop pour n'en pas avoir peur.

Elle me dit : « Je suis l'impassible théâtre
Que ne peut remuer le pied de ses acteurs;
Mes marches d'émeraude et mes parvis d'albâtre,
Mes colonnes de marbre ont les dieux pour sculpteurs.
Je n'entends ni vos cris ni vos soupirs; à peine
Je sens passer sur moi la comédie humaine
Qui cherche en vain au ciel ses muets spectateurs.

« Je roule avec dédain, sans voir et sans entendre,
A côté des fourmis les populations;
Je ne distingue pas leur terrier de leur cendre,
J'ignore en les portant les noms des nations.
On me dit une mère et je suis une tombe.
Mon hiver prend vos morts comme son hécatombe,
Mon printemps ne sent pas vos adorations.

« Avant vous, j'étais belle et toujours parfumée,
J'abandonnais au vent mes cheveux tout entiers,
Je suivais dans les cieux ma route accoutumée
Sur l'axe harmonieux des divins balanciers.
Après vous, traversant l'espace où tout s'élance,
J'irai seule et sereine, en un chaste silence
Je fendrai l'air du front et de mes seins altiers. »

C'est là ce que me dit sa voix triste et superbe,
Et dans mon cœur alors je la hais, et je vois
Notre sang dans son onde et nos morts sous son herbe
Nourrissant de leurs sucs la racine des bois.
Et je dis à mes yeux qui lui trouvaient des charmes :
« Ailleurs tous vos regards, ailleurs toutes vos larmes,
Aimez ce que jamais on ne verra deux fois. »

Oh! qui verra deux fois ta grâce et ta tendresse,
Ange doux et plaintif qui parle en soupirant?
Qui naîtra comme toi portant une caresse
Dans chaque éclair tombé de ton regard mourant,
Dans les balancements de ta tête penchée,
Dans ta taille dolente et mollement couchée
Et dans ton pur sourire amoureux et souffrant?

Vivez, froide Nature, et revivez sans cesse
Sous nos pieds, sur nos fronts, puisque c'est votre loi;
Vivez, et dédaignez, si vous êtes déesse,
L'Homme, humble passager, qui dut vous être un Roi;
Plus que tout votre règne et que ses splendeurs vaines,
J'aime la majesté des souffrances humaines;
Vous ne recevrez pas un cri d'amour de moi.

Mais toi, ne veux-tu pas, voyageuse indolente,
Rêver sur mon épaule, en y posant ton front ?
Viens du paisible seuil de la maison roulante
Voir ceux qui sont passés et ceux qui passeront.
Tous les tableaux humains qu'un Esprit pur m'apporte
S'animeront pour toi, quand devant notre porte,
Les grands pays muets longuement s'étendront.

Nous marcherons ainsi, ne laissant que notre ombre
Sur cette terre ingrate où les morts ont passé ;
Nous nous parlerons d'eux à l'heure où tout est
Où tu te plais à suivre un chemin effacé,   [sombre,
A rêver, appuyée aux branches incertaines,
Pleurant, comme Diane au bord de ses fontaines,
Ton amour taciturne et toujours menacé.

La colère de Samson

... « Une lutte éternelle en tout temps, en tout lieu,
Se livre sur la terre, en présence de Dieu,
Entre la bonté d'Homme et la ruse de Femme.
Car la femme est un être impur de corps et d'âme.

« L'homme a toujours besoin de caresse et d'amour,
Sa mère l'en abreuve alors qu'il vient au jour,
Et ce bras le premier l'engourdit, le balance
Et lui donne un désir d'amour et d'indolence.
Troublé dans l'action, troublé dans le dessein,
Il rêvera partout à la chaleur du sein,
Aux chansons de la nuit, aux baisers de l'aurore,
A la lèvre de feu que sa lèvre dévore,
Aux cheveux dénoués qui roulent sur son front,
Et les regrets du lit, en marchant, le suivront.
Il ira dans la ville, et là les vierges folles
Le prendront dans leurs lacs aux premières paroles.

Plus fort il sera né, mieux il sera vaincu,
Car plus le fleuve est grand et plus il est ému.
Quand le combat que Dieu fit pour la créature
Et contre son semblable et contre la nature
Force l'Homme à chercher un sein où reposer,
Quand ses yeux sont en pleurs, il lui faut un baiser.
Mais il n'a pas encor fini toute sa tâche :
Vient un autre combat plus secret, traître et lâche;
Sous son bras, sur son cœur se livre celui-là,
Et, plus ou moins, la Femme est toujours DALILA.

« Elle rit et triomphe; en sa froideur savante,
Au milieu de ses sœurs elle attend et se vante
De ne rien éprouver des atteintes du feu.
A sa plus belle amie elle en a fait l'aveu :
« Elle se fait aimer sans aimer elle-même;
« Un maître lui fait peur. C'est le plaisir qu'elle aime :
« L'Homme est rude et le prend sans savoir le donner.
« Un sacrifice illustre et fait pour étonner
« Rehausse mieux que l'or, aux yeux de ses pareilles,
« La beauté qui produit tant d'étranges merveilles
« Et d'un sang précieux sait arroser ses pas. »

— Donc, ce que j'ai voulu, Seigneur, n'existe pas!
Celle à qui va l'amour et de qui vient la vie,
Celle-là, par orgueil, se fait notre ennemie.
La femme est à présent pire que dans ces temps
Où, voyant les humains, Dieu dit : « Je me repens! »
Bientôt, se retirant dans un hideux royaume,
La Femme aura Gomorrhe et l'Homme aura Sodome,
Et, se jetant de loin un regard irrité,
Les deux sexes mourront chacun de son côté.

« Éternel! Dieu des forts! vous savez que mon âme
N'avait pour aliment que l'amour d'une femme,
Puisant dans l'amour seul plus de sainte vigueur
Que mes cheveux divins n'en donnaient à mon cœur.

— Jugez-nous. — La voilà sur mes pieds endormie !
Trois fois elle a vendu mes secrets et ma vie,
Et trois fois a versé des pleurs fallacieux
Qui n'ont pu me cacher la rage de ses yeux ;
Honteuse qu'elle était plus encor qu'étonnée
De se voir découverte ensemble et pardonnée ;
Car la bonté de l'Homme est forte, et sa douceur
Écrase, en l'absolvant, l'être faible et menteur.

« Mais enfin je suis las. — J'ai l'âme si pesante,
Que mon corps gigantesque et ma tête puissante
Qui soutiennent le poids des colonnes d'airain
Ne la peuvent porter avec tout son chagrin.
Toujours voir serpenter la vipère dorée
Qui se traîne en sa fange et s'y croit ignorée !
Toujours ce compagnon dont le cœur n'est pas sûr,
La Femme, enfant malade et douze fois impur !
Toujours mettre sa force à garder sa colère
Dans son cœur offensé, comme en un sanctuaire
D'où le feu s'échappant irait tout dévorer,
Interdire à ses yeux de voir ou de pleurer,
C'est trop ! — Dieu, s'il le veut, peut balayer ma cendre
J'ai donné mon secret, Dalila va le vendre.
Qu'ils seront beaux les pieds de celui qui viendra
Pour m'annoncer la mort ! — Ce qui sera, sera ! »

La mort du loup

I

... Le Loup vient et s'assied, les deux jambes dressées
Par leurs ongles crochus dans le sable enfoncées.
Il s'est jugé perdu, puisqu'il était surpris,
Sa retraite coupée et tous ses chemins pris;
Alors, il a saisi, dans sa gueule brûlante,
Du chien le plus hardi la gorge pantelante
Et n'a pas desserré ses mâchoires de fer,
Malgré nos coups de feu qui traversaient sa chair
Et nos couteaux aigus qui, comme des tenailles,
Se croisaient en plongeant dans ses larges entrailles,
Jusqu'au dernier moment où le chien étranglé,
Mort longtemps avant lui, sous ses pieds a roulé.
Le Loup le quitte alors et puis il nous regarde.
Les couteaux lui restaient au flanc jusqu'à la garde,
Le clouaient au gazon tout baigné dans son sang;
Nos fusils l'entouraient en sinistre croissant.
— Il nous regarde encore, ensuite il se recouche,
Tout en léchant le sang répandu sur sa bouche,
Et, sans daigner savoir comment il a péri,
Refermant ses grands yeux, meurt sans jeter un cri.

II

J'ai reposé mon front sur mon fusil sans poudre,
Me prenant à penser, et n'ai pu me résoudre
A poursuivre sa Louve et ses fils qui, tous trois,
Avaient voulu l'attendre, et, comme je le crois,
Sans ses deux louveteaux la belle et sombre veuve
Ne l'eût pas laissé seul subir la grande épreuve;
Mais son devoir était de les sauver, afin
De pouvoir leur apprendre à bien souffrir la faim,
A ne jamais entrer dans le pacte des villes
Que l'homme a fait avec les animaux serviles
Qui chassent devant lui, pour avoir le coucher,
Les premiers possesseurs du bois et du rocher.

III

Hélas ! ai-je pensé, malgré ce grand nom d'Hommes,
Que j'ai honte de nous, débiles que nous sommes !
Comment on doit quitter la vie et tous ses maux,
C'est vous qui le savez, sublimes animaux !
A voir ce que l'on fut sur terre et ce qu'on laisse,
Seul le silence est grand ; tout le reste est faiblesse.
— Ah ! je t'ai bien compris, sauvage voyageur,
Et ton dernier regard m'est allé jusqu'au cœur !
Il disait : « Si tu peux, fais que ton âme arrive,
A force de rester studieuse et pensive,
Jusqu'à ce haut degré de stoïque fierté
Où, naissant dans les bois, j'ai tout d'abord monté.
Gémir, pleurer, prier est également lâche.
Fais énergiquement ta longue et lourde tâche
Dans la voie où le Sort a voulu t'appeler,
Puis après, comme moi, souffre et meurs sans parler. »

Le Mont des Oliviers

LE SILENCE

S'il est vrai qu'au Jardin sacré des Écritures,
Le Fils de l'homme ait dit ce qu'on voit rapporté ;
Muet, aveugle et sourd au cri des créatures,
Si le Ciel nous laissa comme un monde avorté,
Le juste opposera le dédain à l'absence
Et ne répondra plus que par un froid silence
Au silence éternel de la Divinité.

VICTOR HUGO

❧ ❧ ❧

Ce siècle avait deux ans....

... Si parfois de mon sein s'envolent mes pensées,
Mes chansons par le monde en lambeaux dispersées;
S'il me plaît de cacher l'amour et la douleur
Dans le coin d'un roman ironique et railleur;
Si j'ébranle la scène avec ma fantaisie,
Si j'entre-choque aux yeux d'une foule choisie
D'autres hommes comme eux, vivant tous à la fois
De mon souffle et parlant au peuple avec ma voix;
Si ma tête, fournaise où mon esprit s'allume,
Jette le vers d'airain qui bouillonne et qui fume
Dans le rythme profond, moule mystérieux
D'où sort la strophe ouvrant ses ailes dans les cieux;
C'est que l'amour, la tombe, et la gloire, et la vie,
L'onde qui fuit, par l'onde incessamment suivie,
Tout souffle, tout rayon, ou propice ou fatal,
Fait reluire et vibrer mon âme de cristal,
Mon âme aux mille voix, que le Dieu que j'adore
Mit au centre de tout comme un écho sonore!...

Soleils couchants

... Le soleil s'est couché ce soir dans les nuées.
Demain viendra l'orage, et le soir, et la nuit;
Puis l'aube, et ses clartés de vapeurs obstruées;
Puis les nuits, puis les jours, pas du temps qui s'enfuit!

Tous ces jours passeront; ils passeront en foule
Sur la face des mers, sur la face des monts,
Sur les fleuves d'argent, sur les forêts où roule
Comme un hymne confus des morts que nous aimons.

Et la face des eaux, et le front des montagnes,
Ridés et non vieillis, et les bois toujours verts
S'iront rajeunissant; le fleuve des campagnes
Prendra sans cesse aux monts le flot qu'il donne aux
                                        [mers.

Mais moi, sous chaque jour courbant plus bas ma
Je passe, et, refroidi sous ce soleil joyeux,   [tête,
Je m'en irai bientôt, au milieu de la fête,
Sans que rien manque au monde immense et radieux!

Napoléon II

I

Mil huit cent onze! — O temps où des peuples sans
                                        [nombre
Attendaient prosternés sous un nuage sombre
        Que le ciel eût dit oui,
Sentaient trembler sous eux les états centenaires,
Et regardaient le Louvre entouré de tonnerres,
        Comme un mont Sinaï!

Courbés comme un cheval qui sent venir son maître,
Ils se disaient entre eux : Quelqu'un de grand va naître.
L'immense empire attend un héritier demain.
Qu'est-ce que le Seigneur va donner à cet homme
Qui, plus grand que César, plus grand même que
                                        [Rome,
Absorbe dans son sort le sort du genre humain? —

Comme ils parlaient, la nue éclatante et profonde
S'entrouvrit, et l'on vit se dresser sur le monde
        L'homme prédestiné,
Et les peuples béants ne purent que se taire,
Car ses deux bras levés présentaient à la terre
        Un enfant nouveau-né.

Au souffle de l'enfant, dôme des Invalides,
Les drapeaux prisonniers sous tes voûtes splendides
Frémirent, comme au vent frémissent les épis;
Et son cri, ce doux cri qu'une nourrice apaise,
Fit, nous l'avons tous vu, bondir et hurler d'aise
Les canons monstrueux à ta porte accroupis!

Et lui ! l'orgueil gonflait sa puissante narine ;
Ses deux bras jusqu'alors croisés sur sa poitrine,
    S'étaient enfin ouverts !
Et l'enfant, soutenu dans sa main paternelle,
Inondé des éclairs de sa fauve prunelle,
    Rayonnait au travers !

Quand il eut bien fait voir l'héritier de ses trônes
Aux vieilles nations comme aux vieilles couronnes,
Éperdu, l'œil fixé sur quiconque était roi,
Comme un aigle arrivé sur une haute cime,
Il cria tout joyeux avec un air sublime :
— L'avenir ! l'avenir ! l'avenir est à moi !

II

    Non, l'avenir n'est à personne !
    Sire, l'avenir est à Dieu !
    A chaque fois que l'heure sonne,
    Tout ici-bas nous dit adieu.
    L'avenir ! l'avenir ! mystère !
    Toutes les choses de la terre,
    Gloire, fortune militaire,
    Couronne éclatante des rois,
    Victoire aux ailes embrasées,
    Ambitions réalisées,
    Ne sont jamais sur nous posées
    Que comme l'oiseau sur nos toits !

Non, si puissant qu'on soit, non, qu'on rie ou qu'on
                            [pleure,
Nul ne te fait parler, nul ne peut avant l'heure
    Ouvrir ta froide main,
O fantôme muet, ô notre ombre, ô notre hôte,
Spectre toujours masqué qui nous suis côte à côte,
    Et qu'on nomme demain !

Oh! demain, c'est la grande chose!
De quoi demain sera-t-il fait?
L'homme aujourd'hui sème la cause,
Demain Dieu fait mûrir l'effet.
Demain, c'est l'éclair dans la voile.
C'est le nuage sur l'étoile,
C'est un traître qui se dévoile,
C'est le bélier qui bat les tours,
C'est l'astre qui change de zone,
C'est Paris qui suit Babylone;
Demain, c'est le sapin du trône,
Aujourd'hui, c'en est le velours!

Demain, c'est le cheval qui s'abat blanc d'écume.
Demain, ô conquérant, c'est Moscou qui s'allume,
    La nuit, comme un flambeau.
C'est votre vieille garde au loin jonchant la plaine.
Demain, c'est Waterloo! demain, c'est Sainte-Hélène!
    Demain, c'est le tombeau!

Vous pouvez entrer dans les villes
Au galop de votre coursier,
Dénouer les guerres civiles
Avec le tranchant de l'acier;
Vous pouvez, ô mon capitaine,
Barrer la Tamise hautaine,
Rendre la victoire incertaine
Amoureuse de vos clairons,
Briser toutes portes fermées,
Dépasser toutes renommées,
Donner pour astre à des armées
L'étoile de vos éperons!

Dieu garde la durée et vous laisse l'espace;
Vous pouvez sur la terre avoir toute la place,
Être aussi grand qu'un front peut l'être sous le ciel;
Sire, vous pouvez prendre, à votre fantaisie,
L'Europe à Charlemagne, à Mahomet l'Asie; —
Mais tu ne prendras pas demain à l'Éternel!

III

O revers! ô leçon! — Quand l'enfant de cet homme
Eut reçu pour hochet la couronne de Rome;
Lorsqu'on l'eut revêtu d'un nom qui retentit;
Lorsqu'on eut bien montré son front royal qui tremble
Au peuple émerveillé qu'on puisse tout ensemble
    Être si grand et si petit;

Quand son père eut pour lui gagné bien des batailles;
Lorsqu'il eut épaissi de vivantes murailles
Autour du nouveau-né riant sur son chevet;
Quand ce grand ouvrier, qui savait comme on fonde,
Eut, à coups de cognée, à peu près fait le monde
    Selon le songe qu'il rêvait;

Quand tout fut préparé par les mains paternelles
Pour doter l'humble enfant de splendeurs éternelles;
Lorsqu'on eut de sa vie assuré les relais;
Quand, pour loger un jour ce maître héréditaire,
On eut enraciné bien avant dans la terre
    Les pieds de marbre des palais;

Lorsqu'on eut pour sa soif posé devant la France
Un vase tout rempli du vin de l'espérance, —
Avant qu'il eût goûté de ce poison doré,
Avant que de sa lèvre il eût touché la coupe,
Un cosaque survint qui prit l'enfant en croupe
    Et l'emporta tout effaré!

IV

Oui, l'aigle, un soir, planait aux voûtes éternelles,
Lorsqu'un grand coup de vent lui cassa les deux ailes ;
Sa chute fit dans l'air un foudroyant sillon ;
Tous alors sur son nid fondirent pleins de joie ;
Chacun selon ses dents se partagea la proie ;
L'Angleterre prit l'aigle, et l'Autriche l'aiglon.

Vous savez ce qu'on fit du géant historique.
Pendant six ans on vit, loin derrière l'Afrique,
       Sous le verrou des rois prudents,
  — Oh ! n'exilons personne ! oh ! l'exil est impie ! —
Cette grande figure en sa cage accroupie,
       Ployée, et les genoux aux dents.

Encor si ce banni n'eût rien aimé sur terre !
Mais les cœurs de lion sont les vrais cœurs de père.
       Il aimait son fils, ce vainqueur !
Deux choses lui restaient dans sa cage inféconde,
Le portrait d'un enfant et la carte du monde,
       Tout son génie et tout son cœur !

Le soir, quand son regard se perdait dans l'alcôve,
Ce qui se remuait dans cette tête chauve,
Ce que son œil cherchait dans le passé profond,
  — Tandis que ses geôliers, sentinelles placées
Pour guetter nuit et jour le vol de ses pensées,
En regardaient passer les ombres sur son front ; —

Ce n'était pas toujours, sire, cette épopée
Que vous aviez naguère écrite avec l'épée :
       Arcole, Austerlitz, Montmirail ;
Ni l'apparition des vieilles pyramides ;
Ni le pacha du Caire et ses chevaux numides
       Qui mordaient le vôtre au poitrail ;

Ce n'était pas le bruit de bombe et de mitraille
Que vingt ans, sous ses pieds, avait fait la bataille
    Déchaînée en noirs tourbillons,
Quand son souffle poussait sur cette mer troublée
Les drapeaux frissonnants, penchés dans la mêlée
    Comme les mâts des bataillons;

Ce n'était pas Madrid, le Kremlin et le Phare,
La diane au matin fredonnant sa fanfare,
Le bivouac sommeillant dans les feux étoilés,
Les dragons chevelus, les grenadiers épiques,
Et les rouges lanciers fourmillant dans les piques,
Comme des fleurs de pourpre en l'épaisseur des blés :

Non, ce qui l'occupait, c'est l'ombre blonde et rose
D'un bel enfant qui dort la bouche demi-close,
    Gracieux comme l'orient,
Tandis qu'avec amour sa nourrice enchantée
D'une goutte de lait au bout du sein restée
    Agace sa lèvre en riant.

Le père alors posait ses coudes sur sa chaise,
Son cœur plein de sanglots se dégonflait à l'aise,
    Il pleurait, d'amour éperdu.
Sois béni, pauvre enfant, tête aujourd'hui glacée,
Seul être qui pouvais distraire sa pensée
    Du trône du monde perdu!

V

Tous deux sont morts. — Seigneur, votre droite est
Vous avez commencé par le maître invincible,   [terrible!
    Par l'homme triomphant;
Puis vous avez enfin complété l'ossuaire;
Dix ans vous ont suffi pour filer le suaire
    Du père et de l'enfant!

Gloire, jeunesse, orgueil, biens que la tombe emporte!
L'homme voudrait laisser quelque chose à la porte,
    Mais la mort lui dit non!
Chaque élément retourne où tout doit redescendre.
L'air reprend la fumée, et la terre la cendre.
    L'oubli reprend le nom.

VI

O révolutions! j'ignore,
Moi, le moindre des matelots,
Ce que Dieu dans l'ombre élabore
Sous le tumulte de vos flots.
La foule vous hait et vous raille.
Mais qui sait comment Dieu travaille?
Qui sait si l'onde qui tressaille,
Si le cri des gouffres amers,
Si la trombe aux ardentes serres,
Si les éclairs et les tonnerres,
Seigneur, ne sont pas nécessaires
A la perle que font les mers!

Pourtant cette tempête est lourde
Aux princes comme aux nations;
Oh! quelle mer aveugle et sourde
Qu'un peuple en révolutions!
Que sert ta chanson, ô poète?
Ces chants que ton génie émiette
Tombent à la vague inquiète
Qui n'a jamais rien entendu!
Ta voix s'enroue en cette brume,
Le vent disperse au loin ta plume,
Pauvre oiseau chantant dans l'écume
Sur le mât d'un vaisseau perdu!

Longue nuit! tourmente éternelle!
Le ciel n'a pas un coin d'azur.
Hommes et choses, pêle-mêle,
Vont roulant dans l'abîme obscur.
Tout dérive et s'en va sous l'onde,
Rois au berceau, maîtres du monde,
Le front chauve et la tête blonde,
Grand et petit Napoléon!
Tout s'efface, tout se délie,
Le flot sur le flot se replie,
Et la vague qui passe oublie
Léviathan comme Alcyon!

Puisque j'ai mis ma lèvre à ta coupe encor pleine;
Puisque j'ai dans tes mains posé mon front pâli;
Puisque j'ai respiré parfois la douce haleine
De ton âme, parfum dans l'ombre enseveli;

Puisqu'il me fut donné de t'entendre me dire
Les mots où se répand le cœur mystérieux;
Puisque j'ai vu pleurer, puisque j'ai vu sourire
Ta bouche sur ma bouche et tes yeux sur mes yeux;

Puisque j'ai vu briller sur ma tête ravie
Un rayon de ton astre, hélas! voilé toujours;
Puisque j'ai vu tomber dans l'onde de ma vie
Une feuille de rose arrachée à tes jours;

Je puis maintenant dire aux rapides années :
— Passez! passez toujours! je n'ai plus à vieillir!
Allez-vous-en avec vos fleurs toutes fanées;
J'ai dans l'âme une fleur que nul ne peut cueillir!

Votre aile en le heurtant ne fera rien répandre
Du vase où je m'abreuve et que j'ai bien rempli.
Mon âme a plus de feu que vous n'avez de cendre!
Mon cœur a plus d'amour que vous n'avez d'oubli!

Tristesse d'Olympio

... — « O douleur ! j'ai voulu, moi dont l'âme est
Savoir si l'urne encor conservait la liqueur,   [troublée,
Et voir ce qu'avait fait cette heureuse vallée
De tout ce que j'avais laissé là de mon cœur !

« Que peu de temps suffit pour changer toutes choses !
Nature au front serein, comme vous oubliez !
Et comme vous brisez dans vos métamorphoses
Les fils mystérieux où nos cœurs sont liés !

« Nos chambres de feuillages en halliers sont changées !
L'arbre où fut notre chiffre est mort ou renversé ;
Nos roses dans l'enclos ont été ravagées
Par les petits enfants qui sautent le fossé.

« Un mur clôt la fontaine où, par l'heure échauffée,
Folâtre, elle buvait en descendant des bois ;
Elle prenait de l'eau dans sa main, douce fée,
Et laissait retomber des perles de ses doigts !

« On a pavé la route âpre et mal aplanie,
Où, dans le sable pur se dessinant si bien,
Et de sa petitesse étalant l'ironie,
Son pied charmant semblait rire à côté du mien !

« La borne du chemin, qui vit des jours sans nombre,
Où jadis pour m'attendre elle aimait à s'asseoir,
S'est usée en heurtant, lorsque la route est sombre,
Les grands chars gémissants qui reviennent le soir.

« La forêt ici manque et là s'est agrandie.
De tout ce qui fut nous presque rien n'est vivant ;
Et, comme un tas de cendre éteinte et refroidie,
L'amas des souvenirs se disperse à tout vent !

« N'existons-nous donc plus? Avons-nous eu notre
Rien ne la rendra-t-il à nos cris superflus?   [heure?
L'air joue avec la branche au moment où je pleure;
Ma maison me regarde et ne me connaît plus.

« D'autres vont maintenant passer où nous passâmes.
Nous y sommes venus, d'autres vont y venir;
Et le songe qu'avaient ébauché nos deux âmes,
Ils le continueront sans pouvoir le finir!

« Car personne ici-bas ne termine et n'achève;
Les pires des humains sont comme les meilleurs;
Nous nous réveillons tous au même endroit du rêve.
Tout commence en ce monde et tout finit ailleurs.

« Oui, d'autres à leur tour viendront, couples sans
Puiser dans cet asile heureux, calme, enchanté,   [tache,
Tout ce que la nature à l'amour qui se cache
Mêle de rêverie et de solennité!

« D'autres auront nos champs, nos sentiers, nos
Ton bois, ma bien-aimée, est à des inconnus.   [retraites.
D'autres femmes viendront, baigneuses indiscrètes,
Troubler le flot sacré qu'ont touché tes pieds nus!

« Quoi donc! c'est vainement qu'ici nous nous aimâmes!
Rien ne nous restera de ces coteaux fleuris
Où nous fondions notre être en y mêlant nos flammes!
L'impassible nature a déjà tout repris.

« Oh! dites-moi, ravins, frais ruisseaux, treilles mûres,
Rameaux chargés de nids, grottes, forêts, buissons,
Est-ce que vous ferez pour d'autres vos murmures?
Est-ce que vous direz à d'autres vos chansons?

« Nous vous comprenions tant! doux, attentifs, austères,
Tous nos échos s'ouvraient si bien à votre voix!
Et nous prêtions si bien, sans troubler vos mystères,
L'oreille aux mots profonds que vous dites parfois!

« Répondez, vallon pur, répondez, solitude,
O nature abritée en ce désert si beau,
Lorsque nous dormirons tous deux dans l'attitude
Que donne aux morts pensifs la forme du tombeau;

« Est-ce que vous serez à ce point insensible
De nous savoir couchés, morts avec nos amours,
Et de continuer votre fête paisible,
Et de toujours sourire et de chanter toujours?

« Est-ce que, nous sentant errer dans vos retraites,
Fantômes reconnus par vos monts et vos bois,
Vous ne nous direz pas de ces choses secrètes
Qu'on dit en revoyant des amis d'autrefois?

« Est-ce que vous pourrez, sans tristesse et sans plainte,
Voir nos ombres flotter où marchèrent nos pas,
Et la voir m'entraîner, dans une morne étreinte,
Vers quelque source en pleurs qui sanglote tout bas?

« Et, s'il est quelque part, dans l'ombre où rien ne
　　　　　　　　　　　　　　　　　　　　　　[veille,
Deux amants sous vos fleurs abritant leurs transports,
Ne leur irez-vous pas murmurer à l'oreille :
— « Vous qui vivez, donnez une pensée aux morts! »

« Dieu nous prête un moment les prés et les fontaines,
Les grands bois frissonnants, les rocs profonds et
Et les cieux azurés et les lacs et les plaines,　　[sourds,
Pour y mettre nos cœurs, nos rêves, nos amours!

« Puis il nous les retire. Il souffle notre flamme.
Il plonge dans la nuit l'antre où nous rayonnons;
Et dit à la vallée, où s'imprima notre âme,
D'effacer notre trace et d'oublier nos noms.

« Eh bien! oubliez-nous, maison, jardin, ombrages!
Herbe, use notre seuil! ronce, cache nos pas!
Chantez, oiseaux! ruisseaux, coulez! croissez, feuillages!
Ceux que vous oubliez ne vous oublieront pas.

« Car vous êtes pour nous l'ombre de l'amour même!
Vous êtes l'oasis qu'on rencontre en chemin!
Vous êtes, ô vallon, la retraite suprême
Où nous avons pleuré nous tenant par la main!

« Toutes les passions s'éloignent avec l'âge,
L'une emportant son masque et l'autre son couteau,
Comme un essaim chantant d'histrions en voyage
Dont le groupe décroît derrière le coteau.
                                        [charmes,
« Mais toi, rien ne t'efface, Amour! toi qui nous
Toi qui, torche ou flambeau, luis dans notre brouil-
                                        [lard!
Tu nous tiens par la joie, et surtout par les larmes!
Jeune homme on te maudit, on t'adore vieillard.

« Dans ces jours où la tête au poids des ans s'incline,
Où l'homme, sans projets, sans but, sans visions,
Sent qu'il n'est déjà plus qu'une tombe en ruine
Où gisent ses vertus et ses illusions;
                                        [entrailles,
« Quand notre âme en rêvant descend dans nos
Comptant dans notre cœur, qu'enfin la glace atteint,
Comme on compte les morts sur un champ de ba-
Chaque douleur tombée et chaque songe éteint, [tailles,

« Comme quelqu'un qui cherche, en tenant une
Loin des objets réels, loin du monde rieur,   [lampe,
Elle arrive à pas lents par une obscure rampe
Jusqu'au fond désolé du gouffre intérieur;

« Et là, dans cette nuit qu'aucun rayon n'étoile,
L'âme, en un repli sombre où tout semble finir,
Sent quelque chose encor palpiter sous un voile... —
C'est toi qui dors dans l'ombre, ô sacré souvenir! »

21 octobre 183...

Le manteau impérial

O! vous dont le travail est joie,
Vous qui n'avez pas d'autre proie
Que les parfums, souffles du ciel,
Vous qui fuyez quand vient décembre,
Vous qui dérobez aux fleurs l'ambre
Pour donner aux hommes le miel,

Chastes buveuses de rosée,
Qui, pareilles à l'épousée,
Visitez le lys du coteau,
O sœurs des corolles vermeilles,
Filles de la lumière, abeilles,
Envolez-vous de ce manteau!

Ruez-vous sur l'homme, guerrières!
O généreuses ouvrières,
Vous le devoir, vous la vertu,
Ailes d'or et flèches de flamme,
Tourbillonnez sur cet infâme!
Dites-lui : — « Pour qui nous prends-tu?

« Maudit! nous sommes les abeilles!
Des chalets ombragés de treilles
Notre ruche orne le fronton;
Nous volons, dans l'azur écloses,
Sur la bouche ouverte des roses
Et sur les lèvres de Platon.

« Ce qui sort de la fange y rentre.
Va trouver Tibère en son antre,
Et Charles neuf sur son balcon.
Va! sur ta pourpre il faut qu'on mette,
Non les abeilles de l'Hymette,
Mais l'essaim noir de Montfaucon! »

Et percez-le toutes ensemble,
Faites honte au peuple qui tremble,
Aveuglez l'immonde trompreur,
Acharnez-vous sur lui, farouches,
Et qu'il soit chassé par les mouches
Puisque les hommes en ont peur!

Jersey, juin 1853.

Ultima verba

... Quand même grandirait l'abjection publique
A ce point d'adorer l'exécrable trompeur;
Quand même l'Angleterre et même l'Amérique
Diraient à l'exilé : — Va-t'en! nous avons peur!

Quand même nous serions comme la feuille morte,
Quand, pour plaire à César, on nous renîrait tous;
Quand le proscrit devrait s'enfuir de porte en porte,
Aux hommes déchiré comme un haillon aux clous;

Quand le désert, où Dieu contre l'homme proteste,
Bannirait les bannis, chasserait les chassés;
Quand même, infâme aussi, lâche comme le reste,
Le tombeau jetterait dehors les trépassés;

Je ne fléchirai pas! Sans plainte dans la bouche,
Calme, le deuil au cœur, dédaignant le troupeau,
Je vous embrasserai dans mon exil farouche,
Patrie, ô mon autel, Liberté, mon drapeau!

Mes nobles compagnons, je garde votre culte;
Bannis, la République est là qui nous unit.
J'attacherai la gloire à tout ce qu'on insulte;
Je jetterai l'opprobre à tout ce qu'on bénit!

Je serai, sous le sac de cendre qui me couvre,
La voix qui dit : malheur! la bouche qui dit : non!
Tandis que tes valets te montreront ton Louvre,
Moi, je te montrerai, César, ton cabanon.

Devant les trahisons et les têtes courbées,
Je croiserai les bras, indigné, mais serein.
Sombre fidélité pour les choses tombées,
Sois ma force et ma joie et mon pilier d'airain!

Oui, tant qu'il sera là, qu'on cède ou qu'on persiste,
O France! France aimée et qu'on pleure toujours,
Je ne reverrai pas ta terre douce et triste,
Tombeau de mes aïeux et nid de mes amours!

Je ne reverrai pas ta rive qui nous tente,
France! hors le devoir, hélas! j'oublierai tout.
Parmi les éprouvés je planterai ma tente :
Je resterai proscrit, voulant rester debout.

J'accepte l'âpre exil, n'eût-il ni fin ni terme,
Sans chercher à savoir et sans considérer
Si quelqu'un a plié qu'on aurait cru plus ferme,
Et si plusieurs s'en vont qui devraient demeurer.

Si l'on n'est plus que mille, eh bien, j'en suis! Si même
Ils ne sont plus que cent, je brave encor Sylla;
S'il en demeure dix, je serai le dixième;
Et s'il n'en reste qu'un, je serai celui-là!

Jersey, 2 décembre 1852.

Lux

Temps futurs! vision sublime!
Les peuples sont hors de l'abîme.
Le désert morne est traversé.
Après les sables, la pelouse;
Et la terre est comme une épouse,
Et l'homme est comme un fiancé!

Dès à présent l'œil qui s'élève
Voit distinctement ce beau rêve
Qui sera le réel un jour;
Car Dieu dénoûra toute chaîne,
Car le passé s'appelle haine
Et l'avenir se nomme amour!

Dès à présent dans nos misères
Germe l'hymen des peuples frères;
Volant sur nos sombres rameaux,
Comme un frelon que l'aube éveille,
Le progrès, ténébreuse abeille,
Fait du bonheur avec nos maux.

Oh! voyez! la nuit se dissipe.
Sur le monde qui s'émancipe,
Oubliant Césars et Capets,
Et sur les nations nubiles,
S'ouvrent dans l'azur, immobiles,
Les vastes ailes de la paix!

O libre France enfin surgie!
O robe blanche après l'orgie!
O triomphe après les douleurs!
Le travail bruit dans les forges,
Le ciel rit, et les rouges-gorges
Chantent dans l'aubépine en fleurs!

La rouille mord les hallebardes.
De vos canons, de vos bombardes
Il ne reste pas un morceau
Qui soit assez grand, capitaines,
Pour qu'on puisse prendre aux fontaines
De quoi faire boire un oiseau.

Les rancunes sont effacées;
Tous les cœurs, toutes les pensées,
Qu'anime le même dessein,
Ne font plus qu'un faisceau superbe;
Dieu prend pour lier cette gerbe
La vieille corde du tocsin.

Au fond des cieux un point scintille.
Regardez, il grandit, il brille,
Il approche, énorme et vermeil.
O République universelle,
Tu n'es encor que l'étincelle,
Demain tu seras le soleil!...

Elle était déchaussée, elle était décoiffée,
Assise, les pieds nus, parmi les joncs penchants;
Moi qui passais par là, je crus voir une fée,
Et je lui dis : Veux-tu t'en venir dans les champs?

Elle me regarda de ce regard suprême
Qui reste à la beauté quand nous en triomphons,
Et je lui dis : Veux-tu, c'est le mois où l'on aime,
Veux-tu nous en aller sous les arbres profonds?

Elle essuya ses pieds à l'herbe de la rive;
Elle me regarda pour la seconde fois,
Et la belle folâtre alors devint pensive.
Oh! comme les oiseaux chantaient au fond des bois!

Comme l'eau caressait doucement le rivage!
Je vis venir à moi, dans les grands roseaux verts,
La belle fille heureuse, effarée et sauvage,
Ses cheveux dans ses yeux, et riant au travers.

Mont-l'Am. juin 183...

La fête chez Thérèse

... La nuit vint; tout se tut; les flambeaux s'éteignirent;
Dans les bois assombris les sources se plaignirent;
Le rossignol, caché dans son nid ténébreux,
Chanta comme un poète et comme un amoureux.
Chacun se dispersa sous les profonds feuillages;
Les folles en riant entraînèrent les sages;
L'amante s'en alla dans l'ombre avec l'amant;
Et, troublés comme on l'est en songe, vaguement,
Ils sentaient par degrés se mêler à leur âme,
A leurs discours secrets, à leurs regards de flamme,
A leur cœur, à leur sens, à leur molle raison,
Le clair de lune bleu qui baignait l'horizon.

Avril 18...

Trois ans après

Il est temps que je me repose;
Je suis terrassé par le sort.
Ne me parlez pas d'autre chose
Que des ténèbres où l'on dort!

Que veut-on que je recommence?
Je ne demande désormais
A la création immense
Qu'un peu de silence et de paix!

Pourquoi m'appelez-vous encore?
J'ai fait ma tâche et mon devoir.
Qui travaillait avant l'aurore,
Peut s'en aller avant le soir.

A vingt ans, deuil et solitude!
Mes yeux, baissés vers le gazon,
Perdirent la douce habitude
De voir ma mère à la maison.

Elle nous quitta pour la tombe;
Et vous savez bien qu'aujourd'hui
Je cherche, en cette nuit qui tombe,
Un autre ange qui s'est enfui!

Vous savez que je désespère,
Que ma force en vain se défend,
Et que je souffre comme père,
Moi qui souffris tant comme enfant!

Mon œuvre n'est pas terminée,
Dites-vous. Comme Adam banni,
Je regarde ma destinée,
Et je vois bien que j'ai fini.

L'humble enfant que Dieu m'a ravie
Rien qu'en m'aimant savait m'aider ;
C'était le bonheur de ma vie
De voir ses yeux me regarder.

Si ce Dieu n'a pas voulu clore
L'œuvre qu'il me fit commencer,
S'il veut que je travaille encore,
Il n'avait qu'à me la laisser !

Il n'avait qu'à me laisser vivre
Avec ma fille à mes côtés,
Dans cette extase où je m'enivre
De mystérieuses clartés !

Ces clartés, jour d'une autre sphère,
O Dieu jaloux, tu nous les vends !
Pourquoi m'as-tu pris la lumière
Que j'avais parmi les vivants ?

As-tu donc pensé, fatal maître,
Qu'à force de te contempler,
Je ne voyais plus ce doux être,
Et qu'il pouvait bien s'en aller ?

T'es-tu dit que l'homme, vaine ombre,
Hélas ! perd son humanité
A trop voir cette splendeur sombre
Qu'on appelle la vérité ?

Qu'on peut le frapper sans qu'il souffre,
Que son cœur est mort dans l'ennui,
Et qu'à force de voir le gouffre,
Il n'a plus qu'un abîme en lui ?

Qu'il va, stoïque, où tu l'envoies,
Et que désormais, endurci,
N'ayant plus ici-bas de joies,
Il n'a plus de douleurs aussi ?

As-tu pensé qu'une âme tendre
S'ouvre à toi pour se mieux fermer,
Et que ceux qui veulent comprendre
Finissent par ne plus aimer?

O Dieu! vraiment, as-tu pu croire
Que je préférais, sous les cieux,
L'effrayant rayon de ta gloire
Aux douces lueurs de ses yeux?

Si j'avais su tes lois moroses,
Et qu'au même esprit enchanté
Tu ne donnes point ces deux choses,
Le bonheur et la vérité,

Plutôt que de lever tes voiles,
Et de chercher, cœur triste et pur,
A te voir au fond des étoiles,
O Dieu sombre d'un monde obscur,

J'eusse aimé mieux, loin de ta face,
Suivre, heureux, un étroit chemin,
Et n'être qu'un homme qui passe
Tenant son enfant par la main...

Novembre 1846.

Veni, vidi, vixi

J'ai bien assez vécu, puisque dans mes douleurs
Je marche, sans trouver de bras qui me secourent,
Puisque je ris à peine aux enfants qui m'entourent,
Puisque je ne suis plus réjoui par les fleurs;

Puisqu'au printemps, quand Dieu met la nature en fête
J'assiste, esprit sans joie, à ce splendide amour;
Puisque je suis à l'heure où l'homme fuit le jour,
Hélas! et sent de tout la tristesse secrète;

Puisque l'espoir serein dans mon âme est vaincu;
Puisqu'en cette saison des parfums et des roses,
O ma fille! j'aspire à l'ombre où tu reposes,
Puisque mon cœur est mort, j'ai bien assez vécu.

Je n'ai pas refusé ma tâche sur la terre.
Mon sillon? Le voilà. Ma gerbe? La voici.
J'ai vécu souriant, toujours plus adouci,
Debout, mais incliné du côté du mystère.

J'ai fait ce que j'ai pu; j'ai servi, j'ai veillé,
Et j'ai vu bien souvent qu'on riait de ma peine.
Je me suis étonné d'être un objet de haine,
Ayant beaucoup souffert et beaucoup travaillé.

Dans ce bagne terrestre où ne s'ouvre aucune aile,
Sans me plaindre, saignant, et tombant sur les mains,
Morne, épuisé, raillé par les forçats humains,
J'ai porté mon chaînon de la chaîne éternelle.

Maintenant, mon regard ne s'ouvre qu'à demi;
Je ne me tourne plus même quand on me nomme;
Je suis plein de stupeur et d'ennui, comme un homme
Qui se lève avant l'aube et qui n'a pas dormi.

Je ne daigne plus même, en ma sombre paresse,
Répondre à l'envieux dont la bouche me nuit.
O Seigneur! ouvrez-moi les portes de la nuit,
Afin que je m'en aille et que je disparaisse!

Avril 1848.

❧ ❧ ❧

Demain, dès l'aube, à l'heure où blanchit la campagne,
Je partirai. Vois-tu, je sais que tu m'attends.
J'irai par la forêt, j'irai par la montagne.
Je ne puis demeurer loin de toi plus longtemps.

Je marcherai les yeux fixés sur mes pensées,
Sans rien voir au-dehors, sans entendre aucun bruit,
Seul, inconnu, le dos courbé, les mains croisées,
Triste, et le jour pour moi sera comme la nuit.

Je ne regarderai ni l'or du soir qui tombe,
Ni les voiles au loin descendant vers Harfleur,
Et, quand j'arriverai, je mettrai sur ta tombe
Un bouquet de houx vert et de bruyère en fleur.

3 septembre 1847.

A Villequier

Maintenant que Paris, ses pavés et ses marbres,
Et sa brume et ses toits sont bien loin de mes yeux;
Maintenant que je suis sous les branches des arbres,
Et que je puis songer à la beauté des cieux;

Maintenant que du deuil qui m'a fait l'âme obscure
  Je sors, pâle et vainqueur,
Et que je sens la paix de la grande nature
  Qui m'entre dans le cœur;

Maintenant que je puis, assis au bord des ondes,
Ému par ce superbe et tranquille horizon,
Examiner en moi les vérités profondes
Et regarder les fleurs qui sont dans le gazon;

Maintenant, ô mon Dieu! que j'ai ce calme sombre
  De pouvoir désormais
Voir de mes yeux la pierre où je sais que dans l'ombre
  Elle dort pour jamais;

Maintenant qu'attendri par ces divins spectacles,
Plaines, forêts, rochers, vallons, fleuve argenté,
Voyant ma petitesse et voyant vos miracles,
Je reprends ma raison devant l'immensité;

Je viens à vous, Seigneur, père auquel il faut croire;
    Je vous porte, apaisé,
Les morceaux de ce cœur tout plein de votre gloire
    Que vous avez brisé;

Je viens à vous, Seigneur! confessant que vous êtes
Bon, clément, indulgent et doux, ô Dieu vivant!
Je conviens que vous seul savez ce que vous faites,
Et que l'homme n'est rien qu'un jonc qui tremble au
                                  [vent;

Je dis que le tombeau qui sur les morts se ferme
    Ouvre le firmament;
Et que ce qu'ici-bas nous prenons pour le terme
    Est le commencement;

Je conviens à genoux que vous seul, père auguste,
Possédez l'infini, le réel, l'absolu;
Je conviens qu'il est bon, je conviens qu'il est juste
Que mon cœur ait saigné, puisque Dieu l'a voulu!

Je ne résiste plus à tout ce qui m'arrive
    Par votre volonté.
L'âme de deuils en deuils, l'homme de rive en rive,
    Roule à l'éternité.

Nous ne voyons jamais qu'un seul côté des choses;
L'autre plonge en la nuit d'un mystère effrayant.
L'homme subit le joug sans connaître les causes.
Tout ce qu'il voit est court, inutile et fuyant.

Vous faites revenir toujours la solitude
    Autour de tous ses pas.
Vous n'avez pas voulu qu'il eût la certitude
    Ni la joie ici-bas!

Dès qu'il possède un bien, le sort le lui retire.
Rien ne lui fut donné, dans ses rapides jours,
Pour qu'il s'en puisse faire une demeure, et dire :
C'est ici ma maison, mon champ et mes amours !

Il doit voir peu de temps tout ce que ses yeux voient ;
    Il vieillit sans soutiens.
Puisque ces choses sont, c'est qu'il faut qu'elles soient ;
    J'en conviens, j'en conviens !

Le monde est sombre, ô Dieu ! l'immuable harmonie
Se compose des pleurs aussi bien que des chants ;
L'homme n'est qu'un atome en cette ombre infinie,
Nuit où montent les bons, où tombent les méchants.

Je sais que vous avez bien autre chose à faire
    Que de nous plaindre tous,
Et qu'un enfant qui meurt, désespoir de sa mère,
    Ne vous fait rien, à vous !

Je sais que le fruit tombe au vent qui le secoue ;
Que l'oiseau perd sa plume et la fleur son parfum ;
Que la création est une grande roue
Qui ne peut se mouvoir sans écraser quelqu'un ;

Les mois, les jours, les flots des mers, les yeux qui
    Passent sous le ciel bleu ;   [pleurent,
Il faut que l'herbe pousse et que les enfants meurent ;
    Je le sais, ô mon Dieu !

Dans vos cieux, au-delà de la sphère des nues,
Au fond de cet azur immobile et dormant,
Peut-être faites-vous des choses inconnues
Où la douleur de l'homme entre comme élément.

Peut-être est-il utile à vos desseins sans nombre
    Que des êtres charmants
S'en aillent, emportés par le tourbillon sombre
    Des noirs événements.

Nos destins ténébreux vont sous des lois immenses
Que rien ne déconcerte et que rien n'attendrit,
Vous ne pouvez avoir de subites clémences
Qui dérangent le monde, ô Dieu, tranquille esprit!

Je vous supplie, ô Dieu! de regarder mon âme,
    Et de considérer
Qu'humble comme un enfant et doux comme une
    Je viens vous adorer!   [femme,

Considérez encor que j'avais, dès l'aurore,
Travaillé, combattu, pensé, marché, lutté,
Expliquant la nature à l'homme qui l'ignore,
Éclairant toute chose avec votre clarté;

Que j'avais, affrontant la haine et la colère,
    Fait ma tâche ici-bas,
Que je ne pouvais pas m'attendre à ce salaire,
    Que je ne pouvais pas

Prévoir que, vous aussi, sur ma tête qui ploie
Vous appesantiriez votre bras triomphant,
Et que, vous qui voyiez comme j'ai peu de joie,
Vous me reprendriez si vite mon enfant!

Qu'une âme ainsi frappée à se plaindre est sujette,
    Que j'ai pu blasphémer,
Et vous jeter mes cris comme un enfant qui jette
    Une pierre à la mer!

Considérez qu'on doute, ô mon Dieu, quand on souffre
Que l'œil qui pleure trop finit par s'aveugler,
Qu'un être que son deuil plonge au plus noir du gouffre,
Quand il ne vous voit plus, ne peut vous contempler,

Et qu'il ne se peut pas que l'homme, lorsqu'il sombre
    Dans les afflictions,
Ait présente à l'esprit la sérénité sombre
    Des constellations!

Aujourd'hui, moi qui fus faible comme une mère,
Je me courbe à vos pieds devant vos cieux ouverts.
Je me sens éclairé dans ma douleur amère
Par un meilleur regard jeté sur l'univers.

Seigneur, je reconnais que l'homme est en délire
　　　S'il ose murmurer;
Je cesse d'accuser, je cesse de maudire,
　　　Mais laissez-moi pleurer!

Hélas! laissez les pleurs couler de ma paupière,
Puisque vous avez fait les hommes pour cela!
Laissez-moi me pencher sur cette froide pierre
Et dire à mon enfant : Sens-tu que je suis là?

Laissez-moi lui parler, incliné sur ses restes,
　　　Le soir, quand tout se tait,
Comme si, dans sa nuit rouvrant ses yeux célestes,
　　　Cet ange m'écoutait!

Hélas! vers le passé tournant un œil d'envie,
Sans que rien ici-bas puisse m'en consoler,
Je regarde toujours ce moment de ma vie
Où je l'ai vue ouvrir son aile et s'envoler!

Je verrai cet instant jusqu'à ce que je meure,
　　　L'instant, pleurs superflus!
Où je criai : L'enfant que j'avais tout à l'heure,
　　　Quoi donc! je ne l'ai plus!

Ne vous irritez pas que je sois de la sorte,
O mon Dieu! cette plaie a si longtemps saigné!
L'angoisse dans mon âme est toujours la plus forte,
Et mon cœur est soumis, mais n'est pas résigné.

Ne vous irritez pas! fronts que le deuil réclame,
　　　Mortels sujets aux pleurs,
Il nous est malaisé de retirer notre âme
　　　De ces grandes douleurs.

Voyez-vous, nos enfants nous sont bien nécessaires,
Seigneur; quand on a vu dans sa vie, un matin,
Au milieu des ennuis, des peines, des misères,
Et de l'ombre que fait sur nous notre destin,

Apparaître un enfant, tête chère et sacrée,
    Petit être joyeux,
Si beau, qu'on a cru voir s'ouvrir à son entrée
    Une porte des cieux;

Quand on a vu, seize ans, de cet autre soi-même
Croître la grâce aimable et la douce raison,
Lorsqu'on a reconnu que cet enfant qu'on aime,
Fait le jour dans notre âme et dans notre maison,

Que c'est la seule joie ici-bas qui persiste
    De tout ce qu'on rêva,
Considérez que c'est une chose bien triste
    De le voir qui s'en va!

Villequier, 4 septembre 1847.

Les mages

I

Pourquoi donc faites-vous des prêtres
Quand vous en avez parmi vous?
Les esprits conducteurs des êtres
Portent un signe sombre et doux.
Nous naissons tous ce que nous sommes.
Dieu de ses mains sacre des hommes
Dans les ténèbres des berceaux;
Son effrayant doigt invisible
Écrit sous leur crâne la bible
Des arbres, des monts et des eaux.

Ces hommes, ce sont les poètes;
Ceux dont l'aile monte et descend;
Toutes les bouches inquiètes
Qu'ouvre le verbe frémissant;
Les Virgiles, les Isaïes;
Toutes les âmes envahies
Par les grandes brumes du sort;
Tous ceux en qui Dieu se concentre;
Tous les yeux où la lumière entre,
Tous les fronts d'où le rayon sort.

Ce sont ceux qu'attend Dieu propice
Sur les Horebs et les Thabors;
Ceux que l'horrible précipice
Retient blêmissants à ses bords;
Ceux qui sentent la pierre vivre;
Ceux que Pan formidable enivre;
Ceux qui sont tout pensifs devant
Les nuages, ces solitudes
Où passent en mille attitudes
Les groupes sonores du vent.

Ce sont les sévères artistes
Que l'aube attire à ses blancheurs,
Les savants, les inventeurs tristes,
Les puiseurs d'ombre, les chercheurs,
Qui ramassent dans les ténèbres
Les faits, les chiffres, les algèbres,
Le nombre où tout est contenu,
Le doute où nos calculs succombent,
Et tous les morceaux noirs qui tombent
Du grand fronton de l'inconnu!

Ce sont les têtes fécondées
Vers qui monte et croît pas à pas
L'océan confus des idées,
Flux que la foule ne voit pas,
Mer de tous les infinis pleine,
Que Dieu suit, que la nuit amène,
Qui remplit l'homme de clarté,
Jette aux rochers l'écume amère,
Et lave les pieds nus d'Homère
Avec un flot d'éternité...

II

... Quand les cigognes du Caystre
S'envolent aux souffles des soirs;
Quand la lune apparaît sinistre
Derrière les grands dômes noirs;
Quand la trombe aux vagues s'appuie;
Quand l'orage, l'horreur, la pluie,
Que tordent les bises d'hiver,
Répandent avec des huées
Toutes les larmes des nuées
Sur tous les sanglots de la mer;

Quand dans les tombeaux les vents jouent
Avec les os des rois défunts;
Quand les hautes herbes secouent
Leur chevelure de parfums;
Quand sur nos deuils et sur nos fêtes
Toutes les cloches des tempêtes
Sonnent au suprême beffroi;
Quand l'aube étale ses opales,
C'est pour ces contemplateurs pâles
Penchés dans l'éternel effroi!

Ils savent ce que le soir calme
Pense des morts qui vont partir;
Et ce que préfère là palme,
Du conquérant ou du martyr;
Ils entendent ce que murmure
La voile, la gerbe, l'armure,
Ce que dit, dans le mois joyeux
Des longs jours et des fleurs écloses,
La petite bouche des roses
A l'oreille immense des cieux.

Les vents, les flots, les cris sauvages,
L'azur, l'horreur du bois jauni,
Sont les formidables breuvages
De ces altérés d'infini;
Ils ajoutent, rêveurs austères,
A leur âme tous les mystères,
Toute la matière à leurs sens;
Ils s'enivrent de l'étendue;
L'ombre est une coupe tendue
Où boivent ces sombres passants...

IX

Ils parlent à la solitude,
Et la solitude comprend;
Ils parlent à la multitude,
Et font écumer ce torrent;
Ils font vibrer les édifices;
Ils inspirent les sacrifices
Et les inébranlables fois;
Sombres, ils ont en eux, pour muse,
La palpitation confuse
De tous les êtres à la fois.

Comment naît un peuple? Mystère!
A de certains moments, tout bruit
A disparu; toute la terre
Semble une plaine de la nuit;
Toute lueur s'est éclipsée;
Pas de verbe, pas de pensée,
Rien dans l'ombre et rien dans le ciel,
Pas un œil n'ouvre ses paupières... —
Le désert blême est plein de pierres,
Ézéchiel! Ézéchiel!

Mais un vent sort des cieux sans bornes,
Grondant comme les grandes eaux,
Et souffle sur ces pierres mornes,
Et de ces pierres fait des os;
Ces os frémissent, tas sonore;
Et le vent souffle, et souffle encore
Sur ce triste amas agité,
Et de ces os il fait des hommes,
Et nous nous levons et nous sommes,
Et ce vent, c'est la liberté!

Ainsi s'accomplit la genèse
Du grand rien d'où naît le grand tout.
Dieu pensif dit : Je suis bien aise
Que ce qui gisait soit debout.
Le néant dit : J'étais souffrance;
La douleur dit : Je suis la France! —
O formidable vision!
Ainsi tombe le noir suaire;
Le désert devient ossuaire,
Et l'ossuaire Nation...

Janvier 1856.

Booz endormi

Booz s'était couché de fatigue accablé;
Il avait tout le jour travaillé dans son aire;
Puis avait fait son lit à sa place ordinaire;
Booz dormait auprès des boisseaux pleins de blé.

Ce vieillard possédait des champs de blés et d'orge;
Il était, quoique riche, à la justice enclin;
Il n'avait pas de fange en l'eau de son moulin;
Il n'avait pas d'enfer dans le feu de sa forge.

Sa barbe était d'argent comme un ruisseau d'avril.
Sa gerbe n'était point avare ni haineuse;
Quand il voyait passer quelque pauvre glaneuse :
— Laissez tomber exprès des épis, disait-il.

Cet homme marchait pur loin des sentiers obliques,
Vêtu de probité candide et de lin blanc;
Et, toujours du côté des pauvres ruisselant,
Ses sacs de grains semblaient des fontaines publiques.

Booz était bon maître et fidèle parent;
Il était généreux, quoiqu'il fût économe;   [homme,
Les femmes regardaient Booz plus qu'un jeune
Car le jeune homme est beau, mais le vieillard est
                                        [grand.

Le vieillard, qui revient vers la source première,
Entre aux jours éternels et sort des jours changeants;
Et l'on voit de la flamme aux yeux des jeunes gens,
Mais dans l'œil du vieillard on voit de la lumière.

Donc, Booz dans la nuit dormait parmi les siens ;
Près des meules, qu'on eût prises pour des décombres,
Les moissonneurs couchés faisaient des groupes
[sombres ;
Et ceci se passait dans des temps très anciens.

Les tribus d'Israël avaient pour chef un juge ;
La terre, où l'homme errait sous la tente, inquiet
Des empreintes de pieds de géants qu'il voyait,
Était mouillée encore et molle du déluge.

Comme dormait Jacob, comme dormait Judith,
Booz, les yeux fermés, gisait sous la feuillée ;
Or, la porte du ciel s'étant entre bâillée
Au-dessus de sa tête, un songe en descendit.

Et ce songe était tel, que Booz vit un chêne
Qui, sorti de son ventre, allait jusqu'au ciel bleu ;
Une race y montait comme une longue chaîne ;
Un roi chantait en bas, en haut mourait un dieu.

Et Booz murmurait avec la voix de l'âme :
« Comment se pourrait-il que de moi ceci vînt ?
Le chiffre de mes ans a passé quatre-vingt,
Et je n'ai pas de fils, et je n'ai plus de femme.

« Voilà longtemps que celle avec qui j'ai dormi,
O Seigneur ! a quitté ma couche pour la vôtre ;
Et nous sommes encor tout mêlés l'un à l'autre,
Elle à demi vivante et moi mort à demi.

« Une race naîtrait de moi ! Comment le croire ?
Comment se pourrait-il que j'eusse des enfants ?
Quand on est jeune, on a des matins triomphants ;
Le jour sort de la nuit comme d'une victoire ;

Mais vieux, on tremble ainsi qu'à l'hiver le bouleau ;
Je suis veuf, je suis seul, et sur moi le soir tombe,
Et je courbe, ô mon Dieu ! mon âme vers la tombe,
Comme un bœuf ayant soif penche son front vers
[l'eau. »

Ainsi parlait Booz dans le rêve et l'extase,
Tournant vers Dieu ses yeux par le sommeil noyés;
Le cèdre ne sent pas une rose à sa base,
Et lui ne sentait pas une femme à ses pieds.

Pendant qu'il sommeillait, Ruth, une moabite,
S'était couchée aux pieds de Booz, le sein nu,
Espérant on ne sait quel rayon inconnu,
Quand viendrait du réveil la lumière subite.

Booz ne savait point qu'une femme était là,
Et Ruth ne savait point ce que Dieu voulait d'elle.
Un frais parfum sortait des touffes d'asphodèle;
Les souffles de la nuit flottaient sur Galgala.

L'ombre était nuptiale, auguste et solennelle;
Les anges y volaient sans doute obscurément,
Car on voyait passer dans la nuit, par moment,
Quelque chose de bleu qui paraissait une aile.

La respiration de Booz qui dormait
Se mêlait au bruit sourd des ruisseaux sur la mousse.
On était dans le mois où la nature est douce,
Les collines ayant des lys sur leur sommet.

Ruth songeait et Booz dormait; l'herbe était noire;
Les grelots des troupeaux palpitaient vaguement;
Une immense bonté tombait du firmament;
C'était l'heure tranquille où les lions vont boire.

Tout reposait dans Ur et dans Jérimadeth;
Les astres émaillaient le ciel profond et sombre;
Le croissant fin et clair parmi ces fleurs de l'ombre
Brillait à l'occident, et Ruth se demandait,

Immobile, ouvrant l'œil à moitié sous ses voiles,
Quel dieu, quel moissonneur de l'éternel été,
Avait, en s'en allant, négligemment jeté
Cette faucille d'or dans le champ des étoiles.

1er mai 1859.

André Chénier

O belle, le charmant scandale des oiseaux
Dans les arbres, les fleurs, les prés et les roseaux,
Les rayons rencontrant les aigles dans les nues,
L'orageuse gaîté des néréides nues
Se jetant de l'écume et dansant dans les flots,
Blancheurs qui font rêver au loin les matelots,
Ces ébats glorieux des déesses mouillées
Prenant pour lit les mers comme toi les feuillées,
Tout ce qui joue, éclate et luit sur l'horizon
N'a pas plus de splendeur que ta fière chanson.
Ton chant ajouterait de la joie aux dieux mêmes.
Tu te dresses superbe. En même temps tu m'aimes;
Et tu viens te rasseoir sur mes genoux. Psyché
Par moments comme toi prenait un air fâché,
Puis se jetait au cou du jeune dieu son maître.
Est-ce qu'on peut bouder l'amour? Aimer, c'est naître;
Aimer, c'est savourer, aux bras d'un être cher,
La quantité de ciel que Dieu mit dans la chair;
C'est être un ange avec la gloire d'être un homme.
Oh! ne refuse rien. Ne sois pas économe.
Aimons! Ces instants-là sont les seuls bons et sûrs.
O volupté mêlée aux éternels azurs!
Extase! ô volonté de là-haut! Je soupire,
Tu songes. Ton cœur bat près du mien. Laissons dire
Les oiseaux, et laissons les ruisseaux murmurer.
Ce sont des envieux. Belle, il faut s'adorer.
Il faut aller se perdre au fond des bois farouches.

Le ciel étoilé veut la rencontre des bouches;
Une lionne cherche un lion sur les monts.
Chante! il faut chanter! Aime! il faut aimer. Aimons.
Pendant que tu souris, pendant que mon délire
Abuse de ce doux consentement du rire,
Pendant que d'un baiser complice tu m'absous,
La vaste nuit funèbre est au-dessous de nous,
Et les morts, dans l'Hadès plein d'effrayants décombres,
Regardent se lever, sur l'horizon des ombres,
Les astres ténébreux de l'Erèbe qui font
Trembler leurs feux sanglants dans l'eau du Styx
                                        [profond.

Plein ciel

... Qu'importe le moment? qu'importe la saison?
La brume peut cacher dans le blême horizon
        Les Saturnes et les Mercures;
La bise, conduisant la pluie aux crins épars,
Dans les nuages lourds grondant de toutes parts
        Peut tordre des hydres obscures;

Qu'importe? il va. Tout souffle est bon; simoun,
La terre a disparu dans le puits sidéral,   [mistral!
        Il entre au mystère nocturne,
Au-dessus de la grêle et de l'orage fou,
Laissant le globe en bas dans l'ombre, on ne sait où,
        Sous le renversement de l'urne.

Intrépide, il bondit sur les ondes du vent,
Il se rue, aile ouverte et la proue en avant,
        Il monte, il monte, il monte encore,
Au-delà de la zone où tout s'évanouit,
Comme s'il s'en allait dans la profonde nuit
        A la poursuite de l'aurore!

Calme, il monte où jamais nuage n'est monté ;
Il plane à la hauteur de la sérénité,
    Devant la vision des sphères ;
Elles sont là, faisant le mystère éclatant,
Chacune feu d'un gouffre, et toutes constatant
    Les énigmes par les lumières.

Andromède étincelle, Orion resplendit ;
L'essaim prodigieux des Pléiades grandit ;
    Sirius ouvre son cratère ;
Arcturus, oiseau d'or, scintille dans son nid ;
Le Scorpion hideux fait cabrer au zénith
    Le poitrail bleu du Sagittaire.

L'aéroscaphe voit, comme en face de lui,
Là-haut, Aldébaran par Céphée ébloui,
    Persée, escarboucle des cimes,
Le chariot polaire aux flamboyants essieux,
Et, plus loin, la lueur lactée, ô sombres cieux,
    La fourmilière des abîmes !

Vers l'apparition terrible des soleils,
Il monte ; dans l'horreur des espaces vermeils,
    Il s'oriente, ouvrant ses voiles ;
On croirait, dans l'éther où de loin on l'entend,
Que ce vaisseau puissant et superbe, en chantant,
    Part pour une de ces étoiles ;

Tant cette nef, rompant tous les terrestres nœuds,
Volant, et franchissant le ciel vertigineux,
    Rêve des blêmes Zoroastres,
Comme effrénée au souffle insensé de la nuit,
Se jette, plonge, enfonce et tombe et roule et fuit
    Dans le précipice des astres !

Où donc s'arrêtera l'homme séditieux?
L'espace voit, d'un œil par moment soucieux,
L'empreinte du talon de l'homme dans les nues;
Il tient l'extrémité des choses inconnues;
Il épouse l'abîme à son argile uni;
Le voilà maintenant marcheur de l'infini.
Où s'arrêtera-t-il, le puissant réfractaire?
Jusqu'à quelle distance ira-t-il de la terre?
Jusqu'à quelle distance ira-t-il du destin?
L'âpre Fatalité se perd dans le lointain;
Toute l'antique histoire affreuse et déformée
Sur l'horizon nouveau fuit comme une fumée.
Les temps sont venus. L'homme a pris possession
De l'air, comme du flot la grèbe et l'alcyon.
Devant nos rêves fiers, devant nos utopies
Ayant des yeux croyants et des ailes impies,
Devant tous nos efforts pensifs et haletants,
L'obscurité sans fond fermait ses deux battants;
Le vrai champ enfin s'offre aux puissantes algèbres;
L'homme vainqueur, tirant le verrou des ténèbres,
Dédaigne l'océan, le vieil infini mort.
La porte noire cède et s'entrebâille. Il sort!

O profondeurs! faut-il encor l'appeler l'homme?

L'homme est d'abord monté sur la bête de somme;
Puis sur le chariot que portent des essieux;
Puis sur la frêle barque au mât ambitieux;
Puis quand il a fallu vaincre l'écueil, la lame,
L'onde et l'ouragan, l'homme est monté sur la flamme;
A présent l'immortel aspire à l'éternel;
Il montait sur la mer, il monte sur le ciel.

L'homme force le sphinx à lui tenir la lampe.
Jeune, il jette le sac du vieil Adam qui rampe,
Et part, et risque aux cieux, qu'éclaire son flambeau,
Un pas semblable à ceux qu'on fait dans le tombeau ;
Et peut-être voici qu'enfin la traversée
Effrayante, d'un astre à l'autre, est commencée !

***

Stupeur ! se pourrait-il que l'homme s'élançât ?
O nuit ! se pourrait-il que l'homme, ancien forçat,
      Que l'esprit humain, vieux reptile,
Devînt ange et, brisant le carcan qui le mord,
Fût soudain de plain-pied avec les cieux ? La mort
      Va donc devenir inutile !

Oh ! franchir l'éther ! songe épouvantable et beau !
Doubler le promontoire énorme du tombeau !
      Qui sait ? — toute aile est magnanime,
L'homme est ailé, — peut-être, ô merveilleux retour !
Un Christophe Colomb de l'ombre, quelque jour,
      Un Gama du cap de l'abîme,

Un Jason de l'azur, depuis longtemps parti,
De la terre oublié, par le ciel englouti,
      Tout à coup sur l'humaine rive
Reparaîtra, monté sur cet alérion,
Et, montrant Sirius, Allioth, Orion,
      Tout pâle, dira : J'en arrive !

Ciel ! ainsi, comme on voit aux voûtes des celliers
Les noirceurs qu'en rôdant tracent les chandeliers,
      On pourrait, sous les bleus pilastres,
Deviner qu'un enfant de la terre a passé,
A ce que le flambeau de l'homme aurait laissé
      De fumée au plafond des astres !...

Abîme

LA VOIE LACTÉE

Millions, millions, et millions d'étoiles !
Je suis, dans l'ombre affreuse et sous les sacrés voiles,
La splendide forêt des constellations.
C'est moi qui suis l'amas des yeux et des rayons,
L'épaisseur inouïe et morne des lumières,
Encor tout débordant des effluves premières,
Mon éclatant abîme est votre source à tous.
O les astres d'en bas, je suis si loin de vous
Que mon vaste archipel de splendeurs immobiles,
Que mon tas de soleils n'est, pour vos yeux débiles,
Au fond du ciel, désert lugubre où meurt le bruit,
Qu'un peu de cendre rouge éparse dans la nuit !
Mais, ô globes rampants et lourds, quelle épouvante
Pour qui pénétrerait dans ma lueur vivante,
Pour qui verrait de près mon nuage vermeil !
Chaque point est un astre et chaque astre un soleil.
Autant d'astres, autant d'humanités étranges,
Diverses, s'approchant des démons ou des anges,
Dont les planètes font autant de nations ;
Un groupe d'univers, en proie aux passions,
Tourne autour de chacun de mes soleils de flammes ;
Dans chaque humanité sont des cœurs et des âmes,
Miroirs profonds ouverts à l'œil universel,
Dans chaque cœur l'amour, dans chaque âme le ciel !
Tout cela naît, meurt, croît, décroît, se multiplie.
La lumière en regorge et l'ombre en est remplie.
Dans le gouffre sous moi, de mon aube éblouis,
Globes, grains de lumière au loin épanouis,
Toi, zodiaque, vous, comètes éperdues,
Tremblants, vous traversez les blêmes étendues,
Et vos bruits sont pareils à de vagues clairons,
Et j'ai plus de soleils que vous de moucherons.

Mon immensité vit, radieuse et féconde.
J'ignore par moments si le reste du monde,
Errant dans quelque coin du morne firmament,
Ne s'évanouit pas dans mon rayonnement.

LES NÉBULEUSES

A qui donc parles-tu, flocon lointain qui passes?
A peine entendons-nous ta voix dans les espaces.
Nous ne te distinguons que comme un nimbe obscur
Au coin le plus perdu du plus nocturne azur.
Laisse-nous luire en paix, nous, blancheurs des
[ténèbres,
Mondes spectres éclos dans les chaos funèbres,
N'ayant ni pôle austral ni pôle boréal :
Nous, les réalités vivant dans l'idéal,
Les univers, d'où sort l'immense essaim des rêves,
Dispersés dans l'éther, cet océan sans grèves
Dont le flot à son bord n'est jamais revenu ;
Nous les créations, îles de l'inconnu !

L'INFINI

L'être multiple vit dans mon unité sombre.

DIEU

Je n'aurais qu'à souffler, et tout serait de l'ombre.

La fin de Satan

Le soleil était là qui mourait dans l'abîme.

L'astre, au fond du brouillard, sans air qui le ranime,
Se refroidissait, morne et lentement détruit.
On voyait sa rondeur sinistre dans la nuit;
Et l'on voyait décroître, en ce silence sombre,
Ses ulcères de feu sous une lèpre d'ombre.
Charbon d'un monde éteint! flambeau soufflé par
Ses crevasses montraient encore un peu de feu, [Dieu!
Comme si par les trous du crâne on eût vu l'âme.
Au centre palpitait et rampait une flamme
Qui par instants léchait les bords extérieurs,
Et de chaque cratère il sortait des lueurs
Qui frissonnaient ainsi que de flamboyants glaives,
Et s'évanouissaient sans bruit comme des rêves.
L'astre était presque noir. L'archange était si las
Qu'il n'avait plus de voix et plus de souffle, hélas!
Et l'astre agonisait sous ses regards farouches.
Il mourait, il luttait. Avec ses sombres bouches
Dans l'obscurité froide il lançait par moments
Des flots ardents, des blocs rougis, des monts fumants,
Des rocs tout écumants de sa clarté première;
Comme si ce géant de vie et de lumière,
Englouti par la brume où tout s'évanouit,
N'eût pas voulu mourir sans insulter la nuit
Et sans cracher sa lave à la face de l'ombre.
Autour de lui le temps et l'espace et le nombre
Et la forme et le bruit expiraient, en créant
L'unité formidable et noire du néant.
Le spectre Rien levait sa tête hors du gouffre.

Soudain, du cœur de l'astre, un âpre jet de soufre,
Pareil à la clameur du mourant éperdu,
Sortit, brusque, éclatant, splendide, inattendu,
Et, découpant au loin mille formes funèbres,
Énorme, illumina, jusqu'au fond des ténèbres,
Les porches monstrueux de l'infini profond.
Les angles que la nuit et l'immensité font
Apparurent. Satan, égaré, sans haleine,
La prunelle éblouie et de cet éclair pleine,
Battit de l'aile, ouvrit les mains, puis tressaillit
Et cria : — Désespoir! le voilà qui pâlit! —

Et l'archange comprit, pareil au mât qui sombre,
Qu'il était le noyé du déluge de l'ombre;
Il reploya son aile aux ongles de granit
Et se tordit les bras. — Et l'astre s'éteignit.

A Théophile Gautier

Je te salue au seuil sévère du tombeau!
Va chercher le vrai, toi qui sus trouver le beau.
Monte l'âpre escalier. Du haut des sombres marches,
Du noir pont de l'abîme on entrevoit les arches;
Va! meurs! la dernière heure est le dernier degré!
Pars, aigle, tu vas voir des gouffres à ton gré;
Tu vas voir l'absolu, le réel, le sublime,
Tu vas sentir le vent sinistre de la cime
Et l'éblouissement du prodige éternel.
Ton olympe, tu vas le voir du haut du ciel;
Tu vas, du haut du vrai, voir l'humaine chimère,
Même celle de Job, même celle d'Homère,
Ame, et du haut de Dieu tu vas voir Jéhovah.
Monte! esprit! Grandis, plane, ouvre tes ailes, va!

Lorsqu'un vivant nous quitte, ému, je le contemple ;
Car, entrer dans la mort, c'est entrer dans le temple ;
Et, quand un homme meurt, je vois distinctement
Dans son ascension mon propre avènement.
Ami, je sens du sort la sombre plénitude ;
J'ai commencé la mort par de la solitude ;
Je vois mon profond soir vaguement s'étoiler ;
Voici l'heure où je vais aussi, moi, m'en aller.
Mon fil, trop long, frissonne et touche presque au
        [glaive ;
Le vent qui t'emporta doucement me soulève,
Et je vais suivre ceux qui m'aimaient, moi, banni.
Leur œil fixe m'attire au fond de l'infini.
J'y cours. Ne fermez pas la porte funéraire.

Passons, car c'est la loi ; nul ne peut s'y soustraire ;
Tout penche, et ce grand siècle, avec tous ses rayons,
Entre en cette ombre immense, où pâles, nous fuyons.
Oh ! quel farouche bruit font dans le crépuscule
Les chênes qu'on abat pour le bûcher d'Hercule !
Les chevaux de la Mort se mettent à hennir
Et sont joyeux, car l'âge éclatant va finir ;
Ce siècle altier, qui sut dompter le vent contraire,
Expire... O Gautier ! toi, leur égal et leur frère,
Tu pars après Dumas, Lamartine et Musset.
L'onde antique est tarie où l'on rajeunissait ;
Comme il n'est plus de Styx, il n'est plus de Jouvence.
Le dur faucheur avec sa large lame avance,
Pensif et pas à pas, vers le reste du blé ;
C'est mon tour ; et la nuit emplit mon œil troublé
Qui, devinant, hélas ! l'avenir des colombes,
Pleure sur des berceaux et sourit à des tombes.

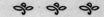
L'idole

O Corse à cheveux plats! que ta France était belle
 Au grand soleil de messidor!
C'était une cavale indomptable et rebelle,
 Sans frein d'acier ni rênes d'or;
Une jument sauvage à la croupe rustique,
 Fumante encor du sang des rois,
Mais fière, et d'un pied fort heurtant le sol antique,
 Libre pour la première fois.
Jamais aucune main n'avait passé sur elle
 Pour la flétrir et l'outrager;
Jamais ses larges flancs n'avaient porté la selle
 Et le harnais de l'étranger;
Tout son poil était vierge, et, belle vagabonde,
 L'œil haut, la croupe en mouvement,
Sur ses jarrets dressée, elle effrayait le monde
 Du bruit de son hennissement.
Tu parus, et sitôt que tu vis son allure,
 Ses reins si souples et dispos,
Dompteur audacieux, tu pris sa chevelure,
 Tu montas botté sur son dos.
Alors, comme elle aimait les rumeurs de la guerre,
 La poudre, les tambours battants,
Pour champ de course, alors tu lui donnas la terre
 Et des combats pour passe-temps :

Alors, plus de repos, plus de nuits, plus de sommes,
    Toujours l'air, toujours le travail.
Toujours comme du sable écraser des corps d'hommes,
    Toujours du sang jusqu'au poitrail.
Quinze ans son dur sabot, dans sa course rapide,
    Broya les générations;
Quinze ans elle passa, fumante, à toute bride,
    Sur le ventre des nations;
Enfin, lasse d'aller sans finir sa carrière,
    D'aller sans user son chemin,
De pétrir l'univers, et comme une poussière
    De soulever le genre humain;
Les jarrets épuisés, haletante, sans force
    Et fléchissant à chaque pas,
Elle demanda grâce à son cavalier corse;
    Mais, bourreau, tu n'écoutas pas!
Tu la pressas plus fort de ta cuisse nerveuse,
    Pour étouffer ses cris ardents,
Tu retournas le mors dans sa bouche baveuse,
    De fureur tu brisas ses dents;
Elle se releva : mais un jour de bataille,
    Ne pouvant plus mordre ses freins,
Mourante, elle tomba sur un lit de mitraille
    Et du coup te cassa les reins.

GÉRARD DE NERVAL

❧ ❧ ❧

El Desdichado

Je suis le Ténébreux, — le Veuf, — l'Inconsolé,
Le Prince d'Aquitaine à la Tour abolie :
Ma seule *Étoile* est morte, — et mon luth constellé
Porte le *Soleil* noir de la *Mélancolie.*

Dans la nuit du Tombeau, Toi qui m'as consolé,
Rends-moi le Pausilippe et la mer d'Italie,
La *fleur* qui plaisait tant à mon cœur désolé,
Et la treille où le Pampre à la Rose s'allie.

Suis-je Amour ou Phébus?... Lusignan ou Biron?
Mon front est rouge encore du baiser de la Reine;
J'ai rêvé dans la Grotte où nage la Sirène...

Et j'ai deux fois vainqueur traversé l'Achéron :
Modulant tour à tour sur la lyre d'Orphée
Les soupirs de la Sainte et les cris de la Fée.

Myrtho

Je pense à toi, Myrtho, divine enchanteresse,
Au Pausilippe altier, de mille feux brillant,
A ton front inondé des clartés d'Orient,
Aux raisins noirs mêlés avec l'or de ta tresse.

C'est dans ta coupe aussi que j'avais bu l'ivresse,
Et dans l'éclair furtif de ton œil souriant,
Quand aux pieds d'Iacchus on me voyait priant,
Car la Muse m'a fait l'un des fils de la Grèce.

Je sais pourquoi là-bas le volcan s'est rouvert...
C'est qu'hier tu l'avais touché d'un pied agile,
Et de cendres soudain l'horizon s'est couvert.

Depuis qu'un duc normand brisa tes dieux d'argile,
Toujours, sous les rameaux du laurier de Virgile,
Le pâle hortensia s'unit au myrte vert!

Horus

Le dieu Kneph en tremblant ébranlait l'univers :
Isis, la mère, alors se leva sur sa couche,
Fit un geste de haine à son époux farouche,
Et l'ardeur d'autrefois brilla dans ses yeux verts.

« Le voyez-vous, dit-elle, il meurt, ce vieux pervers,
Tous les frimas du monde ont passé par sa bouche,
Attachez son pied tors, éteignez son œil louche,
C'est le dieu des volcans et le roi des hivers!

« L'aigle a déjà passé, l'esprit nouveau m'appelle,
J'ai revêtu pour lui la robe de Cybèle...
C'est l'enfant bien-aimé d'Hermès et d'Osiris! »

La déesse avait fui sur sa conque dorée,
La mer nous renvoyait son image adorée,
Et les cieux rayonnaient sous l'écharpe d'Iris.

Antéros

Tu demandes pourquoi j'ai tant de rage au cœur
Et sur un col flexible une tête indomptée;
C'est que je suis issu de la race d'Antée,
Je retourne les dards contre le dieu vainqueur.

Oui, je suis de ceux-là qu'inspire le Vengeur,
Il m'a marqué le front de sa lèvre irritée,
Sous la pâleur d'Abel, hélas! ensanglantée,
J'ai parfois de Caïn l'implacable rougeur!

Jéhovah! le dernier, vaincu par ton génie,
Qui, du fond des enfers, criait : « O tyrannie! »
C'est mon aïeul Bélus ou mon père Dagon...

Ils m'ont plongé trois fois dans les eaux du Cocyte,
Et, protégeant tout seul ma mère Amalécyte,
Je ressème à ses pieds les dents du vieux dragon.

Delfica

La connais-tu, Dafné, cette ancienne romance,
Au pied du sycomore, ou sous les lauriers blancs,
Sous l'olivier, le myrte, ou les saules tremblants,
Cette chanson d'amour qui toujours recommence?...

Reconnais-tu le TEMPLE au péristyle immense,
Et les citrons amers où s'imprimaient tes dents,
Et la grotte, fatale aux hôtes imprudents,
Où du dragon vaincu dort l'antique semence?...

Ils reviendront, ces Dieux que tu pleures toujours!
Le temps va ramener l'ordre des anciens jours;
La terre a tressailli d'un souffle prophétique...

Cependant la sibylle au visage latin
Est endormie encor sous l'arc de Constantin
— Et rien n'a dérangé le sévère portique.

Artémis

La Treizième revient... C'est encor la première;
Et c'est toujours la Seule, — ou c'est le seul moment :
Car es-tu Reine, ô Toi! la première ou dernière?
Es-tu Roi, toi le seul ou le dernier amant?...

Aimez qui vous aima du berceau dans la bière;
Celle que j'aimai seul m'aime encor tendrement :
C'est la Mort — ou la Morte... O délice! ô tourment!
La rose qu'elle tient, c'est la Rose trémière.

Sainte napolitaine aux mains pleines de feux,
Rose au cœur violet, fleur de sainte Gudule,
As-tu trouvé ta Croix dans le désert des cieux?

Roses blanches, tombez! vous insultez nos Dieux,
Tombez, fantômes blancs, de votre ciel qui brûle :
— La sainte de l'abîme est plus sainte à mes yeux!

Vers dorés

Eh quoi? tout est sensible!
PYTHAGORE.

Homme! libre penseur — te crois-tu seul pensant
Dans ce monde, où la vie éclate en toute chose?
Des forces que tu tiens ta liberté dispose,
Mais de tous tes conseils l'univers est absent.

Respecte dans la bête un esprit agissant...
Chaque fleur est une âme à la Nature éclose;
Un mystère d'amour dans le métal repose :
Tout est sensible! — Et tout sur ton être est puissant!

Crains dans le mur aveugle un regard qui t'épie :
A la matière même un verbe est attaché...
Ne la fais pas servir à quelque usage impie.

Souvent dans l'être obscur habite un Dieu caché;
Et, comme un œil naissant couvert par ses paupières,
Un pur esprit s'accroît sous l'écorce des pierres.

Une allée du Luxembourg

Elle a passé, la jeune fille
Vive et preste comme un oiseau :
A la main une fleur qui brille,
A la bouche un refrain nouveau.

C'est peut-être la seule au monde
Dont le cœur au mien répondrait,
Qui venant dans ma nuit profonde
D'un seul regard l'éclaircirait!...

Mais non, — ma jeunesse est finie...
Adieu, doux rayon qui m'as lui, —
Parfum, jeune fille, harmonie...
Le bonheur passait, — il a fui!

Fantaisie

Il est un air pour qui je donnerais
Tout Rossini, tout Mozart et tout Weber,
Un air très vieux, languissant et funèbre,
Qui pour moi seul a des charmes secrets.

Or, chaque fois que je viens à l'entendre,
De deux cents ans mon âme rajeunit :
C'est sous Louis treize; et je crois voir s'étendre
Un coteau vert, que le couchant jaunit,

Puis un château de brique à coins de pierre,
Aux vitraux teints de rougeâtres couleurs,
Ceint de grands parcs, avec une rivière
Baignant ses pieds, qui coule entre des fleurs;

Puis une dame, à sa haute fenêtre,
Blonde aux yeux noirs, en ses habits anciens,
Que, dans une autre existence peut-être,
J'ai déjà vue... et dont je me souviens!

Le point noir

Quiconque a regardé le soleil fixement
Croit voir devant ses yeux voler obstinément
Autour de lui, dans l'air, une tache livide.

Ainsi, tout jeune encore et plus audacieux,
Sur la gloire un instant j'osai fixer les yeux :
Un point noir est resté dans mon regard avide.

Depuis, mêlée à tout comme un signe de deuil,
Partout, sur quelque endroit que s'arrête mon œil,
Je la vois se poser aussi, la tache noire ! —

Quoi, toujours ? Entre moi sans cesse et le bonheur !
Oh ! c'est que l'aigle seul — malheur à nous, malheur !
Contemple impunément le Soleil et la Gloire.

Les Cydalises

Où sont nos amoureuses ?
Elles sont au tombeau :
Elles sont plus heureuses,
Dans un séjour plus beau !

Elles sont près des anges,
Dans le fond du ciel bleu,
Et chantent les louanges
De la mère de Dieu !

O blanche fiancée !
O jeune vierge en fleur !
Amante délaissée,
Que flétrit la douleur !

L'éternité profonde
Souriait dans vos yeux...
Flambeaux éteints du monde,
Rallumez-vous aux cieux !

Épitaphe

Il a vécu tantôt gai comme un sansonnet,
Tour à tour amoureux insoucieux et tendre,
Tantôt sombre et rêveur comme un triste Clitandre.
Un jour il entendit qu'à sa porte on sonnait.

C'était la Mort! Alors il la pria d'attendre
Qu'il eût posé le point à son dernier sonnet;
Et puis sans s'émouvoir, il s'en alla s'étendre
Au fond du coffre froid où son corps frissonnait.

Il était paresseux, à ce que dit l'histoire,
Il laissait trop sécher l'encre dans l'écritoire.
Il voulait tout savoir mais il n'a rien connu.

Et quand vint le moment où, las de cette vie,
Un soir d'hiver, enfin l'âme lui fut ravie,
Il s'en alla disant : « Pourquoi suis-je venu? »

ALFRED DE MUSSET

❖ ❖ ❖

Chanson

J'ai dit à mon cœur, à mon faible cœur :
N'est-ce point assez d'aimer sa maîtresse?
Et ne vois-tu pas que changer sans cesse,
C'est perdre en désirs le temps du bonheur?

Il m'a répondu : Ce n'est point assez,
Ce n'est point assez d'aimer sa maîtresse;
Et ne vois-tu pas que changer sans cesse
Nous rend doux et chers les plaisirs passés?

J'ai dit à mon cœur, à mon faible cœur :
N'est-ce point assez de tant de tristesse?
Et ne vois-tu pas que changer sans cesse,
C'est à chaque pas trouver la douleur?

Il m'a répondu : Ce n'est point assez,
Ce n'est point assez de tant de tristesse;
Et ne vois-tu pas que changer sans cesse
Nous rend doux et chers les chagrins passés?

A quoi rêvent les jeunes filles

ACTE I. SCÈNE 3. — NINON, NINETTE.

NINON

Cette voix retentit encore à mon oreille.

NINETTE

Ce baiser singulier me fait encor frémir.

NINON

Nous verrons cette nuit; il faudra que je veille.

NINETTE

Cette nuit, cette nuit, je ne veux pas dormir.

NINON

Toi dont la voix est douce, et douce la parole,
Chanteur mystérieux, reviendras-tu me voir?
Ou, comme en soupirant l'hirondelle s'envole,
Mon bonheur fuira-t-il, n'ayant duré qu'un soir?

NINETTE

Audacieux fantôme à la forme voilée,
Les ombrages ce soir seront-ils sans danger?
Te reverrai-je encor dans cette sombre allée,
Ou disparaîtras-tu comme un chamois léger?

NINON

L'eau, la terre et les vents, tout s'emplit d'harmonies,
Un jeune rossignol chante au fond de mon cœur.
J'entends sous les roseaux murmurer des génies...
Ai-je de nouveaux sens inconnus à ma sœur?

NINETTE

Pourquoi ne puis-je voir sans plaisir et sans peine
Les baisers du zéphyr trembler sur la fontaine,
Et l'ombre des tilleuls passer sur mes bras nus?
Ma sœur est une enfant, — et je ne le suis plus.

Une bonne fortune

Il ne faudrait pourtant, me disais-je à moi-même,
Qu'une permission de notre seigneur Dieu,
Pour qu'il vînt à passer quelque femme en ce lieu.
Les bosquets sont déserts; la chaleur est extrême;
Les vents sont à l'amour; l'horizon est en feu;
Toute femme, ce soir, doit désirer qu'on l'aime.

S'il venait à passer, sous ces grands marronniers,
Quelque alerte beauté de l'école flamande,
Une ronde fillette, échappée à Téniers,
Ou quelque ange pensif de candeur allemande :
Une vierge en or fin d'un livre de légende,
Dans un flot de velours traînant ses petits pieds;

Elle viendrait par là, de cette sombre allée,
Marchant à pas de biche avec un air boudeur,
Écoutant murmurer le vent dans la feuillée,
De paresse amoureuse et de langueur voilée,
Dans ses doigts inquiets tourmentant une fleur,
Le printemps sur la joue, et le ciel dans le cœur.

Elle s'arrêterait là-bas, sous la tonnelle.
Je ne lui dirais rien, j'irais tout simplement
Me mettre à deux genoux par terre devant elle,
Regarder dans ses yeux l'azur du firmament,
Et pour toute faveur la prier seulement
De se laisser aimer d'une amour immortelle.

Lucie

ÉLÉGIE

Mes chers amis, quand je mourrai,
Plantez un saule au cimetière.
J'aime son feuillage éploré;
La pâleur m'en est douce et chère,
Et son ombre sera légère
A la terre où je dormirai.

Un soir, nous étions seuls, j'étais assis près d'elle;
Elle penchait la tête, et sur son clavecin
Laissait, tout en rêvant, flotter sa blanche main.
Ce n'était qu'un murmure : on eût dit les coups d'aile
D'un zéphyr éloigné glissant sur des roseaux
Et craignant en passant d'éveiller les oiseaux.
Les tièdes voluptés des nuits mélancoliques
Sortaient autour de nous du calice des fleurs.
Les marronniers du parc et les chênes antiques
Se berçaient doucement sous leurs rameaux en pleurs.
Nous écoutions la nuit; la croisée entr'ouverte
Laissait venir à nous les parfums du printemps;
Les vents étaient muets, la plaine était déserte;
Nous étions seuls, pensifs, et nous avions quinze ans.
Je regardais Lucie. — Elle était pâle et blonde.
Jamais deux yeux plus doux n'ont du ciel le plus pur
Sondé la profondeur et réfléchi l'azur.
Sa beauté m'enivrait; je n'aimais qu'elle au monde.
Mais je croyais l'aimer comme on aime une sœur,
Tant ce qui venait d'elle était plein de pudeur!
Nous nous tûmes longtemps; ma main touchait la
                                            [sienne,
Je regardais rêver son front triste et charmant,
Et je sentais dans l'âme, à chaque mouvement,
Combien peuvent sur nous, pour guérir toute peine,

Ces deux signes jumeaux de paix et de bonheur,
Jeunesse de visage et jeunesse de cœur.
La lune, se levant dans un ciel sans nuage,
D'un long réseau d'argent tout à coup l'inonda;
Elle vit dans mes yeux resplendir son image;
Son sourire semblait d'un ange : elle chanta...

Doux mystère du toit que l'innocence habite,
Chansons, rêves d'amour, rires, propos d'enfant,
Et toi, charme inconnu dont rien ne se défend,
Qui fit hésiter Faust au seuil de Marguerite,
Candeur des premiers jours, qu'êtes-vous devenus?
Paix profonde à ton âme, enfant! à ta mémoire!
Adieu! ta blanche main sur le clavier d'ivoire,
Durant les nuits d'été, ne voltigera plus...

        Mes chers amis, quand je mourrai,
        Plantez un saule au cimetière.
        J'aime son feuillage éploré;
        La pâleur m'en est douce et chère,
        Et son ombre sera légère
        A la terre où je dormirai.

La nuit de mai

LA MUSE

Poète, prends ton luth et me donne un baiser;
La fleur de l'églantier sent ses bourgeons éclore.
Le printemps naît ce soir; les vents vont s'embraser;
Et la bergeronnette, en attendant l'aurore,
Aux premiers buissons verts commence à se poser.
Poète, prends ton luth, et me donne un baiser.

LE POÈTE

Comme il fait noir dans la vallée!
J'ai cru qu'une forme voilée
Flottait là-bas sur la forêt.
Elle sortait de la prairie;
Son pied rasait l'herbe fleurie;
C'est une étrange rêverie;
Elle s'efface et disparaît.

LA MUSE

Poète, prends ton luth; la nuit, sur la pelouse,
Balance le zéphyr dans son voile odorant.
La rose, vierge encor, se referme jalouse
Sur le frelon nacré qu'elle enivre en mourant.
Écoute! tout se tait : songe à ta bien-aimée.
Ce soir, sous les tilleuls à la sombre ramée
Le rayon du couchant laisse un adieu plus doux.
Ce soir, tout va fleurir : l'immortelle nature
Se remplit de parfums, d'amour et de murmure,
Comme le lit joyeux de deux jeunes époux.

LE POÈTE

Pourquoi mon cœur bat-il si vite?
Qu'ai-je donc en moi qui s'agite
Dont je me sens épouvanté?
Ne frappe-t-on pas à ma porte?
Pourquoi ma lampe à demi morte
M'éblouit-elle de clarté?
Dieu puissant! tout mon corps frissonne.
Qui vient? qui m'appelle? — Personne.
Je suis seul; c'est l'heure qui sonne;
O solitude! ô pauvreté!

LA MUSE

Poète, prends ton luth; le vin de la jeunesse
Fermente cette nuit dans les veines de Dieu.
Mon sein est inquiet, la volupté l'oppresse,
Et les vents altérés m'ont mis la lèvre en feu.

O paresseux enfant! regarde, je suis belle.
Notre premier baiser, ne t'en souviens-tu pas,
Quand je te vis si pâle au toucher de mon aile,
Et que, les yeux en pleurs, tu tombas dans mes bras?
Ah! je t'ai consolé d'une amère souffrance!
Hélas! bien jeune encor, tu te mourais d'amour.
Console-moi ce soir, je me meurs d'espérance;
J'ai besoin de prier pour vivre jusqu'au jour.

LE POÈTE

Est-ce toi dont la voix m'appelle,
O ma pauvre Muse! est-ce toi?
O ma fleur! ô mon immortelle!
Seul être pudique et fidèle
Où vive encor l'amour de moi!
Oui, te voilà, c'est toi, ma blonde,
C'est toi, ma maîtresse et ma sœur!
Et je sens, dans la nuit profonde,
De ta robe d'or qui m'inonde
Les rayons glisser dans mon cœur.

LA MUSE

Poète, prends ton luth; c'est moi, ton immortelle,
Qui t'ai vu cette nuit triste et silencieux,
Et qui, comme un oiseau que sa couvée appelle,
Pour pleurer avec toi descends du haut des cieux.
Viens, tu souffres, ami. Quelque ennui solitaire
Te ronge, quelque chose a gémi dans ton cœur;
Quelque amour t'est venu, comme on en voit sur terre,
Une ombre de plaisir, un semblant de bonheur.
Viens, chantons devant Dieu; chantons dans tes pen-
Dans tes plaisirs perdus, dans tes peines passées; [sées,
Partons, dans un baiser, pour un monde inconnu.
Éveillons au hasard les échos de ta vie,
Parlons-nous de bonheur, de gloire et de folie,
Et que ce soit un rêve, et le premier venu....

Chanson de Barberine

Beau chevalier qui partez pour la guerre,
    Qu'allez-vous faire
    Si loin d'ici?
Voyez-vous pas que la nuit est profonde,
    Et que le monde
    N'est que souci?

Vous qui croyez qu'une amour délaissée
    De la pensée
    S'enfuit ainsi,
Hélas! hélas! chercheurs de renommée,
    Votre fumée
    S'envole aussi.

Beau chevalier qui partez pour la guerre,
    Qu'allez-vous faire
    Si loin de nous?
J'en vais pleurer, moi qui me laissais dire
    Que mon sourire
    Était si doux.

La nuit d'octobre

LE POÈTE

Honte à toi qui la première
M'as appris la trahison,
Et d'horreur et de colère
M'as fait perdre la raison!
Honte à toi, femme à l'œil sombre,
Dont les funestes amours
Ont enseveli dans l'ombre
Mon printemps et mes beaux jours!
C'est ta voix, c'est ton sourire,
C'est ton regard corrupteur,
Qui m'ont appris à maudire
Jusqu'au semblant du bonheur;
C'est ta jeunesse et tes charmes
Qui m'ont fait désespérer,
Et si je doute des larmes,
C'est que je t'ai vu pleurer.
Honte à toi! j'étais encore
Aussi simple qu'un enfant;
Comme une fleur à l'aurore,
Mon cœur s'ouvrait en t'aimant.
Certes ce cœur sans défense
Put sans peine être abusé;
Mais lui laisser l'innocence
Était encor plus aisé.
Honte à toi! tu fus la mère
De mes premières douleurs,
Et tu fis de ma paupière
Jaillir la source des pleurs!
Elle coule, sois-en sûre,
Et rien ne la tarira;
Elle sort d'une blessure

Qui jamais ne guérira ;
Mais dans cette source amère
Du moins je me laverai,
Et j'y laisserai, j'espère,
Ton souvenir abhorré !

LA MUSE

Poète, c'est assez. Auprès d'une infidèle,
Quand ton illusion n'aurait duré qu'un jour,
N'outrage pas ce jour lorsque tu parles d'elle ;
Si tu veux être aimé, respecte ton amour.
Si l'effort est trop grand pour la faiblesse humaine
De pardonner les maux qui nous viennent d'autrui,
Épargne-toi du moins le tourment de la haine ;
A défaut du pardon, laisse venir l'oubli.
Les morts dorment en paix dans le sein de la terre :
Ainsi doivent dormir nos sentiments éteints.
Ces reliques du cœur ont aussi leur poussière ;
Sur leurs restes sacrés ne portons pas les mains.
Pourquoi, dans ce récit d'une vive souffrance,
Ne veux-tu voir qu'un rêve et qu'un amour trompé ?
Est-ce donc sans motif qu'agit la Providence ?
Et crois-tu donc distrait le Dieu qui t'a frappé ?
Le coup dont tu te plains t'a préservé peut-être,
Enfant ; car c'est par là que ton cœur s'est ouvert.
L'homme est un apprenti, la douleur est son maître,
Et nul ne se connaît tant qu'il n'a pas souffert.
C'est une dure loi, mais une loi suprême,
Vieille comme le monde et la fatalité,
Qu'il nous faut du malheur recevoir le baptême
Et qu'à ce triste prix tout doit être acheté.
Les moissons, pour mûrir, ont besoin de rosée ;
Pour vivre et pour sentir, l'homme a besoin des pleurs ;
La joie a pour symbole une plante brisée,
Humide encor de pluie et couverte de fleurs.

Ne te disais-tu pas guéri de ta folie?
N'es-tu pas jeune, heureux, partout le bienvenu,
Et ces plaisirs légers qui font aimer la vie,
Si tu n'avais pleuré, quel cas en ferais-tu?...
Comprendrais-tu des cieux l'ineffable harmonie,
Le silence des nuits, le murmure des flots,
Si quelque part là-bas la fièvre et l'insomnie
Ne t'avaient fait songer à l'éternel repos?
N'as-tu pas maintenant une belle maîtresse
Et, lorsqu'en t'endormant tu lui serres la main,
Le lointain souvenir des maux de ta jeunesse
Ne rend-il pas plus doux son sourire divin?
N'allez-vous pas aussi vous promener ensemble
Au fond des bois fleuris, sur le sable argentin?
Et, dans ce vert palais, le blanc spectre du tremble
Ne sait-il plus, le soir, vous montrer le chemin?
Ne vois-tu pas alors, aux rayons de la lune,
Plier comme autrefois un beau corps dans tes bras,
Et si dans le sentier tu trouvais la Fortune,
Derrière elle, en chantant, ne marcherais-tu pas?
De quoi te plains-tu donc? L'immortelle espérance
S'est retrempée en toi sous la main du malheur.
Pourquoi veux-tu haïr ta jeune expérience,
Et détester un mal qui t'a rendu meilleur?
O mon enfant! plains-la, cette belle infidèle,
Qui fit couler jadis les larmes de tes yeux;
Plains-la! c'est une femme, et Dieu t'a fait, près d'elle,
Deviner, en souffrant, le secret des heureux.
Sa tâche fut pénible; elle t'aimait peut-être;
Mais le destin voulait qu'elle brisât ton cœur.
Elle savait la vie, et te l'a fait connaître;
Une autre a recueilli le fruit de ta douleur.
Plains-la! son triste amour a passé comme un songe;
Elle a vu ta blessure et n'a pu la fermer.
Dans ses larmes, crois-moi, tout n'était pas mensonge.
Quand tout l'aurait été, plains-la! tu sais aimer....

Jamais

Jamais, avez-vous dit, tandis qu'autour de nous
Résonnait de Schubert la plaintive musique;
Jamais, avez-vous dit, tandis que, malgré vous,
Brillait de vos grands yeux l'azur mélancolique.

Jamais, répétiez-vous, pâle et d'un air si doux
Qu'on eût cru voir sourire une médaille antique.
Mais des trésors secrets l'instinct fier et pudique
Vous couvrit de rougeur, comme un voile jaloux.

Quel mot vous prononcez, marquise, et quel dommage
Hélas! je ne voyais ni ce charmant visage,
Ni ce divin sourire, en vous parlant d'aimer.

Vos yeux bleus sont moins doux que votre âme n'est belle.
Même en les regardant, je ne regrettais qu'elle,
Et de voir dans sa fleur un tel cœur se fermer.

Tristesse

J'ai perdu ma force et ma vie,
Et mes amis et ma gaîté;
J'ai perdu jusqu'à la fierté
Qui faisait croire à mon génie.

Quand j'ai connu la Vérité,
J'ai cru que c'était une amie;
Quand je l'ai comprise et sentie,
J'en étais déjà dégoûté.

Et pourtant elle est éternelle,
Et ceux qui se sont passés d'elle
Ici-bas ont tout ignoré.

Dieu parle, il faut qu'on lui réponde.
Le seul bien qui me reste au monde
Est d'avoir quelquefois pleuré.

Sonnet à Madame M. N.

« Je vous ai vue enfant, maintenant que j'y pense,
Fraîche comme une rose et le cœur dans les yeux.
— Je vous ai vu bambin, boudeur et paresseux;
Vous aimiez lord Byron, les grands vers et la danse. »

Ainsi nous revenaient les jours de notre enfance,
Et nous parlions déjà le langage des vieux;
Ce jeune souvenir riait entre nous deux,
Léger comme un écho, gai comme l'espérance.

Le lâche craint le temps parce qu'il fait mourir;
Il croit son mur gâté lorsqu'une fleur y pousse.
O voyageur ami, père du souvenir!

C'est ta main consolante, et si sage et si douce,
Qui consacre à jamais un pas fait sur la mousse,
Le hochet d'un enfant, un regard, un soupir.

A mon frère, revenant d'Italie

Toits superbes! froids monuments!
Linceul d'or sur des ossements!
    Ci-gît Venise.
Là mon pauvre cœur est resté.
S'il doit m'en être rapporté,
    Dieu le conduise!

Mon pauvre cœur, l'as-tu trouvé
Sur le chemin, sous un pavé,
    Au fond d'un verre?
Ou dans ce grand palais Nani,
Dont tant de soleils ont jauni
    La noble pierre?

L'as-tu vu sur les fleurs des prés,
Ou sur les raisins empourprés
    D'une tonnelle?
Ou dans quelque frêle bateau,
Glissant à l'ombre et fendant l'eau
    A tire-d'aile?

L'as-tu trouvé tout en lambeaux
Sur la rive où sont les tombeaux?
    Il y doit être.
Je ne sais qui l'y cherchera,
Mais je crois bien qu'on ne pourra
    L'y reconnaître.

Il était gai, jeune et hardi;
Il se jetait en étourdi
    A l'aventure
Librement il respirait l'air,
Et parfois il se montrait fier
    D'une blessure.

Il fut crédule, étant loyal,
Se défendant de croire au mal
    Comme d'un crime.
Puis tout à coup il s'est fondu
Ainsi qu'un glacier suspendu
    Sur un abîme....

Sur trois marches de marbre rose

... Dites-nous, marches gracieuses,
Les rois, les princes, les prélats,
Et les marquis à grand fracas,
Et les belles ambitieuses,
Dont vous avez compté les pas;
Celles-là surtout, j'imagine,
En vous touchant ne pesaient pas.
Lorsque le velours ou l'hermine
Frôlaient vos contours délicats,
Laquelle était la plus légère?
Est-ce la reine Montespan?
Est-ce Hortense avec un roman,
Maintenon avec son bréviaire,
Ou Fontange avec son ruban?
Beau marbre, as-tu vu La Vallière?
De Parabère ou de Sabran
Laquelle savait mieux te plaire?
Entre Sabran et Parabère
Le Régent même, après souper,
Chavirait jusqu'à s'y tromper.
As-tu vu le puissant Voltaire,
Ce grand frondeur des préjugés,
Avocat des gens mal jugés,
Du Christ ce terrible adversaire,
Bedeau du temple de Cythère,
Présentant à la Pompadour
Sa vieille eau bénite de cour?
As-tu vu, comme à l'hermitage,
La rondelette Dubarry
Courir, en buvant du laitage,
Pieds nus, sur le gazon fleuri?
Marches qui savez notre histoire,
Aux jours pompeux de votre gloire,

Quel heureux monde en ces bosquets !
Que de grands seigneurs, de laquais,
Que de duchesses, de caillettes,
De talons rouges, de paillettes,
Que de soupirs et de caquets,
Que de plumets et de calottes,
De falbalas et de culottes,
Que de poudre sous ces berceaux,
Que de gens, sans compter les sots...
Est-ce ton avis, marbre rose ?
Malgré moi, pourtant je suppose,
Que le hasard qui t'a mis là
Ne t'avait pas fait pour cela.
Aux pays où le soleil brille,
Près d'un temple grec ou latin,
Les beaux pieds d'une jeune fille,
Sentant la bruyère et le thym,
En te frappant de leurs sandales,
Auraient mieux réjoui tes dalles
Qu'une pantoufle de satin.
Est-ce d'ailleurs pour cet usage
Que la nature avait formé
Ton bloc jadis vierge et sauvage
Que le génie eût animé ?
Lorsque la pioche et la truelle
T'ont scellé dans ce parc boueux,
En t'y plantant malgré les dieux,
Mansard insultait Praxitèle.
Oui, si tes flancs devaient s'ouvrir,
Il fallait en faire sortir
Quelque divinité nouvelle.
Quand sur toi leur scie a grincé,
Les tailleurs de pierre ont blessé
Quelque Vénus dormant encore,
Et la pourpre qui te colore
Te vient du sang qu'elle a versé....

Derniers vers

L'heure de ma mort, depuis dix-huit mois,
De tous les côtés sonne à mes oreilles.
Depuis dix-huit mois d'ennuis et de veilles,
Partout je la sens, partout je la vois.

Plus je me débats contre ma misère,
Plus s'éveille en moi l'instinct du malheur;
Et, dès que je veux faire un pas sur terre,
Je sens tout à coup s'arrêter mon cœur.

Ma force à lutter s'use et se prodigue.
Jusqu'à mon repos, tout est un combat;
Et, comme un coursier brisé de fatigue,
Mon courage éteint chancelle et s'abat.

Fantaisie d'hiver

Dans le bassin des Tuileries,
Le cygne s'est pris en nageant,
Et les arbres, comme aux féeries,
Sont en filigrane d'argent.

Les vases ont des fleurs de givre,
Sous la charmille aux blancs réseaux;
Et sur la neige on voit se suivre
Les pas étoilés des oiseaux.

Au piédestal où, court-vêtue,
Vénus coudoyait Phocion,
L'Hiver a posé pour statue
La Frileuse de Clodion.

LECONTE DE LISLE

Midi

Midi, roi des étés, épandu sur la plaine,
Tombe en nappes d'argent des hauteurs du ciel bleu.
Tout se tait. L'air flamboie et brûle sans haleine;
La terre est assoupie en sa robe de feu.

L'étendue est immense, et les champs n'ont point
[d'ombre,
Et la source est tarie où buvaient les troupeaux;
La lointaine forêt, dont la lisière est sombre,
Dort là-bas, immobile, en un pesant repos.

Seuls, les grands blés mûris, tels qu'une mer dorée,
Se déroulent au loin, dédaigneux du sommeil;
Pacifiques enfants de la terre sacrée,
Ils épuisent sans peur la coupe du soleil.

Parfois, comme un soupir de leur âme brûlante,
Du sein des épis lourds qui murmurent entre eux,
Une ondulation majestueuse et lente
S'éveille, et va mourir à l'horizon poudreux.

Non loin, quelques bœufs blancs, couchés parmi les
Bavent avec lenteur sur leurs fanons épais,   [herbes,
Et suivent de leurs yeux languissants et superbes
Le songe intérieur qu'ils n'achèvent jamais.

Homme, si, le cœur plein de joie ou d'amertume,
Tu passais vers midi dans les champs radieux,
Fuis! la nature est vide et le soleil consume :
Rien n'est vivant ici, rien n'est triste ou joyeux.

Mais si, désabusé des larmes et du rire,
Altéré de l'oubli de ce monde agité,
Tu veux, ne sachant plus pardonner ou maudire,
Goûter une suprême et morne volupté,

Viens! Le soleil te parle en paroles sublimes;
Dans sa flamme implacable absorbe-toi sans fin;
Et retourne à pas lents vers les cités infimes,
Le cœur trempé sept fois dans le néant divin.

Qaïn

En la trentième année, au siècle de l'épreuve,
Étant captif parmi les cavaliers d'Assur,
Thogorma, le Voyant, fils d'Elam, fils de Thur,
Eut ce rêve, couché dans les roseaux du fleuve,
A l'heure où le soleil blanchit l'herbe et le mur.

Depuis que le Chasseur Iahvèh, qui terrasse
Les forts et de leur chair nourrit l'aigle et le chien,
Avait lié son peuple au joug assyrien,
Tous, se rasant les poils du crâne et de la face,
Stupides, s'étaient tus et n'entendaient plus rien.

Ployés sous le fardeau des misères accrues,
Dans la faim, dans la soif, dans l'épouvante assis,
Ils revoyaient leurs murs écroulés et noircis,
Et, comme aux crocs publics pendent les viandes [crues,
Leurs princes aux gibets des Rois incirconcis.

Le pied de l'infidèle appuyé sur la nuque
Des vaillants, le saint temple où priaient les aïeux
Souillé, vide, fumant, effondré par les pieux,
Et les vierges en pleurs sous le fouet de l'eunuque
Et le sombre Iahvèh muet au fond des cieux.

Or, laissant, ce jour-là, près des mornes aïeules
Et des enfants couchés dans les nattes de cuir,
Les femmes aux yeux noirs de sa tribu gémir,
Le fils d'Elam, meurtri par la sangle des meules,
Le long du grand Khobar se coucha pour dormir.

Les bandes d'étalons, par la plaine inondée
De lumière, gisaient sous le dattier roussi,
Et les taureaux, et les dromadaires aussi,
Avec les chameliers d'Iran et de Khaldée.
Thogorma, le Voyant, eut ce rêve. Voici :

C'était un soir des temps mystérieux du monde,
Alors que du midi jusqu'au septentrion
Toute vigueur grondait en pleine éruption,
L'arbre, le roc, la fleur, l'homme et la bête immonde,
Et que Dieu haletait dans sa création....

Thogorma dans ses yeux vit monter des murailles
De fer d'où s'enroulaient des spirales de tours
Et de palais cerclés d'airain sur des blocs lourds;
Ruche énorme, géhenne aux lugubres entrailles
Où s'engouffraient les Forts, princes des anciens jours.

Ils s'en venaient de la montagne et de la plaine,
Du fond des sombres bois et du désert sans fin,
Plus massifs que le cèdre et plus hauts que le pin,
Suants, échevelés, soufflant leur rude haleine
Avec leur bouche épaisse et rouge, et pleins de faim.

C'est ainsi qu'ils rentraient, l'ours velu des cavernes
A l'épaule, ou le cerf, ou le lion sanglant.
Et les femmes marchaient, géantes, d'un pas lent,
Sous les vases d'airain qu'emplit l'eau des citernes,
Graves, et les bras nus, et les mains sur le flanc.

Elles allaient, dardant leurs prunelles superbes,
Les seins droits, le col haut, dans la sérénité
Terrible de la force et de la liberté,
Et posant tour à tour dans la ronce et les herbes
Leurs pieds fermes et blancs avec tranquillité....

Puis, quand tout, foule et bruit et poussière mouvante,
Eut disparu dans l'orbe immense des remparts,
L'abîme de la nuit laissa de toutes parts
Suinter la terreur vague et sourdre l'épouvante
En un rauque soupir sous le ciel morne épars.

Et le Voyant sentit le poil de sa peau rude
Se hérisser tout droit en face de cela,
Car il connut, dans son esprit, que c'était là
La Ville de l'angoisse et de la solitude,
Sépulcre de Qaïn au pays d'Hévila.

NOTE. — *Mon choix primitif comportait, outre des extraits plus
importants de Qaïn, les poèmes suivants : les Hurleurs, les Éléphants,
le Manchy. Nous n'avons malheureusement pas pu obtenir l'autorisation
de les reproduire.*

CHARLES BAUDELAIRE

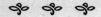

Bénédiction

.... Vers le Ciel, où son œil voit un trône splendide,
Le Poète serein lève ses bras pieux,
Et les vastes éclairs de son esprit lucide
Lui dérobent l'aspect des peuples furieux :

— « Soyez béni, mon Dieu, qui donnez la souffrance
Comme un divin remède à nos impuretés
Et comme la meilleure et la plus pure essence
Qui prépare les forts aux saintes voluptés!

Je sais que vous gardez une place au Poète
Dans les rangs bienheureux des saintes Légions,
Et que vous l'invitez à l'éternelle fête
Des Trônes, des Vertus, des Dominations.

Je sais que la douleur est la noblesse unique
Où ne mordront jamais la terre et les enfers,
Et qu'il faut pour tresser ma couronne mystique
Imposer tous les temps et tous les univers.

Mais les bijoux perdus de l'antique Palmyre,
Les métaux inconnus, les perles de la mer,
Par votre main montés, ne pourraient pas suffire
A ce beau diadème éblouissant et clair;

Car il ne sera fait que de pure lumière,
Puisée au foyer saint des rayons primitifs,
Et dont les yeux mortels, dans leur splendeur entière,
Ne sont que des miroirs obscurcis et plaintifs! »

Les phares

Rubens, fleuve d'oubli, jardin de la paresse,
Oreiller de chair fraîche où l'on ne peut aimer,
Mais où la vie afflue et s'agite sans cesse,
Comme l'air dans le ciel et la mer dans la mer;

Léonard de Vinci, miroir profond et sombre,
Où des anges charmants, avec un doux souris
Tout chargé de mystère, apparaissent à l'ombre
Des glaciers et des pins qui ferment leur pays;

Rembrandt, triste hôpital tout rempli de murmures,
Et d'un grand crucifix décoré seulement,
Où la prière en pleurs s'exhale des ordures,
Et d'un rayon d'hiver traversé brusquement;

Michel-Ange, lieu vague où l'on voit des Hercules
Se mêler à des Christs, et se lever tout droits
Des fantômes puissants qui dans les crépuscules
Déchirent leur suaire en étirant leurs doigts;

Colères de boxeur, impudences de faune,
Toi qui sus ramasser la beauté des goujats,
Grand cœur gonflé d'orgueil, homme débile et jaune,
Puget, mélancolique empereur des forçats;

Watteau, ce carnaval où bien des cœurs illustres,
Comme des papillons, errent en flamboyant,
Décors frais et légers éclairés par des lustres
Qui versent la folie à ce bal tournoyant;

Goya, cauchemar plein de choses inconnues,
De fœtus qu'on fait cuire au milieu des sabbats,
De vieilles au miroir et d'enfants toutes nues,
Pour tenter les démons ajustant bien leurs bas;

Delacroix, lac de sang hanté des mauvais anges,
Ombragé par un bois de sapins toujours vert,
Où, sous un ciel chagrin, des fanfares étranges
Passent, comme un soupir étouffé de Weber;

Ces malédictions, ces blasphèmes, ces plaintes,
Ces extases, ces cris, ces pleurs, ces *Te Deum*,
Sont un écho redit par mille labyrinthes;
C'est pour les cœurs mortels un divin opium!

C'est un cri répété par mille sentinelles,
Un ordre renvoyé par mille porte-voix;
C'est un phare allumé sur mille citadelles,
Un appel de chasseurs perdus dans les grands bois!

Car c'est vraiment, Seigneur, le meilleur témoignage
Que nous puissions donner de notre dignité
Que cet ardent sanglot qui roule d'âge en âge
Et vient mourir au bord de votre éternité!

L'ennemi

Ma jeunesse ne fut qu'un ténébreux orage,
Traversé çà et là par de brillants soleils;
Le tonnerre et la pluie ont fait un tel ravage,
Qu'il reste en mon jardin bien peu de fruits ver-
Voilà que j'ai touché l'automne des idées, [meils.
Et qu'il faut employer la pelle et les râteaux
Pour rassembler à neuf les terres inondées,
Où l'eau creuse des trous grands comme des tombeaux.

Et qui sait si les fleurs nouvelles que je rêve
Trouveront dans ce sol lavé comme une grève
Le mystique aliment qui ferait leur vigueur?

— O douleur! ô douleur! Le Temps mange la vie,
Et l'obscur Ennemi qui nous ronge le cœur
Du sang que nous perdons croît et se fortifie!

Le Guignon

Pour soulever un poids si lourd,
Sisyphe, il faudrait ton courage!
Bien qu'on ait du cœur à l'ouvrage,
L'art est long et le Temps est court.

Loin des sépultures célèbres,
Vers un cimetière isolé,
Mon cœur, comme un tambour voilé,
Va battant des marches funèbres.

— Maint joyau dort enseveli
Dans les ténèbres et l'oubli,
Bien loin des pioches et des sondes;

Mainte fleur épanche à regret
Son parfum doux comme un secret
Dans les solitudes profondes.

Parfum exotique

Quand, les deux yeux fermés, en un soir chaud d'au-
Je respire l'odeur de ton sein chaleureux,   [tomne,
Je vois se dérouler des rivages heureux
Qu'éblouissent les feux d'un soleil monotone;

Une île paresseuse où la nature donne
Des arbres singuliers et des fruits savoureux;
Des hommes dont le corps est mince et vigoureux,
Et des femmes dont l'œil par sa franchise étonne.

Guidé par ton odeur vers de charmants climats,
Je vois un port rempli de voiles et de mâts
Encor tout fatigués par la vague marine,

Pendant que le parfum des verts tamariniers,
Qui circule dans l'air et m'enfle la narine,
Se mêle dans mon âme au chant des mariniers.

La chevelure

O toison, moutonnant jusque sur l'encolure!
O boucles! O parfum chargé de nonchaloir!
Extase! Pour peupler ce soir l'alcôve obscure
Des souvenirs dormant dans cette chevelure,
Je la veux agiter dans l'air comme un mouchoir!

La langoureuse Asie et la brûlante Afrique,
Tout un monde lointain, absent, presque défunt,
Vit dans tes profondeurs, forêt aromatique!
Comme d'autres esprits voguent sur la musique,
Le mien, ô mon amour! nage sur ton parfum.

J'irai là-bas où l'arbre et l'homme, pleins de sève,
Se pâment longuement sous l'ardeur des climats;
Fortes tresses, soyez la houle qui m'enlève!
Tu contiens, mer d'ébène, un éblouissant rêve
De voiles, de rameurs, de flammes et de mâts :

Un port retentissant où mon âme peut boire
A grands flots le parfum, le son et la couleur;
Où les vaisseaux, glissant dans l'or et dans la moire,
Ouvrent leurs vastes bras pour embrasser la gloire
D'un ciel pur où frémit l'éternelle chaleur.

Je plongerai ma tête amoureuse d'ivresse
Dans ce noir océan où l'autre est enfermé;
Et mon esprit subtil que le roulis caresse
Saura vous retrouver, ô féconde paresse!
Infinis bercements du loisir embaumé!

Cheveux bleus, pavillon de ténèbres tendues,
Vous me rendez l'azur du ciel immense et rond;
Sur les bords duvetés de vos mèches tordues
Je m'enivre ardemment des senteurs confondues
De l'huile de coco, du musc et du goudron.

Longtemps! toujours! ma main dans ta crinière
Sèmera le rubis, la perle et le saphir,   [lourde
Afin qu'à mon désir tu ne sois jamais sourde!
N'es-tu pas l'oasis où je rêve, et la gourde
Où je hume à longs traits le vin du souvenir?

Une charogne

Rappelez-vous l'objet que nous vîmes, mon âme,
    Ce beau matin d'été si doux :
Au détour d'un sentier une charogne infâme
    Sur un lit semé de cailloux,

Les jambes en l'air, comme une femme lubrique,
    Brûlante et suant les poisons,
Ouvrait d'une façon nonchalante et cynique
    Son ventre plein d'exhalaisons.

Le soleil rayonnait sur cette pourriture,
    Comme afin de la cuire à point,
Et de rendre au centuple à la grande Nature
    Tout ce qu'ensemble elle avait joint...

— Et pourtant vous serez semblable à cette ordure,
    A cette horrible infection,
Étoile de mes yeux, soleil de ma nature,
    Vous, mon ange et ma passion!

Oui! telle vous serez, ô la reine des grâces,
    Après les derniers sacrements,
Quand vous irez, sous l'herbe et les floraisons grasses,
    Moisir parmi les ossements.

Alors, ô ma beauté! dites à la vermine
    Qui vous mangera de baisers,
Que j'ai gardé la forme et l'essence divine
    De mes amours décomposés!

Remords posthume

Lorsque tu dormiras, ma belle ténébreuse,
Au fond d'un monument construit en marbre noir,
Et lorsque tu n'auras pour alcôve et manoir
Qu'un caveau pluvieux et qu'une fosse creuse;

Quand la pierre, opprimant ta poitrine peureuse
Et tes flancs qu'assouplit un charmant nonchaloir,
Empêchera ton cœur de battre et de vouloir,
Et tes pieds de courir leur course aventureuse,

Le tombeau, confident de mon rêve infini
(Car le tombeau toujours comprendra le poète),
Durant ces grandes nuits d'où le somme est banni,

Te dira : « Que vous sert, courtisane imparfaite,
De n'avoir pas connu ce que pleurent les morts? »
— Et le ver rongera ta peau comme un remords.

Duellum

Deux guerriers ont couru l'un sur l'autre; leurs
Ont éclaboussé l'air de lueurs et de sang.   [armes
Ces jeux, ces cliquetis du fer sont les vacarmes
D'une jeunesse en proie à l'amour vagissant.

Les glaives sont brisés! comme notre jeunesse,
Ma chère! Mais les dents, les ongles acérés,
Vengent bientôt l'épée et la dague traîtresse.
— O fureur des cœurs mûrs par l'amour ulcérés!

Dans le ravin hanté des chats-pards et des onces
Nos héros, s'étreignant méchamment, ont roulé,
Et leur peau fleurira l'aridité des ronces.

— Ce gouffre, c'est l'enfer, de nos amis peuplé!
Roulons-y sans remords, amazone inhumaine,
Afin d'éterniser l'ardeur de notre haine!

Le balcon

Mère des souvenirs, maîtresse des maîtresses,
O toi, tous mes plaisirs! ô toi, tous mes devoirs!
Tu te rappelleras la beauté des caresses,
La douceur du foyer et le charme des soirs,
Mère des souvenirs, maîtresse des maîtresses!

Les soirs illuminés par l'ardeur du charbon,
Et les soirs au balcon, voilés de vapeurs roses.
Que ton sein m'était doux! que ton cœur m'était bon!
Nous avons dit souvent d'impérissables choses
Les soirs illuminés par l'ardeur du charbon.

Que les soleils sont beaux dans les chaudes soirées!
Que l'espace est profond! que le cœur est puissant!
En me penchant vers toi, reine des adorées,
Je croyais respirer le parfum de ton sang.
Que les soleils sont beaux dans les chaudes soirées!

La nuit s'épaississait ainsi qu'une cloison,
Et mes yeux dans le noir devinaient tes prunelles,
Et je buvais ton souffle, ô douceur! ô poison!
Et tes pieds s'endormaient dans mes mains fraternelles.
La nuit s'épaississait ainsi qu'une cloison.

Je sais l'art d'évoquer les minutes heureuses,
Et revis mon passé blotti dans tes genoux.
Car à quoi bon chercher tes beautés langoureuses
Ailleurs qu'en ton cher corps et qu'en ton cœur si doux?
Je sais l'art d'évoquer les minutes heureuses!

Ces serments, ces parfums, ces baisers infinis,
Renaîtront-ils d'un gouffre interdit à nos sondes,
Comme montent au ciel les soleils rajeunis
Après s'être lavés au fond des mers profondes?
— O serments! ô parfums! ô baisers infinis!

Je te donne ces vers afin que si mon nom
Aborde heureusement aux époques lointaines,
Et fait rêver un soir les cervelles humaines,
Vaisseau favorisé par un grand aquilon,

Ta mémoire, pareille aux fables incertaines,
Fatigue le lecteur ainsi qu'un tympanon,
Et par un fraternel et mystique chaînon
Reste comme pendue à mes rimes hautaines;

Être maudit à qui, de l'abîme profond
Jusqu'au plus haut du ciel, rien, hors moi, ne répond!
— O toi qui, comme une ombre à la trace éphémère,

Foules d'un pied léger et d'un regard serein
Les stupides mortels qui t'ont jugée amère,
Statue aux yeux de jais, grand ange au front d'airain!

Semper eadem

« D'où vous vient, disiez-vous, cette tristesse étrange,
Montant comme la mer sur le roc noir et nu? »
— Quand notre cœur a fait une fois sa vendange,
Vivre est un mal. C'est un secret de tous connu,

Une douleur très simple et non mystérieuse,
Et, comme votre joie, éclatante pour tous.
Cessez donc de chercher, ô belle curieuse!
Et, bien que votre voix soit douce, taisez-vous!

Taisez-vous, ignorante! âme toujours ravie!
Bouche au rire enfantin! Plus encor que la Vie,
La Mort nous tient souvent par des liens subtils.

Laissez, laissez mon cœur s'enivrer d'un *mensonge*,
Plonger dans vos beaux yeux comme dans un beau
Et sommeiller longtemps à l'ombre de vos cils! [songe,

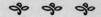

Que diras-tu ce soir, pauvre âme solitaire,
Que diras-tu, mon cœur, cœur autrefois flétri,
A la très-belle, à la très-bonne, à la très-chère,
Dont le regard divin t'a soudain refleuri?

— Nous mettrons notre orgueil à chanter ses louanges :
Rien ne vaut la douceur de son autorité;
Sa chair spirituelle a le parfum des Anges,
Et son œil nous revêt d'un habit de clarté.

Que ce soit dans la nuit et dans la solitude,
Que ce soit dans la rue et dans la multitude,
Son fantôme dans l'air danse comme un flambeau.

Parfois il parle et dit : « Je suis belle, et j'ordonne
Que pour l'amour de moi vous n'aimiez que le Beau;
Je suis l'Ange gardien, la Muse et la Madone. »

Réversibilité

Ange plein de gaieté, connaissez-vous l'angoisse,
La honte, les remords, les sanglots, les ennuis,
Et les vagues terreurs de ces affreuses nuits
Qui compriment le cœur comme un papier qu'on
[froisse?
Ange plein de gaieté, connaissez-vous l'angoisse?

Ange plein de bonté, connaissez-vous la haine,
Les poings crispés dans l'ombre et les larmes de fiel,
Quand la vengeance bat son infernal rappel,
Et de nos facultés se fait le capitaine?
Ange plein de bonté, connaissez-vous la haine?

Ange plein de santé, connaissez-vous les Fièvres
Qui, le long des grands murs de l'hospice blafard,
Comme des exilés, s'en vont d'un pied traînard,
Cherchant le soleil rare et remuant les lèvres?
Ange plein de santé, connaissez-vous les Fièvres?

Ange plein de beauté, connaissez-vous les rides,
Et la peur de vieillir, et ce hideux tourment
De lire la secrète horreur du dévouement
Dans des yeux où longtemps burent nos yeux avides?
Ange plein de beauté, connaissez-vous les rides?...

Harmonie du soir

Voici venir les temps où vibrant sur sa tige
Chaque fleur s'évapore ainsi qu'un encensoir;
Les sons et les parfums tournent dans l'air du soir;
Valse mélancolique et langoureux vertige!

Chaque fleur s'évapore ainsi qu'un encensoir;
Le violon frémit comme un cœur qu'on afflige;
Valse mélancolique et langoureux vertige!
Le ciel est triste et beau comme un grand reposoir.

Le violon frémit comme un cœur qu'on afflige,
Un cœur tendre, qui hait le néant vaste et noir!
Le ciel est triste et beau comme un grand reposoir;
Le soleil s'est noyé dans son sang qui se fige.

Un cœur tendre, qui hait le néant vaste et noir,
Du passé lumineux recueille tout vestige!
Le soleil s'est noyé dans son sang qui se fige...
Ton souvenir en moi luit comme un ostensoir!

Chant d'automne

I

Bientôt nous plongerons dans les froides ténèbres ;
Adieu, vive clarté de nos étés trop courts !
J'entends déjà tomber avec des chocs funèbres
Le bois retentissant sur le pavé des cours.

Tout l'hiver va rentrer dans mon être : colère,
Haine, frissons, horreur, labeur dur et forcé,
Et, comme le soleil dans son enfer polaire,
Mon cœur ne sera plus qu'un bloc rouge et glacé.

J'écoute en frémissant chaque bûche qui tombe ;
L'échafaud qu'on bâtit n'a pas d'écho plus sourd.
Mon esprit est pareil à la tour qui succombe
Sous les coups du bélier infatigable et lourd.

Il me semble, bercé par ce choc monotone,
Qu'on cloue en grande hâte un cercueil quelque part...
Pour qui ? — C'était hier l'été ; voici l'automne !
Ce bruit mystérieux sonne comme un départ.

II

J'aime de vos longs yeux la lumière verdâtre,
Douce beauté, mais tout aujourd'hui m'est amer,
Et rien, ni votre amour, ni le boudoir, ni l'âtre,
Ne me vaut le soleil rayonnant sur la mer.

Et pourtant aimez-moi, tendre cœur ! soyez mère,
Même pour un ingrat, même pour un méchant ;
Amante ou sœur, soyez la douceur éphémère
D'un glorieux automne ou d'un soleil couchant.

Courte tâche ! La tombe attend ; elle est avide !
Ah ! laissez-moi, mon front posé sur vos genoux,
Goûter, en regrettant l'été blanc et torride,
De l'arrière-saison le rayon jaune et doux !

Le portrait

La Maladie et la Mort font des cendres
De tout le feu qui pour nous flamboya,
De ces grands yeux si fervents et si tendres,
De cette bouche où mon cœur se noya....

Chanson d'après-midi

Quoique tes sourcils méchants
Te donnent un air étrange
Qui n'est pas celui d'un ange,
Sorcière aux yeux alléchants,

Je t'adore, ô ma frivole,
Ma terrible passion !
Avec la dévotion
Du prêtre pour son idole.

Le désert et la forêt
Embaument tes tresses rudes,
Ta tête a les attitudes
De l'énigme et du secret.

Sur ta chair le parfum rôde
Comme autour d'un encensoir ;
Tu charmes comme le soir,
Nymphe ténébreuse et chaude.

Ah ! les philtres les plus forts
Ne valent pas ta paresse,
Et tu connais la caresse
Qui fait revivre les morts !

Tes hanches sont amoureuses
De ton dos et de tes seins,
Et tu ravis les coussins
Par tes poses langoureuses.

Quelquefois, pour apaiser
Ta rage mystérieuse,
Tu prodigues, sérieuse,
La morsure et le baiser;

Tu me déchires, ma brune,
Avec un rire moqueur,
Et puis tu mets sur mon cœur
Ton œil doux comme la lune.

Sous tes souliers de satin,
Sous tes charmants pieds de soie,
Moi, je mets ma grande joie,
Mon génie et mon destin,

Mon âme par toi guérie,
Par toi, lumière et couleur!
Explosion de chaleur
Dans ma noire Sibérie!

A une dame créole

Au pays parfumé que le soleil caresse,
J'ai connu, sous un dais d'arbres tout empourprés
Et de palmiers d'où pleut sur les yeux la paresse,
Une dame créole aux charmes ignorés.

Son teint est pâle et chaud; la brune enchanteresse
A dans le col des airs noblement maniérés;
Grande et svelte en marchant comme une chasseresse,
Son sourire est tranquille et ses yeux assurés.

Si vous alliez, Madame, au vrai pays de gloire,
Sur les bords de la Seine ou de la verte Loire,
Belle digne d'orner les antiques manoirs,

Vous feriez, à l'abri des ombreuses retraites,
Germer mille sonnets dans le cœur des poètes,
Que vos grands yeux rendraient plus soumis que vos
[noirs.

Maesta et errabunda

Dis-moi, ton cœur parfois s'envole-t-il, Agathe,
Loin du noir océan de l'immonde cité,
Vers un autre océan où la splendeur éclate,
Bleu, clair, profond, ainsi que la virginité?
Dis-moi, ton cœur parfois s'envole-t-il, Agathe?

La mer, la vaste mer, console nos labeurs!
Quel démon a doté la mer, rauque chanteuse
Qu'accompagne l'immense orgue des vents grondeurs,
De cette fonction sublime de berceuse?
La mer, la vaste mer, console nos labeurs!...

Comme vous êtes loin, paradis parfumé,
Où sous un clair azur tout n'est qu'amour et joie,
Où tout ce que l'on aime est digne d'être aimé,
Où dans la volupté pure le cœur se noie!
Comme vous êtes loin, paradis parfumé!

Mais le vert paradis des amours enfantines,
Les courses, les chansons, les baisers, les bouquets,
Les violons vibrant derrière les collines,
Avec les brocs de vin, le soir, dans les bosquets,
— Mais le vert paradis des amours enfantines,

L'innocent paradis plein de plaisirs furtifs,
Est-il déjà plus loin que l'Inde et que la Chine?
Peut-on le rappeler avec des cris plaintifs,
Et l'animer encor d'une voix argentine,
L'innocent paradis plein de plaisirs furtifs?

Spleen

J'ai plus de souvenirs que si j'avais mille ans.

Un gros meuble à tiroirs encombré de bilans,
De vers, de billets doux, de procès, de romances,
Avec de lourds cheveux roulés dans des quittances,
Cache moins de secrets que mon triste cerveau.
C'est une pyramide, un immense caveau,
Qui contient plus de morts que la fosse commune.
— Je suis un cimetière abhorré de la lune,
Où, comme des remords, se traînent de longs vers
Qui s'acharnent toujours sur mes morts les plus chers.
Je suis un vieux boudoir plein de roses fanées,
Où gît tout un fouillis de modes surannées,
Où les pastels plaintifs et les pâles Boucher,
Seuls, respirent l'odeur d'un flacon débouché.

Rien n'égale en longueur les boiteuses journées,
Quand sous les lourds flocons des neigeuses années
L'ennui, fruit de la morne incuriosité,
Prend les proportions de l'immortalité.
— Désormais tu n'es plus, ô matière vivante!
Qu'un granit entouré d'une vague épouvante,
Assoupi dans le fond d'un Sahara brumeux;
Un vieux sphinx ignoré du monde insoucieux,
Oublié sur la carte, et dont l'humeur farouche
Ne chante qu'aux rayons du soleil qui se couche.

Le goût du néant

Morne esprit, autrefois amoureux de la lutte,
L'Espoir, dont l'éperon attisait ton ardeur,
Ne veut plus t'enfourcher ! Couche-toi sans pudeur,
Vieux cheval dont le pied à chaque obstacle bute.

Résigne-toi, mon cœur ; dors ton sommeil de brute.

Esprit vaincu, fourbu ! Pour toi, vieux maraudeur,
L'amour n'a plus de goût, non plus que la dispute ;
Adieu donc, chants du cuivre et soupirs de la flûte !
Plaisirs, ne tentez plus un cœur sombre et boudeur !

Le Printemps adorable a perdu son odeur !...

L'horloge

Horloge ! dieu sinistre, effrayant, impassible,
Dont le doigt nous menace et nous dit : « *Souviens-toi !*
Les vibrantes Douleurs dans ton cœur plein d'effroi
Se planteront bientôt comme dans une cible ;

Le Plaisir vaporeux fuira vers l'horizon
Ainsi qu'une sylphide au fond de la coulisse ;
Chaque instant te dévore un morceau du délice
A chaque homme accordé pour toute sa saison....

Souviens-toi que le Temps est un joueur avide
Qui gagne sans tricher, à tout coup ! c'est la loi.
Le jour décroît ; la nuit augmente ; *souviens-toi !*
Le gouffre a toujours soif ; la clepsydre se vide.

Tantôt sonnera l'heure où le divin Hasard,
Où l'auguste Vertu, ton épouse encor vierge,
Où le Repentir même (oh ! la dernière auberge !),
Où tout te dira : « Meurs, vieux lâche ! il est trop tard ! »

Paysage

Je veux, pour composer chastement mes églogues,
Coucher auprès du ciel, comme les astrologues,
Et, voisin des clochers, écouter en rêvant
Leurs hymnes solennels emportés par le vent.

Les deux mains au menton, du haut de ma mansarde,
Je verrai l'atelier qui chante et qui bavarde ;
Les tuyaux, les clochers, ces mâts de la cité,
Et les grands ciels qui font rêver d'éternité.

Il est doux, à travers les brumes, de voir naître
L'étoile dans l'azur, la lampe à la fenêtre,
Les fleuves de charbon monter au firmament
Et la lune verser son pâle enchantement.
Je verrai les printemps, les étés, les automnes ;
Et quand viendra l'hiver aux neiges monotones,
Je fermerai partout portières et volets
Pour bâtir dans la nuit mes féeriques palais.
Alors je rêverai des horizons bleuâtres,
Des jardins, des jets d'eau pleurant dans les albâtres,
Des baisers, des oiseaux chantant soir et matin,
Et tout ce que l'Idylle a de plus enfantin.
L'Émeute, tempêtant vainement à ma vitre,
Ne fera pas lever mon front de mon pupitre :
Car je serai plongé dans cette volupté
D'évoquer le Printemps avec ma volonté,
De tirer un soleil de mon cœur, et de faire
De mes pensers brûlants une tiède atmosphère.

Le cygne

A VICTOR HUGO

I

Andromaque, je pense à vous! Ce petit fleuve,
Pauvre et triste miroir où jadis resplendit
L'immense majesté de vos douleurs de veuve,
Ce Simoïs menteur qui par vos pleurs grandit,

A fécondé soudain ma mémoire fertile,
Comme je traversais le nouveau Carrousel.
Le vieux Paris n'est plus (la forme d'une ville
Change plus vite, hélas! que le cœur d'un mortel);

Je ne vois qu'en esprit tout ce camp de baraques,
Ces tas de chapiteaux ébauchés et de fûts,
Les herbes, les gros blocs verdis par l'eau des flaques,
Et, brillant aux carreaux, le bric-à-brac confus.

Là s'étalait jadis une ménagerie;
Là je vis, un matin, à l'heure où sous les cieux
Froids et clairs le Travail s'éveille, où la voirie
Pousse un sombre ouragan dans l'air silencieux,

Un cygne qui s'était évadé de sa cage,
Et, de ses pieds palmés frottant le pavé sec,
Sur le sol raboteux traînait son blanc plumage.
Près d'un ruisseau sans eau la bête ouvrant le bec

Baignait nerveusement ses ailes dans la poudre,
Et disait, le cœur plein de son beau lac natal :
« Eau, quand donc pleuvras-tu? quand tonneras-tu,
Je vois ce malheureux, mythe étrange et fatal, [foudre?»

Vers le ciel quelquefois, comme l'homme d'Ovide,
Vers le ciel ironique et cruellement bleu,
Sur son cou convulsif tendant sa tête avide,
Comme s'il adressait des reproches à Dieu!

II

Paris change! mais rien dans ma mélancolie
N'a bougé! palais neufs, échafaudages, blocs,
Vieux faubourgs, tout pour moi devient allégorie,
Et mes chers souvenirs sont plus lourds que des rocs.

Aussi devant ce Louvre une image m'opprime;
Je pense à mon grand cygne, avec ses gestes fous,
Comme les exilés, ridicule et sublime,
Et rongé d'un désir sans trêve! et puis à vous,

Andromaque, des bras d'un grand époux tombée,
Vil bétail, sous la main du superbe Pyrrhus,
Auprès d'un tombeau vide en extase courbée;
Veuve d'Hector, hélas! et femme d'Hélénus!

Je pense à la négresse, amaigrie et phtisique,
Piétinant dans la boue, et cherchant, l'œil hagard,
Les cocotiers absents de la superbe Afrique
Derrière la muraille immense du brouillard;

A quiconque a perdu ce qui ne se retrouve
Jamais! jamais! à ceux qui s'abreuvent de pleurs
Et tètent la Douleur comme une bonne louve!
Aux maigres orphelins séchant comme des fleurs!

Ainsi dans la forêt où mon esprit s'exile
Un vieux Souvenir sonne à plein souffle du cor!
Je pense aux matelots oubliés dans une île,
Aux captifs, aux vaincus!... à bien d'autres encor!

Les petites vieilles

A VICTOR HUGO

I

Dans les plis sinueux des vieilles capitales,
Où tout, même l'horreur, tourne aux enchantements,
Je guette, obéissant à mes humeurs fatales,
Des êtres singuliers, décrépits et charmants.

Ces monstres disloqués furent jadis des femmes,
Eponine ou Laïs! Monstres brisés, bossus
Ou tordus, aimons-les! ce sont encor des âmes.
Sous des jupons troués et sous de froids tissus

Ils rampent, flagellés par les bises iniques,
Frémissant au fracas roulant des omnibus,
Et serrant sur leur flanc, ainsi que des reliques,
Un petit sac brodé de fleurs ou de rébus;

Ils trottent, tout pareils à des marionnettes;
Se traînent, comme font les animaux blessés,
Ou dansent, sans vouloir danser, pauvres sonnettes
Où se pend un Démon sans pitié! Tout cassés

Qu'ils sont, ils ont des yeux perçants comme une vrille,
Luisants comme ces trous où l'eau dort dans la nuit;
Ils ont les yeux divins de la petite fille
Qui s'étonne et qui rit à tout ce qui reluit.

— Avez-vous observé que maints cercueils de vieilles
Sont presque aussi petits que celui d'un enfant?
La Mort savante met dans ces bières pareilles
Un symbole d'un goût bizarre et captivant,

Et lorsque j'entrevois un fantôme débile
Traversant de Paris le fourmillant tableau,
Il me semble toujours que cet être fragile
S'en va tout doucement vers un nouveau berceau;

A moins que, méditant sur la géométrie,
Je ne cherche, à l'aspect de ces membres discords,
Combien de fois il faut que l'ouvrier varie
La forme de la boîte où l'on met tous ces corps.

— Ces yeux sont des puits faits d'un million de larmes,
Des creusets qu'un métal refroidi pailleta...
Ces yeux mystérieux ont d'invincibles charmes
Pour celui que l'austère Infortune allaita!...

III

Ah! que j'en ai suivi de ces petites vieilles!
Une, entre autres, à l'heure où le soleil tombant
Ensanglante le ciel de blessures vermeilles,
Pensive, s'asseyait à l'écart sur un banc,

Pour entendre un de ces concerts, riches de cuivre,
Dont les soldats parfois inondent nos jardins,
Et qui, dans ces soirs d'or où l'on se sent revivre,
Versent quelque héroïsme au cœur des citadins.

Celle-là, droite encor, fière, et sentant la règle,
Humait avidement ce chant vif et guerrier;
Son œil parfois s'ouvrait comme l'œil d'un vieil aigle;
Son front de marbre avait l'air fait pour le laurier!

IV

Telles vous cheminez, stoïques et sans plaintes,
A travers le chaos des vivantes cités,
Mères au cœur saignant, courtisanes ou saintes,
Dont autrefois les noms par tous étaient cités.

Vous qui fûtes la grâce ou qui fûtes la gloire,
Nul ne vous reconnaît! un ivrogne incivil
Vous insulte en passant d'un amour dérisoire;
Sur vos talons gambade un enfant lâche et vil.

Honteuses d'exister, ombres ratatinées,
Peureuses, le dos bas, vous côtoyez les murs;
Et nul ne vous salue, étranges destinées!
Débris d'humanité pour l'éternité mûrs!

Mais moi, moi qui de loin tendrement vous surveille,
L'œil inquiet, fixé sur vos pas incertains,
Tout comme si j'étais votre père, ô merveille!
Je goûte à votre insu des plaisirs clandestins :

Je vois s'épanouir vos passions novices;
Sombres ou lumineux, je vis vos jours perdus;
Mon cœur multiplié jouit de tous vos vices!
Mon âme resplendit de toutes vos vertus!

Ruines! ma famille! ô cerveaux congénères!
Je vous fais chaque soir un solennel adieu!
Où serez-vous demain, Eves octogénaires,
Sur qui pèse la griffe effroyable de Dieu?

A une passante

La rue assourdissante autour de moi hurlait.
Longue, mince, en grand deuil, douleur majestueuse,
Une femme passa, d'une main fastueuse
Soulevant, balançant le feston et l'ourlet;

Agile et noble, avec sa jambe de statue.
Moi, je buvais, crispé comme un extravagant,
Dans son œil, ciel livide où germe l'ouragan,
La douceur qui fascine et le plaisir qui tue.

Un éclair... puis la nuit! — Fugitive beauté
Dont le regard m'a fait soudainement renaître,
Ne te verrai-je plus que dans l'éternité?

Ailleurs, bien loin d'ici! trop tard! *jamais* peut-être!
Car j'ignore où tu fuis, tu ne sais où je vais,
O toi que j'eusse aimée, ô toi qui le savais!

La servante au grand cœur dont vous étiez jalouse,
Et qui dort son sommeil sous une humble pelouse,
Nous devrions pourtant lui porter quelques fleurs.
Les morts, les pauvres morts, ont de grandes douleurs,
Et quand Octobre souffle, émondeur des vieux arbres,
Son vent mélancolique à l'entour de leurs marbres,
Certe, ils doivent trouver les vivants bien ingrats,
A dormir, comme ils font, chaudement dans leurs
Tandis que, dévorés de noires songeries, [draps,
Sans compagnon de lit, sans bonnes causeries,
Vieux squelettes gelés travaillés par le ver,
Ils sentent s'égoutter les neiges de l'hiver
Et le siècle couler, sans qu'amis ni famille
Remplacent les lambeaux qui pendent à leur grille.

Lorsque la bûche siffle et chante, si le soir,
Calme, dans le fauteuil, je la voyais s'asseoir,
Si, par une nuit bleue et froide de décembre,
Je la trouvais tapie en un coin de ma chambre,
Grave, et venant du fond de son lit éternel
Couver l'enfant grandi de son œil maternel,
Que pourrais-je répondre à cette âme pieuse,
Voyant tomber des pleurs de sa paupière creuse?

L'amour du mensonge

Quand je te vois passer, ô ma chère indolente,
Au chant des instruments qui se brise au plafond
Suspendant ton allure harmonieuse et lente,
Et promenant l'ennui de ton regard profond;

Quand je contemple, aux feux du gaz qui le colore,
Ton front pâle, embelli par un morbide attrait,
Où les torches du soir allument une aurore,
Et tes yeux attirants comme ceux d'un portrait,

Je me dis : Qu'elle est belle! et bizarrement fraîche!
Le souvenir massif, royale et lourde tour,   [pêche,
La couronne, et son cœur, meurtri comme une
Est mûr, comme son corps, pour le savant amour.

Es-tu le fruit d'automne aux saveurs souveraines?
Es-tu vase funèbre attendant quelques pleurs,
Parfum qui fait rêver aux oasis lointaines,
Oreiller caressant, ou corbeille de fleurs?

Je sais qu'il est des yeux, des plus mélancoliques,
Qui ne recèlent point de secrets précieux;
Beaux écrins sans joyaux, médaillons sans reliques,
Plus vides, plus profonds que vous-mêmes, ô Cieux!

Mais ne suffit-il pas que tu sois l'apparence,
Pour réjouir un cœur qui fuit la vérité?
Qu'importe ta bêtise ou ton indifférence?
Masque ou décor, salut! J'adore ta beauté.

Brumes et pluies

O fins d'automne, hivers, printemps trempés de boue,
Endormeuses saisons! Je vous aime et vous loue
D'envelopper ainsi mon cœur et mon cerveau
D'un linceul vaporeux et d'un vague tombeau.

Dans cette grande plaine où l'autan froid se joue,
Où par les longues nuits la girouette s'enroue,
Mon âme mieux qu'au temps du tiède renouveau
Ouvrira largement ses ailes de corbeau.

Rien n'est plus doux au cœur plein de choses funèbres,
Et sur qui dès longtemps descendent les frimas,
O blafardes saisons, reines de nos climats,

Que l'aspect permanent de vos pâles ténèbres,
— Si ce n'est, par un soir sans lune, deux à deux,
D'endormir la douleur sur un lit hasardeux.

Les bijoux

La très-chère était nue, et, connaissant mon cœur,
Elle n'avait gardé que ses bijoux sonores,
Dont le riche attirail lui donnait l'air vainqueur
Qu'ont dans leurs jours heureux les esclaves des Mores.

Quand il jette en dansant son bruit vif et moqueur,
Ce monde rayonnant de métal et de pierre
Me ravit en extase, et j'aime à la fureur
Les choses où le son se mêle à la lumière.

Elle était donc couchée et se laissait aimer,
Et du haut du divan elle souriait d'aise
A mon amour profond et doux comme la mer,
Qui vers elle montait comme vers sa falaise.

Les yeux fixés sur moi, comme un tigre dompté,
D'un air vague et rêveur elle essayait des poses,
Et la candeur unie à la lubricité
Donnait un charme neuf à ses métamorphoses;

Et son bras et sa jambe, et sa cuisse et ses reins,
Polis comme de l'huile, onduleux comme un cygne,
Passaient devant mes yeux clairvoyants et sereins;
Et son ventre et ses seins, ces grappes de ma vigne,

S'avançaient, plus câlins que les Anges du mal,
Pour troubler le repos où mon âme était mise,
Et pour la déranger du rocher de cristal
Où, calme et solitaire, elle s'était assise.

Je croyais voir unis par un nouveau dessin
Les hanches de l'Antiope au buste d'un imberbe,
Tant sa taille faisait ressortir son bassin.
Sur ce teint fauve et brun, le fard était superbe!

— Et la lampe s'étant résignée à mourir,
Comme le foyer seul illuminait la chambre,
Chaque fois qu'il poussait un flamboyant soupir,
Il inondait de sang cette peau couleur d'ambre!

Le crépuscule du matin

La diane chantait dans les cours des casernes,
Et le vent du matin soufflait sur les lanternes.

C'était l'heure où l'essaim des rêves malfaisants
Tord sur leurs oreillers les bruns adolescents;
Où, comme un œil sanglant qui palpite et qui bouge,
La lampe sur le jour fait une tache rouge;
Où l'âme, sous le poids du corps revêche et lourd,
Imite les combats de la lampe et du jour.
Comme un visage en pleurs que les brises essuient,
L'air est plein du frisson des choses qui s'enfuient,
Et l'homme est las d'écrire et la femme d'aimer.

Les maisons çà et là commençaient à fumer.
Les femmes de plaisir, la paupière livide,
Bouche ouverte, dormaient de leur sommeil stupide;
Les pauvresses, traînant leurs seins maigres et froids,
Soufflaient sur leurs tisons et soufflaient sur leurs
                                    [doigts.
C'était l'heure où parmi le froid et la lésine
S'aggravent les douleurs des femmes en gésine;
Comme un sanglot coupé par un sang écumeux
Le chant du coq au loin déchirait l'air brumeux;
Une mer de brouillards baignait les édifices,
Et les agonisants dans le fond des hospices
Poussaient leur dernier râle en hoquets inégaux.
Les débauchés rentraient, brisés par leurs travaux.

L'aurore grelottante en robe rose et verte
S'avançait lentement sur la Seine déserte,
Et le sombre Paris, en se frottant les yeux,
Empoignait ses outils, vieillard laborieux.

Une martyre

DESSIN D'UN MAÎTRE INCONNU

Au milieu des flacons, des étoffes lamées
    Et des meubles voluptueux,
Des marbres, des tableaux, des robes parfumées
    Qui traînent à plis somptueux,

Dans une chambre tiède où, comme en une serre,
    L'air est dangereux et fatal,
Où des bouquets mourants dans leurs cercueils de
    Exhalent leur soupir final,   [verre

Un cadavre sans tête épanche, comme un fleuve,
    Sur l'oreiller désaltéré
Un sang rouge et vivant, dont la toile s'abreuve
    Avec l'avidité d'un pré.

Semblable aux visions pâles qu'enfante l'ombre
    Et qui nous enchaînent les yeux,
La tête, avec l'amas de sa crinière sombre
    Et de ses bijoux précieux,

Sur la table de nuit, comme une renoncule,
    Repose; et, vide de pensers,
Un regard vague et blanc comme le crépuscule
    S'échappe des yeux révulsés.

Sur le lit, le tronc nu sans scrupules étale
    Dans le plus complet abandon
La secrète splendeur et la beauté fatale
    Dont la nature lui fit don;

Un bas rosâtre, orné de coins d'or, à la jambe,
    Comme un souvenir est resté;
La jarretière, ainsi qu'un œil secret qui flambe,
    Darde un regard diamanté.

Le singulier aspect de cette solitude
        Et d'un grand portrait langoureux,
Aux yeux provocateurs comme son attitude,
        Révèle un amour ténébreux,

Une coupable joie et des fêtes étranges
        Pleines de baisers infernaux,
Dont se réjouissait l'essaim des mauvais anges
        Nageant dans les plis des rideaux;

Et cependant, à voir la maigreur élégante
        De l'épaule au contour heurté,
La hanche un peu pointue et la taille fringante
        Ainsi qu'un reptile irrité,

Elle est bien jeune encor! — Son âme exaspérée
        Et ses sens par l'ennui mordus
S'étaient-ils entr'ouverts à la meute altérée
        Des désirs errants et perdus?

L'homme vindicatif que tu n'as pu, vivante,
        Malgré tant d'amour, assouvir,
Combla-t-il sur ta chair inerte et complaisante
        L'immensité de son désir?

Réponds, cadavre impur! et par tes tresses roides
        Te soulevant d'un bras fiévreux,
Dis-moi, tête effrayante, a-t-il sur tes dents froides
        Collé les suprêmes adieux?

— Loin du monde railleur, loin de la foule impure,
        Loin des magistrats curieux,
Dors en paix, dors en paix, étrange créature,
        Dans ton tombeau mystérieux;

Ton époux court le monde, et ta forme immortelle
        Veille près de lui quand il dort;
Autant que toi sans doute il te sera fidèle,
        Et constant jusques à la mort.

Un voyage à Cythère

Mon cœur, comme un oiseau, voltigeait tout joyeux
Et planait librement à l'entour des cordages ;
Le navire roulait sous un ciel sans nuages,
Comme un ange enivré d'un soleil radieux.

Quelle est cette île triste et noire ? — C'est Cythère,
Nous dit-on, un pays fameux dans les chansons,
Eldorado banal de tous les vieux garçons.
Regardez, après tout, c'est une pauvre terre.

— Ile des doux secrets et des fêtes du cœur !
De l'antique Vénus le superbe fantôme
Au-dessus de tes mers plane comme un arôme,
Et charge les esprits d'amour et de langueur.

Belle île aux myrtes verts, pleine de fleurs écloses,
Vénérée à jamais par toute nation,
Où les soupirs des cœurs en adoration
Roulent comme l'encens sur un jardin de roses

Ou le roucoulement éternel d'un ramier !
— Cythère n'était plus qu'un terrain des plus maigres,
Un désert rocailleux troublé par des cris aigres.
J'entrevoyais pourtant un objet singulier !

Ce n'était pas un temple aux ombres bocagères,
Où la jeune prêtresse, amoureuse des fleurs,
Allait, le corps brûlé de secrètes chaleurs,
Entre-bâillant sa robe aux brises passagères ;

Mais voilà qu'en rasant la côte d'assez près
Pour troubler les oiseaux avec nos voiles blanches,
Nous vîmes que c'était un gibet à trois branches,
Du ciel se détachant en noir, comme un cyprès.

De féroces oiseaux perchés sur leur pâture
Détruisaient avec rage un pendu déjà mûr,
Chacun plantant, comme un outil, son bec impur
Dans tous les coins saignants de cette pourriture ;

Les yeux étaient deux trous, et du ventre effondré
Les intestins pesants lui coulaient sur les cuisses,
Et ses bourreaux, gorgés de hideuses délices,
L'avaient à coups de bec absolument châtré.

Sous les pieds, un troupeau de jaloux quadrupèdes,
Le museau relevé, tournoyait et rôdait ;
Une plus grande bête au milieu s'agitait
Comme un exécuteur entouré de ses aides.

Habitant de Cythère, enfant d'un ciel si beau,
Silencieusement tu souffrais ces insultes
En expiation de tes infâmes cultes
Et des péchés qui t'ont interdit le tombeau.

Ridicule pendu, tes douleurs sont les miennes !
Je sentis, à l'aspect de tes membres flottants,
Comme un vomissement, remonter vers mes dents
Le long fleuve de fiel des douleurs anciennes ;

Devant toi, pauvre diable au souvenir si cher,
J'ai senti tous les becs et toutes les mâchoires
Des corbeaux lancinants et des panthères noires
Qui jadis aimaient tant à triturer ma chair.

— Le ciel était charmant, la mer était unie ;
Pour moi tout était noir et sanglant désormais,
Hélas ! et j'avais, comme en un suaire épais,
Le cœur enseveli dans cette allégorie.

Dans ton île, ô Vénus ! je n'ai trouvé debout
Qu'un gibet symbolique où pendait mon image...
— Ah ! Seigneur ! donnez-moi la force et le courage
De contempler mon cœur et mon corps sans dégoût !

La mort des amants

Nous aurons des lits pleins d'odeurs légères,
Des divans profonds comme des tombeaux,
Et d'étranges fleurs sur des étagères,
Écloses pour nous sous des cieux plus beaux.

Usant à l'envi leurs chaleurs dernières,
Nos deux cœurs seront deux vastes flambeaux,
Qui réfléchiront leurs doubles lumières
Dans nos deux esprits, ces miroirs jumeaux.

Un soir fait de rose et de bleu mystique,
Nous échangerons un éclair unique,
Comme un long sanglot, tout chargé d'adieux ;

Et plus tard un Ange, entrouvrant les portes,
Viendra ranimer, fidèle et joyeux,
Les miroirs ternis et les flammes mortes.

La mort des pauvres

C'est la Mort qui console, hélas ! et qui fait vivre ;
C'est le but de la vie, et c'est le seul espoir
Qui, comme un élixir, nous monte et nous enivre,
Et nous donne le cœur de marcher jusqu'au soir ;

A travers la tempête, et la neige, et le givre,
C'est la clarté vibrante à notre horizon noir ;
C'est l'auberge fameuse inscrite sur le livre,
Où l'on pourra manger, et dormir, et s'asseoir ;

C'est un Ange qui tient dans ses doigts magnétiques
Le sommeil et le don des rêves extatiques,
Et qui refait le lit des gens pauvres et nus ;

C'est la gloire des Dieux, c'est le grenier mystique,
C'est la bourse du pauvre et sa patrie antique,
C'est le portique ouvert sur les Cieux inconnus !

Le voyage

A MAXIME DU CAMP

I

Pour l'enfant, amoureux de cartes et d'estampes,
L'univers est égal à son vaste appétit.
Ah! que le monde est grand à la clarté des lampes!
Aux yeux du souvenir que le monde est petit!

Un matin nous partons, le cerveau plein de flamme,
Le cœur gros de rancune et de désirs amers,
Et nous allons, suivant le rythme de la lame,
Berçant notre infini sur le fini des mers :

Les uns, joyeux de fuir une patrie infâme;
D'autres, l'horreur de leurs berceaux, et quelques-uns,
Astrologues noyés dans les yeux d'une femme,
La Circé tyrannique aux dangereux parfums.

Pour n'être pas changés en bêtes, ils s'enivrent
D'espace et de lumière et de cieux embrasés;
La glace qui les mord, les soleils qui les cuivrent,
Effacent lentement la marque des baisers.

Mais les vrais voyageurs sont ceux-là seuls qui partent
Pour partir; cœurs légers, semblables aux ballons,
De leur fatalité jamais ils ne s'écartent,
Et, sans savoir pourquoi, disent toujours : Allons!

Ceux-là dont les désirs ont la forme des nues,
Et qui rêvent, ainsi qu'un conscrit le canon,
De vastes voluptés, changeantes, inconnues,
Et dont l'esprit humain n'a jamais su le nom!...

VII

Amer savoir, celui qu'on tire du voyage!
Le monde, monotone et petit, aujourd'hui,
Hier, demain, toujours, nous fait voir notre image :
Une oasis d'horreur dans un désert d'ennui!

Faut-il partir? rester? Si tu peux rester, reste;
Pars, s'il le faut. L'un court, et l'autre se tapit
Pour tromper l'ennemi vigilant et funeste,
Le Temps! Il est, hélas! des coureurs sans répit,

Comme le Juif errant et comme les apôtres,
A qui rien ne suffit, ni wagon ni vaisseau,
Pour fuir ce rétiaire infâme; il en est d'autres
Qui savent le tuer sans quitter leur berceau.

Lorsque enfin il mettra le pied sur notre échine,
Nous pourrons espérer et crier : En avant!
De même qu'autrefois nous partions pour la Chine,
Les yeux fixés au large et les cheveux au vent,

Nous nous embarquerons sur la mer des Ténèbres
Avec le cœur joyeux d'un jeune passager.
Entendez-vous ces voix, charmantes et funèbres,
Qui chantent : « Par ici! vous qui voulez manger

Le Lotus parfumé! c'est ici qu'on vendange
Les fruits miraculeux dont votre cœur a faim;
Venez vous enivrer de la douceur étrange
De cette après-midi qui n'a jamais de fin! »

A l'accent familier nous devinons le spectre;
Nos Pylades là-bas tendent leurs bras vers nous.
« Pour rafraîchir ton cœur nage vers ton Electre! »
Dit celle dont jadis nous baisions les genoux.

VIII

O Mort, vieux capitaine, il est temps! levons l'ancre!
Ce pays nous ennuie, ô Mort! Appareillons!
Si le ciel et la mer sont noirs comme de l'encre,
Nos cœurs que tu connais sont remplis de rayons!

Verse-nous ton poison pour qu'il nous réconforte!
Nous voulons, tant ce feu nous brûle le cerveau,
Plonger au fond du gouffre. Enfer ou Ciel, qu'importe?
Au fond de l'Inconnu pour trouver du *nouveau!*

A celle qui est trop gaie

Ta tête, ton geste, ton air
Sont beaux comme un beau paysage;
Le rire joue en ton visage
Comme un vent frais dans un ciel clair.

Le passant chagrin que tu frôles
Est ébloui par la santé
Qui jaillit comme une clarté
De tes bras et de tes épaules.

Les retentissantes couleurs
Dont tu parsèmes tes toilettes
Jettent dans l'esprit des poètes
L'image d'un ballet de fleurs.

Ces robes folles sont l'emblème
De ton esprit bariolé;
Folle dont je suis affolé,
Je te hais autant que je t'aime!

Quelquefois dans un beau jardin
Où je traînais mon atonie,
J'ai senti, comme une ironie,
Le soleil déchirer mon sein;

Et le printemps et la verdure
Ont tant humilié mon cœur,
Que j'ai puni sur une fleur
L'insolence de la Nature.

Ainsi je voudrais, une nuit,
Quand l'heure des voluptés sonne,
Vers les trésors de ta personne,
Comme un lâche, ramper sans bruit,

Pour châtier ta chair joyeuse,
Pour meurtrir ton sein pardonné,
Et faire à ton flanc étonné
Une blessure large et creuse,

Et, vertigineuse douceur!
A travers ces lèvres nouvelles,
Plus éclatantes et plus belles,
T'infuser mon venin, ma sœur!

Recueillement

Sois sage, ô ma Douleur, et tiens-toi plus tranquille.
Tu réclamais le Soir; il descend; le voici :
Une atmosphère obscure enveloppe la ville,
Aux uns portant la paix, aux autres le souci.

Pendant que des mortels la multitude vile,
Sous le fouet du Plaisir, ce bourreau sans merci,
Va cueillir des remords dans la fête servile,
Ma Douleur, donne-moi la main; viens par ici,

Loin d'eux. Vois se pencher les défuntes Années,
Sur les balcons du ciel, en robes surannées;
Surgir du fond des eaux le Regret souriant;

Le Soleil moribond s'endormir sous une arche,
Et, comme un long linceul traînant à l'Orient,
Entends, ma chère, entends la douce Nuit qui marche.

Le coucher du soleil romantique

Que le Soleil est beau quand tout frais il se lève,
Comme une explosion nous lançant son bonjour !
— Bienheureux celui-là qui peut avec amour
Saluer son coucher plus glorieux qu'un rêve !

Je me souviens !... J'ai vu tout, fleur, source, sillon,
Se pâmer sous son œil comme un cœur qui palpite...
— Courons vers l'horizon, il est tard, courons vite,
Pour attraper au moins un oblique rayon !

L'imprévu

Harpagon, qui veillait son père agonisant,
Se dit, rêveur, devant ces lèvres déjà blanches :
« Nous avons au grenier un nombre suffisant,
    Ce me semble, de vieilles planches ? »

Célimène roucoule et dit : « Mon cœur est bon,
Et naturellement, Dieu m'a faite très belle. »
— Son cœur ! cœur racorni, fumé comme un jambon,
    Recuit à la flamme éternelle !...

L'horloge, à son tour, dit à voix basse : « Il est mûr,
Le damné ! J'avertis en vain la chair infecte.
L'homme est aveugle, sourd, fragile, comme un mur
    Qu'habite et que ronge un insecte ! »

Et puis, Quelqu'un paraît, que tous avaient nié,
Et qui leur dit, railleur et fier : « Dans mon ciboire,
Vous avez, que je crois, assez communié,
    A la joyeuse Messe noire?

Chacun de vous m'a fait un temple dans son cœur;
Vous avez, en secret, baisé ma fesse immonde!
Reconnaissez Satan à son rire vainqueur,
    Énorme et laid comme le monde!

Avez-vous donc pu croire, hypocrites surpris,
Qu'on se moque du maître, et qu'avec lui l'on triche,
Et qu'il soit naturel de recevoir deux prix,
    D'aller au Ciel et d'être riche?

Il faut que le gibier paye le vieux chasseur
Qui se morfond longtemps à l'affût de la proie.
Je vais vous emporter à travers l'épaisseur,
    Compagnons de ma triste joie,

A travers l'épaisseur de la terre et du roc,
A travers les amas confus de votre cendre,
Dans un palais aussi grand que moi, d'un seul bloc,
    Et qui n'est pas de pierre tendre;

Car il est fait avec l'universel Péché,
Et contient mon orgueil, ma douleur et ma gloire! »
— Cependant, tout en haut de l'univers juché,
    Un ange sonne la victoire

De ceux dont le cœur dit : « Que béni soit ton fouet,
Seigneur! que la douleur, ô Père, soit bénie!
Mon âme dans tes mains n'est pas un vain jouet,
    Et ta prudence est infinie. »

Le son de la trompette est si délicieux,
Dans ces soirs solennels de célestes vendanges,
Qu'il s'infiltre comme une extase dans tous ceux
    Dont elle chante les louanges.

L'examen de minuit

La pendule, sonnant minuit,
Ironiquement nous engage
A nous rappeler quel usage
Nous fîmes du jour qui s'enfuit :
— Aujourd'hui, date fatidique,
Vendredi, treize, nous avons,
Malgré tout ce que nous savons,
Mené le train d'un hérétique;

Nous avons blasphémé Jésus,
Des Dieux le plus incontestable!
Comme un parasite à la table
De quelque monstrueux Crésus,
Nous avons, pour plaire à la brute,
Digne vassale des Démons,
Insulté ce que nous aimons
Et flatté ce qui nous rebute;

Contristé, servile bourreau,
Le faible qu'à tort on méprise;
Salué l'énorme Bêtise,
La Bêtise au front de taureau;
Baisé la stupide Matière
Avec grande dévotion,
Et de la putréfaction
Béni la blafarde lumière;

Enfin, nous avons, pour noyer
Le vertige dans le délire,
Nous, prêtre orgueilleux de la Lyre,
Dont la gloire est de déployer
L'ivresse des choses funèbres,
Bu sans soif et mangé sans faim!
— Vite soufflons la lampe, afin
De nous cacher dans les ténèbres!

Le jet d'eau

Tes beaux yeux sont las, pauvre amante!
Reste longtemps, sans les rouvrir,
Dans cette pose nonchalante
Où t'a surprise le plaisir.
Dans la cour le jet d'eau qui jase
Et ne se tait ni nuit ni jour,
Entretient doucement l'extase
Où ce soir m'a plongé l'amour.

> La gerbe épanouie
>   En mille fleurs,
> Où Phœbé réjouie
>   Met ses couleurs,
> Tombe comme une pluie
>   De larges pleurs....

O toi, que la nuit rend si belle,
Qu'il m'est doux, penché vers tes seins,
D'écouter la plainte éternelle
Qui sanglote dans les bassins!
Lune, eau sonore, nuit bénie,
Arbres qui frissonnez autour,
Votre pure mélancolie
Est le miroir de mon amour.

> La gerbe épanouie
>   En mille fleurs,
> Où Phœbé réjouie
>   Met ses couleurs,
> Tombe comme une pluie
>   De larges pleurs.

THÉODORE DE BANVILLE

❧ ❧ ❧

Le saut du tremplin

Clown admirable, en vérité !
Je crois que la postérité,
Dont sans cesse l'horizon bouge,
Le reverra, sa plaie au flanc.
Il était barbouillé de blanc,
De jaune, de vert et de rouge.

Même jusqu'à Madagascar
Son nom était parvenu, car
C'était selon tous les principes
Qu'après les cercles de papier,
Sans jamais les estropier
Il traversait le rond des pipes.

De la pesanteur affranchi,
Sans y voir clair il eût franchi
Les escaliers de Piranèse.
La lumière qui le frappait
Faisait resplendir son toupet
Comme un brasier dans la fournaise.

Il s'élevait à des hauteurs
Telles, que les autres sauteurs
Se consumaient en luttes vaines.
Ils le trouvaient décourageant,
Et murmuraient : « Quel vif-argent
Ce démon a-t-il dans les veines ? »

Tout le peuple criait : « Bravo! »
Mais lui, par un effort nouveau,
Semblait roidir sa jambe nue,
Et, sans que l'on sût avec qui,
Cet émule de la Saqui
Parlait bas en langue inconnue.

C'était avec son cher tremplin.
Il lui disait : « Théâtre, plein
D'inspiration fantastique,
Tremplin qui tressailles d'émoi
Quand je prends un élan, fais-moi
Bondir plus haut, planche élastique!

« Frêle machine aux reins puissants,
Fais-moi bondir, moi qui me sens
Plus agile que les panthères,
Si haut que je ne puisse voir,
Avec leur cruel habit noir
Ces épiciers et ces notaires!

« Par quelque prodige pompeux
Fais-moi monter, si tu le peux,
Jusqu'à ces sommets où, sans règles,
Embrouillant les cheveux vermeils
Des planètes et des soleils,
Se croisent la foudre et les aigles.

« Jusqu'à ces éthers pleins de bruit,
Où, mêlant dans l'affreuse nuit
Leurs haleines exténuées,
Les autans ivres de courroux
Dorment, échevelés et fous,
Sur les seins pâles des nuées.

« Plus haut encor, jusqu'au ciel pur !
Jusqu'à ce lapis dont l'azur
Couvre notre prison mouvante !
Jusqu'à ces rouges Orients
Où marchent des Dieux flamboyants,
Fous de colère et d'épouvante.

« Plus loin ! plus haut ! je vois encor
Des boursiers à lunettes d'or,
Des critiques, des demoiselles
Et des réalistes en feu.
Plus haut ! plus loin ! de l'air ! du bleu !
Des ailes ! des ailes ! des ailes ! »

Enfin, de son vil échafaud,
Le clown sauta si haut, si haut
Qu'il creva le plafond de toiles
Au son du cor et du tambour,
Et, le cœur dévoré d'amour,
Alla rouler dans les étoiles.

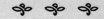

Les Yeux

Bleus ou noirs, tous aimés, tous beaux,
Des yeux sans nombre ont vu l'aurore;
Ils dorment au fond des tombeaux,
Et le soleil se lève encore.

Les nuits plus douces que les jours
Ont enchanté des yeux sans nombre;
Les étoiles brillent toujours
Et les yeux se sont remplis d'ombre.

Oh! qu'ils aient perdu le regard,
Non, non, cela n'est pas possible!
Ils se sont tournés quelque part
Vers ce qu'on nomme l'invisible;

Et comme les astres penchants
Nous quittent, mais au ciel demeurent,
Les prunelles ont leurs couchants,
Mais il n'est pas vrai qu'elles meurent :

Bleus ou noirs, tous aimés, tous beaux,
Ouverts à quelque immense aurore,
De l'autre côté des tombeaux
Les yeux qu'on ferme voient encore.

JOSÉ-MARIA DE HEREDIA

❧ ❧ ❧

La Trebbia

L'aube d'un jour sinistre a blanchi les hauteurs.
Le camp s'éveille. En bas roule et gronde le fleuve
Où l'escadron léger des Numides s'abreuve.
Partout sonne l'appel clair des buccinateurs.

Car malgré Scipion, les augures menteurs,
La Trebbia débordée, et qu'il vente et qu'il pleuve,
Sempronius Consul, fier de sa gloire neuve,
A fait lever la hache et marcher les licteurs.

Rougissant le ciel noir de flamboîments lugubres,
A l'horizon, brûlaient les villages Insubres ;
On entendait au loin barrir un éléphant.

Et là-bas, sous le pont, adossé contre une arche,
Hannibal écoutait, pensif et triomphant,
Le piétinement sourd des légions en marche.

Les conquérants

Comme un vol de gerfauts hors du charnier natal,
Fatigués de porter leurs misères hautaines,
De Palos de Moguer, routiers et capitaines
Partaient, ivres d'un rêve héroïque et brutal.

Ils allaient conquérir le fabuleux métal
Que Cipango mûrit dans ses mines lointaines,
Et les vents alizés inclinaient leurs antennes
Aux bords mystérieux du monde occidental.

Chaque soir, espérant des lendemains épiques,
L'azur phosphorescent de la mer des Tropiques
Enchantait leur sommeil d'un mirage doré;

Ou, penchés à l'avant des blanches caravelles,
Ils regardaient monter en un ciel ignoré
Du fond de l'Océan des étoiles nouvelles.

STÉPHANE MALLARMÉ

Le Guignon

Au-dessus du bétail ahuri des humains
Bondissaient en clartés les sauvages crinières
Des mendieurs d'azur le pied dans nos chemins.

Un noir vent sur leur marche éployé pour bannières
La flagellait de froid tel jusque dans la chair,
Qu'il y creusait aussi d'irritables ornières.

Toujours avec l'espoir de rencontrer la mer,
Ils voyageaient sans pain, sans bâtons et sans urnes,
Mordant au citron d'or de l'idéal amer.

La plupart râla dans les défilés nocturnes,
S'enivrant du bonheur de voir couler son sang,
O Mort le seul baiser aux bouches taciturnes!

Leur défaite, c'est par un ange très puissant
Debout à l'horizon dans le nu de son glaive :
Une pourpre se caille au sein reconnaissant.

Ils tètent la douleur comme ils tétaient le rêve
Et quand ils vont rythmant des pleurs voluptueux
Le peuple s'agenouille et leur mère se lève....

(Gallimard, éditeur.)

Apparition

La lune s'attristait. Des séraphins en pleurs
Rêvant, l'archet aux doigts, dans le calme des fleurs
Vaporeuses, tiraient de mourantes violes
De blancs sanglots glissant sur l'azur des corolles.
— C'était le jour béni de ton premier baiser.
Ma songerie aimant à me martyriser
S'enivrait savamment du parfum de tristesse
Que même sans regret et sans déboire laisse
La cueillaison d'un Rêve au cœur qui l'a cueilli.
J'errais donc, l'œil rivé sur le pavé vieilli
Quand avec du soleil aux cheveux, dans la rue
Et dans le soir, tu m'es en riant apparue
Et j'ai cru voir la fée au chapeau de clarté
Qui jadis sur mes beaux sommeils d'enfant gâté
Passait, laissant toujours de ses mains mal fermées
Neiger de blancs bouquets d'étoiles parfumées.

(Gallimard, éditeur.)

Les fenêtres

Las du triste hôpital, et de l'encens fétide
Qui monte en la blancheur banale des rideaux
Vers le grand crucifix ennuyé du mur vide,
Le moribond sournois y redresse un vieux dos,

Se traîne et va, moins pour chauffer sa pourriture
Que pour voir du soleil sur les pierres, coller
Les poils blancs et les os de la maigre figure
Aux fenêtres qu'un beau rayon clair veut hâler,

Et la bouche, fiévreuse et d'azur bleu vorace,
Telle, jeune, elle alla respirer son trésor,
Une peau virginale et de jadis! encrasse
D'un long baiser amer les tièdes carreaux d'or.

Ivre, il vit, oubliant l'horreur des saintes huiles,
Les tisanes, l'horloge et le lit infligé,
La toux; et quand le soir saigne parmi les tuiles,
Son œil, à l'horizon de lumière gorgé,

Voit des galères d'or, belles comme des cygnes,
Sur un fleuve de pourpre et de parfums dormir
En berçant l'éclair fauve et riche de leurs lignes
Dans un grand nonchaloir chargé de souvenir!

Ainsi, pris du dégoût de l'homme à l'âme dure
Vautré dans le bonheur, où ses seuls appétits
Mangent, et qui s'entête à chercher cette ordure
Pour l'offrir à la femme allaitant ses petits,

Je fuis et je m'accroche à toutes les croisées
D'où l'on tourne l'épaule à la vie, et, béni,
Dans leur verre, lavé d'éternelles rosées,
Que dore le matin chaste de l'Infini

Je me mire et me vois ange! et je meurs, et j'aime
— Que la vitre soit l'art, soit la mysticité —
A renaître, portant mon rêve en diadème,
Au ciel antérieur où fleurit la Beauté!

Mais, hélas! Ici-bas est maître : sa hantise
Vient m'écœurer parfois jusqu'en cet abri sûr,
Et le vomissement impur de la Bêtise
Me force à me boucher le nez devant l'azur.

Est-il moyen, ô Moi qui connais l'amertume,
D'enfoncer le cristal par le monstre insulté
Et de m'enfuir, avec mes deux ailes sans plume
— Au risque de tomber pendant l'éternité?

(Gallimard, éditeur.)

Les fleurs

Des avalanches d'or du vieil azur, au jour
Premier et de la neige éternelle des astres
Jadis tu détachas les grands calices pour
La terre jeune encore et vierge de désastres,

Le glaïeul fauve, avec les cygnes au col fin,
Et ce divin laurier des âmes exilées
Vermeil comme le pur orteil du séraphin
Que rougit la pudeur des aurores foulées,

L'hyacinthe, le myrte à l'adorable éclair
Et, pareille à la chair de la femme, la rose
Cruelle, Hérodiade en fleur du jardin clair,
Celle qu'un sang farouche et radieux arrose !

Et tu fis la blancheur sanglotante des lys
Qui roulant sur des mers de soupirs qu'elle effleure
A travers l'encens bleu des horizons pâlis
Monte rêveusement vers la lune qui pleure !

Hosannah sur le cistre et dans les encensoirs,
Notre Dame, hosannah du jardin de nos limbes !
Et finisse l'écho par les célestes soirs,
Extase des regards, scintillement des nimbes !

O Mère qui créas en ton sein juste et fort,
Calices balançant la future fiole,
De grandes fleurs avec la balsamique Mort
Pour le poète las que la vie étiole.

(Gallimard, éditeur.)

Renouveau

Le printemps maladif a chassé tristement
L'hiver, saison de l'art serein, l'hiver lucide,
Et, dans mon être à qui le sang morne préside
L'impuissance s'étire en un long bâillement.

Des crépuscules blancs tiédissent sous mon crâne
Qu'un cercle de fer serre ainsi qu'un vieux tombeau
Et triste, j'erre après un rêve vague et beau,
Par les champs où la sève immense se pavane

Puis je tombe énervé de parfums d'arbres, las,
Et creusant de ma face une fosse à mon rêve,
Mordant la terre chaude où poussent les lilas,

J'attends, en m'abîmant que mon ennui s'élève...
— Cependant l'Azur rit sur la haie et l'éveil
De tant d'oiseaux en fleur gazouillant au soleil.

(Gallimard, éditeur.)

Angoisse

Je ne viens pas ce soir vaincre ton corps, ô bête
En qui vont les péchés d'un peuple, ni creuser
Dans tes cheveux impurs une triste tempête
Sous l'incurable ennui que verse mon baiser :

Je demande à ton lit le lourd sommeil sans songes
Planant sous les rideaux inconnus du remords,
Et que tu peux goûter après tes noirs mensonges,
Toi qui sur le néant en sais plus que les morts.

Car le Vice, rongeant ma native noblesse
M'a comme toi marqué de sa stérilité,
Mais tandis que ton sein de pierre est habité

Par un cœur que la dent d'aucun crime ne blesse,
Je fuis, pâle, défait, hanté par mon linceul,
Ayant peur de mourir lorsque je couche seul.

(Gallimard, éditeur.)

Brise marine

La chair est triste, hélas! et j'ai lu tous les livres.
Fuir! là-bas fuir! Je sens que des oiseaux sont ivres
D'être parmi l'écume inconnue et les cieux!
Rien, ni les vieux jardins reflétés par les yeux
Ne retiendra ce cœur qui dans la mer se trempe
O nuits! ni la clarté déserte de ma lampe
Sur le vide papier que la blancheur défend
Et ni la jeune femme allaitant son enfant.
Je partirai! Steamer balançant ta mâture,
Lève l'ancre pour une exotique nature!

Un Ennui, désolé par les cruels espoirs,
Croit encore à l'adieu suprême des mouchoirs!
Et, peut-être, les mâts, invitant les orages
Sont-ils de ceux qu'un vent penche sur les naufrages
Perdus, sans mâts, sans mâts, ni fertiles îlots...
Mais, ô mon cœur, entends le chant des matelots!

(Gallimard, éditeur.)

Soupir

Mon âme vers ton front où rêve, ô calme sœur,
Un automne jonché de taches de rousseur,
Et vers le ciel errant de ton œil angélique
Monte, comme dans un jardin mélancolique,
Fidèle, un blanc jet d'eau soupire vers l'Azur!
— Vers l'Azur attendri d'Octobre pâle et pur
Qui mire aux grands bassins sa langueur infinie
Et laisse, sur l'eau morte où la fauve agonie
Des feuilles erre au vent et creuse un froid sillon,
Se traîner le soleil jaune d'un long rayon.

(Gallimard, éditeur.)

Don du poème

Je t'apporte l'enfant d'une nuit d'Idumée !
Noire, à l'aile saignante et pâle, déplumée,
Par le verre brûlé d'aromates et d'or,
Par les carreaux glacés, hélas ! mornes encor,
L'aurore se jeta sur la lampe angélique,
Palmes ! et quand elle a montré cette relique
A ce père essayant un sourire ennemi,
La solitude bleue et stérile a frémi.
O la berceuse, avec ta fille et l'innocence
De vos pieds froids, accueille une horrible naissance :
Et ta voix rappelant viole et clavecin,
Avec le doigt fané presseras-tu le sein
Par qui coule en blancheur sibylline la femme
Pour les lèvres que l'air du vierge azur affame ?

(Gallimard, éditeur.)

Hérodiade

LA NOURRICE, HÉRODIADE

HÉRODIADE

... O miroir !

Eau froide par l'ennui dans ton cadre gelée
Que de fois et pendant des heures, désolée
Des songes et cherchant mes souvenirs qui sont
Comme des feuilles sous ta glace au trou profond,
Je m'apparus en toi comme une ombre lointaine,
Mais, horreur ! des soirs, dans ta sévère fontaine,
J'ai de mon rêve épars connu la nudité !...

LA NOURRICE

... Triste fleur qui croît seule et n'a pas d'autre émoi
Que son ombre dans l'eau vue avec atonie....

HÉRODIADE

... Oui, c'est pour moi, pour moi, que je fleuris, déserte !
Vous le savez, jardins d'améthyste, enfouis
Sans fin dans de savants abîmes éblouis,
Ors ignorés, gardant votre antique lumière
Sous le sombre sommeil d'une terre première,
Vous, pierres où mes yeux comme de purs bijoux
Empruntent leur clarté mélodieuse, et vous
Métaux qui donnez à ma jeune chevelure
Une splendeur fatale et sa massive allure !
Quant à toi, femme née en des siècles malins
Pour la méchanceté des antres sibyllins,
Qui parles d'un mortel ! selon qui, des calices
De mes robes, arôme aux farouches délices,
Sortirait le frisson blanc de ma nudité,
Prophétise que si le tiède azur d'été,
Vers lui nativement la femme se dévoile,
Me voit dans ma pudeur grelottante d'étoile,
Je meurs !

        J'aime l'horreur d'être vierge et je veux
Vivre parmi l'effroi que me font mes cheveux
Pour, le soir, retirée en ma couche, reptile
Inviolé sentir en la chair inutile
Le froid scintillement de ta pâle clarté
Toi qui te meurs, toi qui brûles de chasteté,
Nuit blanche de glaçons et de neige cruelle !
Et ta sœur solitaire, ô ma sœur éternelle
Mon rêve montera vers toi : telle déjà,
Rare limpidité d'un cœur qui le songea,
Je me crois seule en ma monotone patrie
Et tout, autour de moi, vit dans l'idolâtrie
D'un miroir qui reflète en son calme dormant
Hérodiade au clair regard de diamant....
O charme dernier, oui ! je le sens, je suis seule.

LA NOURRICE

Madame, allez-vous donc mourir?

HÉRODIADE

     Non, pauvre aïeule,
Sois calme et, t'éloignant, pardonne à ce cœur dur,
Mais avant, si tu veux, clos les volets, l'azur
Séraphique sourit dans les vitres profondes,
Et je déteste, moi, le bel azur!

     Des ondes
Se bercent et, là-bas, sais-tu pas un pays
Où le sinistre ciel ait les regards haïs
De Vénus qui, le soir, brûle dans le feuillage :
J'y partirais.

    Allume encore, enfantillage
Dis-tu, ces flambeaux où la cire au feu léger
Pleure parmi l'or vain quelque pleur étranger
Et...

LA NOURRICE

 Maintenant?

HÉRODIADE

 Adieu.
     Vous mentez, ô fleur nue
De mes lèvres.
   J'attends une chose inconnue
Ou peut-être, ignorant le mystère et vos cris,
Jetez-vous les sanglots suprêmes et meurtris
D'une enfance sentant parmi les rêveries
Se séparer enfin ses froides pierreries.

(Gallimard, éditeur.)

L'après-midi d'un faune

ÉGLOGUE

LE FAUNE

Ces nymphes, je les veux perpétuer.

                              Si clair,
Leur incarnat léger, qu'il voltige dans l'air
Assoupi de sommeils touffus.

                    Aimai-je un rêve?
Mon doute, amas de nuit ancienne, s'achève
En maint rameau subtil, qui, demeuré les vrais
Bois mêmes, prouve, hélas! que bien seul je m'offrais
Pour triomphe la faute idéale de roses.
Réfléchissons...

                 ou si les femmes dont tu gloses
Figurent un souhait de tes sens fabuleux!
Faune, l'illusion s'échappe des yeux bleus
Et froids, comme une source en pleurs, de la plus
                                  [chaste :
Mais, l'autre tout soupirs, dis-tu qu'elle contraste
Comme brise du jour chaude dans ta toison?
Que non! par l'immobile et lasse pâmoison
Suffoquant de chaleurs le matin frais s'il lutte,
Ne murmure point d'eau que ne verse ma flûte
Au bosquet arrosé d'accords; et le seul vent
Hors des deux tuyaux prompt à s'exhaler avant
Qu'il disperse le son dans une pluie aride,
C'est, à l'horizon pas remué d'une ride,
Le visible et serein souffle artificiel
De l'inspiration, qui regagne le ciel.

O bords siciliens d'un calme marécage
Qu'à l'envi de soleils ma vanité saccage,
Tacite sous les fleurs d'étincelles, CONTEZ
« *Que je coupais ici les creux roseaux domptés*

« *Par le talent; quand, sur l'or glauque de lointaines*
« *Verdures dédiant leur vigne à des fontaines,*
« *Ondoie une blancheur animale au repos :*
« *Et qu'au prélude lent où naissent les pipeaux*
« *Ce vol de cygnes, non! de naïades se sauve*
« *Ou plonge....* »

        Inerte, tout brûle dans l'heure fauve
Sans marquer par quel art ensemble détala
Trop d'hymen souhaité de qui cherche le *la :*
Alors m'éveillerai-je à la ferveur première,
Droit et seul, sous un flot antique de lumière,
Lys! et l'un de vous tous pour l'ingénuité.

Autre que ce doux rien par leur lèvre ébruité,
Le baiser, qui tout bas des perfides assure,
Mon sein, vierge de preuve, atteste une morsure
Mystérieuse, due à quelque auguste dent;
Mais, bast! arcane tel élut pour confident
Le jonc vaste et jumeau dont sous l'azur on joue :
Qui, détournant à soi le trouble de la joue,
Rêve, dans un solo long, que nous amusions
La beauté d'alentour par des confusions
Fausses entre elle-même et notre chant crédule;
Et de faire aussi haut que l'amour se module
Évanouir du songe ordinaire de dos
Ou de flanc pur suivis avec mes regards clos,
Une sonore, vaine et monotone ligne.

Tâche donc, instrument des fuites, ô maligne
Syrinx, de refleurir aux lacs où tu m'attends!
Moi, de ma rumeur fier, je vais parler longtemps
Des déesses; et par d'idolâtres peintures,
A leur ombre enlever encore des ceintures :
Ainsi, quand des raisins j'ai sucé la clarté
Pour bannir un regret par ma feinte écarté,

Rieur, j'élève au ciel d'été la grappe vide
Et, soufflant dans ses peaux lumineuses, avide
D'ivresse, jusqu'au soir je regarde au travers.

O nymphes, regonflons des SOUVENIRS divers.
» *Mon œil, trouant les joncs, dardait chaque encolure*
» *Immortelle, qui noie en l'onde sa brûlure*
» *Avec un cri de rage au ciel de la forêt;*
» *Et le splendide bain de cheveux disparaît*
» *Dans les clartés et les frissons, ô pierreries!*
» *J'accours; quand, à mes pieds, s'entrejoignent (meurtries*
» *De la langueur goûtée à ce mal d'être deux)*
» *Des dormeuses parmi leurs seuls bras hasardeux;*
» *Je les ravis, sans les désenlacer, et vole*
» *A ce massif, haï par l'ombrage frivole,*
» *De roses tarissant tout parfum au soleil,*
» *Où notre ébat au jour consumé soit pareil.* »
Je t'adore, courroux des vierges, ô délice
Farouche du sacré fardeau nu qui se glisse
Pour fuir ma lèvre en feu buvant, comme un éclair
Tressaille! la frayeur secrète de la chair :
Des pieds de l'inhumaine au cœur de la timide
Que délaisse à la fois une innocence, humide
De larmes folles ou de moins tristes vapeurs.
» *Mon crime, c'est d'avoir, gai de vaincre ces peurs*
» *Traîtresses, divisé la touffe échevelée*
» *De baisers que les dieux gardaient si bien mêlée :*
» *Car, à peine j'allais cacher un rire ardent*
» *Sous les replis heureux d'une seule (gardant*
» *Par un doigt simple, afin que sa candeur de plume*
» *Se teignît à l'émoi de sa sœur qui s'allume,*
» *La petite, naïve et ne rougissant pas :)*
» *Que de mes bras, défaits par de vagues trépas,*
» *Cette proie, à jamais ingrate se délivre*
» *Sans pitié du sanglot dont j'étais encore ivre.* »

Tant pis! vers le bonheur d'autres m'entraîneront
Par leur tresse nouée aux cornes de mon front :
Tu sais, ma passion, que, pourpre et déjà mûre,
Chaque grenade éclate et d'abeilles murmure;
Et notre sang, épris de qui le va saisir,
Coule pour tout l'essaim éternel du désir.
A l'heure où ce bois d'or et de cendres se teinte
Une fête s'exalte en la feuillée éteinte!
Etna! c'est parmi toi visité de Vénus
Sur ta lave posant ses talons ingénus,
Quand tonne un somme triste ou s'épuise la flamme.
Je tiens la reine!

   O sûr châtiment...

       Non, mais l'âme
De paroles vacante et ce corps alourdi
Tard succombent au fier silence de midi :
Sans plus il faut dormir en l'oubli du blasphème,
Sur le sable altéré gisant et comme j'aime
Ouvrir ma bouche à l'astre efficace des vins!

Couple, adieu; je vais voir l'ombre que tu devins.

          (Gallimard, éditeur.)

Prose

POUR DES ESSEINTES.

Hyperbole! de ma mémoire
Triomphalement ne sais-tu
Te lever, aujourd'hui grimoire
Dans un livre de fer vêtu :

Car j'installe, par la science,
L'hymne des cœurs spirituels
En l'œuvre de ma patience,
Atlas, herbiers et rituels.

Nous promenions notre visage
(Nous fûmes deux, je le maintiens)
Sur maints charmes de paysage,
O sœur, y comparant les tiens.

L'ère d'autorité se trouble
Lorsque, sans nul motif, on dit
De ce midi que notre double
Inconscience approfondit

Que, sol des cent iris, son site,
Ils savent s'il a bien été,
Ne porte pas de nom que cite
L'or de la trompette d'Été.

Oui, dans une île que l'air charge
De vue et non de visions
Toute fleur s'étalait plus large
Sans que nous en devisions.

Telles, immenses, que chacune
Ordinairement se para
D'un lucide contour, lacune,
Qui des jardins la sépara.

Gloire du long désir, Idées
Tout en moi s'exaltait de voir
La famille des iridées
Surgir à ce nouveau devoir,

Mais cette sœur sensée et tendre
Ne porta son regard plus loin
Que sourire et, comme à l'entendre
J'occupe mon antique soin.

Oh! sache l'Esprit de litige,
A cette heure où nous nous taisons,
Que de lis multiples la tige
Grandissait trop pour nos raisons

Et non comme pleure la rive,
Quand son jeu monotone ment
A vouloir que l'ampleur arrive
Parmi mon jeune étonnement

D'ouïr tout le ciel et la carte
Sans fin attestés sur mes pas,
Par le flot même qui s'écarte,
Que ce pays n'exista pas.

L'enfant abdique son extase
Et docte déjà par chemins
Elle dit le mot : Anastase!
Né pour d'éternels parchemins,

Avant qu'un sépulcre né rie
Sous aucun climat, son aïeul,
De porter ce nom : Pulchérie!
Caché par le trop grand glaïeul.

(Gallimard, éditeur.)

Autre Éventail

DE MADEMOISELLE MALLARMÉ

O rêveuse, pour que je plonge
Au pur délice sans chemin,
Sache, par un subtil mensonge,
Garder mon aile dans ta main.

Une fraîcheur de crépuscule
Te vient à chaque battement
Dont le coup prisonnier recule
L'horizon délicatement.

Vertige! voici que frissonne
L'espace comme un grand baiser
Qui, fou de naître pour personne,
Ne peut jaillir ni s'apaiser.

Sens-tu le paradis farouche
Ainsi qu'un rire enseveli
Se couler du coin de ta bouche
Au fond de l'unanime pli!

Le sceptre des rivages roses
Stagnants sur les soirs d'or, ce l'est,
Ce blanc vol fermé que tu poses
Contre le feu d'un bracelet.

(Gallimard, éditeur.)

Sonnets

Le vierge, le vivace et le bel aujourd'hui
Va-t-il nous déchirer avec un coup d'aile ivre
Ce lac dur oublié que hante sous le givre
Le transparent glacier des vols qui n'ont pas fui!

Un cygne d'autrefois se souvient que c'est lui
Magnifique mais qui sans espoir se délivre
Pour n'avoir pas chanté la région où vivre
Quand du stérile hiver a resplendi l'ennui.

Tout son col secouera cette blanche agonie
Par l'espace infligée à l'oiseau qui le nie,
Mais non l'horreur du sol où le plumage est pris.

Fantôme qu'à ce lieu son pur éclat assigne,
Il s'immobilise au songe froid de mépris
Que vêt parmi l'exil inutile le Cygne.

(Gallimard, éditeur.)

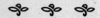

POUR VOTRE CHÈRE MORTE, SON AMI

2 novembre 1877.

— « Sur les bois oubliés quand passe l'hiver sombre
Tu te plains, ô captif solitaire du seuil,
Que ce sépulcre à deux qui fera notre orgueil
Hélas ! du manque seul des lourds bouquets s'encombre

Sans écouter Minuit qui jeta son vain nombre,
Une veille t'exalte à ne pas fermer l'œil
Avant que dans les bras de l'ancien fauteuil
Le suprême tison n'ait éclairé mon Ombre.

Qui veut souvent avoir la Visite ne doit
Par trop de fleurs charger la pierre que mon doigt
Soulève avec l'ennui d'une force défunte.

Ame au si clair foyer tremblante de m'asseoir,
Pour revivre il suffit qu'à tes lèvres j'emprunte
Le souffle de mon nom murmuré tout un soir. »

(Gallimard, éditeur.)

Mes bouquins refermés sur le nom de Paphos,
Il m'amuse d'élire avec le seul génie
Une ruine, par mille écumes bénie
Sous l'hyacinthe, au loin, de ses jours triomphaux.

Coure le froid avec ses silences de faux,
Je n'y hululerai pas de vide nénie
Si ce très blanc ébat au ras du sol dénie
A tout site l'honneur du paysage faux.

Ma faim qui d'aucuns fruits ici ne se régale
Trouve en leur docte manque une saveur égale :
Qu'un éclate de chair humain et parfumant !

Le pied sur quelque guivre où notre amour tisonne,
Je pense plus longtemps peut-être éperdument
A l'autre, au sein brûlé d'une antique amazone.

(Gallimard, éditeur.)

PAUL VERLAINE

❧ ❧ ❧

Nevermore

Souvenir, souvenir, que me veux-tu? L'automne
Faisait voler la grive à travers l'air atone,
Et le soleil dardait un rayon monotone
Sur le bois jaunissant où la bise détone.

Nous étions seul à seule et marchions en rêvant,
Elle et moi, les cheveux et la pensée au vent.
Soudain, tournant vers moi son regard émouvant :
« Quel fut ton plus beau jour? » fit sa voix d'or vivant,

Sa voix douce et sonore, au frais timbre angélique.
Un sourire discret lui donna la réplique,
Et je baisai sa main blanche, dévotement.

— Ah! les premières fleurs, qu'elles sont parfumées!
Et qu'il bruit avec un murmure charmant
Le premier *oui* qui sort de lèvres bien-aimées!

Vœu

Ah! les oaristys! les premières maîtresses!
L'or des cheveux, l'azur des yeux, la fleur des chairs,
Et puis, parmi l'odeur des corps jeunes et chers,
La spontanéité craintive des caresses!

Sont-elles assez loin toutes ces allégresses
Et toutes ces candeurs! Hélas! toutes devers
Le printemps des regrets ont fui les noirs hivers
De mes ennuis, de mes dégoûts, de mes détresses!

Si que me voilà seul à présent, morne et seul,
Morne et désespéré, plus glacé qu'un aïeul,
Et tel qu'un orphelin pauvre sans sœur aînée.

O la femme à l'amour câlin et réchauffant,
Douce, pensive et brune, et jamais étonnée,
Et qui parfois vous baise au front, comme un enfant!

Mon rêve familier

Je fais souvent ce rêve étrange et pénétrant
D'une femme inconnue, et que j'aime, et qui m'aime,
Et qui n'est, chaque fois, ni tout à fait la même
Ni tout à fait une autre, et m'aime et me comprend.

Car elle me comprend, et mon cœur, transparent
Pour elle seule, hélas! cesse d'être un problème
Pour elle seule, et les moiteurs de mon front blême,
Elle seule les sait rafraîchir, en pleurant.

Est-elle brune, blonde ou rousse? — Je l'ignore.
Son nom? Je me souviens qu'il est doux et sonore
Comme ceux des aimés que la Vie exila.

Son regard est pareil au regard des statues,
Et, pour sa voix, lointaine, et calme, et grave, elle a
L'inflexion des voix chères qui se sont tues.

Chanson d'automne

Les sanglots longs
Des violons
   De l'automne
Blessent mon cœur
D'une langueur
   Monotone.

Tout suffocant
Et blême, quand
   Sonne l'heure,
Je me souviens
Des jours anciens
   Et je pleure;

Et je m'en vais
Au vent mauvais
   Qui m'emporte
Deçà, delà,
Pareil à la
   Feuille morte.

Clair de lune

Votre âme est un paysage choisi
Que vont charmant masques et bergamasques
Jouant du luth et dansant et quasi
Tristes sous leurs déguisements fantasques.

Tout en chantant sur le mode mineur
L'amour vainqueur et la vie opportune,
Ils n'ont pas l'air de croire à leur bonheur
Et leur chanson se mêle au clair de lune,

Au calme clair de lune triste et beau,
Qui fait rêver les oiseaux dans les arbres
Et sangloter d'extase les jets d'eau,
Les grands jets d'eau svoltes parmi les marbres.

Les ingénus

Les hauts talons luttaient avec les longues jupes,
En sorte que, selon le terrain et le vent,
Parfois luisaient des bas de jambes, trop souvent
Interceptés! — et nous aimions ce jeu de dupes.

Parfois aussi le dard d'un insecte jaloux
Inquiétait le col des belles sous les branches,
Et c'étaient des éclairs soudains de nuques blanches
Et ce régal comblait nos jeunes yeux de fous.

Le soir tombait, un soir équivoque d'automne :
Les belles, se pendant rêveuses à nos bras,
Dirent alors des mots si spécieux, tout bas,
Que notre âme, depuis ce temps, tremble et s'étonne.

Colloque sentimental

Dans le vieux parc solitaire et glacé,
Deux formes ont tout à l'heure passé.

Leurs yeux sont morts et leurs lèvres sont molles,
Et l'on entend à peine leurs paroles.

Dans le vieux parc solitaire et glacé,
Deux spectres ont évoqué le passé.

— Te souvient-il de notre extase ancienne?
— Pourquoi voulez-vous donc qu'il m'en souvienne?

— Ton cœur bat-il toujours à mon seul nom?
Toujours vois-tu mon âme en rêve? — Non.

— Ah! les beaux jours de bonheur indicible
Où nous joignions nos bouches! — C'est possible.

— Qu'il était bleu, le ciel, et grand, l'espoir!
— L'espoir a fui, vaincu, vers le ciel noir.

Tels ils marchaient dans les avoines folles,
Et la nuit seule entendit leurs paroles.

La lune blanche
Luit dans les bois;
De chaque branche
Part une voix
Sous la ramée....

O bien-aimée.

L'étang reflète,
Profond miroir,
La silhouette
Du saule noir
Où le vent pleure....

Rêvons, c'est l'heure.

Un vaste et tendre
Apaisement
Semble descendre
Du firmament
Que l'astre irise....

C'est l'heure exquise.

N'est-ce pas? en dépit des sots et des méchants
Qui ne manqueront pas d'envier notre joie,
Nous serons fiers parfois et toujours indulgents.

N'est-ce pas? nous irons, gais et lents, dans la voie
Modeste que nous montre en souriant l'Espoir,
Peu soucieux qu'on nous ignore ou qu'on nous voie.

Isolés dans l'amour ainsi qu'en un bois noir,
Nos deux cœurs, exhalant leur tendresse paisible,
Seront deux rossignols qui chantent dans le soir.

Quant au Monde, qu'il soit envers nous irascible
Ou doux, que nous feront ses gestes? Il peut bien,
S'il veut, nous caresser ou nous prendre pour cible.

Unis par le plus fort et le plus cher lien,
Et d'ailleurs, possédant l'armure adamantine,
Nous sourirons à tous et n'aurons peur de rien.

Sans nous préoccuper de ce que nous destine
Le Sort, nous marcherons pourtant du même pas,
Et la main dans la main, avec l'âme enfantine

De ceux qui s'aiment sans mélange, n'est-ce pas?

Donc, ce sera par un clair jour d'été;
Le grand soleil, complice de ma joie,
Fera, parmi le satin, et la soie,
Plus belle encor votre chère beauté;

Le ciel tout bleu, comme une haute tente,
Frissonnera somptueux à longs plis
Sur nos deux fronts heureux qu'auront pâlis
L'émotion du bonheur et l'attente;

Et quand le soir viendra, l'air sera doux
Qui se jouera, caressant, dans vos voiles,
Et les regards paisibles des étoiles
Bienveillamment souriront aux époux.

Il pleure dans mon cœur
Comme il pleut sur la ville ;
Quelle est cette langueur
Qui pénètre mon cœur ?

O bruit doux de la pluie
Par terre et sur les toits !
Pour un cœur qui s'ennuie
O le chant de la pluie !

Il pleure sans raison
Dans ce cœur qui s'écœure.
Quoi ! nulle trahison ?...
Ce deuil est sans raison...

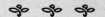

O triste, triste était mon âme
A cause, à cause d'une femme.

Je ne me suis pas consolé
Bien que mon cœur s'en soit allé,

Bien que mon cœur, bien que mon âme
Eussent fui loin de cette femme.

Je ne me suis pas consolé,
Bien que mon cœur s'en soit allé.

Et mon cœur, mon cœur trop sensible
Dit à mon âme : Est-il possible,

Est-il possible, — le fût-il, —
Ce fier exil, ce triste exil ?

Mon âme dit à mon cœur : Sais-je,
Moi-même, que nous veut ce piège

D'être présents bien qu'exilés,
Encore que loin en allés ?

Green

Voici des fruits, des fleurs, des feuilles et des branches
Et puis voici mon cœur qui ne bat que pour vous.
Ne le déchirez pas avec vos deux mains blanches
Et qu'à vos yeux si beaux l'humble présent soit doux.

J'arrive tout couvert encore de rosée
Que le vent du matin vient glacer à mon front.
Souffrez que ma fatigue à vos pieds reposée,
Rêve des chers instants qui la délasseront.

Sur votre jeune sein laissez rouler ma tête
Toute sonore encor de vos derniers baisers;
Laissez-la s'apaiser de la bonne tempête,
Et que je dorme un peu puisque vous reposez.

❧ ❧ ❧

Beauté des femmes, leur faiblesse, et ces mains pâles
Qui font souvent le bien et peuvent tout le mal,
Et ces yeux, où plus rien ne reste d'animal
Que juste assez pour dire : « assez » aux fureurs mâles!

Et toujours, maternelle endormeuse des râles,
Même quand elle ment, cette voix! Matinal
Appel, ou chant bien doux à vêpre, ou frais signal,
Ou beau sanglot qui va mourir au pli des châles!...

Hommes durs! Vie atroce et laide d'ici-bas!
Ah! que du moins, loin des baisers et des combats,
Quelque chose demeure un peu sur la montagne,

Quelque chose du cœur enfantin et subtil,
Bonté, respect! Car, qu'est-ce qui nous accompagne,
Et vraiment, quand la mort viendra, que reste-t-il?

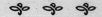

Écoutez la chanson bien douce
Qui ne pleure que pour vous plaire,
Elle est discrète, elle est légère :
Un frisson d'eau sur de la mousse !

La voix vous fut connue (et chère?)
Mais à présent elle est voilée
Comme une veuve désolée,
Pourtant comme elle encore fière,

Et dans les longs plis de son voile,
Qui palpite aux brises d'automne,
Cache et montre au cœur qui s'étonne
La vérité comme une étoile.

Elle dit, la voix reconnue,
Que la bonté c'est notre vie,
Que de la haine et de l'envie
Rien ne reste, la mort venue.

Elle parle aussi de la gloire
D'être simple sans plus attendre,
Et de noces d'or et du tendre
Bonheur d'une paix sans victoire.

Accueillez la voix qui persiste
Dans son naïf épithalame.
Allez, rien n'est meilleur à l'âme
Que de faire une âme moins triste !

Elle est *en peine* et *de passage*,
L'âme qui souffre sans colère,
Et comme sa morale est claire !...
Écoutez la chanson bien sage.

Les chères mains qui furent miennes,
Toutes petites, toutes belles,
Après ces méprises mortelles
Et toutes ces choses païennes,

Après les rades et les grèves,
Et les pays et les provinces,
Royales mieux qu'au temps des princes,
Les chères mains m'ouvrent les rêves.

Mains en songe, mains sur mon âme,
Sais-je, moi, ce que vous daignâtes,
Parmi ces rumeurs scélérates,
Dire à cette âme qui se pâme?

Ment-elle, ma vision chaste
D'affinité spirituelle,
De complicité maternelle,
D'affection étroite et vaste?

Remords si chers, peine très bonne,
Rêves bénis, mains consacrées,
O ces mains, ses mains vénérées,
Faites le geste qui pardonne!

O mon Dieu, vous m'avez blessé d'amour
Et la blessure est encore vibrante,
O mon Dieu, vous m'avez blessé d'amour.

O mon Dieu, votre crainte m'a frappé
Et la brûlure est encor là qui tonne,
O mon Dieu, votre crainte m'a frappé.

O mon Dieu, j'ai connu que tout est vil
Et votre gloire en moi s'est installée,
O mon Dieu, j'ai connu que tout est vil.

Noyez mon âme aux flots de votre Vin,
Fondez ma vie au Pain de votre table,
Noyez mon âme aux flots de votre Vin.

Voici mon sang que je n'ai pas versé,
Voici ma chair indigne de souffrance,
Voici mon sang que je n'ai pas versé.

Voici mon front qui n'a pu que rougir,
Pour l'escabeau de vos pieds adorables,
Voici mon front qui n'a pu que rougir.

Voici mes mains qui n'ont pas travaillé,
Pour les charbons ardents et l'encens rare,
Voici mes mains qui n'ont pas travaillé.

Voici mon cœur qui n'a battu qu'en vain,
Pour palpiter aux ronces du Calvaire,
Voici mon cœur qui n'a battu qu'en vain.

Voici mes pieds, frivoles voyageurs,
Pour accourir au cri de votre grâce,
Voici mes pieds, frivoles voyageurs.

Voici ma voix, bruit maussade et menteur,
Pour les reproches de la Pénitence,
Voici ma voix, bruit maussade et menteur.

Voici mes yeux, luminaires d'erreur,
Pour être éteints aux pleurs de la prière,
Voici mes yeux, luminaires d'erreur.

Hélas! Vous, Dieu d'offrande et de pardon,
Quel est le puits de mon ingratitude,
Hélas! Vous, Dieu d'offrande et de pardon,

Dieu de terreur et Dieu de sainteté,
Hélas! ce noir abîme de mon crime,
Dieu de terreur et Dieu de sainteté,

Vous, Dieu de paix, de joie et de bonheur,
Toutes mes peurs, toutes mes ignorances,
Vous, Dieu de paix, de joie et de bonheur,

Vous connaissez tout cela, tout cela,
Et que je suis plus pauvre que personne,
Vous connaissez tout cela, tout cela,

Mais ce que j'ai, mon Dieu, je vous le donne.

Je ne veux plus aimer que ma mère Marie.
Tous les autres amours sont de commandement.
Nécessaires qu'ils sont, ma mère seulement
Pourra les allumer aux cœurs qui l'ont chérie.

C'est pour Elle qu'il faut chérir mes ennemis,
C'est par Elle que j'ai voué ce sacrifice,
Et la douceur de cœur et le zèle au service,
Comme je la priais, Elle les a permis....

C'est par Elle que j'ai voulu de ces chagrins, [Plaies,
C'est pour Elle que j'ai mon cœur dans les Cinq
Et tous ces bons efforts vers les croix et les claies,
Comme je l'invoquais, Elle en ceignit mes reins.

Je ne veux plus penser qu'à ma mère Marie,
Siège de la Sagesse et source des pardons,
Mère de France aussi, de qui nous attendons
Inébranlablement l'honneur de la patrie.

Marie Immaculée, amour essentiel,
Logique de la foi cordiale et vivace,
En vous aimant qu'est-il de bon que je ne fasse,
En vous aimant du seul amour, Porte du ciel?

GASPARD HÄUSER CHANTE :

Je suis venu, calme orphelin,
Riche de mes seuls yeux tranquilles,
Vers les hommes des grandes villes :
Ils ne m'ont pas trouvé malin.

A vingt ans un trouble nouveau,
Sous le nom d'amoureuses flammes,
M'a fait trouver belles les femmes :
Elles ne m'ont pas trouvé beau.

Bien que sans patrie et sans roi
Et très brave ne l'étant guère,
J'ai voulu mourir à la guerre :
La mort n'a pas voulu de moi.

Suis-je né trop tôt ou trop tard?
Qu'est-ce que je fais en ce monde?
O vous tous, ma peine est profonde :
Priez pour le pauvre Gaspard!

Le ciel est, par-dessus le toit,
    Si bleu, si calme!
Un arbre, par-dessus le toit,
    Berce sa palme.

La cloche, dans le ciel qu'on voit,
    Doucement tinte.
Un oiseau sur l'arbre qu'on voit
    Chante sa plainte.

Mon Dieu, mon Dieu, la vie est là
    Simple et tranquille.
Cette paisible rumeur-là
    Vient de la ville.

> — Qu'as-tu fait, ô toi que voilà
>   Pleurant sans cesse,
> Dis, qu'as-tu fait, toi que voilà,
>   De ta jeunesse ?

Art poétique

A CHARLES MORICE

De la musique avant toute chose,
Et pour cela préfère l'Impair
Plus vague et plus soluble dans l'air,
Sans rien en lui qui pèse ou qui pose.

Il faut aussi que tu n'ailles point
Choisir tes mots sans quelque méprise :
Rien de plus cher que la chanson grise
Où l'Indécis au Précis se joint.

C'est des beaux yeux derrière des voiles,
C'est le grand jour tremblant de midi,
C'est, par un ciel d'automne attiédi,
Le bleu fouillis des claires étoiles !

Car nous voulons la Nuance encor,
Pas la Couleur, rien que la nuance !
Oh ! la nuance seule fiance
Le rêve au rêve et la flûte au cor !

Fuis du plus loin la Pointe assassine,
L'Esprit cruel et le Rire impur,
Qui font pleurer les yeux de l'Azur,
Et tout cet ail de basse cuisine !

Prends l'éloquence et tords-lui son cou!
Tu feras bien, en train d'énergie,
De rendre un peu la Rime assagie.
Si l'on n'y veille, elle ira jusqu'où?

O qui dira les torts de la Rime?
Quel enfant sourd ou quel nègre fou
Nous a forgé ce bijou d'un sou
Qui sonne creux et faux sous la lime?

De là musique encore et toujours!
Que ton vers soit la chose envolée
Qu'on sent qui fuit d'une âme en allée
Vers d'autres cieux à d'autres amours.

Que ton vers soit la bonne aventure
Éparse au vent crispé du matin
Qui va fleurant la menthe et le thym...
Et tout le reste est littérature.

A Madame X....

EN LUI ENVOYANT UNE PENSÉE

Au temps où vous m'aimiez (bien sûr?),
Vous m'envoyâtes, fraîche éclose,
Une chère petite rose,
Frais emblème, message pur.

Elle disait en son langage
Les « serments du premier amour »,
Votre cœur à moi pour toujours
Et toutes les choses d'usage.

Trois ans sont passés. Nous voilà !
Mais moi j'ai gardé la mémoire
De votre rose, et c'est ma gloire
De penser encore à cela.

Hélas ! si j'ai la souvenance,
Je n'ai plus la fleur, ni le cœur !
Elle est aux quatre vents, la fleur.
Le cœur ? mais, voici que j'y pense,

Fut-il mien jamais ? entre nous ?
Moi, le mien bat toujours de même,
Il est toujours simple. Un emblème
A mon tour. Dites, voulez-vous

Que, tout pesé, je vous envoie,
Triste sélam, mais c'est ainsi,
Cette pauvre négresse-ci ?
Elle n'est pas couleur de joie,

Mais elle est couleur de mon cœur ;
Je l'ai cueillie à quelque fente
Du pavé captif que j'arpente
En ce lieu de juste douleur.

A-t-elle besoin d'autres preuves ?
Acceptez-la pour le plaisir.
J'ai tant fait que de la cueillir,
Et c'est presque une fleur-des-veuves.

Allégorie

Un très vieux temple antique s'écroulant
Sur le sommet indécis d'un mont jaune,
Ainsi qu'un roi déchu pleurant son trône,
Se mire, pâle, au tain d'un fleuve lent.

Grâce endormie et regard somnolent,
Une naïade âgée, auprès d'un aulne,
Avec un brin de saule agace un faune
Qui lui sourit, bucolique et galant.

Sujet naïf et fade qui m'attristes,
Dis, quel poète entre tous les artistes,
Quel ouvrier morose t'opéra,

Tapisserie usée et surannée,
Banale comme un décor d'opéra,
Factice, hélas! comme ma destinée?

La cathédrale est majestueuse
Que j'imagine en pleine campagne,
Sur quelque affluent de quelque Meuse
Non loin de l'Océan qu'il regagne,

L'océan pas vu que je devine
Par l'air chargé de sels et d'arômes.
La croix est d'or dans la nuit divine
D'entre l'envol des tours et des dômes.

Des Angélus font aux campaniles
Une couronne d'argent qui chante;
De blancs hiboux, aux longs cris graciles,
Tournent sans fin de sorte charmante;

Des processions jeunes et claires
Vont et viennent de porches sans nombre,
Soie et perles de vivants rosaires,
Rogations pour de chers fruits d'ombre.

Ce n'est pas un rêve ni la vie,
C'est ma belle et ma chaste pensée,
Si vous voulez, ma philosophie,
Ma mort choisie ainsi déguisée.

TRISTAN CORBIÈRE

❧ ❧ ❧

La rapsode foraine et le pardon de Sainte-Anne

Bénite est l'infertile plage
Où, comme la mer, tout est nud.
Sainte est la chapelle sauvage
De Sainte-Anne-de-la-Palud.

De la Bonne Femme Sainte Anne,
Grand'tante du petit Jésus,
En bois pourri dans sa soutane
Riche... plus riche que Crésus!

Contre elle la petite Vierge,
Fuseau frêle, attend l'*Angelus;*
Au coin, Joseph tenant son cierge,
Niche, en saint qu'on ne fête plus...

. . . .

C'est le *Pardon.* — Liesse et mystères —
Déjà l'herbe rase a des poux...
— *Sainte Anne, Onguent des belles-mères!*
Consolation des époux!...

Des paroisses environnantes :
De Plougastel et Loc-Tudy,
Ils viennent tous planter leurs tentes,
Trois jours, trois nuits, — jusqu'au lundi...

Trois jours, trois nuits, la palud grogne,
Selon l'antique rituel,
— Chœur séraphique et chant d'ivrogne —
Le CANTIQUE SPIRITUEL...

* *
*

Mère taillée à coups de hache,
Tout cœur de chêne dur et bon;
Sous l'or de ta robe se cache
L'âme en pièce d'un franc-Breton

*

— Vieille verte à face usée
Comme la pierre du torrent,
Par des larmes d'amour creusée,
Séchée avec des pleurs de sang...

*

— O toi qui recouvrais la cendre,
Qui filais comme on fait chez nous,
Quand le soir venait à descendre,
Tenant l'ENFANT sur tes genoux;

*

Toi qui fus là, seule pour faire
Son maillot neuf à Bethléem,
Et là, pour coudre son suaire
Douloureux, à Jérusalem!...

*

Des croix profondes sont tes rides,
Tes cheveux sont blancs comme fils...
— Préserve des regards arides
Le berceau de nos petits-fils!

*

Fais venir et conserve en joie
Ceux à naître et ceux qui sont nés.
Et verse, sans que Dieu te voie,
L'eau de tes yeux sur les damnés!

*

Reprends dans leur chemise blanche
Les petits qui sont en langueur...
Rappelle à l'éternel Dimanche
Les vieux qui traînent en longueur.

*

— Dragon-gardien de la Vierge,
Garde la crèche sous ton œil.
Que, près de toi, Joseph-concierge
Garde la propreté du seuil!

*

Prends pitié de la fille-mère,
Du petit au bord du chemin...
Si quelqu'un leur jette la pierre,
Que la pierre se change en pain!

*

— Dame bonne en mer et sur terre,
Montre-nous le ciel et le port,
Dans la tempête ou dans la guerre...
O Fanal de la bonne mort!

*

Humble : à tes pieds n'a point d'étoile,
Humble... et brave pour protéger!
Dans la nue apparaît ton voile,
Pâle auréole du danger.

*

— Aux perdus dont la vie est grise,
(— Sauf respect — perdus de boisson)
Montre le clocher de l'église
Et le chemin de la maison.

*

Prête ta douce et chaste flamme
Aux chrétiens qui sont ici...
Ton remède de bonne femme
Pour les bêtes-à-corne aussi!

*

Montre à nos femmes et servantes
L'ouvrage et la fécondité...
— Le bonjour aux âmes parentes
Qui sont bien dans l'éternité!

*

Nous mettrons un cordon de cire,
De cire-vierge jaune, autour
De ta chapelle; et ferons dire
Ta messe basse au point du jour.

*

— Préserve notre cheminée
Des sorts et du monde malin...
A Pâques te sera donnée
Une quenouille avec du lin.

*

Si nos corps sont puants sur terre,
Ta grâce est un bain de santé;
Répands sur nous, au cimetière,
Ta bonne odeur-de-sainteté.

*

— A l'an prochain! — Voici ton cierge :
(C'est deux livres qu'il a coûté)
... Respects à Madame la Vierge,
Sans oublier la Trinité.

* *
*

... Et les fidèles, en chemise,
— Sainte Anne, ayez pitié de nous! —
Font trois fois le tour de l'église
En se traînant sur leurs genoux;

Et boivent l'eau miraculeuse
Où les Job teigneux ont lavé
Leur nudité contagieuse...
— Allez : la Foi vous a sauvé! —

C'est là que tiennent leurs cénacles
Les pauvres, frères de Jésus.
— Ce n'est pas la cour des miracles,
Les trous sont vrais : *Vide latus!*

Sont-ils pas divins sur leurs claies,
Qu'auréole un nimbe vermeil,
Ces propriétaires de plaies,
Rubis vivants sous le soleil!...

.   .   .   .

C'est qu'ils chassent là sur leurs terres!
Leurs peaux sont leurs blasons béants :
— Le droit-du-seigneur à leurs serres!...
Le Droit du Seigneur de céans! —

Tas d'*ex-voto* de carne impure,
Charnier d'élus pour les cieux,
Chez le Seigneur ils sont chez eux!
— Ne sont-ils pas sa créature...

Ils grouillent dans le cimetière :
On dirait des morts déroutés
N'ayant tiré de sous la pierre
Que des membres mal reboutés.

— Nous, taisons-nous!... Ils sont sacrés,
C'est la faute d'Adam punie;
Le doigt d'En-haut les a marqués :
— La droite d'En-haut soit bénie!

Du grand troupeau, boucs émissaires
Chargés des forfaits d'ici-bas,
Sur eux Dieu purge ses colères!...
— Le pasteur de Sainte-Anne est gras. —

.   .   .   .

Mais une note pantelante,
Écho grelottant dans le vent
Vient battre la rumeur bêlante
De ce purgatoire ambulant.

Une forme humaine qui beugle
Contre le *calvaire* se tient;
C'est comme une moitié d'aveugle :
Elle est borgne, et n'a pas de chien...

C'est une rapsode foraine
Qui donne aux gens pour un liard
L'Istoyre de la Magdalayne,
Du *Juif-Errant ou d'Abaylar.*

Elle hale comme une plainte,
Comme une plainte de la faim,
Et, longue comme un jour sans pain,
Lamentablement, sa complainte...

— Ça chante comme ça respire,
Triste oiseau sans plume et sans nid
Vaguant où son instinct l'attire :
Autour des Bon Dieu de granit...

Ça peut parler aussi, sans doute.
Ça peut penser comme ça voit :
Toujours devant soi la grand-route...
— Et, quand ç'a deux sous... ça les boit.

— Femme : on dirait hélas — sa nippe
Lui pend, ficelée en jupon;
Sa dent noire serre une pipe
Éteinte... — Oh, la vie a du bon! —

Son nom?... ça se nomme Misère.
Ça s'est trouvé né par hasard.
Ça sera trouvé mort par terre...
La même chose — quelque part.

— Si tu la rencontres, Poète,
Avec son vieux sac de soldat;
C'est notre sœur... donne — c'est fête —
Pour sa pipe, un peu de tabac!...

Tu verras dans sa face creuse
Se creuser, comme dans du bois,
Un sourire; et sa main galeuse
Te faire un vrai signe de croix.

Rondel

Il fait noir, enfant, voleur d'étincelles!
Il n'est plus de nuits, il n'est plus de jours;
Dors... en attendant venir toutes celles
Qui disaient : Jamais! Qui disaient : Toujours!

Entends-tu leurs pas?... Ils ne sont pas lourds :
Oh! les pieds légers! — l'Amour a des ailes...
Il fait noir, enfant, voleur d'étincelles!
Entends-tu leurs voix?... Les caveaux sont sourds.

Dors : il pèse peu, ton faix d'immortelles;
Ils ne viendront pas, tes amis les ours,
Jeter leur pavé sur tes demoiselles...
Il fait noir, enfant, voleur d'étincelles!

Ophélie

I

Sur l'onde calme et noire où dorment les étoiles
La blanche Ophélia flotte comme un grand lys,
Flotte très lentement, couchée en ses longs voiles...
— On entend dans les bois lointains des hallalis.

Voici plus de mille ans que la triste Ophélie
Passe, fantôme blanc, sur le long fleuve noir.
Voici plus de mille ans que sa douce folie
Murmure sa romance à la brise du soir.

Le vent baise ses seins et déploie en corolle
Ses grands voiles bercés mollement par les eaux;
Les saules frissonnants pleurent sur son épaule,
Sur son grand front rêveur s'inclinent les roseaux.

Les nénuphars froissés soupirent autour d'elle;
Elle éveille parfois, dans un aune qui dort,
Quelque nid, d'où s'échappe un petit frisson d'aile;
— Un chant mystérieux tombe des astres d'or.

II

O pâle Ophélia! belle comme la neige!
Oui, tu mourus, enfant, par un fleuve emporté!
— C'est que les vents tombant des grands monts de
T'avaient parlé tout bas de l'âpre liberté;   [Norwège

C'est qu'un souffle, tordant ta grande chevelure,
A ton esprit rêveur portait d'étranges bruits;
Que ton cœur écoutait le chant de la Nature
Dans les plaintes de l'arbre et les soupirs des nuits;

C'est que la voix des mers folles, immense râle,
Brisait ton sein d'enfant, trop humain et trop doux;
C'est qu'un matin d'avril, un beau cavalier pâle,
Un pauvre fou, s'assit muet à tes genoux!

Ciel! Amour! Liberté! Quel rêve, ô pauvre Folle!
Tu te fondais à lui comme une neige au feu;
Tes grandes visions étranglaient ta parole
— Et l'Infini terrible effara ton œil bleu!

III

— Et le Poète dit qu'aux rayons des étoiles
Tu viens chercher, la nuit, les fleurs que tu cueillis,
Et qu'il a vu sur l'eau, couchée en ses longs voiles,
La blanche Ophélia flotter, comme un grand lys.

Les chercheuses de poux

Quand le front de l'enfant, plein de rouges tourmentes,
Implore l'essaim blanc des rêves indistincts,
Il vient près de son lit deux grandes sœurs charmantes
Avec de frêles doigts aux ongles argentins.

Elles assoient l'enfant auprès d'une croisée
Grande ouverte où l'air bleu baigne un fouillis de
Et dans ses lourds cheveux où tombe la rosée [fleurs,
Promènent leurs doigts fins, terribles et charmeurs.

Il écoute chanter leurs haleines craintives
Qui fleurent de longs miels végétaux et rosés,
Et qu'interrompt parfois un sifflement, salives
Reprises sur la lèvre ou désirs de baisers.

Il entend leurs cils noirs battant sous les silences
Parfumés; et leurs doigts électriques et doux
Font crépiter parmi ses grises indolences
Sous leurs ongles royaux la mort des petits poux.

Voilà que monte en lui le vin de la Paresse,
Soupir d'harmonica qui pourrait délirer;
L'enfant se sent, selon la lenteur des caresses,
Sourdre et mourir sans cesse un désir de pleurer.

Le dormeur du val

C'est un trou de verdure où chante une rivière
Accrochant follement aux herbes des haillons
D'argent; où le soleil, de la montagne fière,
Luit : c'est un petit val qui mousse de rayons.

Un soldat jeune, bouche ouverte, tête nue,
Et la nuque baignant dans le frais cresson bleu,
Dort; il est étendu dans l'herbe, sous la nue,
Pâle dans son lit vert où la lumière pleut.

Les pieds dans les glaïeuls, il dort. Souriant comme
Sourirait un enfant malade, il fait un somme :
Nature, berce-le chaudement : il a froid.

Les parfums ne font pas frissonner sa narine;
Il dort dans le soleil, la main sur sa poitrine,
Tranquille. Il a deux trous rouges au côté droit.

Le bateau ivre

Comme je descendais des Fleuves impassibles,
Je ne me sentis plus guidé par les haleurs :
Des Peaux-Rouges criards les avaient pris pour cibles,
Les ayant cloués nus aux poteaux de couleurs.

J'étais insoucieux de tous les équipages,
Porteur de blés flamands ou de cotons anglais.
Quand avec mes haleurs ont fini ces tapages,
Les Fleuves m'ont laissé descendre où je voulais.

Dans les clapotements furieux des marées,
Moi, l'autre hiver, plus sourd que les cerveaux
Je courus ! Et les Péninsules démarrées　　　[d'enfants,
N'ont pas subi tohu-bohus plus triomphants.

La tempête a béni mes éveils maritimes.
Plus léger qu'un bouchon j'ai dansé sur les flots
Qu'on appelle rouleurs éternels de victimes,
Dix nuits, sans regretter l'œil niais des falots !

Plus douce qu'aux enfants la chair des pommes sures,
L'eau verte pénétra ma coque de sapin
Et des taches de vins bleus et des vomissures
Me lava, dispersant gouvernail et grappin.

Et dès lors, je me suis baigné dans le Poème
De la Mer, infusé d'astres, et lactescent,
Dévorant les azurs verts, où, flottaison blême
Et ravie, un noyé pensif parfois descend ;

Où, teignant tout à coup les bleuités, délires
Et rythmes lents sous les rutilements du jour,
Plus fortes que l'alcool, plus vastes que nos lyres,
Fermentent les rousseurs amères de l'amour !

Je sais les cieux crevant en éclairs, et les trombes
Et les ressacs et les courants : je sais le soir,
L'Aube exaltée ainsi qu'un peuple de colombes,
Et j'ai vu quelquefois ce que l'homme a cru voir !

J'ai vu le soleil bas, taché d'horreurs mystiques,
Illuminant de longs figements violets,
Pareils à des acteurs de drames très-antiques
Les flots roulant au loin leurs frissons de volets !

J'ai rêvé la nuit verte aux neiges éblouies,
Baiser montant aux yeux des mers avec lenteurs,
La circulation des sèves inouïes,
Et l'éveil jaune et bleu des phosphores chanteurs !

J'ai suivi, des mois pleins, pareille aux vacheries
Hystériques, la houle à l'assaut des récifs,
Sans songer que les pieds lumineux des Maries
Pussent forcer le mufle aux Océans poussifs.

J'ai heurté, savez-vous, d'incroyables Florides
Mêlant aux fleurs des yeux de panthères à peaux
D'hommes ! Des arcs-en-ciel tendus comme des brides
Sous l'horizon des mers, à de glauques troupeaux !

J'ai vu fermenter les marais énormes, nasses
Où pourrit dans les joncs tout un Léviathan !
Des écroulements d'eaux au milieu des bonaces,
Et les lointains vers les gouffres cataractant !

Glaciers, soleils d'argent, flots nacreux, cieux de
Échouages hideux au fond des golfes bruns　[braises !
Où les serpents géants dévorés des punaises
Choient, des arbres tordus, avec de noirs parfums !

J'aurais voulu montrer aux enfants ces dorades
Du flot bleu, ces poissons d'or, ces poissons chantants.
— Des écumes de fleurs ont bercé mes dérades
Et d'ineffables vents m'ont ailé par instants.

Parfois, martyr lassé des pôles et des zones,
La mer dont le sanglot faisait mon roulis doux
Montait vers moi ses fleurs d'ombre aux ventouses
Et je restais, ainsi qu'une femme à genoux...   [jaunes

Presque île, ballottant sur mes bords les querelles
Et les fientes d'oiseaux clabaudeurs aux yeux blonds.
Et je voguais, lorsqu'à travers mes liens frêles
Des noyés descendaient dormir, à reculons !

Or moi, bateau perdu sous les cheveux des anses,
Jeté par l'ouragan dans l'éther sans oiseau,
Moi dont les Monitors et les voiliers des Hanses
N'auraient pas repêché la carcasse ivre d'eau ;

Libre, fumant, monté de brumes violettes,
Moi qui trouais le ciel rougeoyant comme un mur,
Qui porte, confiture exquise aux bons poètes,
Des lichens de soleil et des morves d'azur ;

Qui courais, taché de lunules électriques,
Planche folle, escorté des hippocampes noirs,
Quand les juillets faisaient crouler à coups de triques
Les cieux ultramarins aux ardents entonnoirs ;

Moi qui tremblais, sentant geindre à cinquante lieues
Le rut des Béhémots et les Maelstroms épais,
Fileur éternel des immobilités bleues,
Je regrette l'Europe aux anciens parapets.

J'ai vu des archipels sidéraux ! et des îles
Dont les cieux délirants sont ouverts au vogueur :
— Est-ce en ces nuits sans fonds que tu dors et t'exiles,
Million d'oiseaux d'or, ô future Vigueur ? —

Mais, vrai, j'ai trop pleuré ! Les Aubes sont navrantes,
Toute lune est atroce et tout soleil amer :
L'âcre amour m'a gonflé de torpeurs enivrantes.
O que ma quille éclate ! O que j'aille à la mer !

Si je désire une eau d'Europe, c'est la flache
Noire et froide où vers le crépuscule embaumé
Un enfant accroupi plein de tristesses, lâche
Un bateau frêle comme un papillon de mai.

Je ne puis plus, baigné de vos langueurs, ô lames,
Enlever leur sillage aux porteurs de cotons,
Ni traverser l'orgueil des drapeaux et des flammes,
Ni nager sous les yeux horribles des pontons.

Voyelles

A noir, E blanc, I rouge, U vert, O bleu : voyelles,
Je dirai quelque jour vos naissances latentes :
A, noir corset velu des mouches éclatantes
Qui bombinent autour des puanteurs cruelles,

Golfes d'ombre; E, candeurs des vapeurs et des tentes,
Lances des glaciers fiers, rois blancs, frissons d'om-
I, pourpres, sang craché, rire des lèvres belles [belles;
Dans la colère ou les ivresses pénitentes;

U, cycles, vibrements divins des mers virides,
Paix des pâtis semés d'animaux, paix des rides
Que l'alchimie imprime aux grands fronts studieux;

O, suprême Clairon plein des strideurs étranges,
Silences traversés des Mondes et des Anges :
— O l'Oméga, rayon violet de Ses Yeux!

Chanson de la plus haute tour

Oisive jeunesse
A tout asservie,
Par délicatesse
J'ai perdu ma vie.
Ah! Que le temps vienne
Où les cœurs s'éprennent.

Je me suis dit : laisse,
Et qu'on ne te voie :
Et sans la promesse
De plus hautes joies.
Que rien ne t'arrête,
Auguste retraite.

J'ai tant fait patience
Qu'à jamais j'oublie;
Craintes et souffrances
Aux cieux sont parties,
Et la soif malsaine
Obscurcit mes veines.

Ainsi la Prairie
A l'oubli livrée,
Grandie, et fleurie
D'encens et d'ivraies
Au bourdon farouche
De cent sales mouches.

Ah! Mille veuvages
De la si pauvre âme
Qui n'a que l'image
De la Notre-Dame!
Est-ce que l'on prie
La Vierge Marie?

Oisive jeunesse
A tout asservie,
Par délicatesse
J'ai perdu ma vie.
Ah! Que le temps vienne
Où les cœurs s'éprennent!

Mai 1872.

O saisons, ô châteaux,
Quelle âme est sans défauts?

O saisons, ô châteaux,

J'ai fait la magique étude
Du bonheur, que nul n'élude.

O vive lui, chaque fois
Que chante le coq gaulois.

Mais je n'aurai plus d'envie,
Il s'est chargé de ma vie.

Ce charme! il prit âme et corps,
Et dispersa tous efforts.

Que comprendre à ma parole?
Il fait qu'elle fuie et vole!

O saisons, ô châteaux!

ÉMILE VERHAEREN

❧ ❧ ❧

Les Horloges

La nuit, dans le silence en noir de nos demeures,
Béquilles et bâtons qui se cognent, là-bas;
Montant et dévalant les escaliers des heures,
Les horloges, avec leurs pas;

Émaux naïfs derrière un verre, emblèmes
Et fleurs d'antan, chiffres maigres et vieux;
Lunes des corridors vides et blêmes,
Les horloges, avec leurs yeux;

Sons morts, notes de plomb, marteaux et limes,
Boutique en bois de mots sournois,
Et le babil des secondes minimes,
Les horloges, avec leurs voix;

Gaines de chêne et bornes d'ombre,
Cercueils scellés dans le mur froid,
Vieux os du temps que grignote le nombre,
Les horloges et leur effroi;

Les horloges
Volontaires et vigilantes,
Pareilles aux vieilles servantes
Boitant de leurs sabots ou glissant sur leurs bas.
Les horloges que j'interroge
Serrent ma peur en leur compas.

Stances

Ne dites pas : la vie est un joyeux festin;
Ou c'est d'un esprit sot ou c'est d'une âme basse.
Surtout ne dites point : elle est malheur sans fin;
C'est d'un mauvais courage et qui trop tôt se lasse.

Riez comme au printemps s'agitent les rameaux,
Pleurez comme la bise ou le flot sur la grève,
Goûtez tous les plaisirs et souffrez tous les maux;
Et dites : c'est beaucoup et c'est l'ombre d'un rêve.

Le coq chante là-bas; un faible jour tranquille
          Blanchit autour de moi;
Une dernière flamme aux portes de la ville
          Brille au mur de l'octroi.

O mon second berceau, Paris, tu dors encore
          Quand je suis éveillé
Et que j'entends le pouls de mon grand cœur sonore
          Sombre et dépareillé.

Que veut-il, que veut-il, ce cœur? malgré la cendre
          Du temps, malgré les maux,
Pense-t-il reverdir, comme la tige tendre
          Se couvre de rameaux?

Adieu, la vapeur siffle, on active le feu;
Dans la nuit le train passe ou c'est l'ancre qu'on lève;
Qu'importe! on vient, on part; le flot soupire : adieu!
Qu'il arrive du large ou qu'il quitte la grève.

Les roses vont éclore, et nous les cueillerons;
Les feuilles du jardin vont tomber une à une.
Adieu! quand nous naissons, adieu! quand nous
Et comme le bonheur s'envole l'infortune.   [mourons

Lieux où mes lentes nuits aiment à s'écouler,
     O chère porte
De mon Paris, déjà le vent a fait rouler
     La feuille morte.

Bientôt sous la lueur de la lampe, aux reflets
     Du brasier sombre,
Pensif, j'écouterai heurter à mes volets
     L'aile du Nombre.

Et moi, que l'amitié, l'amour et la douceur,
     Tout abandonne,
Je veux goûter, avec le tabac, le berceur
     Extrême automne.

Quand reviendra l'automne avec les feuilles mortes
Qui couvriront l'étang du moulin ruiné,
Quand le vent remplira le trou béant des portes
Et l'inutile espace où la meule a tourné,

Je veux aller encor m'asseoir sur cette borne,
Contre le mur tissé d'un vieux lierre vermeil,
Et regarder longtemps dans l'eau glacée et morne
S'éteindre mon image et le pâle soleil.

Complainte de la lune en province

Ah! la belle pleine Lune,
Grosse comme une fortune!

La retraite sonne au loin,
Un passant, monsieur l'adjoint;

Un clavecin joue en face,
Un chat traverse la place!

La province qui s'endort!
Plaquant un dernier accord,

Le piano clôt sa fenêtre.
Quelle heure peut-il bien être?

Calme Lune, quel exil!
Faut-il dire : ainsi soit-il?

Lune, ô dilettante Lune,
A tous les climats commune,

Tu vis hier le Missouri,
Et les remparts de Paris,

Les fiords bleus de la Norvège,
Les pôles, les mers, que sais-je?

Lune heureuse! ainsi tu vois,
A cette heure, le convoi

De son voyage de noce!
Ils sont partis pour l'Écosse.

Quel panneau, si, cet hiver,
Elle eût pris au mot mes vers!

Lune, vagabonde Lune,
Faisons cause et mœurs communes?

O riches nuits! je me meurs,
La province dans le cœur!

Et la lune a, bonne vieille,
Du coton dans les oreilles.

Complainte de certains ennuis

Un couchant des Cosmogonies!
Ah! que la Vie est quotidienne...
Et, du plus vrai qu'on se souvienne,
Comme on fut piètre et sans génie!...

On voudrait s'avouer des choses,
Dont on s'étonnerait en route,
Qui feraient, une fois pour toutes!
Qu'on s'entendrait à travers poses.

On voudrait saigner le Silence,
Secouer l'exil des causeries;
Et non! ces dames sont aigries
Par des questions de préséance.

Elles boudent là, l'air capable.
Et, sous le ciel, plus d'un s'explique,
Par quels gâchis suresthétiques
Ces êtres-là sont adorables.

Justement, une nous appelle,
Pour l'aider à chercher sa bague,
Perdue (où dans ce terrain vague?)
Un souvenir d'AMOUR, dit-elle!

Ces êtres-là sont adorables!

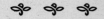

Je ne suis qu'un viveur lunaire
Qui fait des ronds dans les bassins,
Et cela, sans autre dessein·
Que devenir un légendaire.

Retroussant d'un air de défi
Mes manches de mandarin pâle,
J'arrondis ma bouche et — j'exhale
Des conseils doux de Crucifix.

Ah! oui, devenir légendaire,
Au seuil des siècles charlatans!
Mais où sont les Lunes d'antan?
Et que Dieu n'est-il à refaire?

HENRI DE RÉGNIER

Si j'ai parlé
De mon amour, c'est à l'eau lente
Qui m'écoute quand je me penche
Sur elle; si j'ai parlé
De mon amour, c'est au vent
Qui rit et chuchote entre les branches;
Si j'ai parlé de mon amour, c'est à l'oiseau
Qui passe et chante
Avec le vent;
Si j'ai parlé
C'est à l'écho.

Si j'ai aimé de grand amour,
Triste ou joyeux,
Ce sont tes yeux;
Si j'ai aimé de grand amour,
Ce fut ta bouche grave et douce,
Ce fut ta bouche;
Si j'ai aimé de grand amour,
Ce furent ta chair tiède et tes mains fraîches,
Et c'est ton ombre que je cherche.

Dans le lit vaste et dévasté
    J'ouvre les yeux près d'elle;
Je l'effleure : un songe infidèle
    L'embrasse à mon côté.

Une lueur tranchante et mince
    Échancre mon plafond,
Très loin, sur le pavé profond,
    J'entends un seau qui grince...

Dans le silencieux automne
    D'un jour mol et joyeux,
Je t'écoute en fermant les yeux,
    Voisine monotone.

Ces gammes de tes doigts hardis,
    C'était déjà des gammes
Quand n'étaient pas encor des dames
    Mes cousines, jadis;

Et qu'aux toits noirs de la Rafette,
    Où grince un fer changeant,
Les abeilles d'or et d'argent
    Mettaient l'aurore en fête.

Nocturne

O mer, toi que je sens frémir
    A travers la nuit creuse,
Comme le sein d'une amoureuse
    Qui ne peut pas dormir;

Le vent lourd frappe la falaise...
    Quoi! si le chant moqueur
D'une sirène est dans mon cœur —
    O cœur, divin malaise.

Quoi, plus de larmes, ni d'avoir
    Personne qui vous plaigne...
Tout bas, comme d'un flanc qui saigne,
    Il s'est mis à pleuvoir.

Princes de la Chine

— Sous les pampres de pourpre et d'or,
    Dans l'ombre parfumée,
Ivre de songe et de fumée,
    Le Prince Lou s'endort.

Tandis que l'opium efface
    Badoure à son côté,
Il rêve à la jeune beauté
    Qui brilla sur sa face.

Ainsi se meurt, d'un beau semblant,
    Lou, l'ivoire à la bouche.
Badoure en crispant sa babouche
    Pense à son deuil en blanc.

La Cigale

Quand nous fûmes hors des chemins
    Où la poussière est rose,
Aline, qui riait sans cause
    En me touchant les mains; —

L'Écho du bois riait. La terre
    Sonna creux au talon.
Aline se tut : le vallon
    Était plein de mystère...

Mais toi, sans lymphe ni sommeil,
    Cigale en haut posée,
Tu jetais, ivre de rosée,
    Ton cri triste et vermeil.

Vous qui retournez du Cathai
    Par les Messageries,
Quand vous berçaient à leurs féeries
    L'opium ou le thé,

Dans un palais d'aventurine
    Où se mourait le jour,
Avez-vous vu Boudroulboudour,
    Princesse de la Chine,

Plus blanche en son pantalon noir
    Que nacre sous l'écaille?
Au clair de lune, Jean Chicaille,
    Vous est-il venu voir,

En pleurant comme l'asphodèle
    Aux îles d'Ouac-Wac,
Et jurer de coudre en un sac
    Son épouse infidèle,

Mais telle qu'à travers le vent
    Des mers sur le rivage
S'envole et brille un paon sauvage
    Dans le soleil levant?

❧ ❧ ❧

Douce plage où naquit mon âme;
        Et toi, savane en fleurs
Que l'Océan trempe de pleurs
        Et le soleil de flamme;

Douce aux ramiers, douce aux amants,
        Toi de qui la ramure
Nous charmait d'ombre et de murmure,
        Et de roucoulements;

Où j'écoute frémir encore
        Un aveu tendre et fier —
Tandis qu'au loin riait la mer
        Sur le corail sonore.

❧ ❧ ❧

C'était sur un chemin crayeux
        Trois châtes de Provence
Qui s'en allaient d'un pas qui danse
        Le soleil dans les yeux.

Une enseigne, — au bord de la route,
        — Azur et jaune d'œuf —,
Annonçait : Vin de Châteauneuf,
        Tonnelles, Casse-croûte.

Et, tandis que les suit trois fois
        Leur ombre violette,
Noir pastou, sous la gloriette,
        Toi, tu t'en fous : tu bois...

C'était trois châtes de Provence,
        Des oliviers poudreux,
Et le mistral brûlant aux yeux
        Dans un azur immense.

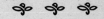

Toute allégresse a son défaut
    Et se brise elle-même.
Si vous voulez que je vous aime,
    Ne riez pas trop haut.

C'est à voix basse qu'on enchante
    Sous la cendre d'hiver
Ce cœur, pareil au feu couvert,
    Qui se consume et chante.

EN ARLES

Dans Arle, où sont les Aliscams,
Quand l'ombre est rouge, sous les roses,
    Et clair le temps,

Prends garde à la douceur des choses,
Lorsque tu sens battre sans cause
    Ton cœur trop lourd;

Et que se taisent les colombes :
Parle tout bas, si c'est d'amour,
    Au bord des tombes.

Puisque tes jours ne t'ont laissé
Qu'un peu de cendre dans la bouche,
Avant qu'on ne tende la couche
Où ton cœur dorme, enfin glacé,
Retourne, comme au temps passé,
Cueillir, près de la dune instable,
Le lys qu'y courbe un souffle amer,
— Et grave ces mots sur le sable :
Le rêve de l'homme est semblable
Aux illusions de la mer.

PAUL CLAUDEL

❧ ❧ ❧

La Cantate à trois voix

•

LAETA — FAUSTA — BEATA

LAETA

Cette heure qui est entre le printemps et l'été...

FAUSTA

Entre ce soir et demain l'heure seule qui est laissée...

BEATA

Sommeil sans aucun sommeil avant que ne renaisse
le soleil...

LAETA

Nuit sans aucune nuit...

FAUSTA

Pleine d'oiseaux mystérieux sans cesse et du chant
qu'on entend quand il est fini...

LAETA

... De feuilles et d'un faible cri, et de mots tout bas,
et du bruit...

FAUSTA

De l'eau lointaine qui tombe et du vent qui fuit!

BEATA

Ciel tout pur   sans nulle souillure,   Azur
que la large lune emplit!

LAETA

Heure sereine!

FAUSTA

Tristesse et peine...

LAETA

Larmes vaines! tristesse et peine qui est vaine...

FAUSTA

Larmes en vain, peine vaine...

BEATA

De ce jour qui est accompli!

LAETA

Le printemps est déjà fini.

BEATA

Demain c'est le grand Été qui commence!

FAUSTA

Le jour immense!

LAETA

Le fruit de la terre immense!

FAUSTA

Le jour qui dure!

BEATA

Le ciel tout pur et le soleil par excellence!

LAETA

Maintenant c'est la nuit encore!

FAUSTA

Maintenant pour un peu de temps, encore...

LAETA

... Que tardive et que menacée...

BEATA

C'est la dernière nuit avant l'Été!

FAUSTA

Qu'elle est belle!

LAETA

Le signe continuel   de ce sapin sur le ciel...

FAUSTA

Qu'il est sombre et solennel!

LAETA

Chante, raconte, appelle, oiseau, Philomèle!

BEATA

Jupiter...

FAUSTA

... Luit sur nous, triomphal et vert.

BEATA

Vénus...

FAUSTA

... N'est plus, et déjà, portant nos présents avec elle,
aurum et thus.

LAETA

... Ayant passé de l'autre côté...

FAUSTA

... Future, laissant ce qui est éteint...

LAETA

... Nous précède dans le matin!

BEATA

Ah, sans nous donner le bonheur, notre droit,
La laisserons-nous tarir   encore, sans rien saisir,
Cette heure qui n'est qu'une fois?

FAUSTA

Le moment   d'où tout dépend.

LAETA

Le mot suprême de l'année
De la terre qui désire   encore et qui veut parler!

FAUSTA

Et de ce ciel autour de nous omniprésent
Qui palpite, qui sait tout, et qui attend?

LAETA

Quand le matin est une seule chose avec le soir.

FAUSTA

Et qu'au sein du jour illusoire
Qui s'assoupit, s'affranchit peu à peu la mémoire.

BEATA

Le regret s'est éteint avec l'espoir.

LAETA

Et qu'est-ce qui demeure?

BEATA

Le seul bonheur.

LAETA

Je n'entends que le vent tout bas et l'eau qui pleure!

FAUSTA

... Le battement à peine de mon cœur...

LAETA

Et le long météore tout à coup qui éclate et qui
tombe en cendres!

BEATA

C'est que vous ne savez pas entendre —

LAETA

Le ciel un instant épanoui...

FAUSTA

Ne nous montre que la nuit.

LAETA

Argus de toutes parts dans sa gloire...

FAUSTA

Cerne Iô qui est aveugle et noire.

BEATA

C'est que vous ne savez pas voir.

FAUSTA

Parle, toi, Beata, nous sommes là, celle-ci et moi.

BEATA

Toutes trois parées...

LAETA

Les bras et le sein dévoilés...

FAUSTA

Assises...

BEATA

La face levée au ciel...

FAUSTA

Nulle de l'autre regardée...

LAETA

... Assises et demi-renversées
En robes solennelles
D'où dépasse la pointe d'un pied doré!

FAUSTA

Celui que j'aime...

LAETA

... Celui que j'épouse demain
M'aimera-t-il toujours de même?

FAUSTA

Celui que j'aime,
Celui qui m'a quittée et qui est au loin
Va-t-il revenir demain?

BEATA

Celui que j'aime
N'est plus, demain vers moi ne le ramènera jamais plus.

LAETA

Mort, dis-tu?

FAUSTA

Jamais il ne te sera rendu!

BEATA

Jamais il ne m'échappera plus.

LAETA

Et c'est toi qui nous parles de bonheur?

BEATA

Tout est fini pour moi de ce qui meurt.

FAUSTA

Que reste-t-il alors que tout est fini?

BEATA

Cette heure-ci qui n'est ni le jour, ni la nuit.

FAUSTA

Tout passe qui a commencé.

BEATA

Excepté
Cette heure même qui est entre le Printemps et l'Été.

LAETA

Quoi, cet instant de l'année extrême et le plus aigu...

FAUSTA

Quand tout atteint le sommet et demande à n'être
plus...

LAETA

Quelle demeure   y trouveras-tu, et leurre   de
quelle vertu?

FAUSTA

Demain nous ne serons plus belles.

LAETA

Nous ne sommes que de pauvres femmes un moment,
faibles et frêles.

BEATA

Mais invitées en ce jour parmi les choses éternelles.

FAUSTA

Parle pour nous trois, Beata.

BEATA

Et que faut-il que je dise?

FAUSTA

Chante, explique.
Ce qu'au fond de mon cœur je comprends déjà
Obscurément, comment   ce moment unique,
Suprême et le plus aigu,
Pour un moment est déjà ce qui ne passera plus.

BEATA

Et toi, que dis-tu, Laeta?

LAETA

Laisse-moi et chante!

Que j'entende seulement dans le clair de lune une
  voix de femme éclatante,

Puissante et grave, persuasive et suave,

Avec la mienne en même temps en silence qui la
  devance et qui invente

Et tout bas lui donne l'octave!

FAUSTA

Et ces deux voix de tes sœurs   prêtes à se lever

Sous la tienne, explique-leur   pourquoi

Le bonheur

Est de cette heure même

Où celui que notre cœur aime nous manque.

LAETA

Dis   seulement   la rose!

BEATA

Quelle rose?

LAETA

... Du monde entier en cette fleur suprême éclose!

(Gallimard, éditeur.)

Cantique de l'ombre

BEATA

*Avant qu'une fois encore les deux moitiés de l'univers
se divisent,*

*Et que la nuit se rompe par le milieu qui est commune
aux morts et aux vivants!*

*Avant que la nuit de nouveau nous abandonne, pleine de
ceux qui nous sont chers,*

*Et que cessant de remplir nos demeures, elle reflue de
nouveau et nous quitte comme une terre dont l'eau s'exprime!*

Et toi qui m'as quittée, adieu une fois encore!

*Avant que tu reviennes de nouveau te présenter sur le
miroir de mon âme,*

Comme les dieux sous le diaphragme au plus profond

de la bête ont placé le foie poli et brillant que les sacrifi-
cateurs interrogent!

A présent c'est le moment de la lutte entre la lumière et
l'ombre et ce monde solide tressaille et semble saisi d'ivresse!

Tout remue et chancelle et se transforme et semble danser,
Et sur les plaines chatoyantes se peignent des images
démesurées.

Voici le monde plus rouge que la caverne des Cabires
Et le torrent des ombres descend le long de la paroi.

Tout se meut! c'est la Création qui reprend contact
avec elle-même et le mot d'ordre à l'infini se propage et se
multiplie!

C'est l'immense procession autour de nous qui se remet
en ordre avant qu'à pleins bords elle recommence à passer!

Et je vois de mes yeux autour de moi ma prison qui coule
et qui s'en va!

Je suis l'hôte de ce fleuve ininterrompu.

(Et dirai-je que tout s'en va ou que tout revient vers nous?)

Et qu'il est facile en plein courant d'être détaché et de ne
tenir à rien!

Avant que le temps recommence,

Avant que l'ombre de nouveau, cherchant sa place, revienne
se poser sur notre corps comme la flamme sur le flambeau!

Que le soleil de ce monde triomphe, nous refusons d'être
pénétrés,

Et refoulés, acculés, nous lui opposons cette invincible paroi,

Afin que, nous-mêmes d'un côté et de l'autre les flammes
de la Forge,

Toutes choses dessus se peignent et l'image de ce qui nous
regarde.

Jusqu'à ce que nos ténèbres et celles qui grandissent à
l'Orient de nouveau

Courent au-devant l'une de l'autre et que la première
vague de cette sombre marée ébranle de nouveau la barque!

Jusqu'à ce que la mer de nouveau fasse défaut sous ma
quille!

Ah! *pas plus moelleusement une vieille nef au piège de quelque Célèbe n'épousera la borne occulte sous la mer*

Que toute mon âme d'avance ne se prête à ce choc ténébreux!

Ah! il est plus malaisé pour l'âme que pour le corps de mourir et de trouver sa fin!

Où finit le corps sinon où l'autre corps à lui se fait sentir?

Où finit le son sinon à l'oreille qui lui est accordée? où le parfum, ailleurs que dans le cœur qui l'aspire?

Et où finit ma voix, sinon

A ces deux voix fondues que le jour va disjoindre,

Les vôtres, mes sœurs?

Et où finit la femme sinon dans l'âme prédestinée et ce port qui la contient de tous côtés

De l'époux qui d'être ailleurs ne lui laisse aucune liberté?

Salut de nouveau, ô toi qui m'as quittée!

Jadis au bord de ce fleuve d'Égypte, en ce temps de nos noces,

En ces jours d'un temps étrange et plus long que les dieux nous ont comptés et mesurés,

Tu me disais : « O visage dans les ténèbres! double et funèbre iris!

Laisse-moi regarder tes yeux! Laisse-moi lire ces choses qui se peignent sur le mur de ton âme et que toi-même ne connais pas!

Est-il vrai que je vais mourir? dis, ne suis-je donc autre chose que cette présence précaire et misérable? est-ce dans le temps que je t'ai épousée?

Trois fois le papillon blanc n'aura pas palpité dans le rayon de cette lune Sarrazine

Que déjà je me suis dispersé!

Ne suis-je pas autre chose que cette main que tu veux saisir et ce poids un instant sur ta couche?

La nuit passe, le jour revient; Beata! »

Et je répondais : « Qu'importe le jour? Éteins cette lumière! Éteins promptement cette lumière qui ne me permet de voir que ton visage! »

(Gallimard, éditeur.)

Ténèbres

Je suis ici, l'autre est ailleurs, et le silence est terrible :
Nous sommes des malheureux et Satan nous vanne
[dans son crible.

Je souffre, et l'autre souffre, et il n'y a point de chemin
Entre elle et moi, de l'autre à moi point de parole ni
[de main

Rien que la nuit qui est commune et incommunicable,
La nuit où l'on ne fait point d'œuvre et l'affreux
[amour impraticable.

Je prête l'oreille, et je suis seul, et la terreur m'envahit.
J'entends la ressemblance de sa voix et le son d'un cri.

J'entends un faible vent et mes cheveux se lèvent sur
[ma tête.
Sauvez-la du danger de la mort et de la gueule de la
[Bête !

Voici de nouveau le goût de la mort entre mes dents,
La tranchée, l'envie de vomir et le retournement.

J'ai été seul dans le pressoir, j'ai foulé le raisin dans
[mon délire,
Cette nuit où je marchais d'un mur à l'autre en
[éclatant de rire.

Celui qui a fait les yeux, sans yeux est-ce qu'il ne me
[verra pas ?
Celui qui a fait les oreilles, est-ce qu'il ne m'entendra
[pas sans oreilles ?

Je sais que là où le péché abonde, là Votre miséricorde
[surabonde.
Il faut prier, car c'est l'heure du Prince du monde.

(Gallimard, éditeur.)

Ballade

Nous sommes partis bien des fois déjà, mais cette fois-ci est la bonne.

Adieu, vous tous à qui nous sommes chers, le train qui doit nous prendre n'attend pas.

Nous avons répété cette scène bien des fois, mais cette fois-ci est la bonne.

Pensiez-vous donc que je ne puis être séparé de vous pour de bon? alors vous voyez que ce n'est pas le cas.

Adieu, mère. Pourquoi pleurer comme ceux qui ont une espérance?

Les choses qui ne peuvent être autrement ne valent pas une larme de nous.

Ne savez-vous pas que je suis une ombre qui passe, vous-même ombre et apparence?

Nous ne reviendrons plus vers vous.

Et nous laissons toutes les femmes derrière nous, les vraies épouses, et les autres, et les fiancées.

C'est fini de l'embarras des femmes et des gosses, nous voilà tout seuls et légers.

Pourtant à ce dernier moment encore, à cette heure solennelle et ombragée,

Laisse-moi voir ton visage encore, avant que je ne sois le mort et l'étranger,

Avant que dans un petit moment je ne sois plus, laisse-moi voir ton visage encore! avant qu'il soit à un autre.

Du moins prends bien soin où tu seras de l'enfant, l'enfant qui nous était né de nous,

De l'enfant qui est ma chair et mon âme et qui donnera le nom de père à un autre.

Nous ne reviendrons plus vers vous.

Adieu, amis! Nous arrivions de trop loin pour mériter votre croyance.

Seulement un peu d'amusement et d'effroi. Mais voici le pays jamais quitté qui est familier et rassurant.

Il faut garder notre connaissance pour nous, comprenant, comme une chose donnée dont l'on a d'un coup jouissance,

L'inutilité de l'homme et le mort en celui qui se croit vivant.

Tu demeures avec nous, certaine connaissance, possession dévorante et inutile!

« *L'art, la science, la vie libre* »..., — ô frères, qu'y a-t-il entre vous et nous?

Laissez-moi seulement m'en aller, que ne me laissiez-vous tranquille?

Nous ne reviendrons plus vers vous.

ENVOI

Vous restez vous, et nous sommes à bord, et la planche entre nous est retirée.

Il n'y a plus qu'un peu de fumée dans le ciel, vous ne nous reverrez plus avec vous.

Il n'y a plus que le soleil éternel de Dieu sur les eaux qu'Il a créées.

Nous ne reviendrons plus vers vous.

(Gallimard, éditeur.)

Le soulier de satin

SCÈNE PREMIÈRE

LE PÈRE JÉSUITE. — Seigneur, je vous remercie de m'avoir ainsi attaché! Et parfois il m'est arrivé de trouver vos commandements pénibles

Et ma volonté en présence de votre règle

Perplexe, rétive.

Mais aujourd'hui il n'y a pas moyen d'être plus serré à Vous que je ne le suis et j'ai beau vérifier chacun de mes membres, il n'y en a plus un seul qui de Vous soit capable de s'écarter si peu.

Et c'est vrai que je suis attaché à la croix, mais la croix où je suis n'est plus attachée à rien. Elle flotte sur la mer.

La mer libre à ce point où la limite du ciel connu s'efface

Et qui est à égale distance de ce monde ancien que j'ai quitté

Et de l'autre nouveau.

Tout a expiré autour de moi, tout a été consommé sur cet étroit autel qu'encombrent les corps de mes sœurs l'une sur l'autre, la vendange sans doute ne pouvait se faire sans désordre,

Mais tout, après un peu de mouvement, est rentré dans la grande paix paternelle.

Et si je me croyais abandonné, je n'ai qu'à attendre le retour de cette puissance immanquable sous moi qui me reprend et me remonte avec elle comme si pour un moment je ne faisais plus qu'un avec le réjouissement de l'abîme,

Cette vague, voici bientôt la dernière pour m'emporter.

Je prends, je me sers de toute cette œuvre indivisible que Dieu a faite toute à la fois et à laquelle je suis étroitement amalgamé à l'intérieur de Sa sainte volonté, ayant renoncé la mienne,

De ce passé dont avec l'avenir est faite une seule étoffe indéchirable,

De cette mer qui a été mise à ma disposition,

Du souffle que je ressens tour à tour avec sa cessation sur ma face, de ces deux mondes amis, et là-haut dans le ciel de ces grandes constellations incontestables,

Pour bénir cette terre que mon cœur devinait là-bas dans la nuit, tant désirée !

Que la bénédiction sur elle soit celle d'Abel le pasteur au milieu de ses fleuves et de ses forêts ! Que la guerre et la dissension l'épargnent ! Que l'Islam ne souille point ses rives, et cette peste encore pire qu'est l'hérésie !

Je me suis donné à Dieu et maintenant le jour du repos et de la détente est venu et je puis me confier à ces liens qui m'attachent.

On parle d'un sacrifice quand à chaque choix à faire il ne s'agit que de ce mouvement presque imperceptible comme de la main.

C'est le mal seul à dire vrai qui exige un effort, puisqu'il est contre la réalité, se disjoindre à ces grandes forces continues qui de toutes parts nous adoptent et nous engagent.

Et maintenant voici la dernière oraison de cette messe que mêlé déjà à la mort je célèbre par le moyen de moi-même : Mon Dieu, je Vous prie pour mon frère Rodrigue ! Mon Dieu, je Vous supplie pour mon fils Rodrigue !

Je n'ai pas d'autre enfant, ô mon Dieu, et lui sait bien qu'il n'aura pas d'autre frère.

Vous le voyez qui d'abord s'était engagé sur mes pas sous l'étendard qui porte Votre monogramme, et maintenant sans doute parce qu'il a quitté Votre noviciat il se figure qu'il Vous tourne le dos,

Son affaire à ce qu'il imagine n'étant pas d'attendre, mais de conquérir et de posséder

Ce qu'il peut, comme s'il y avait rien qui ne Vous appartînt et comme s'il pouvait être ailleurs que là où Vous êtes.

Mais, Seigneur, il n'est pas si facile de Vous échapper, et s'il ne va pas à Vous par ce qu'il a de clair, qu'il y aille par ce qu'il a d'obscur; et par ce qu'il a de direct, qu'il y aille par ce qu'il a d'indirect; et par ce qu'il a de simple,

Qu'il y aille par ce qu'il a en lui de nombreux, et de laborieux et d'entremêlé,

Et s'il désire le mal, que ce soit un tel mal qu'il ne soit compatible qu'avec le bien,

Et s'il désire le désordre, un tel désordre qu'il implique l'ébranlement et la fissure de ces murailles autour de lui qui lui barraient le salut,

Je dis à lui et à cette multitude avec lui qu'il implique obscurément.

Car il est de ceux-là qui ne peuvent se sauver qu'en sauvant toute cette masse qui prend leur forme derrière eux.

Et déjà Vous lui avez appris le désir, mais il ne se doute pas encore ce que c'est que d'être désiré.

Apprenez-lui que Vous n'êtes pas le seul à pouvoir être absent! Liez-le par le poids de cet autre être sans lui si beau qui l'appelle à travers l'intervalle!

Faites de lui un homme blessé parce qu'une fois en cette vie il a vu la figure d'un ange!

Remplissez ces amants d'un tel désir qu'il implique à l'exclusion de leur présence dans le hasard journalier

L'intégrité primitive et leur essence même telle que Dieu les a conçus autrefois dans un rapport inextinguible!

Et ce qu'il essayera de dire misérablement sur la terre, je suis là pour le traduire dans le Ciel.

(Gallimard, éditeur.)

FRANCIS JAMMES

❧ ❧ ❧

Il va neiger...

Il va neiger dans quelques jours. Je me souviens
de l'an dernier. Je me souviens de mes tristesses
au coin du feu. Si l'on m'avait demandé : qu'est-ce?
j'aurais dit : laissez-moi tranquille. Ce n'est rien.

J'ai bien réfléchi, l'année avant, dans ma chambre,
pendant que la neige lourde tombait dehors.
J'ai réfléchi pour rien. A présent comme alors
je fume une pipe en bois avec un bout d'ambre.

Ma vieille commode en chêne sent toujours bon.
Mais moi j'étais bête parce que tant de choses
ne pouvaient pas changer et que c'est une pose
de vouloir chasser les choses que nous savons.

Pourquoi donc pensons-nous et parlons-nous? C'est
nos larmes et nos baisers, eux, ne parlent pas, [drôle;
et cependant nous les comprenons, et les pas
d'un ami sont plus doux que de douces paroles.

On a baptisé les étoiles sans penser
qu'elles n'avaient pas besoin de nom, et les nombres,
qui prouvent que les belles comètes dans l'ombre
passeront, ne les forceront pas à passer.

Et maintenant même, où sont mes vieilles tristesses
de l'an dernier? A peine si je m'en souviens.
Je dirais : Laissez-moi tranquille, ce n'est rien,
si dans ma chambre on venait me demander : qu'est-ce?

Prière pour aller au Paradis avec les ânes

Lorsqu'il faudra aller vers vous, ô mon Dieu, faites
que ce soit par un jour où la campagne en fête
poudroiera. Je désire, ainsi que je fis ici-bas,
choisir un chemin pour aller, comme il me plaira,
au Paradis, où sont en plein jour les étoiles.
Je prendrai mon bâton et sur la grande route
j'irai, et je dirai aux ânes, mes amis :
Je suis Francis Jammes et je vais au Paradis,
car il n'y a pas d'enfer au pays du Bon-Dieu.
Je leur dirai : « Venez, doux amis du ciel bleu,
pauvres bêtes chéries qui, d'un brusque mouvement d'oreille,
chassez les mouches plates, les coups et les abeilles... »

Que je Vous apparaisse au milieu de ces bêtes
que j'aime tant parce qu'elles baissent la tête
doucement, et s'arrêtent en joignant leurs petits
d'une façon bien douce et qui vous fait pitié.   [pieds
J'arriverai suivi de leurs milliers d'oreilles,
suivi de ceux qui portèrent au flanc des corbeilles,
de ceux traînant des voitures de saltimbanques
où des voitures de plumeaux et de fer-blanc,
de ceux qui ont au dos des bidons bossués,
des ânesses pleines comme des outres, aux pas cassés,
de ceux à qui l'on met de petits pantalons
à cause des plaies bleues et suintantes que font
les mouches entêtées qui s'y groupent en ronds.
Mon Dieu, faites qu'avec ces ânes je Vous vienne.
Faites que, dans la paix, des anges nous conduisent
vers des ruisseaux touffus où tremblent des cerises
lisses comme la chair qui rit des jeunes filles,
et faites que, penché dans ce séjour des âmes,
sur vos divines eaux, je sois pareil aux ânes
qui mireront leur humble et douce pauvreté
à la limpidité de l'amour éternel.

PAUL VALÉRY

❧ ❧ ❧

La jeune Parque

Salut! Divinités par la rose et le sel,
Et les premiers jouets de la jeune lumière,
Iles!... Ruches bientôt, quand la flamme première
Fera que votre roche, îles que je prédis,
Ressente en rougissant de puissants paradis;
Cimes qu'un feu féconde à peine intimidées,
Bois qui bourdonnerez de bêtes et d'idées,
D'hymnes d'hommes comblés des dons du juste éther,
Iles! dans la rumeur des ceintures de mer,
Mères vierges toujours, même portant cès marques,
Vous m'êtes à genoux de merveilleuses Parques :
Rien n'égale dans l'air les fleurs que vous placez,
Mais dans la profondeur, que vos pieds sont glacés!

(Gallimard, éditeur.)

Anne

A ANDRÉ LEBEY

Anne qui se mélange au drap pâle et délaisse
Des cheveux endormis sur ses yeux mal ouverts
Mire ses bras lointains tournés avec mollesse
Sur la peau sans couleur du ventre découvert.

Elle vide, elle enfle d'ombre sa gorge lente,
Et comme un souvenir pressant ses propres chairs,
Une bouche brisée et pleine d'eau brûlante
Roule le goût immense et le reflet des mers.

Enfin désemparée et libre d'être fraîche,
La dormeuse déserte aux touffes de couleur
Flotte sur son lit blême, et d'une lèvre sèche,
Tette dans la ténèbre un souffle amer de fleur.

Et sur le linge où l'aube insensible se plisse,
Tombe, d'un bras de glace effleuré de carmin,
Toute une main défaite et perdant le délice
A travers ses doigts nus dénoués de l'humain.

Au hasard! A jamais, dans le sommeil sans hommes
Pur des tristes éclairs de leurs embrassements,
Elle laisse rouler les grappes et les pommes
Puissantes, qui pendaient aux treilles d'ossements,

Qui riaient, dans leur ambre appelant les vendanges,
Et dont le nombre d'or de riches mouvements
Invoquait la vigueur et les gestes étranges
Que pour tuer l'amour inventent les amants...

(*Gallimard, éditeur.*)

Au platane

A ANDRÉ FONTAINAS

Tu penches, grand Platane, et te proposes nu,
    Blanc comme un jeune Scythe,
Mais ta candeur est prise, et ton pied retenu
    Par la force du site.

Ombre retentissante en qui le même azur
    Qui t'emporte, s'apaise,
La noire mère astreint ce pied natal et pur
    A qui la fange pèse.

De ton front voyageur les vents ne veulent pas;
    La terre tendre et sombre,
O Platane, jamais ne laissera d'un pas
    S'émerveiller ton ombre!

Ce front n'aura d'accès qu'aux degrés lumineux
    Où la sève l'exalte;
Tu peux grandir, candeur, mais non rompre les
    De l'éternelle halte!   [nœuds

Pressens autour de toi d'autres vivants liés
    Par l'hydre vénérable;
Tes pareils sont nombreux, des pins aux peupliers,
    De l'yeuse à l'érable,

Qui, par les morts saisis, les pieds échevelés
    Dans la confuse cendre,
Sentent les fuir les fleurs, et leurs spermes ailés
    Le cours léger descendre.

Le tremble pur, le charme, et ce hêtre formé
    De quatre jeunes femmes,
Ne cessent point de battre un ciel toujours fermé,
    Vêtus en vain de rames.

Ils vivent séparés, ils pleurent confondus
    Dans une seule absence,
Et leurs membres d'argent sont vainement fendus
    A leur douce naissance.

Quand l'âme lentement qu'ils expirent le soir
    Vers l'Aphrodite monte,
La vierge doit dans l'ombre, en silence, s'asseoir,
    Toute chaude de honte.

Elle se sent surprendre, et pâle, appartenir
    A ce tendre présage
Qu'une présente chair tourne vers l'avenir
    Par un jeune visage...

Mais toi, de bras plus purs que les bras animaux,
    Toi qui dans l'or les plonges,
Toi qui formes au jour le fantôme des maux
    Que le sommeil fait songes,

Haute profusion de feuilles, trouble fier
    Quand l'âpre tramontane
Sonne, au comble de l'or, l'azur du jeune hiver
    Sur tes harpes, Platane,

Ose gémir!... Il faut, ô souple chair du bois,
    Te tordre, te détordre,
Te plaindre sans te rompre, et rendre aux vents la voix
    Qu'ils cherchent en désordre!

Flagelle-toi!... Parais l'impatient martyr
    Qui soi-même s'écorche,
Et dispute à la flamme impuissante à partir
    Ses retours vers la torche!

Afin que l'hymne monte aux oiseaux qui naîtront,
    Et que le pur de l'âme
Fasse frémir d'espoir les feuillages d'un tronc
    Qui rêve de la flamme,

Je t'ai choisi, puissant personnage d'un parc,
    Ivre de ton tangage,
Puisque le ciel t'exerce, et te presse, ô grand arc,
    De lui rendre un langage!

O qu'amoureusement des Dryades rival,
    Le seul poète puisse
Flatter ton corps poli comme il fait du Cheval
    L'ambitieuse cuisse!...

— « *Non* », *dit l'arbre. Il dit* : Non! *par l'étincellement*
    De sa tête superbe,
Que la tempête traite universellement
    Comme elle fait une herbe!

(Gallimard, éditeur.)

L'Abeille

A FRANCIS DE MIOMANDRE

Quelle, et si fine, et si mortelle,
Que soit ta pointe, blonde abeille,
Je n'ai, sur ma tendre corbeille,
Jeté qu'un songe de dentelle.

Pique du sein la gourde belle,
Sur qui l'Amour meurt ou sommeille,
Qu'un peu de moi-même vermeille
Vienne à la chair ronde et rebelle!

J'ai grand besoin d'un prompt tourment :
Un mal vif et bien terminé
Vaut mieux qu'un supplice dormant!

Soit donc mon sens illuminé
Par cette infime alerte d'or
Sans qui l'Amour meurt ou s'endort!

(Gallimard, éditeur.)

Les pas

Tes pas, enfants de mon silence,
Saintement, lentement placés,
Vers le lit de ma vigilance
Procèdent muets et glacés.

Personne pure, ombre divine,
Qu'ils sont doux, tes pas retenus!
Dieux!... tous les dons que je devine
Viennent à moi sur ces pieds nus!

Si, de tes lèvres avancées,
Tu prépares pour l'apaiser,
A l'habitant de mes pensées
La nourriture d'un baiser,

Ne hâte pas cet acte tendre,
Douceur d'être et de n'être pas,
Car j'ai vécu de vous attendre,
Et mon cœur n'était que vos pas.

(Gallimard, éditeur.)

Fragments du Narcisse

Fontaine, ma fontaine, eau froidement présente,
Douce aux purs animaux, aux humains complaisante
Qui d'eux-mêmes tentés suivent au fond la mort,
Tout est songe pour toi, Sœur tranquille du Sort!
A peine en souvenir change-t-il un présage,
Que pareille sans cesse à son fuyant visage,
Sitôt de ton sommeil les cieux te sont ravis!
Mais si pure tu sois des êtres que tu vis,
Onde, sur qui les ans passent comme les nues,
Que de choses pourtant doivent t'être connues,
Astres, roses, saisons, les corps et leurs amours!

Claire, mais si profonde, une nymphe toujours
Effleurée, et vivant de tout ce qui l'approche,
Nourrit quelque sagesse à l'abri de sa roche,
A l'ombre de ce jour qu'elle peint sous les bois.
Elle sait à jamais les choses d'une fois...
    O présence pensive, eau calme qui recueilles
Tout un sombre trésor de fables et de feuilles,
L'oiseau mort, le fruit mûr, lentement descendus,
Et les rares lueurs des clairs anneaux perdus.
Tu consommes en toi leur perte solennelle;
Mais, sur la pureté de ta face éternelle,
L'amour passe et périt...
                        Quand le feuillage épars
Tremble, commence à fuir, pleure de toutes parts,
Tu vois du sombre amour s'y mêler la tourmente,
L'amant brûlant et dur ceindre la blanche amante,
Vaincre l'âme... Et tu sais selon quelle douceur
Sa main puissante passe à travers l'épaisseur
Des tresses que répand la nuque précieuse,
S'y repose, et se sent forte et mystérieuse;
Elle parle à l'épaule et règne sur la chair.
    Alors les yeux fermés à l'éternel éther
Ne voient plus que le sang qui dore leurs paupières;
Sa pourpre redoutable obscurcit les lumières
D'un couple aux pieds confus qui se mêle, et se ment.
Ils gémissent... La Terre appelle doucement   [bouche,
Ces grands corps chancelants, qui luttent bouche à
Et qui, du vierge sable osant battre la couche,
Composeront d'amour un monstre qui se meurt...
Leurs souffles ne font plus qu'une heureuse rumeur,
L'âme croit respirer l'âme toute prochaine,
Mais tu sais mieux que moi, vénérable fontaine,
Quels fruits forment toujours ces moments enchantés!
    Car, à peine les cœurs calmes et contentés
D'une ardente alliance expirée en délices,
Des amants détachés tu mires les malices,

Tu vois poindre des jours de mensonges tissus,
Et naître mille maux trop tendrement conçus!
   Bientôt, mon onde sage, infidèle et la même,
Le Temps mène ces fous qui crurent que l'on aime
Redire à tes roseaux de plus profonds soupirs!
Vers toi, leurs tristes pas suivent leurs souvenirs...
   Sur tes bords, accablés d'ombres et de faiblesse,
Tout éblouis d'un ciel dont la beauté les blesse
Tant il garde l'éclat de leurs jours les plus beaux,
Ils vont des biens perdus trouver tous les tombeaux...
« Cette place dans l'ombre était tranquille et nôtre! »
« L'autre aimait ce cyprès, se dit le cœur de l'autre, »
« Et d'ici, nous goûtions le souffle de la mer! »
Hélas! la rose même est amère dans l'air...
Moins amers les parfums des suprêmes fumées
Qu'abandonnent au vent les feuilles consumées!...
   Ils respirent ce vent, marchent sans le savoir,
Foulent aux pieds le temps d'un jour de désespoir...
O marche lente, prompte, et pareille aux pensées
Qui parlent tour à tour aux têtes insensées!
La caresse et le meurtre hésitent dans leurs mains,
Leur cœur, qui croit se rompre au détour des chemins
Lutte, et retient à soi son espérance étreinte.
Mais leurs esprits perdus courent ce labyrinthe
Où s'égare celui qui maudit le soleil!
Leur folle solitude, à l'égal du sommeil,
Peuple et trompe l'absence; et leur secrète oreille
Partout place une voix qui n'a point de pareille.
Rien ne peut dissiper leurs songes absolus;
Le soleil ne peut rien contre ce qui n'est plus!
Mais s'ils traînent dans l'or leurs yeux secs et funèbres,
Ils se sentent des pleurs défendre leurs ténèbres
Plus chères à jamais que tous les feux du jour!
Et dans ce corps caché tout marqué de l'amour
Que porte amèrement l'âme qui fut heureuse,
Brûle un secret baiser qui la rend furieuse...

(Gallimard, éditeur.)

La Pythie

Honneur des Hommes, Saint LANGAGE,
Discours prophétique et paré,
Belles chaînes en qui s'engage
Le dieu dans la chair égaré,
Illumination, largesse!
Voici parler une Sagesse
Et sonner cette auguste Voix
Qui se connaît quand elle sonne
N'être plus la voix de personne
Tant que des ondes et des bois!

(Gallimard, éditeur.)

Le Sylphe

Ni vu ni connu
Je suis le parfum
Vivant et défunt
Dans le vent venu!

Ni vu ni connu
Hasard ou génie?
A peine venu
La tâche est finie!

Ni lu ni compris?
Aux meilleurs esprits
Que d'erreurs promises!

Ni vu ni connu,
Le temps d'un sein nu
Entre deux chemises!

(Gallimard, éditeur.)

Ébauche d'un serpent

... Soleil, soleil !... Faute éclatante !
Toi qui masques la mort, Soleil,
Sous l'azur et l'or d'une tente
Où les fleurs tiennent leur conseil ;
Par d'impénétrables délices,
Toi, le plus fier de mes complices,
Et de mes pièges le plus haut,
Tu gardes les cœurs de connaître
Que l'univers n'est qu'un défaut
Dans la pureté du Non-être !...

(Gallimard, éditeur.)

Le cimetière marin

Μή. φίλα ψυχά, βίον ἀθάνατον σπεῦδε,
τὰν δ'ἔμπρακτον ἄντλει μαχανάν.

PINDARE, *Pythiques* III.

Ce toit tranquille, où marchent des colombes,
Entre les pins palpite, entre les tombes ;
Midi le juste y compose de feux
La mer, la mer, toujours recommencée !
O récompense après une pensée
Qu'un long regard sur le calme des dieux !

Quel pur travail de fins éclairs consume
Maint diamant d'imperceptible écume,
Et quelle paix semble se concevoir !
Quand sur l'abîme un soleil se repose,
Ouvrages purs d'une éternelle cause,
Le Temps scintille et le Songe est savoir.

Stable trésor, temple simple à Minerve,
Masse de calme, et visible réserve,
Eau sourcilleuse, Œil qui gardes en toi
Tant de sommeil sous un voile de flamme,
O mon silence!... Édifice dans l'âme,
Mais comble d'or aux mille tuiles, Toit!

Temple du Temps, qu'un seul soupir résume,
A ce point pur je monte et m'accoutume,
Tout entouré de mon regard marin;
Et comme aux dieux mon offrande suprême,
La scintillation sereine sème
Sur l'altitude un dédain souverain.

Comme le fruit se fond en jouissance,
Comme en délice il change son absence
Dans une bouche où sa forme se meurt,
Je hume ici ma future fumée,
Et le ciel chante à l'âme consumée
Le changement des rives en rumeur.

Beau ciel, vrai ciel, regarde-moi qui change!
Après tant d'orgueil, après tant d'étrange
Oisiveté, mais pleine de pouvoir,
Je m'abandonne à ce brillant espace,
Sur les maisons des morts mon ombre passe
Qui m'apprivoise à son frêle mouvoir.

L'âme exposée aux torches du solstice,
Je te soutiens, admirable justice
De la lumière aux armes sans pitié!
Je te rends pure à ta place première :
Regarde-toi!... Mais rendre la lumière
Suppose d'ombre une morne moitié.

O pour moi seul, à moi seul, en moi-même,
Auprès d'un cœur, aux sources du poème,

Entre le vide et l'événement pur,
J'attends l'écho de ma grandeur interne,
Amère, sombre et sonore citerne,
Sonnant dans l'âme un creux toujours futur!

Sais-tu, fausse captive des feuillages,
Golfe mangeur de ces maigres grillages,
Sur mes yeux clos, secrets éblouissants,
Quel corps me traîne à sa fin paresseuse,
Quel front l'attire à cette terre osseuse?
Une étincelle y pense à mes absents.

Fermé, sacré, plein d'un feu sans matière,
Fragment terrestre offert à la lumière,
Ce lieu me plaît, dominé de flambeaux,
Composé d'or, de pierre et d'arbres sombres,
Où tant de marbre est tremblant sur tant d'ombres;
La mer fidèle y dort sur mes tombeaux!

Chienne splendide, écarte l'idolâtre!
Quand solitaire au sourire de pâtre,
Je pais longtemps, moutons mystérieux,
Le blanc troupeau de mes tranquilles tombes,
Éloignes-en les prudentes colombes,
Les songes vains, les anges curieux!

Ici venu, l'avenir est paresse.
L'insecte net gratte la sécheresse;
Tout est brûlé, défait, reçu dans l'air
A je ne sais quelle sévère essence...
La vie est vaste, étant ivre d'absence,
Et l'amertume est douce, et l'esprit clair.

Les morts cachés sont bien dans cette terre
Qui les réchauffe et sèche leur mystère.
Midi là-haut, Midi sans mouvement
En soi se pense et convient à soi-même...
Tête complète et parfait diadème,
Je suis en toi le secret changement.

Tu n'as que moi pour contenir tes craintes!
Mes repentirs, mes doutes, mes contraintes
Sont le défaut de ton grand diamant...
Mais dans leur nuit toute lourde de marbres,
Un peuple vague aux racines des arbres
A pris déjà ton parti lentement.

Ils ont fondu dans une absence épaisse,
L'argile rouge a bu la blanche espèce,
Le don de vivre a passé dans les fleurs!
Où sont des morts les phrases familières,
L'art personnel, les âmes singulières?
La larve file où se formaient des pleurs.

Les cris aigus des filles chatouillées,
Les yeux, les dents, les paupières mouillées,
Le sein charmant qui joue avec le feu,
Le sang qui brille aux lèvres qui se rendent,
Les derniers dons, les doigts qui les défendent,
Tout va sous terre et rentre dans le jeu!

Et vous, grande âme, espérez-vous un songe
Qui n'aura plus ces couleurs de mensonge
Qu'aux yeux de chair l'onde et l'or font ici?
Chanterez-vous quand serez vaporeuse?
Allez! Tout fuit! Ma présence est poreuse,
La sainte impatience meurt aussi!

Maigre immortalité noire et dorée,
Consolatrice affreusement laurée,
Qui de la mort fais un sein maternel,
Le beau mensonge et la pieuse ruse!
Qui ne connaît, et qui ne les refuse,
Ce crâne vide et ce rire éternel!

Pères profonds, têtes inhabitées,
Qui sous le poids de tant de pelletées,

Êtes la terre et confondez nos pas,
Le vrai rongeur, le ver irréfutable
N'est point pour vous qui dormez sous la table,
Il vit de vie, il ne me quitte pas!

Amour, peut-être, ou de moi-même haine?
Sa dent secrète est de moi si prochaine
Que tous les noms lui peuvent convenir!
Qu'importe! Il voit, il veut, il songe, il touche!
Ma chair lui plaît, et jusque sur ma couche,
A ce vivant je vis d'appartenir!

Zénon! Cruel Zénon! Zénon d'Élée!
M'as-tu percé de cette flèche ailée
Qui vibre, vole, et qui ne vole pas!
Le son m'enfante et la flèche me tue!
Ah! le soleil... Quelle ombre de tortue
Pour l'âme, Achille immobile à grands pas!

Non, non!... Debout! Dans l'ère successive!
Brisez, mon corps, cette forme pensive!
Buvez, mon sein, la naissance du vent!
Une fraîcheur, de la mer exhalée,
Me rend mon âme... O puissance salée!
Courons à l'onde en rejaillir vivant!

Oui! Grande mer de délires douée,
Peau de panthère et chlamyde trouée
De mille et mille idoles du soleil,
Hydre absolue, ivre de ta chair bleue,
Qui te remords l'étincelante queue
Dans un tumulte au silence pareil,

Le vent se lève!... Il faut tenter de vivre!
L'air immense ouvre et referme mon livre,
La vague en poudre ose jaillir des rocs!
Envolez-vous, pages tout éblouies!
Rompez, vagues! Rompez d'eaux réjouies
Ce toit tranquille où picoraient des focs!

(Gallimard, éditeur.)

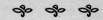
Quatrains

Cœur dur comme une tour,
  Ô cœur de pierre,
Donjon de jour en jour
  Vêtu de lierre.

De tous liens lié
  A cette terre,
Ô cœur humilié,
  Cœur solitaire.

Cœur qui as tant crevé
  De pleurs secrets,
Buveur inabreuvé,
  Cendre et regrets.

Cœur tant de fois baigné
  Dans la lumière,
Et tant de fois noyé
  Source première.

Ô cœur laissé pour mort
  Dans le fossé,
Cœur tu battais encore,
  Ô trépassé.

Ô cœur inexploré,
  Vaste univers,
Idole dédorée,
  Jardin d'hiver.

Ô vase de regret
  Plein jusqu'aux bords
Du venin d'un remords
  Inespéré...

Ô vieil arbre écorcé,
  Rongé des vers,
Vieux sanglier forcé,
  Ô cœur pervers...

Cœur qui as tant battu,
  D'amour, d'espoir,
Ô cœur trouveras-tu
  La paix du soir...

Cœur dévoré d'amour,
  Te tairas-tu,
Ô cœur de jour en jour
  Inentendu...

Cœur plein d'un seul amour,
  Désaccordé,
Ô cœur de jour en jour
  Plus hasardé...

Tu avais tout pourvu,
  Ô confident,
Tu avais tout prévu,
  Ô provident.

Tu avais tout pourvu,
  Fors une fièvre,
Tu avais tout prévu
  Fors que deux lèvres...

Tu avais tout pourvu,
  Fors une flamme,
Tu avais tout prévu,
  Fors une autre âme.

Tu avais fait ton compte,
  Ô Prévoyant,
Tu n'avais oublié
  Qu'un cœur battant...

(Gallimard, éditeur.)

La tapisserie de Sainte Geneviève et de Jeanne d'Arc

PREMIER JOUR

Comme elle avait gardé les moutons à Nanterre,
On la mit à garder un bien autre troupeau,
La plus énorme horde où le loup et l'agneau
Aient jamais confondu leur commune misère.

Et comme elle veillait tous les soirs solitaire
Dans la cour de la ferme ou sur le bord de l'eau,
Du pied du même saule et du même bouleau
Elle veille aujourd'hui sur ce monstre de pierre.

Et quand le soir viendra qui fermera le jour,
C'est elle la caduque et l'antique bergère,
Qui ramassant Paris et tout son alentour

Conduira d'un pas ferme et d'une main légère
Pour la dernière fois dans la dernière cour
Le troupeau le plus vaste à la droite du père.

(Gallimard, éditeur.)

La tapisserie de Notre Dame

PRÉSENTATION DE LA BEAUCE
A NOTRE DAME DE CHARTRES

Étoile de la mer voici la lourde nappe
Et la profonde houle et l'océan des blés
Et la mouvante écume et nos greniers comblés,
Voici votre regard sur cette immense chape

Et voici votre voix sur cette lourde plaine
Et nos amis absents et nos cœurs dépeuplés,
Voici le long de nous nos poings désassemblés
Et notre lassitude et notre force pleine.

Étoile du matin, inaccessible reine,
Voici que nous marchons vers votre illustre cour,
Et voici le plateau de notre pauvre amour,
Et voici l'océan de notre immense peine.

Un sanglot rôde et court par-delà l'horizon.
A peine quelques toits font comme un archipel.
Du vieux clocher retombe une sorte d'appel.
L'épaisse église semble une basse maison.

Ainsi nous naviguons vers votre cathédrale.
De loin en loin surnage un chapelet de meules,
Rondes comme des tours, opulentes et seules
Comme un rang de châteaux sur la barque amirale.

Deux mille ans de labeur ont fait de cette terre
Un réservoir sans fin pour les âges nouveaux.
Mille ans de votre grâce ont fait de ces travaux
Un reposoir sans fin pour l'âme solitaire.

Vous nous voyez marcher sur cette route droite,
Tout poudreux, tout crottés, la pluie entre les dents.
Sur ce large éventail ouvert à tous les vents
La route nationale est notre porte étroite.

Nous allons devant nous, les mains le long des poches,
Sans aucun appareil, sans fatras, sans discours,
D'un pas toujours égal, sans hâte ni recours,
Des champs les plus présents vers les champs les plus
[proches.

Vous nous voyez marcher, nous sommes la piétaille.
Nous n'avançons jamais que d'un pas à la fois.
Mais vingt siècles de peuple et vingt siècles de rois,
Et toute leur séquelle et toute leur volaille

Et leurs chapeaux à plume avec leur valetaille
Ont appris ce que c'est que d'être familiers,
Et comme on peut marcher, les pieds dans ses souliers,
Vers un dernier carré le soir d'une bataille.

Nous sommes nés pour vous au bord de ce plateau,
Dans le recourbement de notre blonde Loire,
Et ce fleuve de sable et ce fleuve de gloire
N'est là que pour baiser votre auguste manteau.

Nous sommes nés au bord de ce vaste plateau,
Dans l'antique Orléans sévère et sérieuse,
Et la Loire coulante et souvent limoneuse
N'est là que pour laver les pieds de ce coteau.

Nous sommes nés au bord de votre plate Beauce
Et nous avons connu dès nos plus jeunes ans
Le portail de la ferme et les durs paysans
Et l'enclos dans le bourg et la bêche et la fosse.

Nous sommes nés au bord de votre Beauce plate
Et nous avons connu dès nos premiers regrets
Ce que peut receler de désespoirs secrets
Un soleil qui descend dans un ciel écarlate

Et qui se couche au ras d'un sol inévitable
Dur comme une justice, égal comme une barre,
Juste comme une loi, fermé comme une mare,
Ouvert comme un beau socle et plan comme une table.

Un homme de chez nous, de la glèbe féconde
A fait jaillir ici d'un seul enlèvement,
Et d'une seule source et d'un seul portement,
Vers votre assomption la flèche unique au monde.

Tour de David voici votre tour beauceronne.
C'est l'épi le plus dur qui soit jamais monté
Vers un ciel de clémence et de sérénité,
Et le plus beau fleuron dedans votre couronne.

Un homme de chez nous a fait ici jaillir,
Depuis le ras du sol jusqu'au pied de la croix,
Plus haut que tous les saints, plus haut que tous les rois
La flèche irréprochable et qui ne peut faillir....

(Gallimard, éditeur.)

Ève

Fideli Fidelis.

Jésus parle.

— O mère ensevelie hors du premier jardin,
Vous n'avez plus connu ce climat de la grâce,
Et la vasque et la source et la haute terrasse,
Et le premier soleil sur le premier matin.

Et les bondissements de la biche et du daim
Nouant et dénouant leur course fraternelle
Et courant et sautant et s'arrêtant soudain
Pour mieux commémorer leur vigueur éternelle,

Et pour bien mesurer leur force originelle
Et pour poser leurs pas sur ces moelleux tapis,
Et ces deux beaux coureurs sur soi-même tapis
Afin de saluer leur lenteur solennelle.

Et les ravissements de la jeune gazelle
Laçant et délaçant sa course vagabonde,
Galopant et trottant et suspendant sa ronde
Afin de saluer sa race intemporelle.

Et les dépassements du bouc et du chevreuil
Mêlant et démêlant leur course audacieuse
Et dressés tout à coup sur quelque immense seuil
Afin de saluer la terre spacieuse.

Et tous ces filateurs et toutes ces fileuses
Mêlant et démêlant l'écheveau de leur course,
Et dans le sable d'or des vagues nébuleuses
Sept clous articulés découpaient la Grande Ourse...

— Heureux ceux qui sont morts pour la terre char-
Mais pourvu que ce fût dans une juste guerre. [nelle,
Heureux ceux qui sont morts pour quatre coins de
[terre.
Heureux ceux qui sont morts d'une mort solennelle.

Heureux ceux qui sont morts dans les grandes batailles,
Couchés dessus le sol à la face de Dieu.
Heureux ceux qui sont morts sur un dernier haut lieu,
Parmi tout l'appareil des grandes funérailles.

Heureux ceux qui sont morts pour des cités charnelles,
Car elles sont le corps de la cité de Dieu.
Heureux ceux qui sont morts pour leur âtre et leur
Et les pauvres honneurs des maisons paternelles. [feu,

Car elles sont l'image et le commencement
Et le corps et l'essai de la maison de Dieu.
Heureux ceux qui sont morts dans cet embrassement,
Dans l'étreinte d'honneur et le terrestre aveu.

Car cet aveu d'honneur est le commencement
Et le premier essai d'un éternel aveu.
Heureux ceux qui sont morts dans cet écrasement,
Dans l'accomplissement de ce terrestre vœu.

Car ce vœu de la terre est le commencement
Et le premier essai d'une fidélité.
Heureux ceux qui sont morts dans ce couronnement
Et cette obéissance et cette humilité.

Heureux ceux qui sont morts, car ils sont retournés
Dans la première argile et la première terre.
Heureux ceux qui sont morts dans une juste guerre.
Heureux les épis mûrs et les blés moissonnés...

Mère voici vos fils qui se sont tant battus.
Qu'ils ne soient pas pesés comme Dieu pèse un ange.
Que Dieu mette avec eux un peu de cette fange
Qu'ils étaient en principe et sont redevenus.

Mère voici vos fils qui se sont tant battus.
Qu'ils ne soient pas pesés comme on pèse un démon.
Que Dieu mette avec eux un peu de ce limon
Qu'ils étaient en principe et sont redevenus.

Mère voici vos fils qui se sont tant battus.
Qu'ils ne soient pas pesés comme on pèse un esprit.
Qu'ils soient plutôt jugés comme on juge un proscrit
Qui rentre en se cachant par des chemins perdus.

Mère voici vos fils et leur immense armée.
Qu'ils ne soient pas jugés sur leur seule misère.
Que Dieu mette avec eux un peu de cette terre
Qui les a tant perdus et qu'ils ont tant aimée.

Mère voici vos fils qui se sont tant perdus.
Qu'ils ne soient pas jugés sur une basse intrigue.
Qu'ils soient réintégrés comme l'enfant prodigue.
Qu'ils viennent s'écrouler entre deux bras tendus.

(*Gallimard, éditeur.*)

GUILLAUME APOLLINAIRE

Le pont Mirabeau

Sous le pont Mirabeau coule la Seine
    Et nos amours
  Faut-il qu'il m'en souvienne
La joie venait toujours après la peine

  Vienne la nuit sonne l'heure
  Les jours s'en vont je demeure

Les mains dans les mains restons face à face
    Tandis que sous
  Le pont de nos bras passe
Des éternels regards l'onde si lasse

  Vienne la nuit sonne l'heure
  Les jours s'en vont je demeure

L'amour s'en va comme cette eau courante
    L'amour s'en va
  Comme la vie est lente
Et comme l'Espérance est violente

  Vienne la nuit sonne l'heure
  Les jours s'en vont je demeure

Passent les jours et passent les semaines
    Ni temps passé
  Ni les amours reviennent
Sous le pont Mirabeau coule la Seine

  Vienne la nuit sonne l'heure
  Les jours s'en vont je demeure.

(*Gallimard, éditeur.*)

La chanson du mal-aimé

A PAUL LÉAUTAUD

Et je chantais cette romance
En 1903 sans savoir
Que mon amour à la semblance
Du beau Phénix s'il meurt un soir
Le matin voit sa renaissance

Un soir de demi-brume à Londres
Un voyou qui ressemblait à
Mon amour vint à ma rencontre
Et le regard qu'il me jeta
Me fit baisser les yeux de honte

Je suivis ce mauvais garçon
Qui sifflotait mains dans les poches
Nous semblions entre les maisons
Onde ouverte de la mer Rouge
Lui les Hébreux moi Pharaon

Que tombent ces vagues de briques
Si tu ne fus pas bien aimée
Je suis le souverain d'Égypte
Sa sœur-épouse son armée
Si tu n'es pas l'amour unique

Au tournant d'une rue brûlant
De tous les feux de ses façades
Plaies du brouillard sanguinolent
Où se lamentaient les façades
Une femme lui ressemblant

C'était son regard d'inhumaine
La cicatrice à son cou nu
Sortit saoule d'une taverne
Au moment où je reconnus
La fausseté de l'amour même

Lorsqu'il fut de retour enfin
Dans sa patrie le sage Ulysse
Son vieux chien de lui se souvint
Près d'un tapis de haute lisse
Sa femme attendait qu'il revînt

L'époux royal de Sacontale
Las de vaincre se réjouit
Quand il la retrouva plus pâle
D'attente et d'amour yeux pâlis
Caressant sa gazelle mâle

J'ai pensé à ces rois heureux
Lorsque le faux amour et celle
Dont je suis encore amoureux
Heurtant leurs ombres infidèles
Me rendirent si malheureux

Regrets sur quoi l'enfer se fonde
Qu'un ciel d'oubli s'ouvre à mes vœux
Pour son baiser les rois du monde
Seraient morts les pauvres fameux
Pour elle eussent vendu leur ombre

J'ai hiverné dans mon passé
Revienne le soleil de Pâques
Pour chauffer un cœur plus glacé
Que les quarante de Sébaste
Moins que ma vie martyrisés

Mon beau navire ô ma mémoire
Avons-nous assez navigué
Dans une onde mauvaise à boire
Avons-nous assez divagué
De la belle aube au triste soir

Adieu faux amour confondu
Avec la femme qui s'éloigne
Avec celle que j'ai perdue
L'année dernière en Allemagne
Et que je ne reverrai plus

Voie lactée ô sœur lumineuse
Des blancs ruisseaux de Chanaan
Et des corps blancs des amoureuses
Nageurs morts suivrons-nous d'ahan
Ton cours vers d'autres nébuleuses

Je me souviens d'une autre année
C'était l'aube d'un jour d'avril
J'ai chanté ma joie bien-aimée
Chanté l'amour à voix virile
Au moment d'amour de l'année

AUBADE CHANTÉE A LÆTARE UN AN PASSÉ

C'est le printemps viens-t'en Pâquette
Te promener au bois joli
Les poules dans la cour caquètent
L'aube au ciel fait de roses plis
L'amour chemine à ta conquête

Mars et Vénus sont revenus
Ils s'embrassent à bouches folles
Devant des sites ingénus
Où sont les roses qui feuillolent
De beaux dieux roses dansent nus

Viens ma tendresse est la régente
De la floraison qui paraît
La nature est belle et touchante
Pan sifflote dans la fotêt
Les grenouilles humides chantent

Beaucoup de ces dieux ont péri
C'est sur eux que pleurent les saules
Le grand Pan l'amour Jésus-Christ
Sont bien morts et les chats miaulent
Dans la cour je pleure à Paris

Moi qui sais des lais pour les reines
Les complaintes de mes années
Des hymnes d'esclave aux murènes
La romance du mal-aimé
Et des chansons pour les sirènes

L'amour est mort j'en suis tremblant
J'adore de belles idoles
Les souvenirs lui ressemblant
Comme la femme de Mausole
Je reste fidèle et dolent...

. . . .

Mais en vérité je l'attends
Avec mon cœur avec mon âme
Et sur le pont des Reviens-t'en
Si jamais revient cette femme
Je lui dirai Je suis content

Mon cœur et ma tête se vident
Tout le ciel s'écoule par eux
O mes tonneaux des Danaïdes
Comment faire pour être heureux
Comme un petit enfant candide

Je ne veux jamais l'oublier
Ma colombe ma blanche rade
O marguerite exfoliée
Mon île au loin ma Désirade
Ma rose mon giroflier...

Malheur dieu pâle aux yeux d'ivoire
Tes prêtres fous t'ont-ils paré
Tes victimes en robe noire
Ont-elles vainement pleuré
Malheur dieu qu'il ne faut pas croire

Et toi qui me suis en rampant
Dieu de mes dieux morts en automne
Tu mesures combien d'empans
J'ai droit que la terre me donne
O mon ombre ô mon vieux serpent

Au soleil parce que tu l'aimes
Je t'ai menée souviens-t'en bien
Ténébreuse épouse que j'aime
Tu es à moi en n'étant rien
O mon ombre en deuil de moi-même

L'hiver est mort tout enneigé
On a brûlé les ruches blanches
Dans les jardins et les vergers
Les oiseaux chantent sur les branches
Le printemps clair l'avril léger...
. . . .

Voie lactée ô sœur lumineuse
Des blancs ruisseaux de Chanaan
Et des corps blancs des amoureuses
Nageurs morts suivrons-nous d'ahan
Ton cours vers d'autres nébuleuses

Les démons du hasard selon
Le chant du firmament nous mènent
A sons perdus leurs violons
Font danser notre race humaine
Sur la descente à reculons

Destins destins impénétrables
Rois secoués par la folie
Et ces grelottantes étoiles
De fausses femmes dans vos lits
Aux déserts que l'histoire accable

Luitpold le vieux prince régent
Tuteur de deux royautés folles
Sanglote-t-il en y songeant
Quand vacillent les lucioles
Mouches dorées de la Saint-Jean

Près d'un château sans châtelaine
La barque aux barcarols chantants
Sur un lac blanc et sous l'haleine
Des vents qui tremblent au printemps
Voguait cygne mourant sirène

Un jour le roi dans l'eau d'argent
Se noya puis la bouche ouverte
Il s'en revint en surnageant
Sur la rive dormir inerte
Face tournée au ciel changeant

Juin ton soleil ardente lyre
Brûle mes doigts endoloris
Triste et mélodieux délire
J'erre à travers mon beau Paris
Sans avoir le cœur d'y mourir

Les dimanches s'y éternisent
Et les orgues de Barbarie
Y sanglotent dans les cours grises
Les fleurs aux balcons de Paris
Penchent comme la tour de Pise

Soirs de Paris ivres du gin
Flambant de l'électricité
Les tramways feux verts sur l'échine
Musiquent au long des portées
De rails leur folie de machines

Les cafés gonflés de fumée
Crient tout l'amour de leurs tziganes
De tous leurs siphons enrhumés
De leurs garçons vêtus d'un pagne
Vers toi toi que j'ai tant aimée

Moi qui sais des lais pour les reines
Les complaintes de mes années
Des hymnes d'esclave aux murènes
La romance du mal-aimé
Et des chansons pour les sirènes

(Gallimard, éditeur.)

Crépuscule

A MADEMOISELLE MARIE LAURENCIN

Frôlée par les ombres des morts
Sur l'herbe où le jour s'exténue
L'arlequine s'est mise nue
Et dans l'étang mire son corps

Un charlatan crépusculaire
Vante les tours que l'on va faire
Le ciel sans teinte est constellé
D'astres pâles comme du lait

Sur les tréteaux l'arlequin blême
Salue d'abord les spectateurs
Des sorciers venus de Bohême
Quelques fées et les enchanteurs

Ayant décroché une étoile
Il la manie à bras tendu
Tandis que des pieds un pendu
Sonne en mesure les cymbales

L'aveugle berce un bel enfant
La biche passe avec ses faons
Le nain regarde d'un air triste
Grandir l'arlequin trismégiste

(Gallimard, éditeur.)

Marie

Vous y dansiez petite fille
Y danserez-vous mère-grand
C'est la maclotte qui sautille
Toutes les cloches sonneront
Quand donc reviendrez-vous Marie

Les masques sont silencieux
Et la musique est si lointaine
Qu'elle semble venir des cieux
Oui je veux vous aimer mais vous aimer à peine
Et mon mal est délicieux

Les brebis s'en vont dans la neige
Flocons de laine et ceux d'argent
Des soldats passent et que n'ai-je
Un cœur à moi ce cœur changeant
Changeant et puis encor que sais-je

Sais-je où s'en iront tes cheveux
Crépus comme mer qui moutonne
Sais-je où s'en iront tes cheveux
Et tes mains feuilles de l'automne
Que jonchent aussi nos aveux

Je passais au bord de la Seine
Un livre ancien sous le bras
Le fleuve est pareil à ma peine
Il s'écoule et ne tarit pas
Quand donc finira la semaine

(Gallimard, éditeur.)

Saltimbanques

A LOUIS DUMUR

Dans la plaine les baladins
S'éloignent au long des jardins
Devant l'huis des auberges grises
Par les villages sans églises

Et les enfants s'en vont devant
Les autres suivent en rêvant
Chaque arbre fruitier se résigne
Quand de très loin ils lui font signe

Ils ont des poids ronds ou carrés
Des tambours des cerceaux dorés
L'ours et le singe animaux sages
Quêtent des sous sur leur passage.

(Gallimard, éditeur.)

Automne

Dans le brouillard s'en vont un paysan cagneux
Et son bœuf lentement dans le brouillard d'automne
Qui cache les hameaux pauvres et vergogneux

Et s'en allant là-bas le paysan chantonne
Une chanson d'amour et d'infidélité
Qui parle d'une bague et d'un cœur que l'on brise

Oh! l'automne l'automne a fait mourir l'été
Dans le brouillard s'en vont deux silhouettes grises

(Gallimard, éditeur.)

Signe

Je suis soumis au Chef du Signe de l'Automne
Partant j'aime les fruits je déteste les fleurs
Je regrette chacun des baisers que je donne
Tel un noyer gaulé dit au vent ses douleurs

Mon Automne éternelle ô ma saison mentale
Les mains des amantes d'antan jonchent ton sol
Une épouse me suit c'est mon ombre fatale
Les colombes ce soir prennent leur dernier vol

(Gallimard, éditeur.)

Hôtels

La chambre est veuve
Chacun pour soi
Présence neuve
On paye au mois

Le patron doute
Payera-t-on
Je tourne en route
Comme un toton

Le bruit des fiacres
Mon voisin laid
Qui fume un âcre
Tabac anglais

O La Vallière
Qui boite et rit
De mes prières
Table de nuit

Et tous ensemble
Dans cet hôtel
Savons la langue
Comme à Babel

Fermons nos portes
A double tour
Chacun apporte
Son seul amour

(Gallimard, éditeur.)

La boucle retrouvée

Il retrouve dans sa mémoire
La boucle de cheveux châtains
T'en souvient-il à n'y point croire
De nos deux étranges destins

Du boulevard de la Chapelle
Du joli Montmartre et d'Auteuil
Je me souviens murmure-t-elle
Du jour où j'ai franchi ton seuil

Il y tomba comme un automne
La boucle de mon souvenir
Et notre destin qui t'étonne
Se joint au jour qui va finir

(Gallimard, éditeur.)

La jolie Rousse

Me voici devant tous un homme plein de sens
Connaissant la vie et de la mort ce qu'un vivant peut
connaître
Ayant éprouvé les douleurs et les joies de l'amour
Ayant su quelquefois imposer ses idées
Connaissant plusieurs langages
Ayant pas mal voyagé
Ayant vu la guerre dans l'Artillerie et l'Infanterie
Blessé à la tête trépané sous le chloroforme
Ayant perdu ses meilleurs amis dans l'effroyable lutte
Je sais d'ancien et de nouveau autant qu'un homme
seul pourrait des deux savoir
Et sans m'inquiéter aujourd'hui de cette guerre
Entre nous et pour nous mes amis
Je juge cette longue querelle de la tradition et de
l'invention
De l'Ordre et de l'Aventure

Vous dont la bouche est faite à l'image de celle de Dieu
Bouche qui est l'ordre même
Soyez indulgents quand vous nous comparez
A ceux qui furent la perfection de l'ordre
Nous qui quêtons partout l'aventure

Nous ne sommes pas vos ennemis
Nous voulons vous donner de vastes et d'étranges
domaines
Où le mystère en fleurs s'offre à qui veut le cueillir
Il y a là des feux nouveaux des couleurs jamais vues
Mille phantasmes impondérables
Auxquels il faut donner de la réalité

Nous voulons explorer la bonté contrée énorme où
tout se tait

Il y a aussi le temps qu'on peut chasser ou faire
　　　　　　　　　　　　　　　　　[revenir
Pitié pour nous qui combattons toujours aux frontières
De l'illimité et de l'avenir
Pitié pour nos erreurs pitié pour nos péchés

Voici que vient l'été la saison violente
Et ma jeunesse est morte ainsi que le printemps
O Soleil c'est le temps de la Raison ardente
　　　　　　Et j'attends
Pour la suivre toujours la forme noble et douce
Qu'elle prend afin que je l'aime seulement
Elle vient et m'attire ainsi qu'un fer l'aimant
　　　　　Elle a l'aspect charmant
　　　　　D'une adorable rousse

Ses cheveux sont d'or on dirait
Un bel éclair qui durerait
Ou ces flammes qui se pavanent
Dans les roses-thé qui se fanent

Mais riez riez de moi
Hommes de partout surtout gens d'ici
Car il y a tant de choses que je n'ose vous dire
Tant de choses que vous ne me laisseriez pas dire
Ayez pitié de moi

(Gallimard, éditeur.)

Si je mourais là-bas...

Si je mourais là-bas sur le front de l'armée
Tu pleurerais un jour ô Lou ma bien-aimée
Et puis mon souvenir s'éteindrait comme meurt
Un obus éclatant sur le front de l'armée
Un bel obus semblable aux mimosas en fleur

Et puis ce souvenir éclaté dans l'espace
Couvrirait de mon sang le monde tout entier
La mer les monts les vals et l'étoile qui passe
Les soleils merveilleux mûrissant dans l'espace
Comme font les fruits d'or autour de Baratier

Souvenir oublié vivant dans toutes choses
Je rougirais le bout de tes jolis seins roses
Je rougirais ta bouche et tes cheveux sanglants
Tu ne vieillirais point toutes ces belles choses
Rajeuniraient toujours pour leurs destins galants

Le fatal giclement de mon sang sur le monde
Donnerait au soleil plus de vive clarté
Aux fleurs plus de couleur plus de vitesse à l'onde
Un amour inouï descendrait sur le monde
L'amant serait plus fort dans ton corps écarté

Lou si je meurs là-bas souvenir qu'on oublie
— Souviens-t'en quelquefois aux instants de folie
De jeunesse et d'amour et d'éclatante ardeur —
Mon sang c'est la fontaine ardente du bonheur
Et sois la plus heureuse étant la plus jolie

O mon unique amour et ma grande folie

30 janvier 1915. Nîmes.

      La nuit descend
      On y pressent
      Un long un long destin du sang

(Gallimard, éditeur.)

JULES SUPERVIELLE

❧ ❧ ❧

Les yeux de la morte

Cette morte que je sais
Et qui s'est tant méconnue
Garde encor au fond du ciel
Un regard qui l'exténue,

Une rose de drap, sourde
Sur une tige de fer,
Et des perles dont toujours
Une regagne les mers.

De l'autre côté d'Altaïr
Elle lisse ses cheveux
Et ne sait pas si ses yeux
Vont se fermer ou s'ouvrir

(Gallimard, éditeur.)

Saisir

Saisir, saisir le soir, la pomme et la statue,
Saisir l'ombre et le mur et le bout de la rue.

Saisir le pied, le cou de la femme couchée
Et puis ouvrir les mains. Combien d'oiseaux lâchés

Combien d'oiseaux perdus qui deviennent la rue,
L'ombre, le mur, le soir, la pomme et la statue!

(Gallimard, éditeur.)

Grands yeux dans ce visage,
Qui vous a placés là?

De quel vaisseau sans mâts
Êtes-vous l'équipage,

Depuis quel abordage
Attendez-vous ainsi
Ouverts toute la nuit?

Feux noirs d'un bastingage
Étonnés mais soumis
A la loi des orages,

Prisonniers des mirages,
Quand sonnera minuit

Baissez un peu les cils
Pour reprendre courage.

(Gallimard, éditeur.)

Descente de géants

Montagnes derrière, montagnes devant,
Batailles rangées d'ombres, de lumières,
L'univers est là qui enfle le dos,
Et nous, si chétifs entre nos paupières,
Et nos cœurs toujours en sang sous la peau.

Faut-il que pour nous brûlent tant d'étoiles
Et que tant de pluie arrive du ciel,
Et que tant de jours sèchent au soleil
Quand un peu de vent éteint notre voix,
Nous couchant le long de nos os dociles?

Viendront les géants tombés d'autres mondes,
Ils enjamberont les monts, les marées,
Et vérifieront si la terre est ronde,
Par dérision, de leurs grosses mains,
Ou bien, reculant, de leurs yeux sans bords.

(Gallimard, éditeur.)

Vivre encore

Ce qu'il faut de nuit
Au-dessus des arbres,
Ce qu'il faut de fruits
Aux tables de marbre,
Ce qu'il faut d'obscur
Pour que le sang batte,
Ce qu'il faut de pur
Au cœur écarlate,
Ce qu'il faut de jour
Sur la page blanche,
Ce qu'il faut d'amour
Au fond du silence.
Et l'âme sans gloire
Qui demande à boire,
Le fil de nos jours
Chaque jour plus mince,
Et le cœur plus sourd
Les ans qui le pincent.
Nul n'entend que nous
La poulie qui grince,
Le seau est si lourd.

(Gallimard, éditeur.)

PAUL ÉLUARD

❧ ❧ ❧

Leurs yeux toujours purs

Jours de lenteur, jours de pluie,
Jours de miroirs brisés et d'aiguilles perdues,
Jours de paupières closes à l'horizon des mers,
D'heures toutes semblables, jours de captivité,

Mon esprit qui brillait encore sur les feuilles
Et les fleurs, mon esprit est nu comme l'amour,
L'aurore qu'il oublie lui fait baisser la tête
Et contempler son corps obéissant et vain.

Pourtant, j'ai vu les plus beaux yeux du monde,
Dieux d'argent qui tenaient des saphirs dans leurs mains,
De véritables dieux, des oiseaux dans la terre
Et dans l'eau, je les ai vus.

Leurs ailes sont les miennes, rien n'existe
Que leur vol qui secoue ma misère,
Leur vol d'étoile et de lumière,
Leur vol de terre, leur vol de pierre
Sur les flots de leurs ailes,

Ma pensée soutenue par la vie et la mort.

(Gallimard, éditeur.)

Pour vivre ici

Je fis un feu, l'azur m'ayant abandonné,
Un feu pour être son ami,
Un feu pour m'introduire dans la nuit d'hiver,
Un feu pour vivre mieux.

Je lui donnai ce que le jour m'avait donné :
Les forêts, les buissons, les champs de blé, les vignes,
Les nids et leurs oiseaux, les maisons et leurs clés,
Les insectes, les fleurs, les fourrures, les fêtes.

Je vécus au seul bruit des flammes crépitantes,
Au seul parfum de leur chaleur;
J'étais comme un bateau coulant dans l'eau fermée,
Comme un mort je n'avais qu'un unique élément.

(Gallimard, éditeur.)

❧ ❧ ❧

Je te l'ai dit pour les nuages
Je te l'ai dit pour l'arbre de la mer
Pour chaque vague pour les oiseaux dans les feuilles
Pour les cailloux du bruit
Pour les mains familières
Pour l'œil qui devient visage ou paysage
Et le sommeil lui rend le ciel de sa couleur
Pour toute la nuit bue
Pour la grille des routes
Pour la fenêtre ouverte pour un front découvert
Je te l'ai dit pour tes pensées pour tes paroles
Toute caresse toute confiance se survivent.

(Gallimard, éditeur.)

A peine défigurée

Adieu tristesse
Bonjour tristesse
Tu es inscrite dans les lignes du plafond
Tu es inscrite dans les yeux que j'aime
Tu n'es pas tout à fait la misère
Car les lèvres les plus pauvres te dénoncent
Par un sourire
Boujour tristesse
Amour des corps aimables
Puissance de l'amour
Dont l'amabilité surgit
Comme un monstre sans corps
Tête désappointée
Tristesse beau visage.

(Gallimard, éditeur.)

Mourir

Qui ne veut mourir s'affole
Qui se voit mort se console

Que sortira-t-il de toi
Quelle danseuse immobile
Blanche très exactement

Quelle mendiante d'été
Aux vertus encore vertes
Aux sourires suppliciés

Quelle belle aux gants pudiques
Aux mains vierges au front lisse
Quel jour quel regard quel songe

Aveugle aux ombres terrestres
Tu mourras les yeux ouverts.

(Gallimard, éditeur.)

Je suis la bête

Je vous le dis vous le crie vous le chante
Un rire court sous la neige mortelle
Un rire l'aube et la joie d'être au monde
Les fleurs ont les fruits pour miroir

J'ai mille amis sous la neige mortelle
J'ai mille amours dont le cœur palpitant
Gonfle l'été qui travaille la terre
Pour mieux régner en jour ouvert

Mille soleils mille fourrures
Mille caresses sous le froid
Plutôt que de mourir j'efface
Ce que j'ai mis de temps à vivre

Tous les remous d'un sang rebelle.

(Gallimard, éditeur.)

Liberté

Sur mes cahiers d'écolier
Sur mon pupitre et les arbres
Sur le sable sur la neige
J'écris ton nom

Sur toutes les pages lues
Sur toutes les pages blanches
Pierre sang papier ou cendre
J'écris ton nom

Sur les images dorées
Sur les armes des guerriers
Sur la couronne des rois
J'écris ton nom

Sur la jungle et le désert
Sur les nids sur les genêts
Sur l'écho de mon enfance
J'écris ton nom

Sur les merveilles des nuits
Sur le pain blanc des journées
Sur les saisons fiancées
J'écris ton nom

Sur tous mes chiffons d'azur
Sur l'étang soleil moisi
Sur le lac lune vivante
J'écris ton nom

Sur les champs sur l'horizon
Sur les ailes des oiseaux
Et sur le moulin des ombres
J'écris ton nom

Sur chaque bouffée d'aurore
Sur la mer sur les bateaux
Sur la montagne démente
J'écris ton nom

Sur la mousse des nuages
Sur les sueurs de l'orage
Sur la pluie épaisse et fade
J'écris ton nom...

Sur la vitre des surprises
Sur les lèvres attentives
Bien au-dessus du silence
J'écris ton nom

Sur mes refuges détruits
Sur mes phares écroulés
Sur les murs de mon ennui
J'écris ton nom

Sur l'absence sans désirs
Sur la solitude nue
Sur les marches de la mort
J'écris ton nom

Sur la santé revenue
Sur le risque disparu
Sur l'espoir sans souvenir
J'écris ton nom

Et par le pouvoir d'un mot
Je recommence ma vie
Je suis né pour te connaître
Pour te nommer

Liberté.

(Gallimard, éditeur.)

Comprenne qui voudra

En ce temps-là, pour ne pas châtier les coupables, on maltraitait des
filles. On allait même jusqu'à les tondre.

Comprenne qui voudra
Moi mon remords ce fut
La malheureuse qui resta
Sur le pavé
La victime raisonnable
A la robe déchirée
Au regard d'enfant perdue
Découronnée défigurée
Celle qui ressemble aux morts
Qui sont morts pour être aimés

Une fille faite pour un bouquet
Et couverte
Du noir crachat des ténèbres

Une fille galante
Comme une aurore de premier mai
La plus aimable bête....

(Gallimard, éditeur.)

Bonne justice

C'est la chaude loi des hommes
Du raisin ils font du vin
Du charbon ils font du feu
Des baisers ils font des hommes

C'est la dure loi des hommes
Se garder intact malgré
Les guerres et la misère
Malgré les dangers de mort

C'est la douce loi des hommes
De changer l'eau en lumière
Le rêve en réalité
Et les ennemis en frères

Une loi vieille et nouvelle
Qui va se perfectionnant
Du fond du cœur de l'enfant
Jusqu'à la raison suprême.

(Gallimard, éditeur.)

La puissance de l'espoir

Autant parler pour avouer mon sort :
Je n'ai rien mien, on m'a dépossédé
Et les chemins où je finirai mort
Je les parcours en esclave courbé;
Seule ma peine est ma propriété :
Larmes, sueurs et le plus dur effort.
Je ne suis plus qu'un objet de pitié
Sinon de honte aux yeux d'un monde fort.

J'ai de manger et de boire l'envie
Autant qu'un autre à en perdre la tête;
J'ai de dormir l'ardente nostalgie :
Dans la chaleur, sans fin, comme une bête.
Je dors trop peu, ne fais jamais la fête,
Jamais ne baise une femme jolie;
Pourtant mon cœur, vide, point ne s'arrête,
Malgré douleur mon cœur point ne dévie.

J'aurais pu rire, ivre de mon caprice.
L'aurore en moi pouvait creuser son nid
Et rayonner, subtile et protectrice,
Sur mes semblables qui auraient fleuri.
N'ayez pitié, si vous avez choisi
D'être bornés et d'être sans justice :
Un jour viendra où je serai parmi
Les constructeurs d'un vivant édifice,

La foule immense où l'homme est un ami.

(Gallimard, éditeur.)

POST-SCRIPTUM

Et puis, voici des vers ....

Une anthologie est soumise à de nombreuses servitudes. Elle répond, certes, aux goûts de son auteur, mais elle doit donner une vue générale d'une littérature. Elle doit, la plupart du temps, citer les poèmes dans leur intégralité. Aussi, quand on a eu la faiblesse d'en publier une, est-on pris de l'envie de faire un choix plus restrictif et plus personnel, celui des vers, isolés ou non, le plus souvent isolés, ou des courtes séquences, exceptionnellement d'un poème, qui composent vraiment notre univers poétique. C'est ce que j'ai tenté, rassembler les vers qui me hantent ou me touchent particulièrement.

L'ensemble est inévitablement déséquilibré. Un très grand poète comme Hugo risque d'être mal représenté. Même un chef-d'œuvre comme *Booz endormi* ne comporte guère plus de deux ou trois vers tels que je les rêve. C'est encore plus vrai des immenses poèmes des *Contemplations*, de *La Légende des Siècles* ou des *Châtiments*. Curieusement, c'est également vrai de Villon et de La Fontaine. Dans Racine, chez Corneille, on trouverait en foule d'admirables vers. Le rôle de Monime par exemple est en lui-même tout entier poétique. Que dire du *Cid*, mais aussi d'*Horace* :

Albe vous a nommé, je ne vous connais plus.
— Je vous connais encore, et c'est ce qui me tue.

Or cela ne fait pas partie de mon univers secret.
Alors qu'en fait partie, Dieu sait pourquoi

> Nous fûmes deux, je le maintiens

de Mallarmé.

C'est dire que le choix, ici plus qu'ailleurs, trahit
l'auteur. Tel quel, voici le mien.

Note : On pourra s'étonner que je cite ici des chansons. Mais
s'il est des cas où la musique a été artificiellement plaquée sur
la poésie — Baudelaire, Verlaine — il en est d'autres où elles
sont inséparables. Le cas le plus frappant, s'agissant d'un poète
indiscuté, est celui d'Aragon. Alors, pourquoi pas des chansons
elles-mêmes poétiques?

ANONYME

Orléans, Beaugency,
Notre-Dame de Cléry,
Vendôme

ANONYME

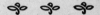

La bell' si tu voulais nous dormirions ensemble
Dans un grand lit carré couvert de toile blanche
Aux quatre coins du lit quat'bouquets de pervenche
Dans le mitan du lit la rivière est profonde
Tous les chevaux du Roi pourraient y boire ensemble
Nous y serions heureux jusqu'à la fin du monde...

MARIE DE FRANCE

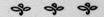

Belle amie, si est de nous :
Ni vous sans moi, ni moi sans vous!...

CHANSONS DE TOILE

Gaie et Oriour

Le samedi au soir, fat[1] la semaine,
Gaiete et Oriour, seeurs germaines,
main en main vont baigner à la fontaine.
Vante l'ore et li raime crollent[2];
qui s'antraimment souef[3] dorment.
L'enfans Gerard revient de la quintaine,
s'ait choisie Gaiete sor la fontaine,
entre ses bras l'a pris, souef l'a strainte.
Vante l'ore et li raime crollent :
qui s'antraimment souef dorment.

CHANSON DE RENAUD

— Mais dites, ma mère, ma mie,
Pourquoi donc pleurez-vous ainsi?
— Hélas! je ne le puis cacher,
C'est Jean Renaud qu'est décédé.
— Ma mère, dite' au fossoyeux
Qu'il fasse la fosse pour deux,
Et que le trou soit assez grand
Pour qu'on y mette aussi l'enfant[4]!

RUTEBEUF

L'amour est morte

Ce sont amis que vent emporte
Et il ventait devant ma porte
Les emporta.

---

1. *se termine.* — 2. *Vente l'air et tombent les branches.* — 3. *Doucement.*
4. Il existe diverses versions de cette chanson. J'ai pris celle
que j'ai toujours connue.

EUSTACHE DESCHAMPS

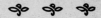

Pleurez, pleurez fleur de chevalerie !

CHARLES D'ORLÉANS

En regardant vers le pays de France
Un jour m'advint à Douvres sur la mer...

FRANÇOIS VILLON

Je plains le temps de ma jeunesse
Auquel j'ai plus qu'autre gallé...

*

Pauvre je suis de ma jeunesse,
De pauvre et de petite extrace...

*

J'entends que ma mère mourra,
Et le sait bien, la pauvre femme,
Et le fils pas ne demourra.

*

Et meure Pâris ou Hélène,
Quiconque meurt, meurt à douleur...

*

La reine blanche comme lys
Qui chantait à voix de sirène...

*

En cette foi je veux vivre et mourir.

*

Mort, j'appelle de ta rigueur,
Qui m'as ma maîtresse ravie...

*

Jamais, nul temps nous ne sommes assis;
Puis ça, puis là, comme le vent varie
A son plaisir sans cesser nous charrie,
Plus becquetés d'oiseaux que dés à coudre.
Ne soyez donc de notre confrérie;
Mais priez Dieu que tous nous veuille absoudre!

*

Je meurs de soif auprès de la fontaine....

*

Rien ne m'est sûr que la chose incertaine.

MAURICE SCÈVE

L'Aube éteignait Etoiles à foison...

*

L'ardent désir du haut bien désiré...

JOACHIM DU BELLAY

Où est ce cœur vainqueur de toute adversité...

*

Et les Muses de moi, comme étranges, s'enfuient.

PIERRE DE RONSARD

Tu fuis comme un faon qui tremble...

*

Le temps s'en va, le temps s'en va, ma Dame,
Las le temps ! non, mais nous nous en allons,
Et tôt serons étendus sous la lame...

Sur la mort de Marie

Comme on voit sur la branche au mois de mai la rose,
En sa belle jeunesse, en sa première fleur,

Rendre le ciel jaloux de sa vive couleur,
Quand l'aube de ses pleurs au point du jour l'arrose;
   La grâce dans sa feuille, et l'amour se repose,
Embaumant les jardins et les arbres d'odeur;
Mais battue ou de pluie, ou d'excessive ardeur,
Languissante elle meurt, feuille à feuille déclose.
   Ainsi en ta première et jeune nouveauté,
Quand la Terre et le Ciel honoraient ta beauté,
La Parque t'a tuée, et cendre tu reposes.
   Pour obsèques reçois mes larmes et mes pleurs,
Ce vase plein de lait, ce panier plein de fleurs,
Afin que vif et mort ton corps ne soit que roses.

*

Que ta puissance, ô Mort, est grande et admirable!...
Je te salue, heureuse et profitable Mort....

*

                    ...en la façon du Cygne,
Qui chante son trépas sur les bords Méandrins.

PHILIPPE DESPORTES

Le ciel fut son désir, la mer sa sépulture...

*

Et ta soif se perdra dans l'eau de la fontaine.

AGRIPPA D'AUBIGNÉ

Voici moins de plaisirs, mais voici moins de peines.
Le rossignol se tait, se taisent les Sirènes :
Nous ne voyons cueillir ni les fruits ni les fleurs;
L'espérance n'est plus bien souvent tromperesse;
L'hiver jouit de tout. Bienheureuse vieillesse,
La saison de l'usage, et non plus des labeurs!

*

Voici le Fils de l'Homme et du grand Dieu le Fils,
Le voici arrivé à son terme préfix...

Que l'éternelle soif de l'impossible mort...

FRANÇOIS DE MALHERBE

Et les fruits passeront la promesse des fleurs.

*

Beauté, mon beau souci...

TRISTAN L'HERMITE

Et faire des bouquets en la saison des roses.

PIERRE CORNEILLE

❖ ❖ ❖

Le Cid

Si l'on te voit sortir, mon honneur court hasard...

Horace

Et comme il voit en nous des âmes peu communes
Hors de l'ordre commun il nous fait des fortunes...

Ce triste et fier honneur m'émeut sans m'ébranler...

Cinna

Tu veux m'assassiner demain au Capitole...

Polyeucte

Mais dans le ciel déjà la palme est préparée...

Je vois, je sais, je crois, je suis désabusée...

Pompée

Ces Dieux qui dans Pharsale ont mal servi Pompée...

JEAN DE LA FONTAINE

J'aime le jeu, l'amour, les livres, la musique,
La ville et la campagne, enfin tout; il n'est rien

Qui ne me soit souverain bien
Jusqu'au sombre plaisir d'un cœur mélancolique...

*

Bornons ici cette carrière.
Les longs ouvrages me font peur.
Loin d'épuiser une matière,
On n'en doit prendre que la fleur.

*

La Mort ne surprend point le sage;
Il est toujours prêt à partir....

La Mort avait raison. Je voudrais qu'à cet âge
On sortît de la vie ainsi que d'un banquet,
Remerciant son hôte et qu'on fît son paquet...

*

Amants, heureux amants, voulez-vous voyager?
    Que ce soit aux rives prochaines.
Soyez-vous l'un à l'autre un monde toujours beau,
    Toujours divers, toujours nouveau;
Tenez-vous lieu de tout, comptez pour rien le reste...

Ai-je passé le temps d'aimer?

*

Solitude, où je trouve une douceur secrète,
Lieux que j'aimai toujours, ne pourrai-je jamais,
Loin du monde et du bruit, goûter l'ombre et le frais?
O qui m'arrêtera sous vos sombres asiles?...

J'aurai vécu sans soins, et mourrai sans remords.

*

Je suis chose légère, et vole à tout sujet;
Je vais de fleur en fleur, et d'objet en objet...

MOLIÈRE

Mais il n'importe, il faut suivre ma destinée...

JEAN RACINE

Andromaque

Retournez, retournez à la fille d'Hélène...

Songe à combien de rois tu deviens nécessaire...

Il est du sang d'Hector, mais il en est le reste...

Va profaner des dieux la majesté sacrée...

Grâce aux dieux! Mon malheur passe mon espérance...

Réunissons trois cœurs qui n'ont pu s'accorder...

Britannicus

Mon génie étonné tremble devant le sien...

Mais je mettrai ma joie à le désespérer...

Voilà ce que mon cœur se présage de toi.

Bérénice

Dans l'orient désert quel devint mon ennui!...

Je demeurai longtemps errant dans Césarée...

Qu'avez-vous fait? Hélas! je me suis cru aimée...

Ne donne point un cœur qu'on ne peut recevoir...

Dans un mois, dans un an, comment souffrirons-nous,
Seigneur, que tant de mers me séparent de vous?
Que le jour recommence et que le jour finisse
Sans que jamais Titus puisse voir Bérénice
Sans que de tout le jour je puisse voir Titus?

Vil spectacle aux humains des faiblesses d'amour...

Iphigénie

Fille d'Agamemnon, c'est moi qui la première,
Seigneur, vous appelai de ce doux nom de père;

Phèdre

Et les os dispersés du géant d'Epidaure
Et la Crète fumant du sang du Minotaure...

On ne voit point deux fois le rivage des morts...

De l'austère pudeur les bornes sont passées...

O toi qui vois la honte où je suis descendue
Implacable Vénus, suis-je assez confondue?...

Déesse, venge-toi : nos causes sont pareilles...

... Juste ciel! qu'ai-je fait aujourd'hui?

Le crime d'une mère est un pesant fardeau...

Athalie

Grand Dieu, voici ton heure, on t'amène ta proie...

ANDRÉ CHÉNIER

O jours de mon printemps, jours couronnés de roses...

O Muses, accourez, solitaires divines....

Je meurs, avant le soir j'ai fini ma journée....

*

Salut, ô belle nuit, étincelante et sombre...

ALPHONSE DE LAMARTINE

Tes jours, sombres et courts comme les jours
                                    [d'automne...

*

Je suis déjà solitaire
Parmi ceux de ma saison...

ALFRED DE VIGNY

Les grands bois et les champs sont de vastes asiles
Libres comme la mer autour des sombres îles.
Marche à travers les champs une fleur à la main...

Pour nos cheveux unis, un lit silencieux...

Je dirai qu'ils sont beaux quand tes yeux l'auront dit...

*

... les rois d'Orient ont dit dans leurs cantiques
Ton regard redoutable à l'égal de la mort...

Les grands pays muets longuement s'étendront...

Pleurant, comme Diane au bord de ses fontaines
Ton amour taciturne et toujours menacé...

*

Donc ce que j'ai voulu, Seigneur, n'existe pas...

Toujours ce compagnon dont le cœur n'est pas sûr
La Femme, enfant malade, et douze fois impur!...

Qu'ils seront beaux les pieds de celui qui viendra
Pour m'annoncer la mort!...

VICTOR HUGO

J'ai dans l'âme une fleur que nul ne peut cueillir!

*

Et la nature amoureuse
Dormait dans les grands bois sourds...

*

Je vis venir à moi, dans les grands roseaux verts,
La belle fille heureuse, effarée et sauvage,
Ses cheveux dans ses yeux, et riant au travers.

*

Le rossignol, caché dans son nid ténébreux,
Chanta comme un poète et comme un amoureux...

Le clair de lune bleu qui baignait l'horizon...

*

Et n'être qu'un homme qui passe
Tenant son enfant par la main...

*

Les morts, ce sont les cœurs qui t'aimaient autrefois...

*

Demain, dès l'aube, à l'heure où blanchit la campagne
Je partirai.

*

Sa bure où je voyais des Constellations...

*

La laine des moutons sinistres de la mer...

*

Les nuages, ces solitudes,
Où passent en mille attitudes
Les groupes sonores du vent..

*

               ... la terre
Était mouillée encore et molle du déluge....

Quelque chose de bleu qui paraissait une aile...

On était dans le mois où la nature est douce,
Les collines ayant des lys sur leur sommet...

*

Le satyre chanta la terre monstrueuse...

Il dit les premiers temps, le bonheur, l'Atlantide...

*

Oh! Quel farouche bruit font dans le crépuscule
Les chênes qu'on abat pour le bûcher d'Hercule!
Les chevaux de la mort se mettent à hennir
Et sont joyeux, car l'âge éclatant va finir.

GÉRARD DE NERVAL

Suis-je Amour ou Phébus? Lusignan ou Biron?...

*

Car la muse m'a fait l'un des fils de la Grèce...
Je sais pourquoi là-bas le volcan s'est rouvert...

Delfica

La connais-tu, Dafné, cette ancienne romance,
Au pied du sycomore, ou sous les lauriers blancs,
Sous l'olivier, le myrte, ou les saules tremblants,
Cette chanson d'amour qui toujours recommence?...

Reconnais-tu le TEMPLE au péristyle immense,
Et les citrons amers où s'imprimaient tes dents,
Et la grotte, fatale aux hôtes imprudents,
Où du dragon vaincu dort l'antique semence?...

Ils reviendront, ces Dieux que tu pleures toujours!
Le temps va ramener l'ordre des anciens jours;
La terre a tressailli d'un souffle prophétique...

Cependant la sibylle au visage latin
Est endormie encor sous l'arc de Constantin
— Et rien n'a dérangé le sévère portique.

*

La Treizième revient... C'est encor la première
Et c'est toujours la Seule —, ou c'est le seul moment...
C'est la Mort = ou la Morte. O délice! ô tourment!
La rose qu'elle tient, c'est la rose trémière...

CHARLES BAUDELAIRE

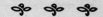

C'est que notre âme, hélas, n'est pas assez hardie...

*

Voilà que j'ai touché l'automne des idées
Et qu'il faut employer la pelle et les râteaux
Pour rassembler à neuf les terres inondées
Où l'eau creuse des trous grands comme des tombeaux.

*

Bien qu'on ait du cœur à l'ouvrage
L'art est long et le temps est court...

*

Et leur peau fleurira l'aridité des ronces...

*

La Maladie et la Mort font des cendres
De tout le feu qui pour nous flamboya,
De ces grands yeux si fervents et si tendres,
De cette bouche où mon cœur se noya...

*

Je te donne ces vers afin que si mon nom
Aborde heureusement aux époques lointaines,
Et fait rêver un soir les cervelles humaines,
Vaisseau favorisé par un grand aquilon,

Ta mémoire, pareille aux fables incertaines,
Fatigue le lecteur ainsi qu'un tympanon,
Et par un fraternel et mystique chaînon,
Reste comme pendue à mes rimes hautaines.

*

Quand notre cœur a fait une fois sa vendange,
Vivre est un mal. C'est un secret de tous connu...

Cessez donc de chercher, ô belle curieuse!
Et, bien que votre voix soit douce, taisez-vous!...

*

Ange plein de beauté, connaissez-vous les rides,
Et la peur de vieillir, et ce hideux tourment

De lire la secrète horreur du dévouement
Dans des yeux où longtemps burent nos yeux avides?

*

Le Soleil a noirci la flamme des bougies...

Chant d'automne

I

Bientôt nous plongerons dans les froides ténèbres;
Adieu, vive clarté de nos étés trop courts!
J'entends déjà tomber avec des chocs funèbres
Le bois retentissant sur le pavé des cours.

Tout l'hiver va rentrer dans mon être : colère,
Haine, frissons, horreur, labeur dur et forcé,
Et, comme le soleil dans son enfer polaire,
Mon cœur ne sera plus qu'un bloc rouge et glacé.

J'écoute en frémissant chaque bûche qui tombe;
L'échafaud qu'on bâtit n'a pas d'écho plus sourd.
Mon esprit est pareil à la tour qui succombe
Sous les coups du bélier infatigable et lourd.

Il me semble, bercé par ce choc monotone,
Qu'on cloue en grande hâte un cercueil quelque part...
Pour qui? — C'était hier l'été; voici l'automne!
Ce bruit mystérieux sonne comme un départ.

II

J'aime de vos longs yeux la lumière verdâtre,
Douce beauté, mais tout aujourd'hui m'est amer,

Et rien, ni votre amour, ni le boudoir, ni l'âtre,
Ne me vaut le soleil rayonnant sur la mer.

Et pourtant aimez-moi, tendre cœur! soyez mère,
Même pour un ingrat, même pour un méchant;
Amante ou sœur, soyez la douceur éphémère
D'un glorieux automne ou d'un soleil couchant.

Courte tâche! La tombe attend; elle est avide!
Ah! laissez-moi, mon front posé sur vos genoux,
Goûter, en regrettant l'été blanc et torride,
De l'arrière-saison le rayon jaune et doux!

*

Tu me déchires, ma brune,
Avec un rire moqueur,
Et puis tu mets sur mon cœur
Ton œil doux comme la lune.

Sous tes souliers de satin,
Sous tes charmants pieds de soie,
Moi, je mets ma grande joie,
Mon génie et mon destin...

*

Mais le vert paradis des amours enfantines...

*

Esprit vaincu, fourbu! Pour toi, vieux maraudeur,
L'amour n'a plus de goût, non plus que la dispute;
Adieu donc, chants du cuivre et soupirs de la flûte!
Plaisirs, ne tentez plus un cœur sombre et boudeur!

Le Printemps adorable a perdu son odeur!...

*

Tantôt sonnera l'heure où le divin Hasard,
Où l'auguste Vertu, ton épouse encor vierge,
Où le Repentir même (oh! la dernière auberge!),
Où tout te dira : Meurs, vieux lâche! il est trop tard!

*

Je verrai les printemps, les étés, les automnes...

*

Heurtant parfois des vers depuis longtemps rêvés...

*

Ailleurs, bien loin d'ici! trop tard! jamais peut-être!
Car j'ignore où tu fuis, tu ne sais où je vais,
O toi que j'eusse aimée, ô toi qui le savais!

*

Et tous gaillardement trafiquant à ma face
L'un de son vieil honneur, l'autre de sa beauté!...

*

La servante au grand cœur dont vous étiez jalouse,
Et qui dort son sommeil sous une humble pelouse,
Nous devrions pourtant lui porter quelques fleurs.

Les morts, les pauvres morts, ont de grandes douleurs,
Et quand Octobre souffle, émondeur des vieux arbres,
Son vent mélancolique à l'entour de leurs marbres,
Certe, ils doivent trouver les vivants bien ingrats,
A dormir, comme ils font, chaudement dans leurs
Tandis que, dévorés de noires songeries,　　　　[draps,
Sans compagnon de lit, sans bonnes causeries,
Vieux squelettes gelés travaillés par le ver,
Ils sentent s'égoutter les neiges de l'hiver
Et le siècle couler, sans qu'amis ni famille
Remplacent les lambeaux qui pendent à leur grille.
Lorsque la bûche siffle et chante, si le soir,
Calme, dans le fauteuil, je la voyais s'asseoir,
Si, par une nuit bleue et froide de décembre,
Je la trouvais tapie en un coin de ma chambre,
Grave, et venant du fond de son lit éternel
Couver l'enfant grandi de son œil maternel,
Que pourrais-je répondre à cette âme pieuse,
Voyant tomber des pleurs de sa paupière creuse?

*

Et les agonisants dans le fond des hospices
Poussaient leur dernier râle en hoquets inégaux...

L'aurore grelottante en robe rose et verte...

*

Dans ton île, ô Vénus! je n'ai trouvé debout
Qu'un gibet symbolique où pendait mon image
— Ah! Seigneur! donnez-moi la force et le courage
De contempler mon cœur et mon corps sans dégoût!

Certes je sortirai quant à moi satisfait
D'un monde où l'action n'est pas la sœur du rêve...

*

J'étais mort sans surprise, et la terrible aurore
M'enveloppait. — Eh quoi! n'est-ce donc que cela?
La toile était levée et j'attendais encore.

*

O Mort, vieux capitaine, il est temps! levons l'ancre!
Ce pays nous ennuie, ô Mort! Appareillons!

*

— Courons vers l'horizon, il est tard, courons vite,
Pour attraper au moins un oblique rayon!

*

Mon âme dans tes mains n'est pas un vain jouet,
          Et ta prudence est infinie...

*

          Nous avons blasphémé Jésus
          Des Dieux le plus incontestable...

*

Sois sage, ô ma Douleur, et tiens-toi plus tranquille...

Entends, ma chère, entends la douce Nuit qui marche.

STÉPHANE MALLARMÉ

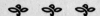

Mordant au citron d'or de l'idéal amer...

O Mort, le seul baiser aux bouches taciturnes...

La cueillaison d'un Rêve au cœur qui l'a cueilli...

D'un long baiser amer les tièdes carreaux d'or...

Que la vitre soit l'art, soit la mysticité...

*

La terre jeune encore et vierge de désastres...
Le glaïeul fauve, avec les cygnes au col fin,
Et ce divin laurier des âmes exilées
Vermeil comme le pur orteil du séraphin
Que rougit la pudeur des aurores foulées...

Et tu fis la blancheur sanglotante des lys...

De grandes fleurs avec la balsamique Mort...

*

Le printemps maladif a chassé tristement
L'hiver, saison de l'art serein, l'hiver lucide...

*

Ayant peur de mourir lorsque je couche seul...

*

La chair est triste, hélas! et j'ai lu tous les livres...

*

Un automne jonché de taches de rousseur....

*

Je t'apporte l'enfant d'une nuit d'Idumée!...

La solitude bleue et stérile a frémi...

*

Oui, c'est pour moi, pour moi, que je fleuris, déserte!...

*

O bords siciliens d'un calme marécage...

Lys, et l'un de vous tous par l'ingénuité...

*

Nous promenions notre visage
(Nous fûmes deux, je le maintiens)
Sur maints charmes de paysage,
O sœur, y comparant les tiens...

*

Le vierge, le vivace et le bel aujourd'hui...

PAUL VERLAINE

Est-elle brune, blonde ou rousse? — Je l'ignore.
Son nom? Je me souviens qu'il est doux et sonore
Comme ceux des aimés que la Vie exila...

*

Tout en chantant sur le mode mineur
L'amour vainqueur et la vie opportune,
Ils n'ont pas l'air de croire à leur bonheur...

*

Le soir tombait, un soir équivoque d'automne :
Les belles, se pendant rêveuses à nos bras,
Dirent alors des mots si spécieux, tout bas,
Que notre âme, depuis ce temps, tremble et s'étonne.

*

Isolés dans l'amour ainsi qu'en un bois noir...

Unis par le plus fort et le plus cher lien,
Et d'ailleurs, possédant l'armure adamantine,
Nous sourirons à tous et n'aurons peur de rien...

*

Et vraiment, quand la mort viendra, que reste-t-il?...

TRISTAN CORBIÈRE

Bénite est l'infertile plage
Où, comme la mer, tout est nud,
Sainte est la chapelle sauvage
De Sainte-Anne-de-la-Palud...

*

Il fait noir, enfant, voleur d'étincelles !

LAUTRÉAMONT

Vieil océan, ô grand célibataire...

ARISTIDE BRUANT

Il était né près du canal
Par là, dans l'quartier d'l'Arsenal...

ARTHUR RIMBAUD

Comme je descendais des Fleuves impassibles,
Je ne me sentis plus guidé par les haleurs :
Des Peaux-Rouges criards les avaient pris pour cibles,
Les ayant cloués nus aux poteaux de couleurs...

Je sais les cieux crevant en éclairs, et les trombes
Et les ressacs et les courants : je sais le soir,
L'Aube exaltée ainsi qu'un peuple de colombes,
Et j'ai vu quelquefois ce que l'homme a cru voir !

J'ai vu le soleil bas, taché d'horreurs mystiques,
Illuminant de longs figements violets,
Pareils à des acteurs de drames très-antiques
Les flots roulant au loin leurs frissons de volets !...

Et l'éveil jaune et bleu des phosphores chanteurs !...

Fileur éternel des immobilités bleues,
Je regrette l'Europe aux anciens parapets...

J'ai vu des archipels sidéraux ! et des îles
Dont les cieux délirants sont ouverts au vogueur :
— Est-ce en ces nuits sans fonds que tu dors et t'exiles,
Millions d'oiseaux d'or, ô future Vigueur ?

Mais, vrai, j'ai trop pleuré ! Les Aubes sont navrantes.
Toute lune est atroce et tout soleil amer :
L'âcre amour m'a gonflé de torpeurs enivrantes.
O que ma quille éclate ! O que j'aille à la mer !...

*

Ah ! Que le temps vienne
Où les cœurs s'éprennent...

*

O saisons, ô châteaux !
Quelle âme est sans défauts ?...

*

La vraie vie est absente.
Nous ne sommes pas au monde.

PAUL-JEAN TOULET

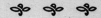

C'était trois châtes de Provence,
　　　Des oliviers poudreux,
　　Et le mistral brûlant aux yeux
　　　Dans un azur immense.

*

Dans Arle, où sont les Aliscams...

PAUL CLAUDEL

Nous ne reviendrons plus vers vous.

*

Mais, Seigneur, il n'est pas si facile de Vous échapper,
et s'il ne va pas à Vous par ce qu'il a de clair, qu'il
y aille par ce qu'il a d'obscur...

*

Cette multitude avec lui qu'il implique obscurément...

PAUL VALÉRY

Salut! Divinités par la rose et le sel...

*

Honneur des Hommes, Saint LANGAGE...

*

Soleil, soleil! Faute éclatante...

*

Et le ciel chante à l'âme consumée
Le changement des rives en rumeur...

*

Sonnant dans l'âme un creux toujours futur!...

La vie est vaste, étant ivre d'absence,
Et l'amertume est douce, et l'esprit clair...

Qui ne connaît et qui ne les refuse
Ce crâne vide et ce rire éternel...

Le vent se lève! Il faut tenter de vivre...

CHARLES PÉGUY

La flèche irréprochable et qui ne peut faillir...

*

Et les pauvres honneurs des maisons paternelles...

GUILLAUME APOLLINAIRE

A la fin, tu es las de ce monde ancien...

*

Ils sont des Christs d'une autre forme et d'une autre
[croyance
Ce sont les Christs inférieurs des obscures espérances....

*

Sous le pont Mirabeau coule la Seine
      Et nos amours
     Faut-il qu'il m'en souvienne
La joie venait toujours après la peine

    Vienne la nuit sonne l'heure
    Les jours s'en vont je demeure

Les mains dans les mains restons face à face
      Tandis que sous
    Le pont de nos bras passe
Des éternels regards l'onde si lasse

L'amour s'en va comme cette eau courante
      L'amour s'en va
    Comme la vie est lente
Et comme l'Espérance est violente

Passent les jours et passent les semaines
     Ni temps passé
    Ni les amours reviennent
Sous le pont Mirabeau coule la Seine

Vienne la nuit sonne l'heure
Les jours s'en vont je demeure.

*

Sais-je où s'en iront tes cheveux
Crépus comme mer qui moutonne
Sais-je où s'en iront tes cheveux
Et tes mains feuilles de l'automne
Que jonchent aussi nos aveux

Je passais au bord de la Seine
Un livre ancien sous le bras
Le fleuve est pareil à ma peine
Il s'écoule et ne tarit pas
Quand donc finira la semaine

*

Mon Automne éternelle ô ma saison mentale...

Les colombes ce soir prennent leur dernier vol.

*

La chambre est veuve
Chacun pour soi
Présence neuve
On paye au mois

Le patron doute
Payera-t-on
Je tourne en route
Comme un toton....

Et tous ensemble
Dans cet hôtel
Savons la langue
Comme à Babel

Fermons nos portes
A double tour
Chacun apporte
Son seul amour.

*

Voici que vient l'été la saison violente
Et ma jeunesse est morte ainsi que le printemps
O Soleil c'est le temps de la Raison ardente...

*

Adieu faux amour confondu
Avec la femme qui s'éloigne
Avec celle que j'ai perdue
L'année dernière en Allemagne
Et que je ne reverrai plus

Voie lactée ô sœur lumineuse
Des blancs ruisseaux de Chanaan
Et des corps blancs des amoureuses
Nageurs morts suivrons-nous d'ahan
Ton cours vers d'autres nébuleuses...

Moi qui sais des lais pour les reines
Les complaintes de mes années
Des hymnes d'esclave aux murènes
La romance du mal-aimé
Et des chansons pour les sirènes...

Et sur le pont des Reviens-t'en
Si jamais revient cette femme...

O mon ombre en deuil de moi-même...

J'erre à travers mon beau Paris
Sans avoir le cœur d'y mourir

Les dimanches s'y éternisent
Et les orgues de Barbarie
Y sanglotent dans les cours grises
Les fleurs aux balcons de Paris
Penchent comme la tour de Pise...

*

Je connais gens de toutes sortes
Ils n'égalent pas leurs destins
Indécis comme feuilles mortes
Leurs yeux sont des feux mal éteints.
Leurs cœurs bougent comme leurs portes

*

La vie est variable aussi bien que l'Euripe...

PIERRE MAC ORLAN

❧ ❧ ❧

Mon Dieu, ram'nez-moi dans ma belle enfance
Quartier Saint-François, au bassin du Roy...

PAUL ÉLUARD

❧ ❧ ❧

Je fis un feu, l'azur m'ayant abandonné...

*

Bonjour tristesse...

TABLE DES MATIÈRES